合本 女性のことば・男性のことば（職場編）

現代日本語研究会 編

ひつじ書房

合本目次

『女性のことば・職場編』『男性のことば・職場編』合本刊行に際して

女性のことば・職場編

男性のことば・職場編

『女性のことば・職場編』『男性のことば・職場編』
合本刊行に際して

　ビルや住宅が密集した街が大波にのみ込まれる光景をリアルタイムで見つめることをだれが想像したであろうか。大自然がキバを向いて人間に襲いかかってくるとき、人間は無力だ。車で逃げても津波に追いつかれてしまう。車の力も大したことはない。

　しかし、家族も家も町も何もかも失った人にも、ことばはある。ことばで窮状を訴えることはできる。打ちのめされて失意に沈む人に、ことばで、共感を伝えることはできる。ことばは、世界中の人々に思いを伝えることができる。人々をつなぐのはことばだ。

　一方で、人が本当に悲しみの底に沈んでいるとき、ことばは無力だ。おためごかしの慰めなどはかえって腹立たしい。将来への希望が断たれて絶望の崖に立つとき、外からのどんなことばも救出の特効薬にはならない。

　いまさら言うまでもないことだが、ことばの力は大きいし、小さい。だが、ことばの持つ力を正確に把握し、それを有効に使って大きい力にすることはできる。悪用すれば弊害ももたらし、使い方ひとつの両刃の刃だと知りつつも、ことばの力を前向きにとらえていきたい。

　私たち現代日本語研究会が、『女性のことば・職場編』『男性のことば・職場編』で試みたような調査研究を、共同研究として実施しようとした背景には、それまでの権威ある学者たちの論じる「女性のことば」は自分たちのことばのことではないという居心地悪さがあった。男性の研究者たちが判断し、評価し、意義づける多くの論文を読めば読むほど、それは違う、わたしたちのことばのことではない、それはあなたがた男性研究者の空想の中のことばでしかない、との確信は深まった。そこから、他人の判断にゆだねるのでなく、自分たちのものとして女性のことばをとらえ直したいという思いが強まった。

それまでの多くの研究は、大学や研究所の中で文献をひもとき、古典作品を読みながらそこに表れているものを拾って、こういうのが女性のことばだと、記述するものであった。だからそれは違う、生身の人間のことばとは違う、と言えた。では違うなら、違わないものを、現実の女性のことばと言えるものを示さなければいけない。これこそが、女性のことばだと言いうるものを。

　そこから、暗中模索は始まった。1970年代になって、文献の中の女性のことば研究では本当の女性のことばはわからないという、いわば、実証主義的な研究方法が確立してきた。テープレコーダーが普及して、容易に話しことばの録音資料が取れるようになったことも大きい。当初はこの方法は方言調査で大いに威力を発揮した。方言調査は明治期以来の標準語策定の錦の御旗の影の部分として、大学でもそれぞれの地域でも盛んに行われ、研究には長い伝統もある。幼児のことばの発達を記録する研究も幼児教育の側から進んできた。女性のことばの研究としても井出祥子[1]らの主婦層のことばの分析があるが、首都圏の主婦という限られた階層の女性を対象としている。これではまだ「女性のことば」の姿は掴めない。

　1975年の国連の国際婦人年はいろいろ施策の面でも影響をもたらした。東京都は東京女性財団[2]という、男女平等を推進し、女性の働き方や生き方を励まし、女性の研究に資金面で後押しする組織を作った。われわれの研究もその助成をうけることができた。この財団は、国の科学研究費が、大学など研究機関に専任として所属しなければ申請する資格がないという閉鎖性を打ち破り、研究目的や方法が確立していれば、だれもが、助成を受けられるという画期的な支援組織だった。

　このような社会の追い風も受けて、象牙の塔の外での女性のことばの研究が可能になった。女性がいろいろな場面で発言する機会を増やしてきている過程で、寿岳章子[3]の女性のことばの研究はまさに、アカデミズムと市民運動とを結びつける方向で行われた。ことばが女性の社会進出を抑制している、と考えるきっかけも作った。女性の地位向上と女性のことばの相関を意識する啓発活動も生まれてきた。各種のカルチャーセンター、市民講座など

で、女性のことばを勉強し直す講座も企画されるようになった。

　女性のことばの研究が、女性を力づけるもの、女性と社会を変える力になるもの、という位置付けで捉えられるようにもなった。そうした流れを寿岳は導いた。

　現代日本語研究会の『女性のことば・職場編』も『男性のことば・職場編』も、その流れの中で生まれた。女性のことばには敬語が多く使われ、男性より丁寧である、という従来国語学者たちが主張してきたことが、必ずしも現在の職場で一般的ではないことが明らかになった。女性も男性も、それぞれ女性専用語・男性専用語とされることばをほとんど使っていないことも、収集した資料は伝えた。

　それにもまして、この調査と研究を通じて得た生の談話資料を言語コーパスとして精製・公開したことは、大きな意義があった。それぞれの研究者は自己の研究を進める過程で何らかの言語事実を採集し資料として所有しながら、論文を書いてきている。しかし、それらの資料が公開されることはなかった。ある研究者が、シンポジウムで発したことばは忘れられない。「資料を持ち寄ればいいんだけど、せっかく苦労して自分で作ったものを他人に使わせるのはしゃくだしね」と。そういう発言がまかりとおる時代だった。

　1997年の『女性のことば・職場編』刊行の際、収集した話しことば資料を精製し、文字化して言語コーパスとして公開したのは、まさにコーパス言語学の嚆矢となった。この公開は、話しことばの研究は実際の言語に即すべきであると主張する者として当然の行為であり、研究開始当初からの目標ではあった。しかし、実現する過程で求められた負担は大きかった。文字化資料としての精度を高めることはもとより、情報公開とその個人情報保護とのはざまで、クリアすべき条件は複雑であり多様であった。また公開結果に対する危惧も大きかった。

　その後、国立国語研究所も話しことばの大規模なコーパスを作成し公開しているが[4]、これは学会の講演を中心とする「話しことば」で、実際の話しことばコーパスとは言い難い。IT技術の進展とともにさまざまなコーパスが開発されてきた現在においても、純粋に話しことば資料として公開されて

いるコーパスはまだない。そのため本コーパスは、女性のことばと男性のことばの生の姿を知るためだけでなく、現在の日本語の語彙状況・文末表現・助詞のありよう・モダリティなどに興味を持つ人々に絶好の資料として受け入れられている。海外の女性のことば研究者にも生のことばのデータとして大いに活用されている。

　『女性のことば・職場編』刊行から14年後、『男性のことば・職場編』出版から9年を経た今日、両冊の合本が刊行されることは、編者としてたいへんありがたくうれしい。読者・研究者にとってさらに利用上の便宜を提供できることが期待される。現代日本語研究会としては、最初の『女性のことば・職場編』の研究を開始して以来ほぼ20年を経過したのを受けて、新たなる研究プロジェクトを立ち上げ、さらなる良質の言語資料を提供できるまでの調査研究の道のりを描きはじめたところである。

　この合本がより多くの読者・研究者の力になることを切に念じている。

注
1　1992年に東京都の男女平等推進の拠点として設立されたが、東京都の平等施策の後退で、ジェンダーバッシングの対象とされ、2002年に廃止された。
2　井出祥子他(1985)『女性の敬語の言語形成と機能』文部省科学研究費研究成果報告書。
3　寿岳章子(1979)『日本語と女』岩波書店他。
4　国立国語研究所(2004)『日本語の話し言葉コーパス』。

大きな被害を受けた被災地の一日も早い復興を祈りつつ。

2011年3月末　　　　　　　　　現代日本語研究会　遠藤織枝

女性のことば・職場編

現代日本語研究会編

ひつじ書房

添付してあるフロッピィディスクは、MS-DOSのフォーマットで、CSVファイル（コンマ区切りファイル）をLHAで740Kバイトに圧縮して収録しています。CSVファイルなので、お持ちのデータベースソフト、表計算ソフトで読むことが可能です。740Kバイトのフロッピィディスクなので、NEC98でも、IBM互換機でも、マックでも使用することができます。ただし、解凍用のLHAが、必要です。（LHAは、http://www.clione.co.jp/clione/lha/lha_site.htmlからダウンロードできます。1997.11.18日現在）CSVファイルの読み込み方、ソフトのダウンロードの方法、データの解凍の方法、フロッピィディスクの使用方法についてのお問い合わせは、受けられませんので、ご了解下さい。これら事項につきましては、それぞれに関する書籍および解説書をお読み下さい。

　本データの著作権は、現代日本語研究会に所属します。引用および使用する場合は、著作権者を明記して下さい。なお、本データは、原則として、本書を購入した1名の方にのみ許可されます。本書の購入以外の方法で付属データを入手された場合については、データの使用については、書面による許可と対価の支払いが必要です。問い合わせ、許可には時間がかかりますので、なるべく本書をお求めになることをおすすめします。

　なお、本書を購入されても使用が許可されているのは、あくまで非営利的な目的に利用する個人です。法人または、個人が、営利目的で本書及び所収データを利用される場合、複数の人間が、共有して使用する場合は、別途書面による契約が必要です。以上の内容についてのお問い合わせは、gendainihongo-k@hituzi.co.jpまで、お送り下さい。郵便、電話、ファックスによるお問い合わせは残念ながら一切お答えできません。また、使用法についてのお問い合わせには電子メールであっても、お答えできませんので、ご了承願います。ただし、今後、ソフト、データの使用法の講習会の希望が多い場合、講習会を開催することも検討しております。

はじめに

　ひごろ、女性のことばに関する専門書、文法書、辞書などの記述と実態との齟齬を実感していたわたしたちは、実態の調査を、テレビの談話、祖母・母・娘の三代の談話など小規模な自然談話の資料をもとに、分析究明に努めてきた。アンケート調査で実態を知る試みもたびたびおこなったが、言語使用の意識を知るにはよいとしても、実際の使用とは言えないもどかしさは免れず、より自然で作為の入らない調査の必要を痛感してきた。

　1993年秋、東京女性財団の研究助成金が得られて、わたしたちは長年の望みを実現すべく、できるだけおおぜいの女性の自然談話資料を集めることにした。そして、その資料を電子媒体によりデータベース化して、大量のデータの多方面からの処理を容易にできるようにした。この間、録音資料の文字化に始まって、データベースとして整備するのに3年を費した。

　整備した資料をもとに、各自の興味に基づいて分析考察をおこなった。

　また、いままで公開された自然談話資料が少なく、研究が進められなかった経験から、集めた資料を公開し、研究を目指す人々の共有のものにすることも、意味のあることと考えた。

　以下、職場における女性の話しことばの調査の分析報告と、資料である。

1997年9月

　　　　　　　　　　　　　　　　　　　　　　　　　　現代日本語研究会

目　　次

はじめに …………………………………………………………………… 1

第1章　調査の概要 ……………………………………… 遠藤織枝・尾崎喜光
　1　調査の目的 ………………………………………………………… 9
　2　調査の時期と対象 ………………………………………………… 9
　3　調査の方法と手順 ………………………………………………… 9
　4　談話資料の性質 ………………………………………………… 10
　5　資料の処理 ……………………………………………………… 20
　6　文字化にあたって考えたたこと ……………………………… 27
　7　収録論文について ……………………………………………… 30

第2章　女性専用の文末形式のいま ………………………………… 尾崎喜光
　1　はじめに ………………………………………………………… 33
　2　分析対象とする文末形式の整理 ……………………………… 34
　3　分析対象とするデータの限定 ………………………………… 37
　4　データの観察と分析 …………………………………………… 39
　　4.1　終助詞「わ」の使用
　　　4.1.1　概況
　　　4.1.2　年齢差
　　4.2　助動詞「だ」の不使用
　　　4.2.1　概況
　　　4.2.2　年齢差
　　4.3　終助詞「わ」＋助動詞「だ」（＝「だわ」）の使用
　　　4.3.1　概況
　5　まとめ …………………………………………………………… 56
　6　おわりに ………………………………………………………… 57

第3章　疑問表現の様相 ……………………………………………… 中島悦子
　1　はじめに ………………………………………………………… 59
　2　疑問表現の種類と職場における出現実態 …………………… 60
　3　職場における疑問表現－場面差・性差・世代差－ ………… 63
　　3.1　中立的疑問表現
　　　3.1.1　直接疑問形式－「名詞↑」「動詞普通体↑」
　　　　　　　　　　　　　「ない↑」「（ん）ですか↑」
　　　3.1.2　間接疑問形式－「(ん)でしょう↑」「(ん)じゃない↑」
　　3.2　女性的疑問表現
　　　3.2.1　直接疑問形式－「かしら(ね)↑」「名詞＋ね↑」「わね↑」
　　　　　　　　　　　　「わよね↑」「のよね↑」「な(の)↑」「のね↑」「ないの↑」
　　　3.2.2　間接疑問形式－「（ん）じゃないの↑」
　　3.3　男性的疑問表現
　　　3.3.1　直接疑問形式－「だな↑」「だよな↑」「かね↑」
　　　　　　　　　　　　　「かな↑」「だよね↑」

－3－

        3.3.2　間接疑問形式－「だろ↑」「じゃないよな↑」
　4　職場の疑問表現－相手との関係－ ……………………………… 73
        4.1　中立的疑問表現
            4.1.1　直接疑問形式－「名詞↑」「動詞普通体↑」
                              「ない↑」「（ん）ですか↑」
            4.1.2　間接疑問形式－「(ん)でしょ(う)↑」「(ん)じゃない↑」
        4.2　女性的疑問表現
            4.2.1　直接疑問形式－「かしら(ね)↑」「名詞＋ね↑」「わね↑」
                              「わよね↑」「のよね↑」「(な)の↑」「のね↑」「ないの↑」
            4.2.2　間接疑問形式－「(ん)じゃないの↑」
        4.3　男性的疑問表現
            4.3.1　直接疑問形式－「だな↑」「だよな↑」「かね↑」
                              「かな↑」「だよね↑」
            4.3.2　間接疑問形式－「だろ↑」「じゃないよな↑」
    5　おわりに ……………………………………………………………… 81

第4章　職場の敬語のいま ……………………………………… 遠藤織枝
    1　はじめに ……………………………………………………………… 83
    2　尊敬語 ………………………………………………………………… 84
        2.1　いらっしゃる
        2.2　おっしゃる
        2.3　おいでになる
        2.4　ご覧になる
        2.5　くださる
        2.6　なさる
        2.7　お（ご）〜になる
        2.8　「れる」「られる」を伴うもの
    3　謙譲語 ………………………………………………………………… 94
        3.1　いたす
            3.1.1　失礼いたします／失礼します
            3.1.2　お願いいたします／お願いします
            3.1.3　「する」の謙譲語としての「いたす」
            3.1.4　謙譲語形「お（ご）〜する」の中の「〜いたす」
        3.2　申す・申しあげる
        3.3　いただく
            3.3.1　「食べる」の謙譲語としての「いただく」
            3.3.2　「もらう」の謙譲語としての「いただく」
            3.3.3　補助動詞「（て）もらう」の
                        謙譲語としての「（て）いただく」
    4　丁寧語 ………………………………………………………………… 104
        4.1　ございます
            4.1.1　申し訳ございません／申し訳ないんです
            4.1.2　名乗るときの「ございます」
            4.1.3　「ある」の丁寧語「ございます」
            4.1.4　「です・だ」の丁寧語「ございます」
    5　まとめ ………………………………………………………………… 109
    6　おわりに ……………………………………………………………… 110

第5章　自称・対称は中性化するか？ ……………………………… 小林美恵子
　1　はじめに ………………………………………………………………… 113
　2　自称代名詞「わたし」「あたし」「ぼく」「おれ」 ………………… 117
　　2.1　自称代名詞出現の概観
　　2.2　女性の自称代名詞
　　2.3　男性の自称代名詞
　3　対称代名詞「あなた」「あんた」「おまえ」「きみ」 ……………… 126
　　3.1　対称代名詞出現の概観
　　3.2　女性の対称代名詞
　　3.3　男性の対称代名詞
　4　対称としての「［名字］さん」「［名字］先生」 ………………… 130
　　4.1　「名字・名前」＋敬称・役職名による対称の現れかた
　　4.2　［名字］さん・［名字］先生
　5　まとめ …………………………………………………………………… 134

第6章　「のっけちゃうからね」から
　　　　　　　　　「申しておりますので」まで ……………… 谷部弘子
　1　はじめに ………………………………………………………………… 139
　2　調査の対象データについて …………………………………………… 141
　3　「から」と「ので」の出現状況 ……………………………………… 142
　4　［03］にみる「から」と「ので」 …………………………………… 148
　5　［06］にみる「から」と「ので」 …………………………………… 150
　6　待遇表現としての「から」と「ので」 ……………………………… 153

第7章　話しことばの「だから」「それで」 …………………… 三井昭子
　1　はじめに ………………………………………………………………… 155
　2　「だから」 ……………………………………………………………… 157
　　2.1　使われる場面と年代
　　2.2　用法
　3　それで …………………………………………………………………… 164
　　3.1　「それで」の使われる場面と年代
　　3.2　用法の分類
　4　まとめ …………………………………………………………………… 172

第8章　笑いの意図と談話展開機能 ……………………………… 早川治子
　1　はじめに ………………………………………………………………… 175
　2　本稿で扱う笑いについて ……………………………………………… 175
　　2.1　笑いの範囲と形態
　　2.2　笑いの参加者
　3　笑いの表現意図 ………………………………………………………… 177
　　3.1　バランスをとるための笑い（＝事実緩和）について
　　　3.1.1　自分の領域に属する内容に付加された笑い
　　　　3.1.1.1　照れによる笑い
　　　　3.1.1.2　恥による笑い
　　　3.1.2　相手領域に踏み込むことに付加された笑い
　　　　3.1.2.1　相手に要求していることの厚かましさを
　　　　　　　　　　　　　　　　　和らげるための笑い

         3.1.2.2　擬似の親しみを表現する笑い（＝親密さ表示・
                 疎の関係を親に変えるための笑い）について
      3.2　仲間づくりのための笑い（＝会話促進）について
         3.2.1　楽しさへの同意を期待する笑い
         3.2.2　同意を表す笑い
         3.2.3　誘い込み
         3.2.4　共通理解を確認するための笑い
      3.3　ごまかしのための笑い（＝協調的継続表示，FILLER）について
         3.3.1　言いたくないことをごまかすための笑い（＝表明回避の）
         3.3.2　とりあえず会話のターン（turn）を維持するための笑い
                                                    （＝反応保留の）
   4　場面による笑いの出現傾向と分析 ………………………………… 191
      4.1　場面による笑いの出現傾向
      4.2　雑談以外の場面に現れる笑いの特徴
      4.3　年齢差のある話者間の笑い
      4.4　協力的要素としての笑いの出現
   5　まとめ ……………………………………………………………………… 195

第9章　発話の「重なり」と談話進行 ………………………………… 本田明子
   1　はじめに ………………………………………………………………… 197
   2　研究の範囲 ……………………………………………………………… 198
      2.1　重なりとは
      2.2　研究の範囲――あいづちの扱い
   3　重なりの事例 …………………………………………………………… 199
      3.1　重なりの出現数
      3.2　重なりの種類
      3.3　重なりの分類の考察
      3.4　場面ごとの重なりの種類
      3.5　参加者の人数と重なりの種類
      3.6　話者間の関係と重なりの種類
      3.7　重なりの種類に関する考察
      3.8　重なりに対する反応
   4　まとめと今後の課題 …………………………………………………… 211

第10章　女性の働き方とことばの多様性 …………………………… 高崎みどり
   1　はじめに ………………………………………………………………… 213
   2　各職場における女性の言語使用の実態 …………………………… 214
      2.1　方法
         2.1.1　対象とした職場
         2.1.2　分類項目
         2.1.3　発話の分類方法
      2.2　分析
         2.2.1　分析1
         2.2.2　分析2
         2.2.3　分析3
      2.3　この節の結論
   3　1人の女性の表現の幅 ………………………………………………… 228

― 6 ―

3.1　方法
　　3.2　グラフ2について
　　3.3　分析
　　3.4　この節の結論
　4　結果の考察 ……………………………………… 238

第11章　「ね」のコミュニケーション機能と
　　　　　　　　ディスコース・ポライトネス ……………… 宇佐美まゆみ
　1　はじめに ……………………………………… 241
　2　いわゆる終助詞「ね」のこれまでの研究 …………… 241
　3　Brown & Levinsonのポライトネス理論の限界 ……… 242
　4　方法 …………………………………………… 243
　　4.1　「ディスコース・ポライトネス」
　　　　　という観点からの「ね」の分析
　　4.2　分析資料
　　4.3　「ね」の分類法
　　4.4　コミュニケーション機能による「ね」の分類
　　4.5　語用論的ポライトネスという観点からの「ね」の分類
　5　結果と考察 ……………………………………… 255
　　5.1　「ね」の頻度が各協力者の場面ごとの総発話数に占める割合
　　5.2　コミュニケーション機能別に見た「ね」の使用頻度と割合
　　5.3　語用論的ポライトネスという観点から見た
　　　　　　　　　　　　　　　　　「ね」の使用頻度と割合
　　　5.3.1　ポライトネス・ストラテジーの分類
　　　5.3.2　「注意喚起」の「ね」の場面に応じた「適切な使用頻度」
　　5.4　「ディスコース・ポライトネス」という観点から見た
　　　　　　　　　　　　　　　　　「ね」の使い分け
　6　おわりに ……………………………………… 265

あとがき ………………………………………………… 269

索引 ……………………………………………………… 271

共同執筆者一覧（50音順）
　　宇佐美まゆみ　（うさみまゆみ）………　東京外国語大学
　　遠藤　織枝　　（えんどうおりえ）……　文教大学
　　尾崎　喜光　　（おざきよしみつ）……　国立国語研究所
　　小林美恵子　　（こばやしみえこ）……　東京都立北多摩高校
　　高崎みどり　　（たかさきみどり）……　東京女子医科大学
　　中島　悦子　　（なかじまえつこ）……　国士舘短期大学
　　早川　治子　　（はやかわはるこ）……　文教大学
　　本田　明子　　（ほんだあきこ）………　筑波大学大学院博士課程
　　三井　昭子　　（みついあきこ）………　桜美林大学
　　谷部　弘子　　（やべひろこ）…………　東京学芸大学

第1章　調査の概要

遠藤織枝・尾崎喜光

1　調査の目的

現在の、女性たちの話しことばの実態を知る。

2　調査の時期と対象

調査は1993年9月から11月にかけて、首都圏で行った。

対象としたのは、有職の20代～50代の女性である。

わたしたち共同研究者が分担して、各世代4名、できるだけ異なる職種・職場から協力者を得るようにした（以下、録音機を身につけ、あるいは近くにおき、録音をとってくれた人を「協力者」と呼ぶ）。しかし、職場に録音機を置かせてくれる職場はそれほど多くなく、特に大きい企業での協力者は得られなかった。録音状況が悪く、資料が得られなかったり、送った録音機とテープが送り返されてこなかったりして、結局19名の協力が得られた。協力者の職種、年齢の内訳は表1（後掲）のとおりである。

3　調査の方法と手順

協力の約束が得られた女性に、職場でフォーマルな場面とインフォーマルな場面での自然談話を録音してもらった。具体的には、朝、職場についてから1時間、会議打ち合わせなどの時、1時間、休憩時間1時間、の計3時間の録音をお願いした。そのうち、資料としては、処理の際の量を考えて、それぞれ1時間の録音の中の、まとまった談話のある10分前後を取り扱うこと

にした。以下、今回収集し、データとして整理して作成した資料を「談話資料」と呼ぶことにする。なお、ここでの「談話」とは音声言語による、意味のまとまりのある意思伝達行動のことである。

　これらを、「朝」「休憩」「会議」として、大きく場面を分けた。「朝」の場面には、電話、仕事に入る前の雑談、外部からの訪問者との打合せなど、フォーマル、インフォーマルいずれの談話も含まれる。

　また、録音された談話の中での人物関係などを知るため、協力者に**参考資料**（後掲）のようなフェイスシートに記入してもらった。さらに、談話の状況をより正しく知るため、フェイスシートと録音テープをもとに、協力者に面接して必要な情報を得るようにした場合もある。協力者以外の人物について、テープの声の人物とフェイスシートの人物と一致させなければいけないし、談話の行なわれた雰囲気など、フェイスシートには出てこない情報を知る必要があったからである。

　それぞれの談話がどのような内容のものか、どのような人物が加わっているのかなど、談話についての情報を表2（後掲）としてまとめて示した。

　また、談話に加わった人物で特定できる人についての情報を「発話者の属性」として、表3（後掲）に示した。

4　談話資料の性質

　協力して録音をとってくれた女性たちの職場での話しことばを知るのが当初の目的であったが、その女性たちには談話の相手がいる。その相手には男性も女性もいる。さまざまな年齢の人がいるし、上司も同僚もいる。そのひとたちの談話も資料として貴重なものである。考察の際、それら協力者の周辺の人たちの談話も分析対象にできる。ただし、量的な考察、傾向を見る際は、中心となる協力者のものと、その他の話者とはアンバランスになっていることを常に考慮に入れる必要がある。

　話題の初めが協力者であることが多いが、それは、必ずしも、その女性が

職場での話題をリードしているということではなく、録音機を委ねられた人物としての特性であるかもしれないのである。電話の場面で名乗りのことばが協力者に多いが、それは、協力者である女性に、特にそのような名乗りが多いということではない。相手が名乗ることばがあったとしても、電話の先方のことばが録音されていないから、資料に入ってこないということである。さらに、電話の場面がいくつかあるが、これも、協力者である女性たちが職場で電話の応答をよくするということかどうかはわからない。職場で他の人物が電話をしていても、それらは、録音資料に入ってこないから、比較できないのである。

今回の録音資料が、19人の協力者から得られたものである以上、当然のことではあるが、協力者の話しことばの個性――ある協力者が特によく使うことばのくせのような――が強く出てくることを避けることはできない。数量化して傾向をみようとする際、このことを念頭に置く必要がある。限られた人数でのケーススタデイの場合に避けられないことかもしれない。

さらに、20代の協力者の談話資料では、フォーマルな場面での談話が欠けている場合がある。若い世代では、会議・打合せなど、決定に関わるような場に出ることが少ないためと思われるが、職場での若い女性の位置の反映かもしれない。

協力が得られた職場が、比較的規模の小さい企業、教職関係、役所、研究所などであることも、談話資料の性質に影響を及ぼしていると思われる。すなわち、銀行、商社、デパートのような大企業で働く女性の協力が得られていないので、職場の女性の話しことばの全部を見渡せる資料ではないという制約である。

今回の談話資料の、発話者の年齢・発話場面と発話数の関連を、表4（後掲）に示した。

※次ページより、参考資料のフェイスシートと、表1・表2・表3・表4を8ページにわたって掲載する。

参考資料（フェイスシート）

Ａ．あなた自身のことについて。
　　◆お名前（フリガナ）：
　　◆年齢（満）：
　　◆職場名：
　　◆職業：
　　◆職種：
　　◆役職：
　　◆職場の規模：約＿＿＿＿＿人（うち女性約＿＿＿＿＿人）
　　◆勤続年数：a.～1年　b.2～4年　c.5～9年　d.10～19年　e.20年～

Ｂ．会話をした相手のことについて。（順不同で結構です）
　　◆お名前（フリガナ）：
　　◆性別：a.女性　b.男性
　　◆年齢：a.満＿＿＿歳　b.およそ＿＿＿歳
　　◆職場名：
　　◆職業：
　　◆職種：
　　◆役職：
　　◆あなたとの仕事上の関係：a.同じ職場の人（→ ア.同室　イ.その他＿＿＿＿＿＿）
　　　　　　　　　　　　　　　b.顧客
　　　　　　　　　　　　　　　c.その他（　　　　　　　　　　　　　　　）
　　◆あなたから見た職階関係：a.あなたより上の職階（→ ア.かなり上　イ.少し上）
　　　　　　　　　　　　　　　b.あなたと同じ職階
　　　　　　　　　　　　　　　c.あなたより下の職階（→ ア.少し下　イ.かなり下）
　　　　　　　　　　　　　　　d.同じ職場の人ではない
　　◆職場での先輩・後輩関係：a.あなたよりも＿＿＿＿＿年先輩
　　　　　　　　　　　　　　　b.あなたと同輩
　　　　　　　　　　　　　　　c.あなたよりも＿＿＿＿＿年後輩
　　　　　　　　　　　　　　　d.先輩後輩関係ではない
　　◆あなたとのつきあい年数：a.～1年　b.2～4年　c.5～9年　d.10～19年　e.20年～
　　◆あなたとの接触頻度：a.かなり接触する　b.やや接触する　c.普通　d.あまり接触しない　e.めったに接触しない
　　◆あなたとの会話頻度：a.かなり会話する　b.やや会話する　c.普通　d.あまり会話しない　e.めったに会話しない
　　◆あなたとの親しさ：a.かなり親しい　b.やや親しい　c.普通　d.あまり親しくない　e.親しくない
　　◆その他相手との関係で特記すべき事柄：

表1　協力者の属性とデータ量

協力者コード	年齢層	職業	レコード数 朝	会議	休憩	合計	時間（分） 朝	会議	休憩	合計
01	20代	会社員（事務）	346	0	0	346	16	—	—	16
02	20代	会社員（事務）	0	0	309	309	—	—	12	12
03	30代	会社員（編集）	152	249	192	593	5	13	11	29
04	50代	大学教員	148	322	263	733	9	12	11	32
05	40代	会社役員	156	203	339	698	12	10	10	32
06	40代	会社員（編集）	202	138	227	567	19	9	11	39
07	40代	大学助手	191	54	0	245	12	7	—	19
08	50代	小学校教員	259	188	218	665	12	7	9	28
09	30代	高校教員	262	219	279	760	16	8	11	35
10	40代	公務員（事務）	279	413	372	1064	13	13	12	38
11	20代	会社員（営業）	176	87	326	589	15	7	13	35
12	50代	公務員（事務）	104	102	192	398	9	7	8	24
13	20代	会社員（事務）	470	212	340	1022	14	12	11	37
14	20代	公務員（大学事務）	104	151	142	397	11	12	13	36
15	30代	会社員（企画）	218	257	345	820	12	10	11	33
16	30代	会社員（編集）	349	0	416	765	12	—	14	26
17	30代	会社員（編集）	257	68	273	598	9	11	11	31
18	40代	公務員（研究補助）	221	0	279	500	15	—	15	30
19	40代	公務員（研究補助）	93	0	259	352	10	—	10	20
合計（構成比[%]）			3987 (35)	2663 (23)	4771 (42)	11421	221 (40)	138 (25)	193 (35)	552

表2-(1) 談話の概要

協力者コード	朝	会議	休憩
01	音楽会などの企画会社の社内で、電話と同僚との雑談。	-	-
02	-	-	フィジー旅行から帰った友人と海外旅行や新装の羽田空港についての雑談。
03	編集企画会社社内で、上司と出張旅費の精算の話し合い。新婚旅行から帰ってきた同僚（女性）との旅行の話。同僚（女性）との編集に関する話し合い。	印刷会社の部長・部員と、雑誌の印刷発注に関する打ち合せ。	昼食時中華料理店で、名前の由来や父親の海外単身赴任のこと、子供をバスで保育園に届ける大変さについての雑談。
04	労働省課長が研究室を訪れ、審議委員会を引き受けてこと、介護休暇の法制化についての話し合い。	シンポジウムの参加者・会場設営・司会者・発言順・進行の時間配分などについての学科内の教員による打合せ。	大学院生の地域社会活動に関する調査の分析の仕方についての指導。
05	始業後仕事をしながら、自分のスカートについての雑談。その後、仕事上の電話を2本。その後、仕事相手の会社の段取りの悪さについての雑談。	新しく作る本について、発注の仕方などの打合せ。	昼食時、そばの食べ方や、ワイドテレビの購入とその利点についての雑談。
06	すべて電話での会話。営業関係の相手との会話が2本、執筆者に電話したが不在のためその研究室の同僚との会話が1本、執筆者の自宅に電話したが不在のためその妻との会話が1本、社内の他の部署の女性との会話が1本。	新しく出版する本の共同執筆である大学教員4人に対して社長交替の報告をしたのち、執筆者の分担部分のアウトラインについての検討。	社外で昼食を取りながら、大学教員1人と同僚5人との雑談。話題は、最近読んだ本のこと、映画化された小説のこと、読書スピードが落ちたことなど。
07	助手室で教員・同僚の助手・学生などを相手にさまざまな会話。	謝恩会委員会を招集し、10人くらいの学生（4年生）に対して要領を説明している。	
08	職員室で挨拶・雑談。移動して担任のクラスで子供と会話。工作の指示や、子供の依頼・質問に答えている。ガチャガチャのケースについての話題もあり。	職員室で同僚教師と、学習発表会の手順・方法などの打合せや確認。教育相談室での話題も入る。	職員室で同僚教師と雑談。教育方法や担任している子供についての話題。
09	授業前に教科準備室において、調査協力者と主に2人の男性同僚との雑談。後半、生徒（高校3年男子）が加わる部分がある。	会議室での同僚による学年会議（男6人、女2人）。この8人は、同一学年の担任として日常的に一緒に仕事をすることが多い。	調査協力者と、退職して学校を訪ねて来た元同僚（男）との会話。途中から別の同僚（男）が加わる。調査協力者は、元同僚と別れた後、自分の室に戻って別の同僚（男）と会話する。
10	複数の同僚（男女）による個人的な雑談や仕事の話。話題・話し手・聞き手は一定せず、電話もかかってくる。	［朝］の場面から引き続き仕事の打合せへと話題が移行。ここでも複数の話し手・聞き手の組合わせが同時進行しており、組合わせの交換がさしはさまれる。途中には雑談的話題がさしはさまれる。	［朝］［会議］と同じ部屋で、昼休みに、同メンバーが昼食をとりながら雑談する。
11	電話による仕入れ先社員（男性）や自社工場長（男性）との納入プラントに関する打合せ。	仕入れ先社員（男性）との納入プラントに関する打合せ。	課長（男性）をまじえての同僚数人（男女）による昼休みの会話。
12	職員の留学に際しての身分・資格に関する同僚（男性）との話し合い。	書道サークルの後輩（女性）との会合についての打合せ。人事規則に関する同僚数人との検討会。	うなぎ屋での同僚数人（男女）による昼休みの会話。
13	同僚（女性複数）との勤務前の雑談。話題は、相手が行った旅行のことや同僚のうわさの話。合間に部の朝礼当番の順番や欠勤の予定等の話が入る。	取引先から来た請求書をめぐる上司とのやりとりおよび取引先の担当（女）との電話。	昼休みに弁当を買いに行く途上での同僚（女性複数）との会話。話題は、弁当選びや同僚の恋人・恋愛について。
14	同僚（男）とのサッカーW杯に関する雑談および会議資料の修正に関するやりとり。	留学生の保証人との必要書類をめぐるやりとり。部署が異なる同僚（男）との振込先確認に関するやりとり等。	同僚（男）との紅葉狩をめぐる雑談のあと、上司（男）との仕事上の会話に移る。話題は留学生のホームステイやチューター制度について。
15	これから始まる面接についての会話。面接者の年齢の高さ、応募してくる動機、職歴についての感想と自分たちが入ったあとの職場についての雑談。	講座の内容について。「身につける」というテーマにそって、発声・表情・しぐさ・話し方。コミュニケーションギャップ等に関する講座内容の詰め。主たる調査対象者が司会をし、主として社長が意見を述べる。	食べ物屋についての雑談。途中から参加した人の生まれてくる子供についての雑談が続く。話題が移り、どんな名前がいいかについての雑談が続く。講座内容の詰め。主たる調査対象者が司会をし、主として社長が意見を述べる。

- 14 -

表2－(2) 談話の概要

協力者コード	朝	会議	休憩
16	仕事をしながら同僚と雑談。おもな話題は、仕事や同僚の動向、出産手当ての額の産出方法など。	－	職場で食事を取りながら同僚と雑談。おもな話題は、翌日の予定、同僚同士の賭けの話、航空会社のカードの特典に関することなど。途中、仕事の電話あり。
17	同僚との雑談。おもに、カードと、休暇に行く海外旅行についての話題。	同僚と雑誌の特集に関する打ち合せ。調査協力者が特集内容を提案、説明し、それに対する意見などが出される。	同僚との雑談。おもな話題は、国内旅行、九州の女性、社名の略称や正式名称、わかりにくい名称、新宿のホームレスなど。
18	パソコンの不調について、パソコンに向かいながら同僚に相談に乗ってもらっている。途中、来室した別の同僚との会話が入る。	－	お茶の時間の雑談。話題は、アルバイタの誕生パーティーの様子や、お菓子・飲み物の国際比較。
19	この日が最後の仕事となるアルバイタのための歓送会の出欠などについての打ち合せ。	－	この日が最後の仕事となるアルバイタのための、お茶の時間の歓送会。最初はカセットレコーダーの話題。後に、ケーキの分配や、カロリー摂取の国際比較の話題。

表3-(1) 発話者の属性

仮名	性別	年齢	職業	職種	役職	職場規模 (全体[人])	職場規模 (女性[人])	勤続年数
01A	女	20代	会社員	イベント企画開発	無	15	3	2～4年
01B	女	30代	会社員	社長秘書・一般事務	?	15	3	?
01C	男	30代	会社員	営業	?	15	3	?
01D	男	40代	会社員	イベント企画制作	部長	15	3	?
01?	?	?	?	?	?	?	?	*
02A	女	20代	会社員	事務	無	2	1	2～4年
02C	女	20代	会社員	?	?	2	1	?
02F	男	40代	会社員	?	取締役専務	?	?	?
03A	女	30代	会社員(出版会社)	編集・出版	?	10	8	～1年
03B	男	40代	会社員(出版会社)	編集・出版	社長	10	8	?
03C	女	20代	会社員(出版会社)	編集・出版	?	10	8	?
03D	男	40代	会社員(印刷会社)	?	?	?	?	?
03E	男	40代	会社員(印刷会社)	?	?	?	?	?
03H	女	20代	会社員(出版会社)	編集・出版	?	10	8	?
03男	男	?	?	?	?	?	?	*
04A	女	50代	大学教員	大学教員	教授	45	20	10～19年
04B	女	40代	国家公務員	事務?	課長	?	?	?
04C	男	60代	大学教員	大学教員	教授	45	20	?
04D	男	60代	大学教員	大学教員	教授	45	20	?
04F	男	40代	大学教員	大学教員	講師	45	20	?
04G	女	50代	大学教員	大学教員	助教授	45	20	?
04H	男	50代	大学教員	大学教員	助教授	45	20	?
04I	女	50代	大学教員	大学教員	教授	45	20	?
04J	女	50代	大学教員	大学教員	教授	45	20	?
04K	女	40代	大学教員	大学教員	助教授	45	20	?
04L	女	30代	大学教務補佐員	教務補佐	無	45	20	?
05A	女	40代	会社員(翻訳事務所主宰)	翻訳・出版	代表取締役社長	3～4	2	5～9年
05B	男	20代	会社員(翻訳事務所)	翻訳・出版	役員	3～4	2	?
05E	男	20代	会社員(翻訳事務所)	営業・調査	無	3～4	2	～1年
05F	男	30代	大学院生	無	無	?	?	*
05G	男	50代	会社員	?	部長	?	?	?
05I	女	?	?	?	?	?	?	?
05男	男	?	?	?	?	?	?	*
05?	?	?	?	?	?	?	?	*
06A	女	40代	会社員	書籍編集	課長	40	15	20年～
06B	男	60代	大学教員	大学教員	教授	?	?	?
06D	男	60代	大学教員	大学教員	教授	?	?	?
06E	男	30代	大学教員	大学教員	教授	?	?	?
06I	女	20代	会社員	書籍編集	?	40	15	?
06M	女	20代	会社員	書籍編集	?	40	15	?
06N	男	40代	会社員	書籍編集	副長	40	15	?
06O	男	50代	会社員	書籍編集	課長	40	15	?
06女	女	?	?	?	?	?	?	*
06男	男	?	?	?	?	?	?	*
06?	?	?	?	?	?	?	?	*

(注1) 「仮名」の欄で網かけをした人物は、録音器を付けてくれた調査協力者。多くの場合、数字の後に「A」を割り振ってあるが、例外もある。表1の「協力者」の欄との対応関係は、「01A」が「協力者01」、「02A」が「協力者02」…、という関係になっている。「職業」「職種」については、表2よりも多少詳しい記述になっている。
(注2) 「勤続年数」は、基本的には調査協力者についてのみ調査した。
(注3) 欄外右に「a」「b」などを付した人物は重複する人物である。アルファベットにより対応させた。

表3-(2) 発話者の属性

仮名	性別	年齢層	職業	職種	役職	職場規模(全体[人])	職場規模(女性[人])	勤続年数
07A	女	40代	大学助手	補助・指導・庶務	助手	80(研究室)	30(研究室)	10〜19年
07B	男	30代	大学教員	教育	助教授	80(研究室)	30(研究室)	?
07C	女	30代	大学助手	補助・指導・庶務	助手	80(研究室)	30(研究室)	?
07E	女	30代	大学助手	補助・指導・庶務	助手	80(研究室)	30(研究室)	?
07女	女	?	?	?	?	?	?	*
07男	男	?	?	?	?	?	?	*
07?	?	?	?	?	?	?	?	*
08A	女	50代	小学校教員	小学校教員	無	?	?	5〜9年
08B	女	40代	小学校教員	小学校教員	教頭	?	?	?
08C	女	40代	小学校教員	小学校教員	無	?	?	?
08G	女	40代	?	?	会社役員	?	?	?
08I	男	30代	小学校教員	小学校教員	無	?	?	?
08K	男	0代	小学生	小学生	無	?	?	?
08L	女	0代	小学生	小学生	無	?	?	?
08M	女	40代	小学校教員	小学校教員	?	?	?	?
08N	女	0代	小学生	小学生	無	?	?	?
08O	男	50代	警備員	警備員	?	?	?	?
08P	女	50代	小学校教員	小学校教員	?	?	?	?
08Q	女	40代	小学校教員	小学校教員	?	?	?	?
08女	女	?	?	?	?	?	?	*
08?	?	?	?	?	?	?	?	*
09A	女	30代	地方公務員(高校教員)	高校教員	?	約70	約30	10〜19年
09C	男	10代	高校生徒	無	無	?	?	?
09D	男	10代	高校生徒	無	無	?	?	?
09E	男	50代	地方公務員(高校教員)	高校教員	?	約70	約30	?
09F	男	50代	地方公務員(高校教員)	高校教員	?	約70	約30	?
09G	男	40代	地方公務員(高校教員)	高校教員	?	約70	約30	?
09H	男	30代	地方公務員(高校教員)	高校教員	?	約70	約30	?
09I	男	30代	地方公務員(高校教員)	高校教員	?	約70	約30	?
09J	男	60代	無	無	無	?	?	*
09M	男	50代	地方公務員(高校教員)	高校教員	?	約70	約30	?
09N	男	40代	地方公務員(高校教員)	高校教員	?	約70	約30	?
09O	男	30代	地方公務員(高校教員)	高校教員	?	約70	約30	?
09P	男	30代	地方公務員(高校教員)	高校教員	?	約70	約30	?
09Q	女	30代	地方公務員(高校教員)	高校教員	?	約70	約30	?
09R	男	50代	地方公務員(高校教員)	高校教員	?	約70	約30	?
09T	女	10代	高校生徒	無	無	?	?	?
09男	男	?	?	?	?	?	?	*
09?	?	?	?	?	?	?	?	*
10A	女	40代	地方公務員	一般事務	主事	12	4	20年〜
10B	男	40代	地方公務員	速記・一般事務	係長	12	4	?
10C	男	30代	地方公務員	一般事務	主事	12	4	?
10D	男	40代	地方公務員	一般事務	係長	12	4	?
10E	女	20代	地方公務員	一般事務	主事	12	4	?
10F	男	50代	地方公務員	一般事務	課長	12	4	?
10G	女	20代	地方公務員	一般事務	アルバイト	12	4	?
10男	男	?	?	?	?	?	?	*
10?	?	?	?	?	?	?	?	*

表3-(3) 発話者の属性

仮名	性別	年齢層	職業	職種	役職	職場規模(全体[人])	職場規模(女性[人])	勤続年数	
11A	女	20代	会社員	営業	無	30	11	2～4年	
11B	男	30代	会社員	営業	?	?	?	?	
11E	男	40代	会社員	営業	課長	30	11	?	
11F	男	20代	会社員	営業	無	30	11	?	
11G	女	20代	会社員	営業	無	30	11	?	
11H	女	20代	会社員	営業	無	30	11	?	
11女	女	?	?	?	?	?	?	*	
11?	?	?	?	?	?	?	?	*	
12A	女	50代	国家公務員	一般事務	?	1500	150	20年～	
12B	男	30代	国家公務員	一般事務	係長	1500	150	?	
12C	男	30代	国家公務員	一般事務	主任	1500	150	?	
12D	女	30代	国家公務員	タイピスト	?	1500	150	?	
12E	男	20代	国家公務員	一般事務	?	1500	150	?	
12G	男	30代	国家公務員	?	?	1500	150	?	
12女	女	?	?	?	?	?	?	*	
12男	男	?	?	?	?	?	?	*	
12?	?	?	?	?	?	?	?	*	
13A	女	20代	会社員	経理事務	?	?	?	2～4年	
13B	女	20代	会社員	経理事務	?	?	?	?	
13C	女	20代	会社員	総務事務	?	?	?	?	
13D	女	20代	会社員	端末入力	?	?	?	?	
13G	男	50代	会社員	経理事務	購買課次長	?	?	?	
13J	?	?	?	?	?	?	?	*	
13K	?	?	?	?	?	?	?	*	
13L	?	?	?	?	?	?	?	*	
13女	女	?	?	?	?	?	?	*	
14A	女	20代	公務員	大学事務員	?	3	1	～1年	
14D	男	30代	公務員	大学事務員	?	?	?	?	
14G	男	30代	不動産業	不動産業	?	?	?	?	
14H	女	30代	公務員	大学事務員	?	?	?	?	
14I	男	20代	公務員	大学事務員	?	3	1	?	
14J	男	40代	公務員	大学事務員	?	3	1	?	
14女	女	?	?	?	?	?	?	*	
15A	女	30代	会社員	社員教育・講座企画運営他	?	5	5	2～4年	
15B	女	50代	会社員	社長・講師	社長・講師	5	5	?	
15C	女	30代	会社員	社員教育・講座企画運営・経理他	?	5	5	?	
15D	女	20代	会社員	社員教育・講座企画制作他	?	5	5	?	
15E	女	30代	会社員	社員教育・講座企画運営他	?	5	5	?	
15女	女	?	?	?	?	?	?	*	
16A	女	30代	会社員	雑誌編集	編集長	200(会社全体)	100(会社全体)	10～19年	a
16B	女	30代	会社員	雑誌編集	副編集長	200(会社全体)	100(会社全体)	?	b
16D	男	30代	会社員	雑誌編集	無	200(会社全体)	100(会社全体)	?	c
16E	女	30代	会社員	雑誌編集	副編集長	200(会社全体)	100(会社全体)	?	d
16F	女	20代	会社員	通信講座セミナー企画	無	200(会社全体)	100(会社全体)	?	
16G	女	20代	会社員	業務	アルバイター	200(会社全体)	100(会社全体)	?	
16H	女	20代	会社員	通信講座担当	無	200(会社全体)	100(会社全体)	?	e
16I	?	?	?	?	?	?	?	?	
16男	男	?	?	?	?	?	?	*	
16?	?	?	?	?	?	?	?	*	

-18-

表3-(4) 発話者の属性

仮名	性別	年齢	職業	職種	役職	職場規模 (全体[人])	職場規模 (女性[人])	勤続年数	
17A	女	30代	会社員	雑誌編集	副編集長	200(会社全体)	100(会社全体)	?	b
17B	女	30代	会社員	雑誌編集	編集長	200(会社全体)	100(会社全体)	10～19年	a
17C	男	30代	会社員	雑誌編集	無	200(会社全体)	100(会社全体)	?	
17D	男	30代	会社員	雑誌編集	無	200(会社全体)	100(会社全体)	?	c
17J	女	20代	会社員	通信講座担当	無	200(会社全体)	100(会社全体)	?	e
17K	女	30代	会社員	雑誌編集	副編集長	200(会社全体)	100(会社全体)	?	d
17L	?	?	?	?	?	?	?	?	
17?	?	?	?	?	?	?	?	*	
18A	女	40代	国家公務員	研究所補助員	無	70	29	20年～	
18B	男	30代	国家公務員	研究所研究員	無	70	29	2～4年	
18C	女	20代	アルバイター	研究補助作業	無	70	29	～1年	
18D	女	40代	国家公務員	研究所補助員	無	70	29	20年～	
18女	女	?	?	?	?	?	?	*	
18?	?	?	?	?	?	?	?	*	
19A	女	40代	国家公務員	研究所補助員	無	70	29	20年～	
19B	女	30代	アルバイター	研究補助作業	無	70	29	～1年	
19?	?	?	?	?	?	?	?	*	

表4 年代別発話数

	20代 2996		30代 3773		40代 2590		50代 1318		60代 226	合計 10803	
	f	m	f	m	f	m	f	m	f	m	
発話数	2853	143	2821	912	1997	593	1049	269	226	8720	2143
発話数女男比%	95.2	4.8	75.6	24.4	77.1	22.9	79.6	20.4		19.7	80.3
フォーマル 発話数	718	43	1061	541	1047	339	778	212	122		
インフォーマル 発話数	2135	100	1760	371	950	254	271	57	104		

5 資料の処理

　得られた談話資料は、機械的な分析を容易にするために、データベースソフト「桐 Ver.4」(㈱管理工学研究所)を利用してデータベース化した。
　基本的に1文を1レコード(＝1行)とし、発話の進行に従ってレコードを積み重ねた。なお、データベースには、＜発話＞そのものの他に、＜発話者＞や＜相手＞(聞き手)に関する情報(性別・年齢層など)、発話者と相手との＜相互関係＞に関する情報(年齢の上下関係・親疎関係など)、＜発話状況＞に関する情報(場面・録音状況など)、＜データ管理＞に関する情報(レコード番号など)なども、1レコードごと付加した(発話機能に関する情報は付加してない)。詳しくは後述する。なお、本書の付録として電子媒体で公開するデータ(テキストファイル形式)では、プライバシーに関わるものとして公開を差し控えた項目が一部ある。
　談話資料をこのようにデータベース化した結果、全部で11,421レコード(＝行)のデータが得られた。基本的に1文を1レコードとしたので、文の数もこれとほぼ等しいことになる。ただしここでは、「あっ。」とだけ言って直後に沈黙を伴ったり、発話者の交替が生じるものなども1文扱いにしている。
　この11,421レコードを先に述べた3つの場面別に見ると、「朝」が3,987レコード(35%)、「会議」が2,663レコード(23%)、「休憩」が4,771レコード(42%)となる。
　総データ量は、時間にすると約552分(約9時間12分)である。場面別内訳は、「朝」が約221分(40%)、「会議」が約138分(25%)、「休憩」が約193分(35%)である。
　協力者19人の基礎的属性(年齢層・職業)および「協力者×場面」別に見たデータのレコード数・時間数については表1(前掲)に示した。また、各データの談話の概要については表2(前掲)に示した。
　さて、この11,421レコードの中には、実はコメントのみのレコードが188

レコード（約1.6%）含まれている（発話の先頭に「@」を付して< >で囲って示した；例えば「@<笑い>」「@<くしゃみ>」）。従って、純粋に発話が記録されているレコードは、これらを差し引いた11,233レコードということになる。

ただし、この11,233レコードの中には、聞き取りが全くできなかったレコード（つまり発話の部分が「####」ばかりのレコード）が131レコード（約1.1%）ある。したがって、多少なりともことばが含まれ実際に分析の対象となるのは、これらを差し引いた11,102レコードということになる。なお、公開するデータの方では、発話に出てきた固有名詞は特定できないように伏せているが、［名字］［社名］などという形にして、何に関するものを伏せているかの情報は残した。

この11,102レコードを3つの場面別に見ると、「朝」が3,872レコード（35%）、「会議」が2,613レコード（24%）、「休憩」が4,617レコード（42%）である。時間量から見たデータの内訳は、先に見たように、「朝」40%、「会議」25%、「休憩」35%であった。おおむね平行関係にあると言えるが、多少、「朝」は時間の割に発話量が少なくなり（つまり発話密度が薄い）、逆に「休憩」は時間の割に発話量が多くなる（つまり発話密度が濃い）、という傾向が見られる。

また、11,102レコードを協力者の発話か否かという点から分類すると、協力者自身の発話が5,681レコード（51%）、それ以外の者の発話が5,365レコード（48%）、いずれか不明の発話が56レコード（0.5%）である。全体としては、おおむね、協力者とそれ以外の者とがほぼ半分ずつ発話しているデータと言える。

次に発話者数についてであるが、得られたデータに登場する発話者の総数は159人である。ただし、協力者の職場が同じであるケースが含まれている関係で、同一人物が重複している部分がある。具体的には、［16B］と［17A］、［16A］と［17B］、［16D］と［17D］、［16H］と［17J］、［16E］と［17K］がそれに当たる。これらを差し引いた154人が実際の異なり人数になる。この154人

の性別・年齢層・職業・職種等の属性については表3（前掲）を参照。

なお、表3の「仮名」の欄のたとえば「01A」「06B」などは、「01」「06」が資料の別を示し、「A」「B」が話者を示す。なお、「A」は常に協力者を指す。なお、数字が同じ人物たちは必ずしも全員同じ場面に同席していたというわけではなく、場面ごとに出入りがあったり、同じ場面に登場する場合でも時間的には前後する場合もある。

「勤続年数」の欄は、基本的には協力者についてのみたずねている。集まったデータの分布状況から判断して、「〜1年」「2〜4年」「5〜9年」「10〜19年」「20年〜」の5つのカテゴリーに分類してある。

154人の性別・年齢層別による内訳は次のとおりである。

女性は74人いるが、0代2人、10代1人、20代22人、30代16人、40代14人、50代9人、60代0人、不明10人である。20代にピークがある。

一方男性は62人いるが、0代1人、10代2人、20代5人、30代19人、40代13人、50代9人、60代5人、不明8人である。30代にピークがある。

このほか、性別不明が18人いるが、年齢層も全員不明である。

発話者自身に関する付加情報としては、上に述べた「性別」「年齢層」の他に、表3に示した項目が付加されている。

このほか発話には、発話の＜相手＞に関する情報も付加した。基本的には発話者の付加情報と同じ項目を付加したが、表3で言えば右側の3項目（職場の規模と勤続年数）はあまり意味がないと判断して付加しなかった。

なお、発話の相手に関する項目については、声の質からそれと特定できることの多い発話者の場合と異なり、相手の特定が確実にできるかどうかがじつは問題である。例えば2人の会話であれば相手の特定は容易にできるのであるが、参加人数が比較的多数である場合、相手の特定が必ずしも容易ではないケースが出てくる。わたしたち各担当者は、できる限り特定に努めたが（「相手多数」という"特定"も含めて）、判断の誤りが全くなかったとは言い切れない。これらの項目はわたしたちも分析に用い、また公開もするのであるが、そのような性質のものであることを了解いただきたい。

発話者および相手に関する項目としては、情報が部分的に重なるところがあるが、「発話者」「相手」という項目も設け、それが協力者であるかそれ以外であるかの区別をした。

　発話者と相手との＜相互関係＞に関する情報も付加した。ただし、相手の特定に関して生じた問題がここにも波及しており、相手の特定にもし判断の誤りがあればここにも連動して誤りが生じるので、その点注意が必要である。

　相互関係の項目として付加したものは、「性別関係」「年齢関係」「職場関係１」「職場関係２」「職階関係」「入社年関係」「つきあい年関係」「接触量関係」「会話量関係」「親疎関係」である。これらの情報については、協力者全員について総当たり方式で、その人とその人以外との関係を全てたずねておくのが理想であったが、調査を実施した時点でのわたしたちの方針が、協力者の発話のみを分析対象にしようというものであったため、協力者とそれ以外の人物の関係しか調べなかった。そこで、発話者または相手のいずれかが協力者である発話以外は、これらの項目には実質的なデータは入力されていない（「＊」が入力されている）。ただし、「性別関係」と「年齢関係」の項目については、各インフォーマントの情報がわかればその関係がわかることであるので入力してある。なお、「職場関係１」以降の情報の多くは、協力者の主観によるものであり、相手や第三者による判定はこれと異なる可能性がある。

　以下、相互関係の項目についてもう少し説明を加える。

　「性別関係」は、同性か異性かの情報である。

　「年齢関係」は、発話者と相手との年齢の上下関係であり、発話者を基準にして「上上」（＋20歳以上）、「上」（＋５～＋19歳）、「同」（＋４～－４歳）、「下」（－５～－19歳）、「下下」（－20歳以上）、の５つのカテゴリーに分けた。なおカテゴリー化は、データが集まり始めた段階での年齢の上下関係の分布を参考にしてこのように決めた（後に述べる「入社年関係」についても同様の手順による）。

　「職場関係１」は同僚か顧客かといったような比較的大まかな関係である。

それに対して「職場関係2」は同室か別室かといったようなもう少し細かい段階での関係である。
　「職階関係」は、発話者を基準にして「上上」「上」「同」「下」「下下」のいずれであるかを、協力者の主観により判定してもらった(「上上」は「上」よりもさらに上という意味)。ただし、先に述べたように、実際には協力者とそれ以外の関係しか把握してない。
　「入社年関係」は、発話者を基準にして「先先」（＋10年以上）、「先」（＋1〜＋9年）、「同」（＋0.9〜−0.9年）、「後」（−1〜−9年）、「後後」（−10年以上）、の5つのカテゴリーに分けた。
　なお、フェイスシートに書いてもらった人物以外が存在することが後に判明して再び協力者に問い合せたケースでは、「職階関係」についてであれば「上上」と「上」の区別（あるいは「下下」と「下」の区別）、「入社年関係」についてであれば「先」と「先先」の区別（あるいは「後後」と「後」の区別）が困難な場合が一部ある。それについては、それぞれ「上（上）」「下（下）」、「先（先）」「後（後）」とした。
　「つきあい年関係」は、あらかじめ「〜1年」「2〜4年」「5〜9年」「10〜19年」「20年〜」という5つのカテゴリーを用意しておき、協力者に判定してもらった。
　「接触量関係」「会話量関係」も、あらかじめ「多多」「多」「普通」「少」「少少」という5つのカテゴリーを用意しておき、協力者に主観的に判定してもらった。
　「親疎関係」についても、「親親」「親」「普通」「疎」「疎疎」という5つのカテゴリーをあらかじめ用意しておき、協力者に主観的に判定してもらった。
　なお、これは1レコードずつ順を追って見ていけばわかる情報ではあるが、直前のレコードとの間に発話者の交替があったかなかったかを見る項目として「直前文の話者との関係」を設けた。話者交替について機械的に分析する際利用しようと考えてのものである。

以上は会話の＜参加者＞に関する情報であったが、会話の＜状況＞に関する項目として、「場面１」「場面２」「場所」「調査日」「場面注記」「録音状態」を付加した。
　「場面１」は「朝」「会議」「休憩」の別、「場面２」はもう少し具体的な場面情報を入力してある。
　「場所」は、例えば室内での会話か廊下での会話かといった、会話がなされた場所に関する情報である。
　「調査日」は、調査がなされた日である。年・月のレベルまで入力してある。
　「場面注記」は、例えば「独り言」などといった情報を、必要に応じて入力した。
　「録音状態」は、その発話がどの程度鮮明に録音されたものであったかを、「良好」「やや不良」「かなり不良」「聞き取れず」の中から選んで入力した。分析する発話の物理的・音声的な信頼度を１発話ごとにチェックしたわけである。
　このほかに、＜データ管理＞に関する情報として、「行番号」（＝レコード番号）、「資料コード」を設けた。
　以上、やや込み入ってわかりにくい面があったかとも思うが、談話資料サンプルとして示すと次ページの表のようになっている。なお、紙の幅の制約でここでは４ブロックに分けて示したが、実際はこれらが横につながっている（表紙裏の折り込みページ参照）。なお、付録のデータは各項目が「，」で区切られたテキストファイル形式になっている。

データベースのサンプル

行番号	発話	資料コード	調査日	場面1	場面2	場所	直前文の話者との関係
7990	きのうねー、勝ったよ、ワールドカップの予選。	１４	1993年10月	朝	始業前雑談	室内	《最初》
7991	知ってた↑	１４	1993年10月	朝	始業前雑談	室内	同人
7992	見てた↑	１４	1993年10月	朝	始業前雑談	室内	別人

仮名(発話者の)	発話者性	発話年齢	発話者職業	発話者職種	発話者役職
14H	女	20代	公務員	大学事務員	？
14H	女	20代	公務員	大学事務員	？
14I	男	20代	公務員	大学事務員	？

相手性	相手年齢	相手職業	相手職種	相手役職
男	20代	公務員	大学事務員	？
男	20代	公務員	大学事務員	？
女	20代	公務員	大学事務員	？

性別関係	年齢関係	職場関係1	職場関係2	職階関係	入社年関係	つきあい年関係	接触量関係	会話量関係	親疎関係
異	同	同僚	同室	同	？	～1年	多々	多々	普通
異	同	同僚	同室	同	？	～1年	多々	多々	普通
異	同	同僚	同室	同	？	～1年	多々	多々	普通

6 文字化にあたって考えたこと

a 発話の考え方

　得られた録音資料を分析考察するにあたっては、音声を機械にかけて定量的、音質的、音韻的に扱ういわば動的・立体的方法と、文字化して語彙的、文法的、談話分析的に扱ういわば静的・平面的方法とが考えられたが、ここでは、後者の方法をとった。

　文字化するにあたっては、発話の単位を以下のように考えた。

　(1)意味のまとまりがある　(2)ポーズがある　(3)他者のさえぎりがない。

したがって、同一話者の発話でも、(1)(2)の場合は発話が切れることになる。

　また、さえぎりがあり、話者が交替した場合は意味のまとまりがなくても、切れることになる。

b 文字化する発話

　録音資料には、協力者の会話とは無関係に成立している他の話者の別会話が含まれているものがあるが、それらは文字化していない。

c 文字化の手順

　録音されたものを、まずアルバイターにおこしてもらい、それぞれの分担者が、聞き直して完成した。さらに、1人が全部通して聞いて、伸ばす音の長さ、イントネーションなどの表記をそろえるようにした。

d 文字化の原則

　録音資料の文字化に際しては、国立国語研究所（1995）、宇佐美（1996）などを参考にしながら以下のような原則を立てた。

　1　できるだけ音に忠実な表記をする。
　2　「私」「毎年」など読み方が複数考えられるものは平仮名で表記する。
　　　数字など（　）の中に発音を示すものもある。
　　　例：40（しじゅう）
　　　また、「満ち額（みちがく、またはにちがく）」のように、文字化担当者の注記を示すものもある（この注記の意味は、意味上は満ち額では

ないかと思われるが、にちがく（日額）とも聞き取れるということ）。なお、漢字の用い方は、原則として常用漢字表内のもので、公用文の書き方に準じる。

3　長音の表記について。
・語尾を長くのばした発音は長音記号「ー」で示す。二重母音のような発音は母音を重ねて示す。
　　例：はー。（詠嘆調に語尾をのばす）
　　　　はあ。（疑い、あるいは同意をあらわすような調子）
　　　　ええ。（あいづち、応答詞）
・「一応」「いちお」「いちよ」「いちよう」、「先生」「せんせー」など、複数の表記があるものは、原則として、漢字表記のものが通常の発音でなされたものを示し、他はその表記に近い発音がなされたことを示す。ただし、平仮名が連続しすぎて意味がとりにくい場合などは、漢字表記とし、「一応(いちお)」などと、発音を（　）内に示したものもある。

4　イントネーションについて。
・上昇は「↑」、疑問下降は「?」で示す。
・終助詞「わ」が下降イントネーションを伴う場合、「↓」で示す。
・発話途中の上昇イントネーション（いわゆる半クエスチョン）は、「'」で示す。

5　発話の途中で、次の話者の発話が始まった場合、次の話者の発話が始まった時点を「★」で示す。また、前の話者の発話に重なった部分は始まりを「→」、終わりを「←」で示す。
　　例：01A　スペインん時も、ずいぶん持っていって★いただきましたものね。
　　　　01D　→いや、スペインは←もうねえ、だめだった。

6　発話途中の聞き手のあいづちは、（　）に入れて示す。
　　例：ただね、（ええ　Inf（女））とうとう、けっきょくー、だから

ね、今日は、してない、出して、プリントアウトしてないの。
　　　　　　　　　　　　　　　　　　　　　　　　　　[06・会議]
　　ただし、ひとつの発話が終了した後のあいづち的発話は、独立した一発話として扱った。
　　　例：06E　そうしましょう。
　　　　06A　ね。
 7　相手のさえぎり、あるいは話者の自発的意志によって、発話が完結せず、言いかけで終わった場合、<言いさし>とする。また、発話途中でことばや表現につまって、発話が完結しなかった場合、<言いよどみ>とする。<言いさし>と<言いよどみ>の区別は、文字化担当者の判断による。
 8　発話の途中や終了時点で、発話者が笑った場合、発話内や、発話末に<笑い>とする。発話終了時の、話者を含む複数の笑いは発話末に<笑い・複>とする。
 9　発話がとぎれたときは、その長さ、場面の状況などに応じて、<間>（1、2秒）<沈黙>（3秒以上）<発話なし>（話者が場所を移動したりしてとぎれているような場合）とする。
10　発話中に出てくる個人名、企業名などは伏せた。ただし、伏せた内容が姓の場合は［名字］、企業名の場合は［会社名］のようにして、文脈をとるのに支障のないようにした。仮に「田中先生」と発話されていたとしたら、［名字］先生として「田中」を伏せたということである。
11　聞き取り不明の箇所は「♯」で示す。
e　文字化上の制約
　　データベース「桐」上で処理しているため、あいづちや、重なり（初めからのも、途中からのもある）など、発話の同時性を示すことができていない。

7 収録論文について

　職場の女性の話しことばの録音資料の収集、整理を分担したメンバーがそれぞれの興味に基づいて書いた10編を以下に掲げる。
　資料収集と資料整理は共同して行ったが、そのデータの活用のしかたはメンバー個々人の方法と選択に委ねた。
　第2章「女性専用の文末形式のいま」（尾崎）は、女性専用とされる文末形式を現在の女性たちがどの程度使用しているのかについて、機械検索の利点を生かして検証した。なお、当論文では、機械による分析の実際がどのようなものであるかという点についてもある程度理解してもらうために、資料の検索の手順についても詳細に述べている。
　第3章「疑問表現の様相」（中島）は、疑問の表現のヴァリエーションを探り、年齢・性など相手との関係による使用状況の分析を行った。
　第4章「職場の敬語のいま」（遠藤）は、語のレベルでの敬語を、データの検索機能を生かして拾い出し、敬語の使用・非使用を語の面、人の面から探ろうとしている。
　第5章「自称・対称は中性化するか？」（小林）は、自称詞、対称を語のレベルから検索し、性差の観点からその使用状況を観察したものである。
　第6章「『のっけちゃうからね』から『申しておりますので』まで」（谷部）は、接続助詞の「から」と「ので」の出現状況を考察し、また使用を同一話者の使い分けの状況から待遇表現としてとらえたものである。
　第7章「話しことばの『だから』『それで』」（三井）は、接続詞「だから」「それで」について、話しことばにおける独自の用法を考察したもの。
　第8章「『笑い』の意図と談話展開機能」（早川）は、談話中の「笑い」を検索し、その談話進行における機能や効果を考えようとしている。
　第9章「発話の『重なり』と談話進行」（本田）は、複数の話者が同時に発話している「重なり」を検索し、その「重なり」が起きる原因や、「重なり」の種類を考察している。

第10章「女性の働き方とことばの多様性」（高崎）は、職場によって、女性らしいことばの使用の実態が異なることと、各女性のとりうる表現の幅が、職種によってのびちぢみがあることを検証した。

第11章「『ね』のコミュニケーション機能とディスコース・ポライトネス」（宇佐美）は、言語運用上の効果という観点から終助詞「ね」のコミュニケーション機能を分類し、その「ディスコース・ポライトネス」における役割を探ろうとしている。

以上、概観で分かるように、2～7は、桐の検索機能をフルに活用して、できる研究として試みたという意味もある。又、8～10は、発話部分を一挙に画面で見られるという点を活用して、自然談話資料を談話研究として扱うことを試みたという意味もある。11も、自然談話資料をもとに、その対人コミュニケーション効果に焦点を当て、従来の終助詞「ね」に関する研究とは異なるアプローチを展開している。

こうした研究が、このデータベースを活用してできる、という例としての意味をこれらの収録論文は持っている。

なお、各論文に使われている用語について説明する。

今回、採集し、整理した資料全体のことを「談話資料」とし、録音をとってくれた19人の女性を「協力者」とする。場面は「朝」「会議」「休憩」の3つに分ける場合と、「打合せ」「会議」「雑談」など、談話の内容を指す場合がある。前者は、録音をとった「場面」で、データでは「場面1」とされている。後者は談話の「場面」で、データでは「場面2」とされている。なお、「朝」には会議・打合せ・雑談など、いろいろな談話が含まれるが、論文執筆者によって「朝」を総体的に捉えるものと、談話の内容から会議・打合せなどを抜き出して考えるものとがいる。

文中の［01］～［19］の記号は資料コードを示す。

［01］とは協力者01が録音した資料の意味である。また、［01A］［13B］などと示すのは、協力者01、協力者13の資料の中の話者A、Bであることを示している。なお、どの資料中でもAは協力者を指している。

さらに［02A・40f・会］とあるのは、協力者02の資料の中の、40代女性であるＡが、会議中での発話であることを示す。［　］内では、会議を「会」、打合せを「打」、雑談を「雑」、休憩を「休」、電話を「電」と略記している。

　以上の論文は、データの最終整理と並行して作成したため、この本に添付されたデータと、若干のズレが出ることがあるかもしれない。

　また、各論文中での検索処理は、それぞれの筆者の規定する条件のもとに行っている。そのため、同じ文字列の検索でも、処理の条件や方法により、結果が異なることがあることを付け加えておく。

【参考文献】
宇佐美まゆみ（1996）「言い切られていない発話の"politeness"」
　　　　　　　　　　昭和女子大学研究奨励補助金による報告書
国立国語研究所（1995）『テレビ放送の語彙調査Ⅰ』　秀英出版

第2章　女性専用の文末形式のいま

尾崎　喜光

1　はじめに

　わたしたちがこの共同研究をスタートさせた時点での最大の目標は、現代の職場における日本語の性差、特に女性の話し言葉の実態について、自然談話資料をもとに実証的に明らかにすることにあった。しかしながら本データは、そうした属性論的な社会言語学的資料としてのみ用いられうるのではなく、語彙や文法研究のための資料として用いることも可能である（たとえば「全然」と肯定辞の共起関係の実例検索など）。実際本書の他の章では、主としてそうした観点からの考察もあり、全体として総合的な研究報告になっているのであるが、本章では、当初の目的による分析のひとつとして、女性専用とされる文末形式（「～わよ」「～よ」「～だわよ」など）を対象に、職場で働く女性が現在それらをどの程度用いているのかを明らかにしていきたい。

　女性専用とされる文末形式の使用状況に関する実証的な研究は、アンケート調査・談話データ調査ともに、既にいくつか先行研究がある。

　井出祥子（1979）・井出祥子他（1985）のアンケート調査をコンパクトに紹介した川口容子（1987）は、男女ともに使用するバラエティの数が実は少なくないことを指摘している。

　高校生（男女）に対するアンケート調査を行なった小林美恵子（1993）は、使用する文末形式に明確な男女差はなく、また従来男性的とされた形式を女子も使用していることを報告している。

　談話データの調査では、例えばテレビのインタビュー番組の女性ゲストの談話を分析した遠藤織枝（1989）は、女性専用形式の使用例が実際には少な

いことを報告している。

　また、家庭内での自然談話を分析した三井昭子（1992）は、観察対象は少人数ではあるが、終助詞「わ」を含む形式の使用率が若年層ほど低くなってきていることを報告している。

　さらに、本データの予備的な分析を行なった尾崎喜光（1994）は、非常に限られたデータの範囲内での分析ではあるが、女性専用形式よりもむしろそうでない形式の方が女性の間でよく用いられていることを報告している。

　以上いずれの報告も、「女性専用」と言われる割には女性全体としての使用率はじつはそれほど高くなく、特に若年層ほどその傾向が強いという結論に落着きそうである。本データからはどのような結果が見えてくるのであろうか。

　なお、日本語の性差を見るのであれば、当然、男性専用とされる文末形式（「～だぞ」「～だぜ」など）の使用についても取り上げ、総合的に分析する必要があるのであるが、本稿では女性専用とされる形式に焦点を絞ることにした。

2　分析対象とする文末形式の整理

　本稿では、「～わよ」「～よ」「～だわよ」などといった女性専用とされる文末形式を分析対象とするが、分析に先立ちこうした表現をここで少し整理しておこう。

　こうした文末形式は、「～かしら」など別系列のものを除けば、次の2つの特徴に集約できる。

　　①終助詞「わ」の使用（付加）
　　②助動詞「だ」の不使用（削除）

　ただし助動詞「だ」は、終助詞「わ」を直後に伴って「だわ」とすると、女性専用になる。

　なお、しばしば終助詞として扱われる、女性専用の「の」「のよ」などに

現われる「の」についてだが、田野村忠温（1990）、マクグロイン・花岡直美（1993）、野田春美（1993）が指摘するように、「のです」に後接する「の」（例：「行くんですの」の「の」）など一部には終助詞化している部分はあるものの、多くの場合はこれらは「のだ」の「だ」が省略された形と見ることができるので、ここでもそのような扱いにする。

　こうした観点から、終助詞「よ」「ね」の接続まで考慮に入れて文末形式を整理すると表1（次ページ）のようになる。

　網かけをした枠は女性専用とされる形式を含む枠、大きく×をした枠は日本語として成立しない形式を含む枠である。

　Aは動詞・形容詞に後接する場合である。終助詞「わ」が付くか付かないで分類した。「わ」が付く方（網かけをした方の枠）が女性専用の形式である（矢印の左側の「¢」はその形式を含まないことを意味する）。ただし、「わ」が付く場合であっても、「よ」「ね」が後接せず、かつ下降のイントネーションで実現された場合、つまり「～わ。↓」と実現された場合は、使用者はむしろ男性であろう（これについては次のB・Cも同様）。

　Bは名詞・形容動詞に後接する場合である。これについては助動詞「だ」が付くか付かないかという軸と、終助詞「わ」が付くか付かないかという軸で分類した。「だ」と「わ」の両方が付くケースと、両方とも付かないケースが、女性専用の形式である。型の対立という点で言えば、「だ」が付き、「わ」が付かない形式（網かけをしてない枠）は、「だ」と「わ」がともに付く形式と対立しているとともに、「だ」と「わ」いずれも付かない形式とも対立している。

　Cは、動詞・形容詞にまず「の」が後接する場合である。上述のAのタイプをBのタイプにするわけであるから、結果は基本的にBと同じである。ただし、「だ」が付いた場合は、「の」は「ん」に置き代えられる。

　以下では、この観点からデータを分析していくことにする。すなわち、繰り返しになるが、次の3つの観点から文末形式を見ていく。

　①終助詞「わ」の使用

②助動詞「だ」の不使用

③終助詞「わ」+助動詞「だ」(=「だわ」)の使用

表1　終助詞「わ」と助動詞「だ」の接続

A．{動詞・形容詞} -わ-よ-ね

	ワ付き	ワ付かず
	ワヨネ -わ-よ-ね。→ わよね。 -わ-よ-¢。→ わよ。 -わ-¢-ね。→ わね。 -わ-¢-¢。→ わ。	ワヨネ -¢-よ-ね。→ よね。 -¢-よ-¢。→ よ。 -¢-¢-ね。→ ね。 -¢-¢-¢。→（ゼロ）。

B．{名詞・形容動詞} -だ-わ-よ-ね

	ワ付き	ワ付かず
ダ付き	ダワヨネ -だ-わ-よ-ね。→ だわよね。 -だ-わ-よ-¢。→ だわよ。 -だ-わ-¢-ね。→ だわね。 -だ-わ-¢-¢。→ だわ。	ダワヨネ -だ-¢-よ-ね。→ だよね。 -だ-¢-よ-¢。→ だよ。 -だ-¢-¢-ね。→ だね。 -だ-¢-¢-¢。→ だ。
ダ付かず	ダワヨネ -¢-わ-よ-ね。→*わよね。 -¢-わ-よ-¢。→*わよ。 -¢-わ-¢-ね。→*わね。 -¢-わ-¢-¢。→*わ。	ダワヨネ -¢-¢-よ-ね。→ よね。 -¢-¢-よ-¢。→ よ。 -¢-¢-¢-ね。→ ね。 -¢-¢-¢-¢。→（ゼロ）。

C．{動詞・形容詞} -の-だ-わ-よ-ね

	ワ付き	ワ付かず
ダ付き	ノダワヨネ -の-だ-わ-よ-ね。→ んだわよね。 -の-だ-わ-よ-¢。→ んだわよ。 -の-だ-わ-¢-ね。→ んだわね。 -の-だ-わ-¢-¢。→ んだわ。	ノダワヨネ -の-だ-¢-よ-ね。→ んだよね。 -の-だ-¢-よ-¢。→ んだよ。 -の-だ-¢-¢-ね。→ んだね。 -の-だ-¢-¢-¢。→ んだ。
ダ付かず	ノダワヨネ -の-¢-わ-よ-ね。→*のわよね。 -の-¢-わ-よ-¢。→*のわよ。 -の-¢-わ-¢-ね。→*のわね。 -の-¢-わ-¢-¢。→*のわ。	ノダワヨネ -の-¢-¢-よ-ね。→ のよね。 -の-¢-¢-よ-¢。→ のよ。 -の-¢-¢-¢-ね。→ のね。 -の-¢-¢-¢-¢。→ の。

3　分析対象とするデータの限定

「第1章　調査の概要」で述べたように、本データのうち、コメントのみのレコードおよび聞き取りが全くできなかったレコードを除いた、多少なりとも言葉が含まれていて分析の対象となるデータは、11,102レコードである。このデータの中から、女性専用とされる文末形式がどの程度使用されているかを観察するわけである。

さて、そうした形式のひとつである「わよ」であるが、仮に100件検索されたとしよう。この結果から、このデータの中で「わよ」が確かに使われているということは指摘できるが、その使用頻度について、高いとか低いとか言えるだろうか。

話しを単純にするために次のようなケースを考えてみよう。

この「わよ」が「白いわよ」という形でのみ100件現われたとする。そして「白いよ」「白いぞ」はゼロ件だったとする。つまり「白いわよ」は、「白いよ」「白いぞ」と表現される可能性を完全に排してそのように表現されたわけであるから、使用率は非常に高いと言えよう。

それに対して、「白いわよ」がやはり100件現われたが、「白いよ」「白いぞ」の方もそれぞれそれをはるかに上回る1,000件現われたとする。この場合は、「白いわよ」の使用率はむしろかなり低いと言わざるをえない。

つまり、「使用頻度」を問題にする場合は、単に何回使用されたかを観察するだけでは意味がなく、＜使用される可能性のある文法的環境の中でどの程度使用されたか＞を見る必要がある。つまり、当の語形のみを検索するのではなく、それが出うる環境全てを考慮に入れ、その中でどの程度使われたかを問うのでなければ意味がないのである。別の言葉で言えば、＜母集団を確定せよ＞ということになる。なおこの議論については尾崎喜光（1996）も参照のこと。

しかし、「わよ」を検索することは比較的容易であるが、それに対立する語形を検索するのは、じつは容易ではない。

今わたしたちのデータから文字列「わよ」を含むデータを検索すると27件検索される。この27件は全て終助詞としての「わよ(ね)」を含むものであり、それ以外の「わよ」はなかった。
　さて、これに対立する語形のひとつである「わ」の付かない「よ」であるが、これを含むデータを検索すると1,651件検索される。この中には「教えてあげようか↑、連絡先。」に含まれる「よ」のように、終助詞とは全く関係ないものも含まれている。これらを排除することはもはや機械的にはできず、全て手作業で処理する以外にない。
　「よ」を後接しない「わ」を扱う場合は、問題はさらに深刻である。それに対立する語形は「ゼロ」であるので(もちろん「ゼロ」という文字列ではなく、データとしてゼロという意味である)、機械検索は不可能である。全データをひとつひとつ手作業で処理していくしかない。
　もちろん時間にゆとりがあれば、こうした手作業によるチェックをするのもよいのであるが、せっかくの機械検索という利点が十分活かされないことになる。
　そこで本稿では、全てのデータを観察するのではなく、観察するデータに限定を加え、機械検索の利点を十分に活かすこととした。
　例えば、先ほどから話題にしている「わよ」について言うと、この現われ方を観察する場合、このままだと、対立する検索語形のひとつが、文字列が1つだけの「よ」になってしまい、処理が大変なことになってしまう。しかし、「わよ」の直前を、例えば＜形容詞の終止形＞（形容詞型の助動詞「ない」「たい」「らしい」なども含む）に限定すれば、直前は必ず「い」になるので、語形の上から対立語形をかなり絞り込むことができる。つまり「いわよ」と「いよ」を比較しようというわけである。これで検索すると、「いわよ」が15件、「いよ」も131件と、かなり絞り込んだ結果が得られる。こののち、はたして終助詞が検索されているか否かをひとつづつチェックしていくのであるが、この程度の数であれば作業もそれほど困難ではない。ただし、直前に「い」が来た場合でも、「よ」や「ね」を後接しない「いわ」に

なると、対立する語形が文字列が1つだけの「い」になってしまい、これも大変なことになってしまう。そこで、「よ」「ね」のうち少なくとも1つが後接することを、もうひとつの条件とした。つまり、対立する語形のうち、短い方であっても2文字にはなるように限定を加えたわけである。

なお、こうした限定は、10,000レコードを越す＜大量のデータ＞の中から、＜ひらがな＞だけの短い文字列を検索するという条件から考慮せざるをえなかったことがらであり、データの範囲を限定したり、使用頻度が低いことが予想される文字列を検索する場合は（例えば漢字を含んだり文字列が長かったりする場合）、このような限定は必ずしも必要ない。

以下本稿では、こうした限定を付けて、終助詞「わ」の使われ方を分析していくことにする。4.2で論じる助動詞「だ」についても、これと同種の限定を付けて分析していくことにする。

4 データの観察と分析
4.1 終助詞「わ」の使用
4.1.1 概況

終助詞「わ」を付けるか否かの対立である。ただし、上に述べたような限定を付けたので、実際には「〜いわ（よ）（ね）」と「〜い（よ）（ね）」の対立を見ることになる（「よ」「ね」のうち少なくともいずれかひとつは選ばれる）。

なお、後者のうち「〜いよ」については、主として男性に用いられていると考えられる「〜いぞ」ともじつは対立しているのであるが、女性専用の形式に焦点を絞ることにした本稿ではその対立は考慮の対象外とし、終助詞の部分は「よ(ね)」または「ね」に限定して、その中で「わ」が付くか付かないかを問題にすることにする。

以下、これに関するデータを観察していく。

まず「いわよ」についてだが、これを含むものを検索すると15件検索され

る。この中には分析対象にならないものは含まれていなかったので、データ数は15件である。なお「いわよね」などとさらに終助詞が続く形はなかった。

また、「よ」を介さず「いわね」となるものを検索すると11件検索される。全て該当するデータであった。

これに対して、「わ」を伴わない形式の一つである「いよ」を含むものを検索すると131件検索される。この中には分析対象とならないデータが39件ある（例えば「なんか、あのー。＜言いよどみ＞」や、「いよいよあしたからですよね。」に含まれる「いよ」）。また、「だから、毎年待ち望んでるファンがいるみたいよ。」のように、形容動詞から「だ」の取れたものが4件あった。そこで、それらを差し引いた88件が、該当するデータとなる。これを形の上からさらに分類すると、「～いよ」47件、「～いよな」6件、「～いよね」35件であった。

また、やはり「わ」を伴わない形式であるが、「よ」を介さず「いね」となるものを検索すると53件あった。このうち本分析に全く該当しないものが16件、形容動詞であるために該当しないものが2件あり、それらを差し引くと35件となる。

以上の観察結果をまとめると、次のようになる。

「～いわよ」15件に対して、「～いよ」88件（「～いよ」47件、「～いよな」6件、「～いよね」35件）。ただし「～いよな」は、「わ」を含む「～いわよな」が存在しえず、対立をなさないため（実際にわたしたちのデータでも文字列「いわよな」は観察されない）、差し引く必要がある。そうすると、「～いわよ」15件に対して、「～いよ」82件（「～いよ」47件、「～いよね」35件）ということになる。また、「～いわね」11件に対して、「～いね」35件である。

なお、以上のデータの中には、発話者が男性のデータも29件含まれている。その内訳は、「～いわよ」0件に対して、「～いよ」20件（「～いよ」14件、「～いよね」6件）。「～いわね」0件に対して、「～いね」9件である。

それらを差し引いた女性のデータは88件である。その内訳は、「～いわよ」

15件に対して、「〜いよ」62件(「〜いよ」33件、「〜いよね」29件)。「〜いわね」11件に対して、「〜いね」26件である。

以上をグラフにより示すと図1〜図4のようになる。合計で見ると、終助詞「わ」の女性による使用は合計26件、不使用は合計88件ということになる。構成比にすると、「わ」の使用が22.8％、不使用が77.1％ということになる。終助詞「わ」の使用は実際にはかなり少ないことがわかる。

件数が少ないため安定した差とは言えないかもしれないが、「わよ(ね)」と「わね」の使用率に少し差があり、「よ」が後接する場合よりも、「ね」が直接後接する場合の方が、「わ」を伴いやすいようである。簡単に言えば「白イワヨ(ネ)」は言いにくいが「白イワネ」は言いやすい、ということである。文法的性質の面で、「わ」と「よ」はどちらかと言えば対立関係、逆に「わ」と「ね」は、どちらかと言えば共振関係にあるということであろうか。

なお本稿では女性の方の言語行動に焦点を当てているのであるが、男性による終助詞「わ」の使用に少し注目すると、使用が0件、不使用が29件という結果が得られた(図3・図4を参照)。終助詞「わ」は、特に「よ」「ね」が後接する場合、男性による使用例は皆無である。この点から言えば、女性による「わ」の使用率が低いということも確かに事実ではあるが、しかしその一方で、「わ」は現在でも確かに女性専用であるということもまた事実であることが、このデータから確認されるのである。

また、女性について言えば、「いよ」のうち、「な」を含む「〜いよな」という、どちらかと言えば男性専用かと思われる形式が女性によっても使われている点も注目される。

4．1．2　年齢差

以上の結果のうち、女性のデータについて年齢層別に示すと図5〜図16のグラフのようになる。図5〜図10は使用件数、図11〜図16は異なり人数であ

る。

　グラフを概観すると、使用件数・異なり人数いずれについても、「よ」を後接する「わよ(ね)」は高年層に多く、「よ」を後接しない「わね」は逆に若年層に多いようである。このような違いが生じる明確な理由については、現在のところ不明である。

　こうした対立するものをまとめてもあまり意味がないかもしれないが、合計すると図9・図10・図17・図18のようになり、終助詞「わ」だけに焦点を絞ると、全体としては明確な年齢差は認められないようである。「わ」の使用は全体としては少数派であり、おそらくそれは衰退の結果であると推測されるが、年齢による変動は現在あまり無く、どちらかと言えば低いレベルで安定しているようである。

　図19・図20は個人別に見た使用状況である（上側ほど若い；同じ年齢層の間でも上側ほど若くなるよう配列してある）。図20は図19を構成比に直したものである。図20の「使用」の模様の分布状況に注目すると、やはり明確な年齢差は認められないようである。

　これをもとに個人ごとの使用パタンを見たのが図21・図22である。「わ」について、「専用」「混用」「不使用」の3つのカテゴリーに分けた。

　一貫して「わ」を使う「専用」は、どの世代でも皆無である。主流のパタンは、一貫して「わ」を使わない「不使用」である。

　なお、図21・図22は、図19の「使用」「不使用」の合計頻度が最低の1であった人をも含めやや強引に分類したのであるが、わずか1回のチャンスでどのパタンであるかを云々するのは多少問題がある。そこで、こうしたパタンについての情報をもう少し安定させるべく、複数回チャンスがあった人、すなわち合計頻度が2以上の人だけを抽出してまとめ直したのが図23・図24である。

　基本的には図21・図22と同じ結果と言える。ただし、基準を厳しくした当然の結果ではあるが、「混用」の比率が少し高くなり「不使用」と張り合うような形になっている。明確な年齢差はここでも認められないようである。

4.2 助動詞「だ」の不使用
4.2.1 概況

　助動詞「だ」を付けるか否かの対立である。もちろん、付けない方が女性専用とされる形式である。終助詞「わ」の場合と同様、機械による検索の利点を生かすために、ここでも検索する範囲に限定を加えた。いくつかの可能性があると思うが、ここでは「だ」の直前を、いわゆる「のだ」形の「の」に限定することにする（ただし直後に「だ」が来るため実際には「の」ではなく「ん」で限定することになる）。そして「だ」の直後については、「わ」の場合と同様、終助詞「よ」「ね」のうち少なくとも1つが後接することを、もうひとつの条件とした。すなわち、実際には「～んだ(よ)(ね)」と「～の(よ)(ね)」の対立を見ることになる。

　まず「だ」の省略された「のよ」についてだが、これを含むものを検索すると130件検索される。この中には、分析対象にならないデータが15件含まれているので、対象となるデータは115件である。このうち、「のよ」で終わるものが91件、さらに「ね」が続いて「のよね」となるものが24件あった（「よ」の後に「ね」以外が続くものは無かった）。

　また、「よ」を介さず「のね」となるものを検索すると110件ある。この中には分析対象とならないデータが51件含まれているので、対象となるデータ数は59件である。

　これに対して、「だ」を伴う形式の一つである、「んだよ」を含むものを検索すると120件検索される。このうち分析対象とならないデータが1件あるので、それを差し引いた119件が該当するデータである。これを形の上からさらに分類すると、「～んだよ」47件、「～んだよな」9件、「～んだよね」63件であった。

　また、やはり「だ」を伴う形式の一つであるが、「よ」を介さず、「んだね」となるものを検索すると4件ある。このうち本分析に全く該当しないものは含まれていなかった。

以上の観察結果をまとめると、次のようになる。

　「〜のよ」115件（「〜のよ」91件、「〜のよね」24件）に対して、「〜んだよ」119件（「〜んだよ」47件、「〜んだよな」9件、「〜んだよね」63件）。ただし「〜んだよな」は、「だ」を含まない「〜のよな」が存在しえず対立をなさないため（実際にわたしたちのデータでも文字列「のよな」は観察されない）、これらについては差し引く必要がある。そうすると、「〜のよ」115件に対して、「〜んだよ」110件（「〜んだよ」47件、「〜んだよね」63件）ということになる。また、「〜のね」59件に対しては、「〜んだね」4件である。

　なお、以上のデータの中には、発話者が男性のデータも60件含まれている。その内訳は、「〜のよ」6件（「〜のよ」6件、「〜のよね」0件）に対して、「〜んだよ」46件（「〜んだよ」24件、「〜んだよね」22件）。「〜のね」6件に対して、「〜んだね」2件である。

　それらおよび性別不明のデータ（3件）を差し引いた女性のデータは225件である。その内訳は、「〜のよ」109件（「〜のよ」85件、「〜のよね」24件)に対して、「〜んだよ」61件（「〜んだよ」21件、「〜んだよね」40件）。「〜のね」53件に対して、「〜んだね」2件である。

　以上をグラフにより示すと図25〜図28のようになる。合計で見ると、女性による助動詞「だ」の不使用は162件、使用は63件ということになる。構成比にすると、助動詞「だ」の不使用が72.0％、使用が28.0％ということになる。先の助動詞「わ」の場合と異なり、助動詞「だ」の不使用は比較的高い（＝女性専用とされている語形がよく使われている）ことがわかる。

　「だ」を伴わない形式について、「のよ(ね)」が64.1％、「のね」が96.3％と、使用率に差がある。「よ」が来る場合よりも「ね」が直接来る場合の方が、「だ」が省略されやすいようである。簡単に言えば、「行クノヨ（ネ）」はやや言いにくいが「行クノネ」は非常に言いやすい、ということである。文法的性質の面で、「だ」の省略は「よ」の付加とはやや対立関係に、逆に「ね」の付加とは共振関係にあるということであろうか。

なお本稿では女性の方の言語行動に焦点を当てているのであるが、男性による助動詞「だ」の不使用に少し注目すると、不使用が12件、使用が48件という結果が得られた（図27・図28を参照）。件数が少ないため安定した数値ではないかもしれないが、「のね」の使用率の高さは特に注目される。先の終助詞「わ」の場合と異なり、「だ」の不使用は男性にも見られるわけであり、ここからすると「だ」の不使用は、現在では女性専用とは言い難い。しかしながら、男女間に差が認められることもまた事実である。特に、件数が比較的多くデータが安定していると推測される「のよ(ね)」については、男女間に大きな差が認められる。

　結論としては、助動詞「だ」の不使用は、終助詞「わ」に見られたような＜カテゴリカルな男女差＞ではなく、＜傾向的な男女差＞であると言える。しかしその差は大きく、特に、データが安定していると推測される、「のよ(ね)」の男性の使用率がかなり低いことも考慮すると、なかばカテゴリカルな男女差になっているとも言える。

　対立する「〜のよな」が日本語として成り立ち得ないため今回は分析の多少から外した「〜んだよな」についてだが、9件のうち4件は女性（4人）によるものであったことを付記しておく。どちらかと言えば男性専用と思われる形式が女性によっても使われている点は注目される。

4．2．2　年齢差

　以上の結果のうち、女性のデータについて年齢層別に示すと図29〜図42のグラフのようになる。図29〜図34は使用件数、図35〜図42は異なり人数である。

　グラフを概観すると、使用件数・異なり人数いずれについても、「だ」を伴わない形式の使用は高年層に多く、「だ」を伴う形式の使用は逆に若年層に多い。先に見た終助詞「わ」の場合と異なり全体としては女性形がまだまだ使われているが（特に「よ」を介さない「のね」はかなりの人がよく使っ

-45-

ている)、しかしその一方で若年層に向かって衰退の傾向も見られる(特に図30・図38の「よ」を介す「のよ(ね)」で)。ただし、厳密に言えば、この年齢層別のデータからだけでは、加齢に伴う「習得」と読むべき可能性を否定できないので、これを本当に「衰退」と読んでいいかどうかには問題が残る。しかし、少なくとも「衰退」も反映されているものと読むのは、おそらく間違いのないところであろう。

　図43・図44は個人別に見た使用状況である(上側ほど若い;同じ年齢層の間では上側ほど若くなるよう配列してある)。図44は図43を構成比に直したものである。図44により全体的分布模様を見てみると、「不使用」とした女性形の使用率は若年層になるほど少なくなっており、女性形使用の衰退傾向が認められる。40代と30代の間が境目になっているようである。

　これをもとに、個人ごとの使用パタンを見たのが図45・図46、そしてさらに、合計頻度が2以上の人だけを、抽出してまとめ直したのが図47・図48である。「だ」について、「不使用」「混用」「専用」の3つのカテゴリーに分けた。

　終助詞「わ」の場合は、先に見たとおり、一貫してそれを使うという人は皆無であったが、助動詞「だ」の場合は、一貫して「だ」を使わない(＝一貫して女性形を使う)という人、つまり「不使用」というカテゴリーに含まれる人が存在する点はまず注目される。ただし、図46・図48によると、そのような人は高年層に多く、若年層になるほど「混用」が増えてくる。特に20代では、一貫して「だ」を使うという人も4人に1人ほど認められる(ただし総使用度数が低いので——該当する2人とも総使用度数は「2」——あまり確定的には言えない)。

　使用件数・使用者数・使用パタンのいずれから見ても、助動詞「だ」を用いない女性形は、全体としては女性の間でまだまだ普通に使われてはいるものの、特に30代以下の世代においては衰退に向かっているようである。

4．3 終助詞「わ」＋助動詞「だ」（＝「だわ」）の使用
4．3．1 概況

　4．2では、助動詞「だ」を用いないのが女性専用の形式であるとして、分析を進めたが、「だ」を用いる場合でも、直後に終助詞「わ」を伴って「だわ」となる場合は女性専用と考えられる（ただし、「だわ」に終助詞「よ」「ね」が続かず、しかも下降音調になる形式であれば男性も使用する）。
　そこで最後に、これについて観察することにする。ただし、直接「だわ」と「だ」を比較するとなると、「だ」を含むものを検索した時に、膨大なレコードが検索されてしまうことが予測されるので、ここでもこれまでと同様に文字列に制限を加え、終助詞「よ」「ね」のいずれかが来る場合に限定する。すなわち、「～だわ（よ）（ね）」対「～だ（よ）（ね）」の対立を見ることになる（「よ」「ね」のうち少なくともいずれかひとつは選ばれる）。この限定を付けることにより、「だわ。」で終わって下降音調となり男性も用いることのある形式を検討対象から外せるという効果も、結果的に得られる。
　まず、「だわよ」についてだが、これを含むものを検索すると0件検索される。わたしたちのデータに「だわよ」は全く存在しなかった。
　また、「よ」を介さず「だわね」となるものを検索すると1件検索される。これは該当するデータであった。
　これに対して、「わ」を伴わない形式の一つである「だよ」を含むものを検索すると110件検索される。このうち分析対象とならないデータが2件ある（この内1件は方言形の可能性のある「…読まなきゃいけないだよね。」）。これらを差し引いた108件が、該当するデータである。これを形の上からさらに分類すると、「～だよ」49件、「～だよな」4件、「～だよね」55件であった。
　また、やはり「わ」を伴わない形式であるが、「よ」を介さず「だね」となるものを検索すると62件検索される。このうち分析対象とならないデータ

が9件あり、それらを差し引くと53件となる。

　以上の観察結果をまとめると、次のようになる。

　「～だわよ」0件に対して、「～だよ」108件（「～だよ」49件、「～だよな」4件、「～だよね」55件）。ただし「～だよな」は、「わ」を含む「～だわよな」が存在しえず対立をなさないため（実際にわたしたちのデータでも文字列「だわよな」は観察されない）、差し引く必要がある。そうすると、「～だわよ」0件に対して、「～だよ」104件（「～だよ」49件、「～だよね」55件）ということになる。また「～だわね」1件に対して、「～だね」53件である。

　以上のデータの中には、発話者が男性のデータも38件含まれている。その内訳は、「～だわよ」0件に対して、「～だよ」23件（「～だよ」13件、「～だよね」10件）。「～だわね」0件に対して、「～だね」15件である。

　それらを差し引いた女性のデータは120件である。その内訳は、「～だわよ」0件に対して、「～だよ」81件（「～だよ」36件、「～だよね」45件）。「～だわね」1件に対して、「～だね」38件である。

　以上をグラフにより示すと図49～図52のようになる。女性にしろ男性にしろ、「だわ」の使用は非常に少ないことがわかる。男性は皆無であるし、女性についても、「ね」を直後に伴う場合での、わずか1件であった。女性のデータについて構成比で見てみると、「だわ」の使用は全体で0.8％、不使用は99.1％ということになる。このデータで見る限り、女性による「だわ」の使用は現在皆無に近いことがわかる。「よ」「ね」を伴う「だわ」は、もはや現役の「女性専用形式」というよりも「死語」「旧女性専用形式」に近づきつつあると言えそうである。唯一の使用者は、50代の協力者［04A］であった。

　年齢層別の集計などを出してもほとんど意味がないので、以下の分析は省略する。

　　※今までに出てきた図1～図52を次ページより、7ページにわたって掲載する。

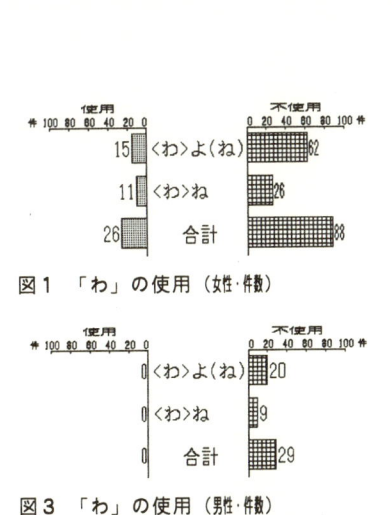

図1 「わ」の使用（女性・件数）

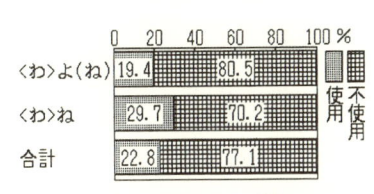

図2 「わ」の使用（女性・構成比）

図3 「わ」の使用（男性・件数）

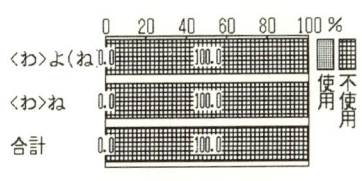

図4 「わ」の使用（男性・構成比）

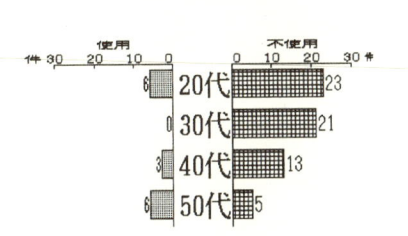

図5 「わよ(ね)」の年齢層別使用（女性・件数）

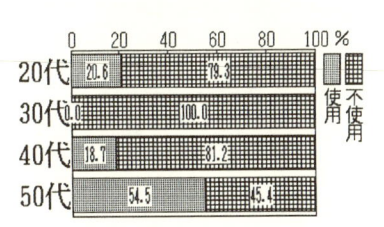

図6 「わよ(ね)」の年齢層別使用（女性・構成比）

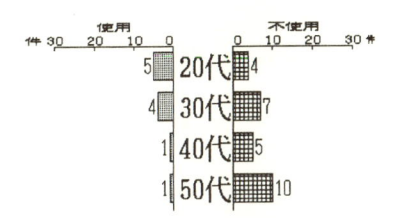

図7 「わね」の年齢層別使用（女性・件数）

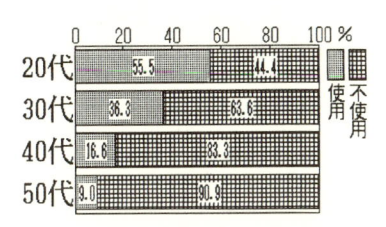

図8 「わね」の年齢層別使用（女性・構成比）

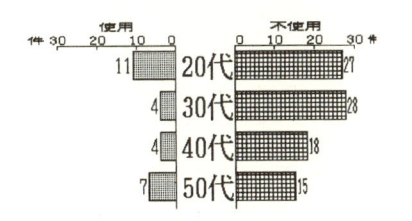

図9 「わ」の年齢層別使用（女性・件数）

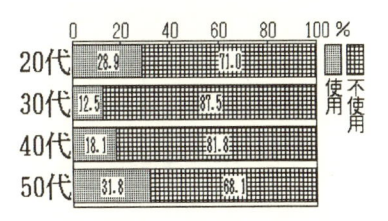

図10 「わ」の年齢層別使用（女性・構成比）

図11 「わ」の使用 (女性・異なり人数)

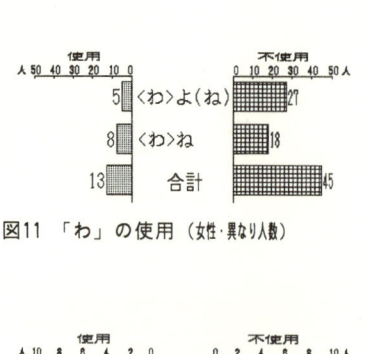

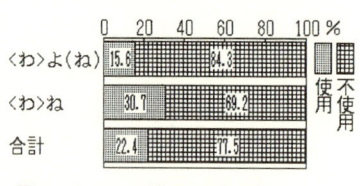

図12 「わ」の使用 (女性・構成比)

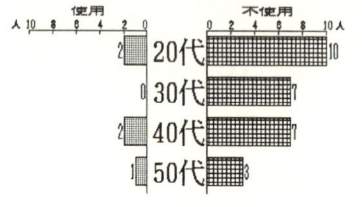

図13 「わよ(ね)」の年齢層別使用 (女性・異なり人数)

図14 「わよ(ね)」の年齢層別使用 (女性・構成比)

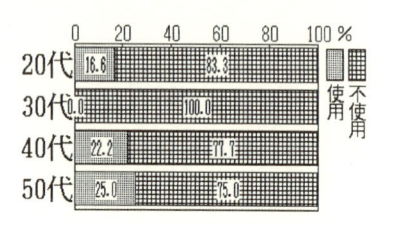

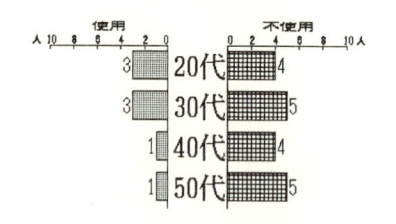

図15 「わね」の年齢層別使用 (女性・異なり人数)

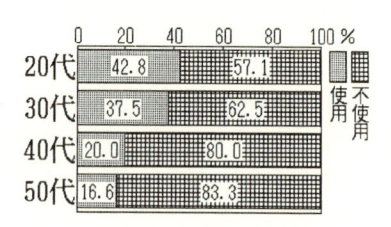

図16 「わね」の年齢層別使用 (女性・構成比)

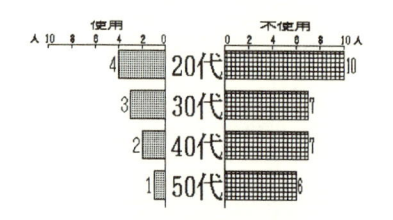

図17 「わ」の年齢層別使用 (女性・異なり人数)

図18 「わ」の年齢層別使用 (女性・構成比)

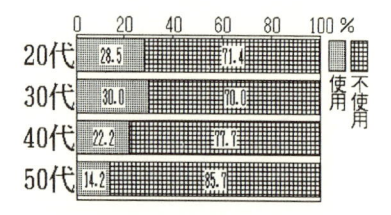

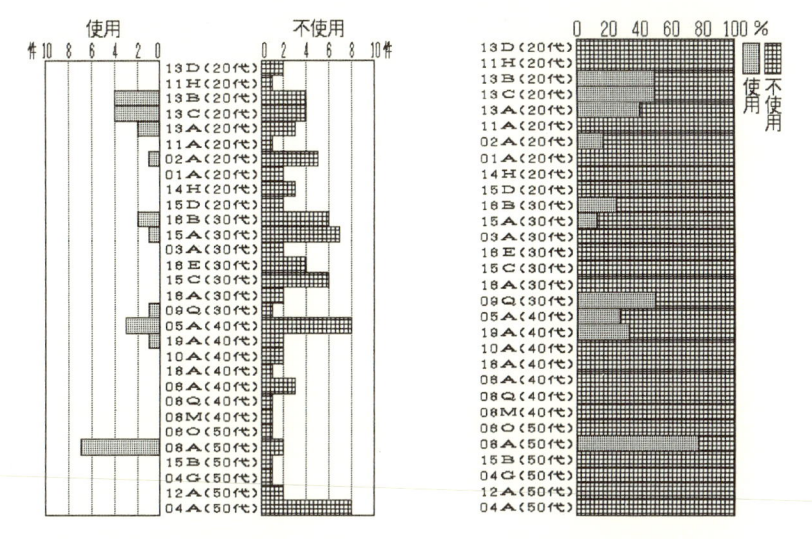

図19 「わ」の個人別使用状況（女性・件数）　　図20 「わ」の個人別使用状況（女性・構成比）

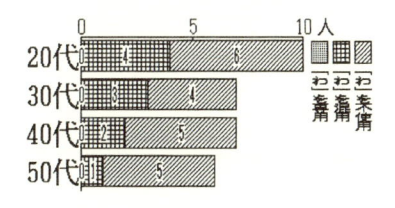

図21 「わ」の使用パタン（女性・人数） 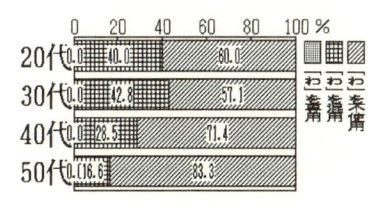　　図22 「わ」の使用パタン（女性・構成比）

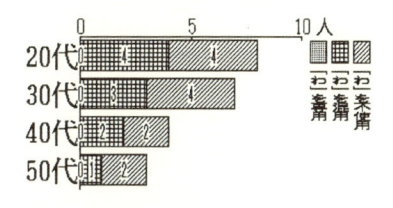

図23 「わ」の使用パタン（女性・人数）
　　　［総使用度数「2」以上］

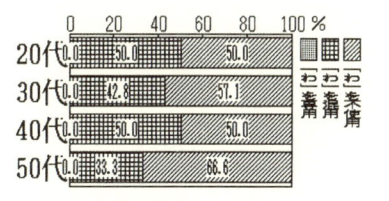

図24 「わ」の使用パタン（女性・構成比）
　　　［総使用度数「2」以上］

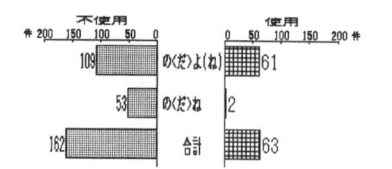

図25 「だ」の不使用（女性・件数）

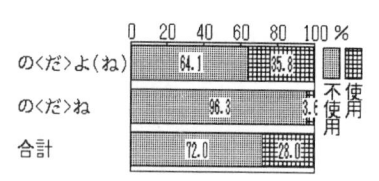

図26 「だ」の不使用（女性・構成比）

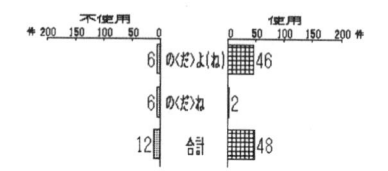

図27 「だ」の不使用（男性・件数）

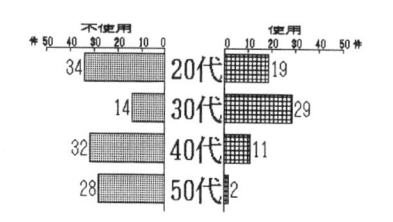

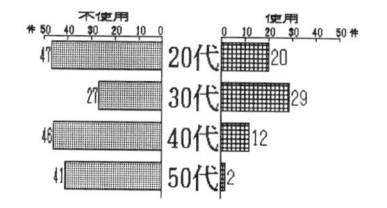

図28 「だ」の不使用（男性・構成比）

図29 「だよ（ね）」の年齢層別不使用（女性・件数）

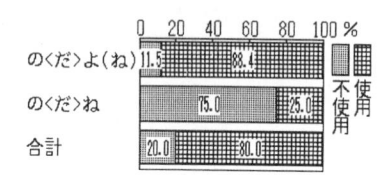

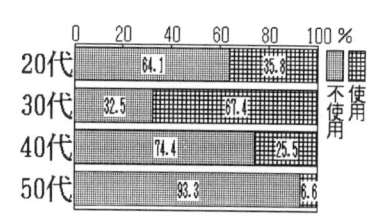

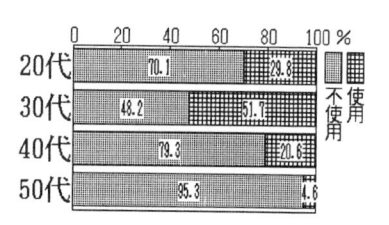

図30 「だよ（ね）」の年齢層別不使用（女性・構成比）

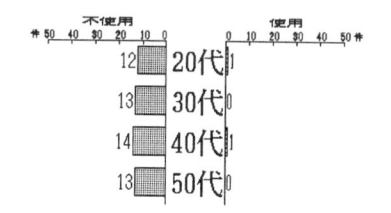

図31 「だね」の年齢層別不使用（女性・件数）

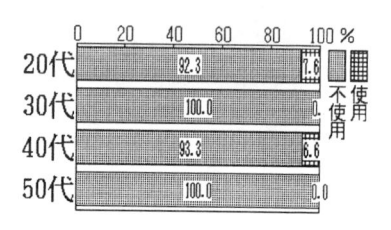

図32 「だね」の年齢層別不使用（女性・構成比）

図33 「だ」の年齢層別不使用（女性・件数）

図34 「だ」の年齢層別不使用（女性・構成比）

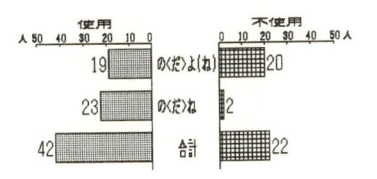

図35 「だ」の不使用（女性・異なり人数）

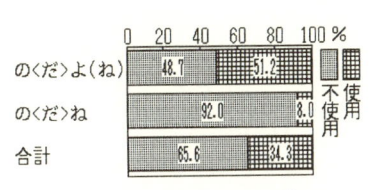

図36 「だ」の不使用（女性・構成比）

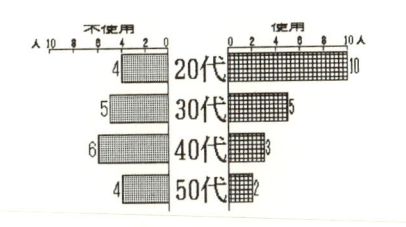

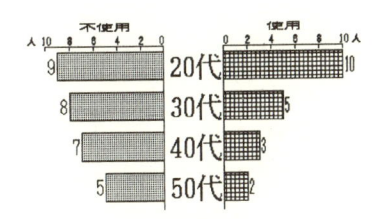

図37 「だよ(ね)」の年齢層別不使用（女性・異なり人数）

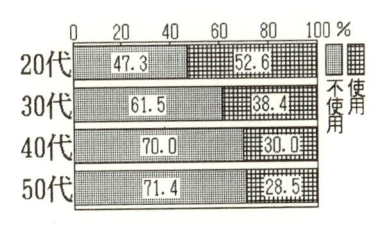

図38 「だよ(ね)」の年齢層別不使用（女性・構成比）

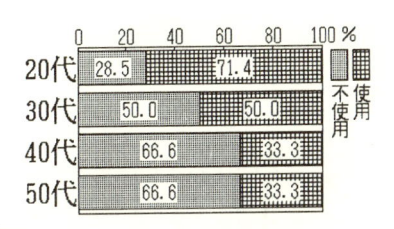

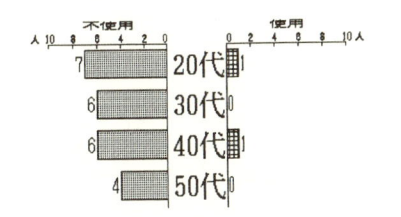

図39 「だね」の年齢層別不使用（女性・異なり人数）

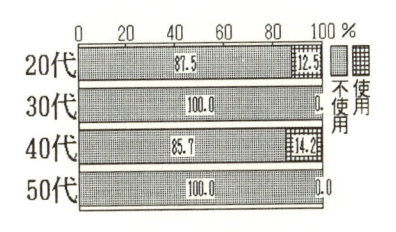

図40 「だね」の年齢層別不使用（女性・構成比）

図41 「だ」の年齢層別不使用（女性・異なり人数）

図42 「だ」の年齢層別不使用（女性・構成比）

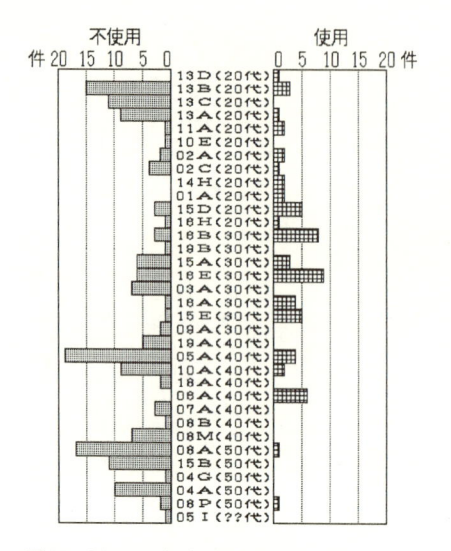

図43 「だ」の個人別使用状況（女性・件数）

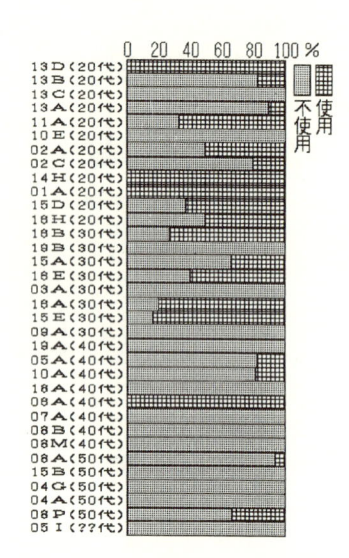

図44 「だ」の個人別使用状況（女性・構成比）

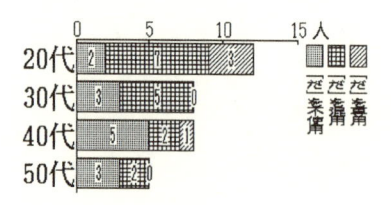

図45 「だ」の不使用パタン（女性・人数）

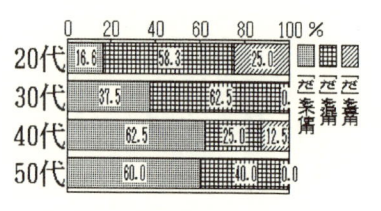

図46 「だ」の不使用パタン（女性・構成比）

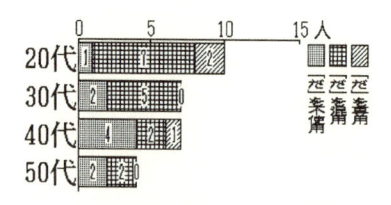

図47 「だ」の不使用パタン（女性・人数）
　　［総使用度数「2」以上］

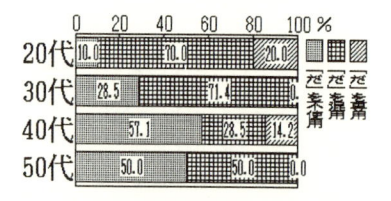

図48 「だ」の不使用パタン（女性・構成比）
　　［総使用度数「2」以上］

- 54 -

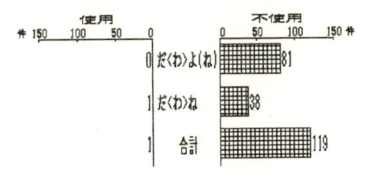

図49 「だわ」の使用（女性・件数）

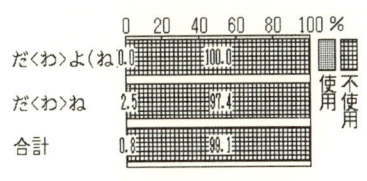

図50 「だわ」の使用（女性・構成比）

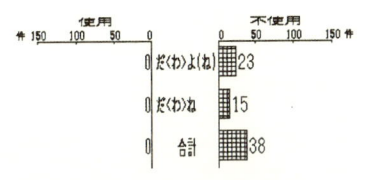

図51 「だわ」の使用（男性・件数）

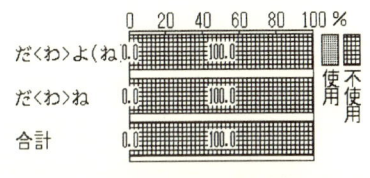

図52 「だわ」の使用（男性・構成比）

5 まとめ

以上の観察結果・分析をここでまとめると、次のようになる。

①終助詞「わ」の使用について。

　男性による使用は皆無であり、使用者は女性に限られるという点で、現在でも女性専用の形式となっている。しかし、女性専用とは言うものの、「わ」を使い得る文法的環境においていつも、あるいは皆が使っているというわけではなく、ケース数・使用者数ともに使用率はむしろ低く、どちらかと言えば現在では少数派である。つまり、「専用性」が低くなっている。おそらく衰退に向かっているものと思われるが、データからは一貫した明確な年齢差は認めにくい（「わね」の場合はむしろ若年層に向かって増加しているようでさえある）。ある程度衰退し、現在は安定期になっているということなのかもしれない。なお、個人別に見たパタンとしては、使い得る文法的環境で必ず「わ」を使うという「専用」は皆無であり、一貫して使わない「不使用」、ないしは使ったり使わなかったりという「混用」のいずれかであり、数値としては両者が張り合う状況である。パタンについても明確な年齢差は認められない。

②助動詞「だ」の不使用について。

　男性も実際使っているという点からいうと、カテゴリカルな女性専用形式ではなく傾向的な性差である。しかしその差は大きく、また男性の使用率はかなり低い点からすると、なかばカテゴリカルな性差であるとも言える。終助詞「わ」の場合と異なり、全体としては女性の間でまだまだ普通に使われている（専ら女性形を使う人さえ結構いる）。しかし、特に30代以下の世代においては衰退に向かっている。

③助動詞「だ」＋終助詞「わ」（＝「だわ」）の使用について。

　「よ」「ね」を伴う「だわ」については、男性のみならず女性の使用も皆無に近い。もはや現役の「女性専用形式」というよりも「死語」「旧女性専用形式」に近づきつつある状況である。

一口に女性専用の文末形式と言っても、使用状況はいろいろであることが明らかになった。よく使用される順に並べると、「『だ』の不使用」＞「わ」＞「だわ」という順番になる。終助詞「わ」のように、女性であることを積極的にマークする形式の使用が先行して衰退し、助動詞「だ」の＜不使用＞のように、女性であることを消極的にマークする形式の使用がその後を追う、という形になっている。

6　おわりに

　本稿では、日本語の性差の実証的な研究のひとつとして、女性専用とされる文末形式の使用状況について、自然談話データを観察し分析をおこなった。その結果、以上に述べたような知見が得られたわけである。
　しかしながら、ここで得られた知見は、次のような限定付きであったという点は留意しておかなければならない。
①機械による分析の利点を生かすため、分析対象とする範囲に限定を加えた。
②女性専用とされる文末形式に焦点を絞った。
③職場のみを調査対象とした。
　このうち③は、わたしたちの研究全体に関わる大きな課題である。今後は職場以外でのコミュニケーション場面についても、同種の調査を試み、同じことがそこにおいても言えるのか否かを明らかにするとともに、今回の「職場」という領域が、女性の言語生活全体の中でどのように位置付けられるものであったかをも明らかにする必要がある。
　それに対して①と②は、今回の調査範囲内での課題である。
　①については、ひとつひとつのチェックが手作業になるため多くの時間を費やすことになるが、今回対象外とした部分についても観察することをとおして全体としてデータ量を豊かにするとともに、いろいろな文法的文脈において同じことが言えるかどうかを明らかにすることは、意義ある作業と言え

る。
　②については、「はじめに」でも述べたように、日本語の性差を見るのであれば、当然、男性専用とされる文末形式（「～だぞ」「～だぜ」など）も分析対象とする必要がある。「言葉の中性化」と言った場合、しばしば注目されるのは女性の側の変化であるが、それとともに男性の側にも変化がありそうである（たとえば「～だぞ」の使用の減少と「～だよ」の使用の増加）。男女両方の形式に注目しつつ（使用者についても男女両方を観察する）、より総合的に見ていくことが、現在の日本語における性差の全体像を見る上で必要である。

【参考文献】

井出祥子(1979)『大学生の話しことばにみられる男女差異』　科研費報告書
井出祥子他(1985)『女性の敬語の言語形式と機能』　科研費報告書
遠藤織枝(1989)「応答詞と終助詞からわかること」『ことば』10
尾崎喜光(1994)「終助詞について－脱「女性専用語使用」の傾向－」
　　　　　　　　　　　　　　　　　　　　　　　現代日本語研究会編
　　　　　『職場における女性の話しことば－自然談話録音資料に基づ
　　　　　　いて－』　財団法人東京女性財団　1993年度助成研究報告書
尾崎喜光(1996)「談話の文字化資料の利用法」『日本語学』15-4
川口容子(1987)「まじり合う男女のことば－実態調査による現状－」
　　　　　　　　　　　　　　　　　　　　　　　　『言語生活』429
小林美恵子(1993)「世代と女性語－若い世代のことばの「中性化」につい
　　　　　　　　　　　　　　て－」『日本語学』12-6
田野村忠温(1990)『現代日本語の文法Ⅰ－「のだ」の意味と用法－』和泉書院
野田春美(1993)「『のだ』と終助詞『の』の境界をめぐって」
　　　　　　　　　　　　　　　　　　　　　　　　『日本語学』12-11
マグロイン・花岡直美(1993)「終助詞」『日本語学』12-6
三井昭子(1992)「話しことばの世代差－終助詞と副詞を中心に－」『ことば』13

第3章　疑問表現の様相

中島　悦子

1　はじめに

　本稿では、「他者への問いかけ」の機能で発話された上昇のイントネーション（↑）、および下降のイントネーション（？）がマークされている談話資料中のレコード1,341件の中から、中島が以下の2に示した基準により疑問表現と認定し、選択した1,177件を分析の対象とし、次の観点から検証する。
　1．疑問表現の種類と職場における出現実態
　2．職場における疑問表現（中立・女性的・男性的）と場面差・性差・世代差
　3．職場における疑問表現（中立・女性的・男性的）と相手との関係

　益岡・田窪(1989)では、話し言葉において女性が主として使う表現と、男性が主として使う表現を、かなり体系的に区別しているが、疑問表現においても、本来女性が主として使うとされる表現形式（女性的疑問表現と呼ぶ）、本来男性が主として使うとされる表現形式（男性的疑問表現と呼ぶ）、男女ともに使うとされる表現形式（中立的疑問表現と呼ぶ）等を区別することができる。

　そこで1において、1,177件の疑問表現を中島(1994, 1996)の分類をもとに4種類に分類し直し（表1に示す）、さらにその中から抽出分類した中立的疑問表現、女性的疑問表現、男性的疑問表現に焦点を当て、職場での出現実態を探ることにする。

　さらに2と3において職場における疑問表現の選択要因に言及する。

　「疑問表現」とは典型的には話し手が相手に何らかの情報を求めて問いかける言語行動であると考えられる。しかし疑問は相手に答えを要求し、ときには答えの提供を強制することもある。そこで不当な強制とならないよう相

手に対する配慮が必要となる。疑問表現では相手に対する配慮が文末の表現形式に明示され、談話の行われる場面が改まった場面（会議・打合せ・相談）かくつろいだ場面（雑談）かといった場面差、発話者が女性か男性かといった性差、発話者の年齢が20〜30代か40〜50代かといった世代差等の諸要因によって表現形式のどれかが選択される。こうした要因に加えて相手の年齢が上か下かといった年齢関係、相手が同性か異性かといった性別関係、相手の地位が上か下かといった職階関係、相手が親しい間柄か親しくない間柄かといった親疎関係等の相手との関係も表現形式の有効性を左右する要因として働く。

そこで職場において中立的、女性的、男性的疑問表現を選択する要因を、2においては場面差・性差・世代差に求め、3においては相手との関係に求めて、表2・表3をもとに検証する。

なお、性差・世代差の考察に関しては、第1章の談話資料の性質のところで述べたように、協力者が女性であることによる男女の発話数のアンバランス、および世代の発話数の偏り（第1章　調査の概要　表4）等の制約内で見た。

2　疑問表現の種類と職場における出現実態

表1（次々ページ）は［01］から［19］までの談話資料に現われた疑問表現を抽出分類し、その種類と出現数・対総数比（疑問表現の総数1,177件に対する比率）を示したものである。疑問表現の種類は中島（1994,1996）にもとづくが、一部その種類と順位を修正したところもあり、再度分類の基準と分類項目の概要を簡単に説明する。疑問表現の丁寧度の強弱は間接性が低いものほど丁寧度が弱く、間接性が高いものほど丁寧度が高くなると考えられる。したがって間接性の度合いの高低から疑問表現は大きく直接疑問形式と間接疑問形式とに分類できる。しかし実際は上昇イントネーション（↑）のレコードを分析すると応答詞疑問形式や省略疑問形式等も抽出されており、

間接性という観点からの分類基準には検討の余地がある。

1．直接疑問形式とは、①名詞や動詞普通体に直接上昇イントネーション（↑）を付加する形式、②動詞や名詞に助詞「か（い）」「の」「かしら」「っけ」等をつけて上昇イントネーション（↑）を付加する形式、③否定形「ない」に上昇イントネーション（↑）を付加する形式、④「です・ます」体に「か」をつけて疑問を表す形式等、直接相手の意向を問う、間接性の度合いの低いものである。

2．間接疑問形式とは、①「だろう」「でしょう」に上昇イントネーション（↑）や「か」をつける形式、②否定形「じゃない」に上昇イントネーション（↑）や「か」をつける形式等、間接的に相手の意向を問う、間接性の度合いの高いものである。

3．応答詞疑問形式とは、①「はい」系に上昇イントネーション（↑）をつけた形式（例えば「はい↑」）、②「え（え）」系に上昇イントネーション（↑）をつけた形式（例えば「えっ↑」）、③「ね」系に上昇イントネーションをつけた形式（例えば「ね（え）↑」、④「（う）ん」系に上昇イントネーションをつけた形式（例えば「ん↑」）等をいう。

4．省略疑問形式とは、「たら」「と」「し」「けど」等で導かれる従属節に上昇イントネーションをつけて疑問の形とし、主節を省略する形式である（例えば「あ、その、オレンジ色の、切って貼ったら↑［01B・30f・雑］）。

なお、表1に示した疑問表現の中で、本稿で分析の対象とする、

　　(1)中立的疑問表現　　(2)女性的疑問表現　　(3)男性的疑問表現

とは次のようなものである。

(1)　中立的疑問表現

中立的疑問表現の中では次のような出現頻度の高い疑問形式を取り上げる。

　直接疑問形式：「名詞↑」「動詞普通体↑」「ない↑」「（ん）ですか↑」
　間接疑問形式：「（ん）でしょう↑」「（ん）じゃない↑」

表1　疑問形式の種類と出現数

疑問形式（総数：1177）	件数	対総数比％
1．直接疑問形式	836	71.0
（1）名詞（＋助詞）↑	301	25.6
（2）動詞普通体↑	93	7.9
（3）～だな↑	1	0.1
（4）～だよな↑	1	0.1
（5）～かね↑	1	0.1
（6）～（の）かな↑	37	3.1
（7）～（だ）よね↑（内だよね↑）	16(13)	1.4(1.1)
（8）～っけ↑	19	1.6
（9）～かしら（ね）↑	7	0.6
（10）～って（ね）↑	10	0.8
（11）～ね↑（内名詞＋ね↑）	12(9)	1.0(0.8)
（12）～わね↑	1	0.1
（13）～わよね↑	1	0.1
（14）～のよね↑	4	0.3
（15）～（な）の↑	125	10.6
（16）～のね↑	4	0.3
（17）～して（ね）↑	17	1.4
（18）～ずに↑	1	0.1
（19）～ない↑	26	2.2
（20）～ないの↑	5	0.4
（21）～です↑	3	0.25
（22）～ですね↑	9	0.8
（23）～ですよね／でしたよね↑	18	1.5
（24）～（ん）ですか↑	81	6.9
（25）～ます／ました↑	18	1.5
（26）～ます／ましたね↑	4	0.3
（27）～ますよね↑	3	0.25
（28）～ますか↑	11	0.9
（29）～ません↑	3	0.25
（30）～ませんか↑	2	0.2
（31）～ございます（ね）↑	2	0.2
2．間接疑問形式	145	12.3
（32）～（ん）だろ↑	4	0.3
（33）～（ん）だろうね↑	1	0.1
（34）～う（よう）か↑	2	0.2
（35）～（ん）でしょ（う）↑	78	6.6
（36）～（じゃ）ないでしょ↑	2	0.2
（37）～（ん）でしょうね↑	1	0.1
（38）～（ん）でしょうかね↑	1	0.1
（39）～でしょうか／ましょうか↑	6	0.5
（40）～（ん）じゃん↑	2	0.2
（41）～（ん）じゃない↑	24	2.0
（42）～じゃないよな↑	1	0.1
（43）～じゃないの↑	14	1.2
（44）～じゃなくて↑	1	0.1
（45）～（ん）じゃないですか↑	9	0.8
3．応答詞疑問形式	172	14.6
（46）「はい↑」系	8	0.7
（47）「え（え）↑」系	75	6.4
（48）「ね（え）↑」系	24	2.0
（49）「あ（ん）↑」系	9	0.7
（50）「（う）ん↑」系	51	4.3
（51）「そう↑」系	5	0.4
4．省略疑問形式	23	2.0
（52）「たら↑」「し↑」「けど↑」等	14	1.2
（53）その他	9	0.8

(2) 女性的疑問表現
　　直接疑問形式：「かしら（ね）↑」「名詞＋ね↑」「わね↑」「わよね↑」「のよね↑」「（な）の↑」「のね↑」「ないの↑」
　　間接疑問形式：「じゃないの↑」
(3) 男性的疑問表現
　　直接疑問形式：「だな↑」「だよな↑」「かね↑」「かな↑」「だよね↑」
　　間接疑問形式：「だろ↑」「じゃないよな↑」

　さて表1から、中立的疑問表現の多用、女性的および男性的疑問表現の少用という使用の実態が観察できるが、以下に職場で出現頻度の高い疑問表現を第5位まで挙げておく。第1位は中立的・直接疑問形式「名詞↑」（301件、対総数比25.6％）、第2位は女性的・直接疑問形式「（な）の↑」（125件、対総数比10.6％）、第3位は中立的・直接疑問形式「動詞↑」（93件、対総数比7.9％）、第4位は中立的・直接疑問形式「（ん）ですか↑」（81件、対総数比6.9％）、第5位は中立的・間接疑問形式「（ん）でしょう↑」（78件、対総数比6.6％）となっている。

3　職場における疑問表現―場面差・性差・世代差―
3．1　中立的疑問表現
3．1．1　直接疑問形式―「名詞↑」「動詞普通体↑」「ない↑」「（ん）ですか↑」

　1　→平気↑←　　　　　　　　　　　　　　　　[03A・30f・打]
　2　これ、取った↑　あ、とってないですね。　　[01A・20f・雑]
　3　目ってこっちを見ていない↑　　　　　　　　[01B・30f・雑]
　4　これー、こん、これで3本分だったんですか↑[07A・40f・相]

　例1、例2のような「名詞」や「動詞普通体」に、上昇イントネーション（↑）をつけた疑問表現は、場面や相手によってはぞんざいな言い回しと受け取られる。直接的に相手に問いかけるものであるから、相手に対する配慮

や丁寧さに最も欠ける表現形式である。にもかかわらず職場の疑問表現の中ではこの「名詞↑」や「動詞普通体↑」の出現頻度が最も高い。表2－1によると、男女ともにくつろいだ雑談場面で多用されているのはその丁寧度の低さから当然と考えられるが、しかし改まった打合せ等の場面にもかなり使われていること、また、若年世代の雑談場面の発話数の多さという談話資料（第1章 調査の概要 表4）の制約内ではあるが、20～30代の若年世代に多用されていること、加えて40～50代の中年世代にも支持されていることなどから見て、この「名詞↑」「動詞普通体↑」が場面や男女、世代を問わず職場で最も活発に用いられている疑問形式であることが分かる。

表2－1 中立的・直接疑問表現－場面差・性差・世代差－

	場　　面	発話者性	発話者年齢
名詞↑	雑 237(20.1) 相　12 (1.0) 打　37 (3.1) 会　15 (1.3)	女 243(20.6) 男　56 (4.8) 不明 2 (0.2)	0～10代　　1 (0.1) 20～30代 213(18.1) 40～50代　84 (7.1) 60代～　　1 (0.1) 不明　　　2 (0.2)
計	301(25.6)	301(25.6)	301(25.6)
動詞普通体↑	雑 75(6.4) 相　2(0.2) 打　13(1.1) 会　3(0.25)	女 76(6.5) 男 16(1.4) 不明 1(0.1)	20～30代 48(4.1) 40～50代 41(3.5) 60代～　1(0.1) 不明　　3(0.25)
計	93(7.9)	93(7.9)	93(7.9)
ない↑	雑 21(1.9) 相　1(0.1) 打　1(0.1)	女 20(1.7) 男　6(0.5)	20～30代 15(1.3) 40～50代 10(0.8) 60代～　1(0.1)
計	26(2.2)	26(2.2)	26(2.2)
んですか↑	雑 48(4.1) 相　1(0.1) 打　23(2.0) 会　9(0.8)	女 60(5.1) 男 21(1.8)	20～30代 59(5.1) 40～50代 17(1.4) 60代～　3(0.25) 不明　　2(0.2)
計	81(6.9)	81(6.9)	81(6.9)

例3のように動詞の否定形に上昇イントネーション（↑）をつけた「ない↑」は、相手への問いかけとともに、相手の同意を要請する疑問表現でもあ

る。職場でのこの「ない↑」の使用は打合せや相談などの改まった場面よりも、くつろいだ雑談場面に多い。また協力者が女性であることによる男女の発話数のアンバランスという談話資料の制約があるとはいえ、「ない↑」は男性よりも女性に多用される傾向が見られる。

　例4のように丁寧体「です」に疑問の助詞「か」を伴った典型的な疑問表現「（ん）ですか↑」は丁寧な文体であることから固い表現となり、話しことばでは主として改まった場面に用いられるのが一般的であると予測される。しかし、職場の中では予測に反して改まった打合せ等の場面よりもくつろいだ雑談場面に多く出現していること、中高年世代よりも20〜30代の若年世代により多く用いられていることなどから、その選択要因には職場の中での対人的配慮といった側面が大きく反映されていると考えられる。

3.1.2　間接疑問形式―「（ん）でしょう↑」「（ん）じゃない↑」

　5　満足してるんでしょ↑　　　　　　　　　［01A・20f・雑］
　6　〈笑いながら〉留学生に★させる♯♯　　［11H・20f・雑］
　　　→なんかー、←あたしたちが入ってからぜんぜん来ないんじゃない↑（ねえ　他者（女））、それまでけっこういたみたいだけど、バイトとか。　　　　　　　　　　　　　　　　　　［11G・20f・雑］

　例5「満足しているんでしょ↑」は、発話者自身が「相手が満足している」と認知していることについて、相手の同意を求める表現である。これも相手の答え、同意を間接的に要求するものだから、基本的には疑問表現と見てよいであろう。蓋然性を表す「でしょう↑」は「だろう↑」の丁寧体であり、間接性の度合いの高いことから、一般には改まった場面に男女ともに使用される形式と考えられる。しかし表2－2を見ると、実際の職場では打合せや会議の改まった場面よりも、雑談などのくつろいだ場面に、また男性よりも女性に、しかも20〜30代の若年世代に多用されている。中立的で丁寧な疑問表現と考えられる「（ん）でしょう↑」は、現実の職場の中では若い女性が

くつろいだ場面で多用している疑問形式であることが分かる。

例6「あたしたちが入ってからぜんぜん来ないんじゃない↑」という文は、発話者自身が「留学生がぜんぜん来ない」と認知していることを「(ん)じゃない↑」をつけることによって、相手もそのように認知していると発話者が信じ、相手にその確認・同意を婉曲的に求める表現である。「(ん)じゃない↑」も相手の答え、同意を間接的に要求するものであるから、間接的疑問表現といえる。表2-2によると、職場での「(ん)じゃない↑」の出現頻度は女性に高く、男性の使用は1件あるのみである。また改まった場面にはほとんど出現せず、くつろいだ雑談場面に集中しており、しかも20代～30代の若年世代の出現頻度が高い。この「(ん)じゃない↑」も「(ん)でしょう↑」同様、若い女性がくつろいだ場面でよく用いる疑問形式であることが分かる。

表2-2　中立的・間接疑問表現－場面差・性差・世代差－

	場　面	発話者性	発話者年齢
(ん)でしょう↑	雑　47(4.0) 相　2(0.2) 打　25(2.1) 会　4(0.3)	女　68(5.8) 男　9(0.8) 不明　1(0.1)	20～30代　49(4.2) 40～50代　19(1.6) 不明　10(0.85)
計	78(6.6)	78(6.6)	78(6.6)
(ん)じゃない↑	雑　20(1.7) 打　3(0.25) 会　1(0.1)	女　23(2.0) 男　1(0.1)	20～30代　18(1.5) 40～50代　5(0.4) 不明　1(0.1)
計	24(2.0)	24(2.0)	24(2.0)

以上、男女ともに使用すると考えられた中立的疑問表現の中では、とくに「ない↑」「(ん)でしょう↑」「(ん)じゃない↑」等の形式が若い女性のくつろいだ場面に多く出現するという調査結果が得られた。このことは女性が男性に比べて相手に同意を求めるという形で問いかけという言語行動を行う傾向が高いことを示すものであるが、とくに20～30代の若い女性が相手に問いかけ、同意を求めているのは表現の内容面を問うというより、むしろこれらの問いかけの表現形式を使って自己の明言や断定を避け、表現を和らげることに重点を置いたものと見ることができる。

3.2 女性的疑問表現
3.2.1 直接疑問形式―「かしら（ね）↑」「名詞＋ね↑」「わね↑」「わよね↑」「のよね↑」「（な）の↑」「のね↑」「ないの↑」

7　特別清掃区域のことかしらね↑　　　　　［09A・30f・打］
8　143名ね↑　　　　　　　　　　　　　　［09M・50m・会］
9　じゃあ、朝少なくとも12点だったらぁ、お昼少なくとも15点は行ってるわね↑　　　　　　　　　　　　　　　　［19A・40f・雑］
10　でもそれだけの人がいると1人1品持って来てもかなり出るわよねぇ↑　　　　　　　　　　　　　　　　　　［18A・40f・雑］
11　［名字］さんのさあ、子供2人って上の子が［名前］ってゆうのよね↑　　　　　　　　　　　　　　　　　　　［15D・20f・雑］
12　→これ、請求書←ってこれなの↑　　　　［03B・40m・打］
13　あ、じゃないのね↑なるほど。　　　　　［08I・30m・打］
14　それ、なに聞いてたの↑　　　　　　　　［10C・30m・雑］
　　なんでゆわないの↑　　　　　　　　　　［10C・30m・雑］

　例7のような疑問の助詞「かしら」に「ね」および上昇イントネーション（↑）を付加した「かしらね↑」は、自分の知識情報が正しいかどうかを相手に問い、同意や確認を求める疑問表現である。また例8のような「143名」という名詞に、あるいは例9、例10、例11のような「わ」「わよ」「のよ」等の助詞に、「ね」および上昇イントネーション（↑）を付加した「名詞＋ね↑」「わね↑」「わよね↑」「のよね↑」は、相手に同意や確認を求めるための問いかけの働きを持つことから、基本的には疑問表現と認められる。このうち「わ」「わよ」「のよ」は女らしさの表現として女の使う助詞（井出1983）、「かしら」は主として女が使う助詞（『日本文法大辞典』1971）とされていることから、これらに「ね↑」のついた疑問形式は女性専用疑問表現と見ることができる。また、「ね」も名詞に直接つく形は女性が使う（前掲書1971）とされていることから、これらに上昇イントネーションのついた

-67-

「名詞＋ね↑」はここでは女性的疑問表現と見る。したがって、例えば「→終わってる←ね↑」［10C・30m・会］のような「ね↑」が動詞に後接する形「動詞＋ね↑」は取り上げない。

さらに、例12の「これ、請求書ってこれなの↑」という「の」のついた疑問表現は、単に「請求書はこれだ」という自分の思っている事柄の真偽を相手に問うというより、相手もともに「請求書はこれだ」と思っていると話し手がとらえ、それが本当かどうかを相手に確認するために問いかけた文である。相手への同意が加わると、例13のように「あ、じゃないのね↑」と「ね」の伴った「のね↑」という疑問表現となる。この「の」も女らしさを表す助詞（前掲書1983）とされており、「の」「のね」に上昇イントネーションのついた「（な）の↑」「のね↑」は女性的疑問表現と見ることができる。男性の場合には「の」に「か」を付加した「のか↑」という形を使う（益岡・田窪1989）とされる。中立形「ない↑」も「の」をつけると、例14のように「ないの↑」という女性的疑問表現となる。

さて、まず「かしら（ね）↑」「わね↑」「わよね↑」「のよね↑」等の女性専用疑問表現の使用についてであるが、表2－3（次ページ）を見ると、職場ではこれらの女性専用疑問表現の使用頻度は非常に低く、男性の使用は皆無であり、女性の使用も非常に少ないことが分かる。女性に使われているとしても「かしら↑」が7件、対総数比0.6％、「のよね↑」が4件、対総数比0.3％、「わね↑」「わよね↑」にいたっては1件、対総数比0.1％にすぎない。これらの現象から、相手に対する強い要求や主張を緩和する機能を持つ「かしら」「わ」のような女性専用の助詞は、職場では衰退の傾向にあると見ることができる。

ところが一方では、「の」のついた女性的疑問表現「（な）の↑」の使用頻度は全疑問表現の中でも非常に高い。女性だけでなく、例13のように男性にもよく使われており、また世代の別なく各世代に万遍なく使われている。ただし、出現頻度は打合せや会議等の改まった場面には少なく、くつろいだ雑談場面に圧倒的に多い。また、「名詞＋ね↑」や「のね↑」も女性だけで

はなく、例9や例14の男性の発話に見られるように男性にも使われている。とくに「名詞＋ね↑」の使用は男女の比率にあまり差がなく、現状ではむしろ中立的疑問表現の方に分類すべきものかもしれない。

表2－3　女性的・直接疑問表現－場面差・性差・世代差－

		場　面	発話者性	発話者年齢
かしら（ね）↑	雑 打	6(0.5) 1(0.1)	女　7(0.6) 男　0	20～30代　4(0.3) 40代～　　3(0.25)
	計	7(0.6)	7(0.6)	7(0.6)
名詞＋ね↑	雑 打	5(0.4) 4(0.3)	女　5(0.4) 男　4(0.3)	30代～　　3(0.25) 40～50代　6(0.6)
	計	9(0.8)	9(0.8)	9(0.8)
わね↑	雑	1(0.1)	女　1(0.1)	40代　1(0.1)
	計	1(0.1)	1(0.1)	1(0.1)
わよね↑	雑	1(0.1)	女　1(0.1)	40代　1(0.1)
	計	1(0.1)	1(0.1)	1(0.1)
のよね↑	雑	4(0.3)	女　4(0.3)	20代　1(0.1) 40代　3(0.25)
	計	4(0.3)	4(0.3)	4(0.3)
（な）の↑	雑 相 打 会	101(8.6) 9(0.8) 12(1.0) 3(0.25)	女　92(7.8) 男　30(2.5) 不明　3(0.25)	0～10代　　4(0.3) 20～30代　72(6.1) 40～50代　42(3.6) 不明　　　7(0.6)
	計	125(10.6)	125(10.6)	125(10.6)
のね↑	雑 打	3(0.25) 1(0.1)	女　3(0.25) 男　1(0.1)	20～30代　3(0.25) 40代　　　1(0.1)
	計	4(0.3)	4(0.3)	4(0.3)
ないの↑	雑	5(0.4)	女　4(0.3) 男　1(0.1)	20代　4(0.3) 40代　1(0.1)
	計	5(0.4)	5(0.4)	5(0.4)

女性専用疑問表現「かしら（ね）↑」「わね↑」「わよね↑」「のよね↑」の女性使用の減少と女性的疑問表現「（な）の↑」「名詞＋ね↑」の男性使用の増加という結果は、職場においては男女のことばの性差が縮小しつつあ

－69－

る現象を示すものといえよう。

3．2．2　間接疑問形式―「（ん）じゃないの↑」

　　15　そういえば、あれ面白いんじゃないの↑　　　［06N・40m・雑］

　表2－4によると、「（ん）じゃない↑」に「の」をつけた「（ん）じゃないの↑」という女性的疑問表現は女性によく使われているほか、例15の男性の発話に示されるように男性の使用もある。一般に男性の場合は「あれ面白いんじゃないか（い）↑」となるとされるが、「か（い）↑」の代わりに「の」をつけて使用する傾向にあることがうかがわれる。この「じゃないの↑」は各世代に使われ世代の差はないが、改まった場面ではあまり使われていなく、くつろいだ雑談場面に使われている。

表2－4　女性的・間接的疑問表現－場面差・性差・世代差－

	場　面	発話者性	発話者年齢
（ん）じゃないの↑	雑　10(0.8)	女　10(0.8)	20～30代　6(0.5)
	打　3(0.25)	男　4(0.3)	40～50代　8(0.7)
	会　1(0.1)		
計	14(1.2)	14(1.2)	14(1.2)

3．3　男性的疑問表現
3．3．1　直接疑問形式―「だな↑」「だよな↑」「かね↑」「かな↑」「だよね↑」

　　16　ああ、数学でいいんだな↑　　　　　［09F・50m・打］
　　17　普通そうだよな↑　　　　　　　　　［01C・30m・雑］
　　18　まだ他の人のも貼ってなかったかねー↑　［08A・50f・相］
　　19　うーん、日語教育で持つのかな↑　　　［07A・40f・打］
　　20　そのつぎ総務だよね↑　　　　　　　　［13A・20f・雑］

「な」「よな」は男が使う(『日本文法大辞典』1971)とされている助詞であるが、それらに判定詞「だ」および上昇イントネーションをつけた「だな↑」「だよな↑」は本来その使用が男性に限定される男性専用疑問表現と考えられる。判定詞の「だ」や疑問の助詞「か」がつくと男性的表現（益岡・田窪1989）とされるが、「か」に「ね」や「な」および上昇イントネーションのついた「かね↑」「かな↑」、「だ」に「よね」および上昇イントネーションのついた「だよね↑」も男性的疑問表現と考えられる。いずれも自分の発言内容を相手に確認し、それに対する同意や返答を求める疑問表現として使われている。なお、「かな↑」の自問表現はここでは取り上げない。

表2-5　男性的・直接疑問表現－場面差・性差・世代差－

	場　面	発話者性	発話者年齢
だな↑	打　1(0.1)	男　1(0.1)	50代　1(0.1)
計	1(0.1)	1(0.1)	1(0.1)
だよな↑	雑　1(0.1)	男　1(0.1)	30代　1(0.1)
計	1(0.1)	1(0.1)	1(0.1)
かね↑	相　1(0.1)	女　1(0.1)	50代　1(0.1)
計	1(0.1)	1(0.1)	1(0.1)
かな↑	雑　26(2.2) 相　1(0.1) 打　5(0.4) 会　5(0.4)	女　33(2.8) 男　4(0.3)	20～30代　21(1.8) 40～50代　16(1.4)
計	37(3.1)	37(3.1)	37(3.1)
だよね↑	雑　6(0.5) 相　2(0.2) 打　5(0.4)	女　9(0.8) 男　3(0.25) 不明　1(0.1)	20～30代　8(0.7) 40～50代　4(0.3) 不明　1(0.1)
計	13(1.1)	13(1.1)	13(1.1)

　表2-5によると、男性専用疑問表現「だな↑」「だよな↑」の使用は職場でも男性に限られているが、その使用は両者ともに例16、例17に挙げた1件しかない。この男性専用の「だな↑」「だよな↑」も、女性専用の「わね↑」「わよね↑」同様職場ではほとんど使われていないところを見ると、衰

退しつつあると見てよいのではなかろうか。また、男性的疑問表現「かね↑」の使用は男性ではなく、例18に挙げたように50代女性に1件ある。このように男性的疑問表現が女性の方に使われる傾向は、例19、例20の女性の発話に示されるように、「かな↑」「だよね↑」により顕著に現われている。「かな↑」の女性の使用頻度は37件、3.1%中33件、2.8%と圧倒的に高い比率を示す。「だよね↑」の女性の使用頻度も16件、1.4%中10件、0.8%とあるように女性の方が高い。両者ともくつろいだ雑談場面だけでなく、打合せ・会議等の改まった場面にも、また各世代の女性にも万遍なく使われている。

こうして女性が場面や世代に左右されないで男性的疑問表現を自由に使っている現状は、女性の男性的疑問表現の使用の拡大というより、「かね↑」「かな↑」「だよね↑」が男女共通に使う中立的疑問表現として使われる傾向にあることを示している。

3.3.2 間接疑問形式―「だろ↑」「じゃないよな↑」

21 →これ、見りゃわかる←んだろ↑　　　[03B・40m・仕]
22 羽田が壊れる時じゃないよな↑　　　[02C・20f・雑]

例21の「だろ↑」、例22の「じゃないよな↑」は本来その使用が男性に限定される男性専用疑問表現と考えられる。表2-6を見ると、職場では「だろ↑」の使用は4件あるが、その使用はすべて男性に限られ、女性にはまったく使われていない。ところが、「じゃないよな↑」は例22に挙げたように20代女性の雑談の場面に1件出現している。1件ではあるが、男性専用の疑問表現に女性が進出してきた実態が観察される。

表2-6　男性的・間接的疑問表現―場面差・性差・世代差―

	場　面	発話者性	発話者年齢
だろ↑	相　1(0.1) 打　3(0.25)	男　4(0.3)	40～50代　4(0.3)
計	4(0.3)	4(0.3)	4(0.3)
じゃないよな↑	雑　1(0.1)	女　1(0.1)	20代　1(0.1)
計	1(0.1)	1(0.1)	1(0.1)

4　職場の疑問表現—相手との関係—
4.1　中立的疑問表現
4.1.1　直接疑問形式—「名詞↑」「動詞普通体↑」「ない↑」「（ん）ですか↑」

23　どうも、<u>楽しかった↑</u>、旅行は。　　　　[13A・20f・雑]
　　<u>旅行↑</u>、それがもう。　　　　　　　　　[13B・20f・雑]
　　ふなもり<u>食べた↑</u>、ちゃんと。　　　　　[13A・20f・雑]
24　どうして↑、★これ、数まちがって<u>ない↑</u>　[04A・50f・指導]
25　毎日あそこ<u>頼むんですか↑</u>　　　　　　　[05F・30m・雑]

　例23の「旅行↑」は、直前の相手の発話中の名詞句「旅行は」をうけた確認的反復に近い軽い反問の表現である。「名詞↑」はこのような同一名詞の反復疑問表現として使われている場合が多い。
　一方、「動詞普通体↑」は未知の情報を相手に求めるための問いかけの機能を持つ疑問表現であるが、例23の［13A］の発話にあるように「どうも、楽しかった↑」と新しい話題を相手に提供したり、「ふなもり食べた↑」と相手の発話を促すような会話進行の機能もあわせ持つ。
　また、例24のように「まちがっている」ことの是非を相手に確認するために問いかける文は、「これ、数まちがってない↑」のように、否定の疑問表現「ない↑」を使うと断定や詰問を和らげ、丁寧な表現となる。これを肯定の疑問表現にすると、相手の間違いを指摘するニュアンスが強くなる。否定形「ない↑」は相手に対する思いやりや気遣いといった配慮が示される疑問表現である。
　例25の「毎日あそこ頼むんですか↑」は雑談中の多数に対する発話である。相手との関係が不明で、話し手に明確な判断基準がない時は、くつろいだ場面でも丁寧な言語手段を取る方が無難なのか、こうした1対多数の会話には丁寧な表現形式が選ばれる傾向がある。

表3-1　中立的・直接疑問表現-相手との関係-

	年齢関係	性別関係	職階関係	親疎関係
名詞↑	上（上）37(3.1) 同　138(11.7) 下（下）81(6.9) 不明　45(3.8)	同　167(14.2) 異　98(8.3) 不明36(3.1)	上（上）53(4.5) 同　56(4.8) 下（下）42(3.6) 無　11(0.9) 不明 139(11.8)	親（親）169(14.4) 普通　32(2.7) 疎（疎）4(0.3) 不明　96(8.2)
計	301(25.6)	301(25.6)	301(25.6)	301(25.6)
動詞普通体↑	上（上）9(0.8) 同　35(3.0) 下（下）27(2.3) 不明　22(1.9)	同　41(3.5) 異　31(2.6) 不明 21(1.8)	上（上）8(0.7) 同　24(2.0) 下（下）24(2.0) 無　2(0.2) 不明　35(3.0)	親（親）45(3.8) 普通　15(1.3) 疎（疎）7(0.6) 不明　26(2.2)
計	93(7.9)	93(7.9)	93(7.9)	93(7.9)
ない↑	上（上）4(0.3) 同　6(0.5) 下（下）13(1.1) 不明　3(0.25	同　13(1.1) 異　10(0.8) 不明 3(0.25)	上（上）2(0.2) 同　11(0.9) 下（下）7(0.6) 無　1(0.1) 不明　5(0.4)	親（親）16(1.4) 普通　4(0.3) 疎（疎）2(0.2) 不明　4(0.3)
計	26(2.2)	26(2.2)	26(2.2)	26(2.2)
んですか↑	上（上）33(2.8) 同　11(0.9) 下（下）17(1.4) 不明　20(1.7)	同　28(2.4) 異　40(3.4) 不明 13(1.1)	上（上）18(1.5) 同　13(1.1) 下（下）7(0.6) 無　16(1.4) 不明　27(2.3)	親（親）28(2.4) 普通　14(1.2) 疎（疎）12(1.0) 不明　27(2.3)
計	81(6.9)	81(6.9)	81(6.9)	1(6.9)

　表3-1によると、職場での「名詞↑」「動詞普通体↑」「ない↑」の使用は話し手と相手とが同年齢、同性同士であり、同じ職階に属し、親しい間柄にある関係の時に使われる場合が最も多い。しかしまた、年齢が下の相手や異性に対して、あるいは職階の下の相手に対しても比較的多く使われているが、初対面等の疎遠の相手に対してはほとんど使われていないところを見ると、その選択要因には親疎関係が大きく影響するようだ。
　一方、「ですか↑」という丁寧体の疑問表現は当然のことではあるが、年齢が下の人より上の人に対して、職階の下の人より上の人に対して、また同性同士で話す時より異性に対する時の方がよく使われているし、疎遠の間柄の人にも使われており、その点では普通体の疑問表現とは異なる。

4.1.2 間接疑問形式―「(ん)でしょ(う)↑」「(ん)じゃない↑」

26　予定表もらってある―<u>んでしょ↑</u>　　　　[10A・40f・打]
27　でもあたしより黒い<u>じゃない↑</u>　　　　　[02A・20f・雑]
　→んーなーんで★あたし＃＃＃。　　　　　　[02C・20f・雑]
　→んー、ま、もとから←黒いもんね。　　　　[02A・20f・雑]

　職場の疑問表現の中で使用頻度の上位にある「(ん)でしょ(う)↑」は間接性の高さから丁寧な疑問表現とされるが、表3－2を見ると現実には相手の年齢の上下や性別の異同、職階の上下という関係に左右されず万遍なく使用されている。ただし、親しい人に対してよく使われ、接触量の少ない人、初対面等の疎遠の相手に対してはほとんど使われていない。

表3－2　中立的・間接疑問表現―相手との関係―

	年齢関係	性別関係	職階関係	親疎関係
(ん)でしょう↑	上（上）21(1.8) 同　　20(1.7) 下（下）22(1.9) 不明　15(1.3)	同　　39(3.3) 異　　25(2.1) 無　　2(0.2) 不明　12(1.0)	上（上）17(1.4) 同　　18(1.5) 下（下）16(1.4) 無　　5(0.4) 不明　22(1.9)	親（親）45(3.8) 普通　8(0.7) 疎（疎）3(0.25) 不明　22(1.9)
計	78(6.6)	78(6.6)	78(6.6)	78(6.6)
(ん)じゃない↑	上　　1(0.1) 同　　13(1.1) 下（下）6(0.5) 不明　4(0.3)	同　　20(1.7) 異　　4(0.3)	同　　6(0.5) 下（下）8(0.7) 不明　10(0.8)	親（親）18(1.5) 不明　6(0.5)
計	24(2.0)	24(2.0)	24(2.0)	24(2.0)

　「(ん)じゃない↑」の方は年齢や職階が上の人や異性に対してはほとんど使われていない。また疎遠の間柄の人に対してもまったく使われていない。つまり、こうした丁寧な疑問表現が現実には親しい相手に対する時に使われ

ているのである。親しい人との会話においても相手の面子や感情を損なわないような配慮は当然必要となる。例27において、もし話し手が「でもあたしより黒いね↑」と直接的な言い方をしたらどうなるか。相手が神経質な人、ことばづかいに敏感な人だったら、この一言で感情を害し、円滑な人間関係を保てなくなる。例27の「でもあたしより黒いじゃない↑」という間接的で断定を避けた言い方は相手との人間関係を損なわない有効な手だてとなる。間接的疑問表現の選択にはこうした相手に対する配慮も大きな要因となる。

4．2　女性的疑問表現
4．2．1　直接疑問形式ー「かしら（ね）↑」「名詞＋ね↑」 「わね↑」「わよね↑」「のよね↑」「（な）の↑」 「のね↑」「ないの↑」

28　（略）まあ、あのぐらいのティーポットは1人分ていう感じなの<u>かしら↑</u>　　　　　　　　　　　　　　　　[18A・40f・雑]
29　あっそれとも後で［名前］さんにだけ2個ぐらいあげ★てもいい<u>のよね↑</u>　　　　　　　　　　　　　　　　[19A・40f・雑]
30　なんの花<u>なの↑</u>　　　　　　　　[09F・50m・雑]
　　これねー、うふ、待って、〈笑いながら〉あかめやなぎ。
　　　　　　　　　　　　　　　　　　　[09A・30f・雑]
　　あ、やなぎ<u>ね↑</u>　　　　　　　　　[09F・50m・雑]
　　ええ。　　　　　　　　　　　　　　[09A・30f・雑]
31　あ、じゃない<u>のね↑</u>、★なるほど。[08I・30m・打]
32　なんでゆわない<u>の↑</u>　　　　　　　[10C・30m・雑]

衰退の傾向があるとはいえ、職場の女性は「かしら（ね）↑」「わね↑」「わよね↑」「のよね↑」等の女性専用疑問表現をどんな相手に対して使っているのか、表3－3（次ページ）により検証することにする。

表3－3　女性的・直接疑問表現－相手との関係－

		年齢関係	性別関係	職階関係	親疎関係
かしら(ね)↑		上上　1(0.1) 同　　2(0.2) 下　　2(0.2) 不明　2(0.2)	同　3(0.25) 異　2(0.2) 不明 2(0.2)	同　　2(0.2) 下　　2(0.2) 不明　3(0.25)	親親　4(0.3) 疎　　1(0.1) 不明　2(0.2)
	計	7(0.6)	7(0.6)	7(0.6)	7(0.6)
名詞＋ね↑		上　　1(0.1) 同　　1(0.1) 下（下）7(0.6)	同　5(0.4) 異　4(0.3)	上上　1(0.1) 同　　5(0.4) 下　　2(0.2) 不明　1(0.1)	親親　5(0.4) 普通　3(0.25) 不明　1(0.1)
	計	9(0.8)	9(0.8)	9(0.8)	9(0.8)
わね↑		下　　1(0.1)	同　1(0.1)	下　　1(0.1)	親親　1(0.1)
	計	1(0.1)	1(0.1)	1(0.1)	1(0.1)
わよね↑		下　　1(0.1)	同　1(0.1)	下　　1(0.1)	疎　　1(0.1)
	計	1(0.1)	1(0.1)	1(0.1)	1(0.1)
のよね↑		上　　1(0.1) 下　　3(0.25)	同　4(0.3)	同　　1(0.1) 下　　3(0.25)	親親　4(0.3)
	計	4(0.3)	4(0.3)	4(0.3)	4(0.3)
(な)の↑		上(上)13(1.1) 同　　50(4.2) 下(下)34(2.9) 不明　28(2.4)	同　69(5.9) 異　35(3.0) 不明21(1.8)	上(上) 8(0.7) 同　　30(2.5) 下(下)19(1.6) 無　　 6(0.5) 不明　62(5.3)	親親　58(4.9) 普通　20(1.7) 疎　　 4(0.3) 不明　43(3.7)
	計	125(10.6)	125(10.6)	125(10.6)	125(10.6)
のね↑		上　　2(0.2) 同　　1(0.1) 下　　1(0.1)	同　3(0.25) 異　1(0.1)	上　　2(0.2) 同　　1(0.1) 下　　1(0.1)	親親　3(0.25) 普通　1(0.1)
	計	4(0.3)	4(0.3)	4(0.3)	4(0.3)
ないの↑		同　　4(0.3) 不明　1(0.1)	同　3(0.25) 異　1(0.1) 不明 1(0.1)	同　　1(0.1) 不明　4(0.3)	親親　2(0.2) 不明　3(0.25)
	計	5(0.4)	5(0.4)	5(0.4)	5(0.4)

　女性専用疑問表現は実際には年齢が上の人より同年齢か下の人に対して、異性より同性に対して、職階も同じか下の人に対してというように、力関係

が自分と同等か下の女性に使う傾向がある。一方、「の」や「ね」のついた女性的疑問表現「（な）の↑」「名詞＋ね↑」「のね↑」「ないの↑」は、使用領域が男性にも拡大されたこと、相手も同年齢か下の年齢の人、同性、同じか下の職階、親しい関係の人に多く使われる傾向はあるが、上の年齢や職階の人、異性、普通の親疎関係の人にも使われていることから、今後ますます増大の傾向が予測される。例30の「名詞＋なの↑」「名詞＋ね↑」、例31「のね↑」、例32「ないの↑」は男性の発話である。相手は親しい関係にある異性である。男性は職場でも親しい女性に対する時には、「の」や「ね」のついた女性的表現を使って会話をすることがあることが分かる。

4．2．2　間接疑問形式―「（ん）じゃないの↑」

33　なんか、親戚の人、書いてもいいんでしょ↑　[10A・40f・雑]
　　　親戚の人は、＃＃＃書いちゃってもまずいんじゃないの↑ 〈笑い〉
　　　　　　　　　　　　　　　　　　　　　　　　　　[10B・40m・雑]

表3－4　女性的・間接疑問表現―相手との関係―

	年齢関係	性別関係	職階関係	親疎関係
（ん）じゃないの↑	上上　1(0.1) 同　　6(0.5) 下（下）4(0.3) 不明　3(0.25)	同　5(0.4) 異　7(0.6) 不明2(0.2)	上　　1(0.1) 同　　3(0.25) 下（下）5(0.4) 不明　5(0.4)	親（親）7(0.6) 普通　3(0.25) 不明　4(0.3)
計	14(1.2)	14(1.2)	14(1.2)	14(1.2)

「（ん）じゃないの↑」という女性的疑問表現は男女ともに使われ、女性に限らないことはすでに見た。それでは「（ん）じゃないの↑」はどんな相手に対して使われているのか。表3－4から、「（ん）じゃないの↑」はどちらかというと同年齢か下の年齢の人に対して、同じ職階か下の職階の人に対して、親しい間柄の人に対してというように、力関係が同等か下の相手に対して使われていることが分かる。例33の「（略）書いちゃってもまずいん

じゃないの↑」は「書いてもいいんでしょ↑」という女性の問いに対してその期待に反する応答をした男性のことばである。男性が女性に対して話す時にはこうした女性的表現の「(ん)じゃないの↑」を使って表現を和らげている。

4．3　男性的疑問表現
4．3．1　直接疑問形式ー「だな↑」「だよな↑」「かね↑」「かな↑」「だよね↑」

34　普通そうだよな↑　　　　　　　　　　[01C・30m・雑]
35　まだ他の人のも貼ってなかったかねー↑　[08A・50f・相]
36　うん、向こうでー。〈間〉やるーんじゃないかな↑
　　　　　　　　　　　　　　　　　　　　[10A・40f・打]
　　あ、こっちでやるっていったんです。　[10E・20f・打]
37　ね↑、そうだよね↑　　　　　　　　　[09A・30f・打]

男性専用疑問表現の「だな↑」「だよな↑」の使用が男性に各1件あるだけなのはすでに述べたが、ここでは表3－5（次ページ）によって発話者と相手との関係を見ることにする。例34の「だよな↑」は30代の男性話者の女性に対する発話である。発話者と相手の女性との関係は年齢は同じであるが職階は下、非常に親しい間柄である。同年齢で親しい関係にあれば異性に対しても男性専用の「だよな↑」が使われている。

男性的疑問表現「かね↑」の使用もやはり1件しかないが、発話者は男性ではなく女性である。例35に挙げた「かね↑」は50代の小学校女性教員の9歳の生徒に対する相談場面の発話である。女性教師が生徒に対して話す場合には男性的表現を使うこともある例である。例36「かな↑」、例37「だよね↑」の男性的疑問表現も女性によく使われているが、その相手は親しい間柄の人が多く、疎遠の相手に対してはほとんど使われていない。しかし「かな↑」が相手の年齢や職階の上下に関係なく使用されているのに対して、「だ

よね↑」の方は年齢や職階が上の相手に対しては使われることは少ない。

表3－5　男性的・直接疑問表現－相手との関係－

	年齢関係	性別関係	職階関係	親疎関係
だな↑	不明　1(0.1)	不明　1(0.1)	不明　1(0.1)	不明　1(0.1)
計	1(0.1)	1(0.1)	1(0.1)	1(0.1)
だよな↑	同　1(0.1)	異　1(0.1)	下下　1(0.1)	親親　1(0.1)
計	1(0.1)	1(0.1)	1(0.1)	1(0.1)
かね↑	下　1(0.1)	不明　1(0.1)	不明　1(0.1)	不明　1(0.1)
計	1(0.1)	1(0.1)	1(0.1)	1(0.1)
かな↑	上　　4(0.3) 同　14(1.2) 下（下）8(0.7) 不明　11(0.9)	同　21(1.8) 異　6(0.5) 不明10(0.8)	上（上）10(0.8) 同　4(0.3) 下（下）9(0.8) 無　2(0.2) 不明　12(1.0)	親（親)22(1.9) 普通　2(0.2) 疎疎　1(0.1) 不明　12(1.0)
計	37(3.1)	37(3.1)	37(3.1)	37(3.1)
だよね↑	上　3(0.25) 同　3(0.25) 下（下）6(0.5) 不明　1(0.1)	同　6(0.5) 異　6(0.5) 不明　1(0.1)	上　1(0.1) 同　4(0.3) 下（下）4(0.3) 無　2(0.2) 不明　2(0.2)	親親　8(0.7) 普通　3(0.25) 疎疎　1(0.1) 不明　1(0.1)
計	13(1.1)	13(1.1)	13(1.1)	13(1.1)

4．3．2　間接疑問形式－「だろ↑」「じゃないよな↑」

　38　この4部のね、4(よん)、3部はいいんだろ↑［13G・50m・打］
　　　この＃＃3★てのおかしいんだろ↑　　　［13G・50m・打］
　39　羽田が壊れる時じゃないよな↑　　　　　［02C・20f・雑］

　男性専用の間接疑問表現「だろ↑」の使用は4件とも発話者が男性に限られているが、表3－6（次ページ）によると職場では4件とも対する相手の年齢や職階は下である。また力関係が下の異性に対しても使われている。例38は2件とも50代の男性が20代の女性の部下に対して打合せの場面で使ったものである。また、男性専用の間接疑問表現「じゃないよな↑」は1件し

－80－

かないが、例39に挙げたものは20代の女性が自分より職階は上であるが非常に親しい同年齢・同性の相手に対して使った例である。雑談の場面では女性同士で話す場合、同年齢、親しい関係ということもあって女性が男性専用表現を使うこともあるということが観察される。

表3－6　男性的・間接疑問表現－相手との関係－

	年齢関係	性別関係	職階関係	親疎関係
だろ↑	下（下）4(0.3)	同　1(0.1) 異　3(0.25)	下下 3(0.25) 不明 1(0.1)	普通 1(0.1) 疎疎 2(0.2) 不明 1(0.1)
計	4(0.3)	4(0.3)	4(0.3)	4(0.3)
じゃないよな↑	同　1(0.1)	同　1(0.1)	上　1(0.1)	親親 1(0.1)
計	1(0.1)	1(0.1)	1(0.1)	1(0.1)

5　おわりに

　今回の調査結果から、女性専用疑問表現「わね↑」「わよね↑」等や男性専用疑問表現「だな↑」「だよな↑」が衰退したこと、従来女性が主として使うとされてきた女性的疑問表現「名詞＋ね↑」「（な）の↑」「のね↑」「ないの↑」等、あるいは男性が主として使うとされてきた男性的疑問表現「かね↑」「かな↑」「だよね↑」等が、男女共通に使う中立的疑問表現の方に移行しつつあることが明らかになっている。男女のことばの性差は年々縮まる傾向にあるといわれるが、こうした実態調査の結果は職場の疑問表現においても性差の縮小傾向を顕著に示すものとなっている。

　このような現象は女性が本来の女性専用疑問表現を使わなくなり、これまで男性が主として使ってきた男性的疑問表現を場面や世代を問わず自由に使うようになった結果である、と見てよい。また女性はくつろいだ場面で親しい女性に話す時や、年齢や立場の低い人に対する場合はときに男性専用疑問表現を使うことがあることが観察される。また一方では、男性の方も、本来

の男性専用疑問表現をあまり使わなくなり、女性が主として使ってきた女性的疑問表現を使うようになった結果である、と考えられる。とくに男性が親しい女性に話す時には女性的疑問表現を使う傾向にあることが指摘される。

【参考文献】

井出祥子(1982)「待遇表現と男女差の比較」『日英語比較講座5』
　　　　　　　　　　　　　　　　　　　　　　　　　　　大修館書店
………(1983)「女らしさの言語学」『話しことばの表現』
　　　　　　　　　　　　　　　　講座日本語の表現　筑摩書房
………(1986)『日本人とアメリカ人の敬語行動』　南雲堂
鈴木　睦(1993)「女性語の本質－丁寧さ、発話行為の視点から－」
　　　　　　　　　　『日本語学』12-6　臨時増刊号　明治書院
中島悦子(1994)「発話の文末に現れる言語形式」『職場における女性の話しことば』　財団法人東京女性財団1993年度助成金研究報告
　　　　　　　　　　　　　　　　　　　　書現代日本語研究会
………(1996)「文末の言語形式－疑問表現における丁寧度の要因－」
　　　　　　　　　　『ことば』17号　現代日本語研究会
マグロイン・花岡直美(1993)「終助詞」『日本語学』12-6　臨時増刊号
　　　　　　　　　　　　　　　　　　　　　　　　　　　　明治書院
益岡隆志・田窪行則(1989)『基礎日本語文法』　くろしお出版
松村明編(1971)『日本文法大辞典』　明治書院
水谷信子(1985)『日英語　話しことばの文法』　くろしお出版

第4章　職場の敬語のいま

遠藤　織枝

1　はじめに

　職場で女性たちはどのような敬語を使っているだろうか。
　従来、女性は男性より敬語を多く用いる、女性は男性よりレベルの高い敬語を用いるとされ、一方、さまざまな意識調査（安平(1992)、文化庁(1996)など）で、女性たちは、もっと敬語を上手に使うようになりたい、と答えている。
　ここでは、実際の場での女性と男性の敬語使用の実例から、女性および男性の敬語の実態を把握したいと考える。なお、ここで取り扱う敬語は、最近の新しい研究方法・範囲としての待遇表現や語用論レベルのものではなく、尊敬語、謙譲語、丁寧語、という伝統的な語のレベルのもので、品詞では動詞・助動詞に分類されるものである。分類や語の例は『言葉に関する問答集－敬語編－』（文化庁1995、以下「文化庁」と略記する）による。以下、誰が使い、誰が使わないか、よく使われるのはどんな敬語か、どんな場面で使われるか、などをみていく。具体的に実際に話されたことばを挙げながらみていくが、挨拶語、決まり文句など形式化しているものは、敬語使用の意識は薄いと思われるので、例示するだけで、考察の対象から省く。
　また、ある話者が他人の談話を引用している場合も、その引用文の元の話者の属性が明らかでないから、対象としない。
　話されている場面の改まりの度合いを問題にすることも多いが、その際、電話、会議、打合せ、相談、検討会、指導をフォーマルな場面、雑談をインフォーマルな場面とする。
　なお、用語として、「敬語形」、「ハダカ形」というのを使うことがある。

たとえば「言う」という行為を、「おっしゃいます・おっしゃって・言われる」などと表現するものを「敬語形」と言い、「言って・言わない・言います」などと表現するものを、「ハダカ形」とするのである。「言います」の「ます」も敬語ではあるが、この「ます」は、「おっしゃいます・言います」と、どちらにも共通して使われて差異はないから、ここでは問題にしない。要するに、「言う」行為を敬語化するか、しないかを相対的にみようとしているのである。同様に「です」も敬語ではあるが、ここでは「…です・…でございます」のレベルの差としてみるにとどめ、丁寧語「です」をそれ自体としてとりあげることはしない。すなわち、本稿では「敬語」の使用・不使用などを論じる際に「です・ます」を除いているのである。

以下、尊敬語、謙譲語、丁寧語の順に職場での使われ方をみていく。

2 尊敬語

専用形式とされる「いらっしゃる」「おっしゃる」などから、敬語的要素を付加するとされる「れる・られる」を伴うものまで。

2.1 いらっしゃる

 1 <u>いらっしゃいませ</u>ー。   [13K・?・雑]
 2 お客さんも<u>いらっしゃいます</u>、だからー。 [04F・40m・会]
 3 あのー、４０歳のかた、<u>いらっしゃる</u>んでしたっけ、きょう。
              [15A・30f・打]
 4 …あの、「名字」さんで<u>いらっしゃいます</u>か。[05A・40f・電]

など、「いる」「来る」「だ」の尊敬語として使われているものが22例あるが、そのうち、例1のようなもの3例は挨拶語として形式語化しているので除いて、19例について考える。また、

 5 …長年やっ<u>てらっしゃる</u>んですか… [15A・30f・打]

の「てらっしゃる」のような、「て」と「いらっしゃる」が融合したものもある。これは「ている」の尊敬語形で、4例ある。

「いらっしゃる」の内訳は「いる」の尊敬語として使われたものが14例、「くる」の尊敬語3例、「だ」の尊敬語2例である。「いる」の尊敬語がいちばん多く、使用場面では、フォーマルな場面のもの8例と、インフォーマルな場面のものが6例である。インフォーマルな場面の6例のうちの4例が話者[09A]のものである。[09A]は退職した先輩である男性の教師との雑談で、他の同僚の教師の存在について「いらっしゃる」を用いている。同じ[09A]が、フォーマルな会議の場面で、

　　6　あの知らない保護者の方もいると思うんでー、

のように、ハダカ形を使っている例がある。例6では「保護者の方も」と、「方」という尊敬語を使いながら、動詞は「いる」とハダカ形を用いている。直接の相手である先輩教師や、特定の個人である同僚教師については、「いらっしゃる」と言い、不特定多数の「保護者」については「いる」と言って、言及する人物により使い分けているのである。

フォーマルな場面では[04F]が2例、[04C]、[04G]、[04I]、[06A]、[11A]と、[14H]が各1例使っている。[04]の会議でよく使われていることがわかる。これら7名の話者がいつも尊敬語で話しているのか、あるいは、ハダカ形でも話しているのかを知るために、他の「いる・います」の使われ方をみてみる。

[14H]は

　　7　…したいってゆってる人もいます、いらっしゃいました。

と、ハダカ形から敬語形に言い直している。[14H]はほかでも「いました」を2例使い、敬語形よりハダカ形の方が多い。20代の[14H]にとって、敬語「いらっしゃる」は習得過程なのかもしれない。

[04F]、[04C]、[04I]は敬語形だけだが、[04G]、[06A]、[11A]にはハダカ形の使用例もある。また、[04D]、[10C]、[10A]などの話者には「いらっしゃる」の使用例はないが、ハダカ形の使用例はある。ハダカ形は10例使われて

いる。「ている」の敬語形「てらっしゃる」を用いている話者たちも、「委員やってる人」「同じことゆってる」など、ハダカ形も使用している。ハダカ形の例数は10例で敬語形よりも多い。

2.2 おっしゃる

　8　そういうことは [名字] 先生が<u>おっしゃる</u>んですか、わたしが言うんですか。　　　　　　　　　　　　　　　　　　[04A ・50f・会]

のように、相手や、話題の人物の行為「言う」を尊敬語「おっしゃる」で表現している例が13例ある。この語の使用場面は会議、打合せなど、フォーマルなものが11例、2例が雑談中のものである。

　例8で、話者は「[名字] 先生」の「言う」行為を「おっしゃる」と尊敬語を用い、自分の「言う」行為はハダカ形の「言う」を用いている。

　このように、「言う」行為を、敬語形「おっしゃる」で表すか、ハダカ形「言う」で表すかを場面別、行為者別にみてみる。「おっしゃる」の中には、(a)談話の相手と同じ場にいる人の行為について言うもの、(b)その場にはいないが話題の人物についてのもの、とがあり、「言う」には(a)(b)のほかに、(c)自分の行為について言うものがあるが、(c)のものは「おっしゃる」にはなりえないので、(a)(b)のものだけを比べてみる。場面別の「おっしゃる」、「言う」の使用の例数は以下の表のとおりである。

表1　おっしゃる／言う

	フォーマル			インフォーマル	計
	会　議	打合せ	検討会他	雑　談	
おっしゃる	6	3	2	2	13
言う	3	13	1	30	47

　「おっしゃる」は、会議では多く使われるが、雑談では少ししか使われない。「言う」は雑談、打合せではよく使われる。しかし、会議でも「おっしゃる」「言う」を合わせた9例中の3例、つまり3分の1はハダカ形の「言う」

が使われていることがわかる。

2．3　おいでになる

　　9　「名字」さんおいでになりますでしょうか。　　［06A・40f・電］
のような「おいでになる」の使用で、［05A］が1例、［06A］が2例いずれも電話の場面で用いている。例9のような、人物の存在を尋ねる用法としては、ほかに「いらっしゃる」を用いた、

　　10　「名字」工場長いらっしゃいますか。　　　　［11A・20f・電］
がある。「文化庁」では「おいでになる」と「いらっしゃる」の意味的、待遇レベル上の差異は述べられていないが、宇野（1996）には、

> 　同じ『行く』『来る』を表す尊敬語でも『おいでになる』と『いらっしゃる』では、『おいでになる』のほうがさらに丁寧な表現になります

と記されている。この両語に丁寧さの差があるかどうか、今回得られた両者の例から差の有無を確かめてみる。

　「おいでになる」は、例9のほか、「［名字］さんおいでになりますか」と「おいでになるご予定が、ございますでしょうか」のように使われている。
　「いらっしゃる」は、13例あったが、それらの使われ方は「いらっしゃいます・ました」5例、「いらっしゃる」4例（「らっしゃるんですから」「いらっしゃるのかな」「いらっしゃる日」「いらっしゃる…」）「いらっしゃった」2例（「いらっしゃったんですね」「いらっしゃったと思います」）「いらっしゃらない・なかった」2例（うえにいらっしゃらないとー」「いらっしゃらなかったんですね」）である。
　「いらっしゃる」は、丁寧語「ます」を下接するものが5例、「いらっしゃる」「いらっしゃった」「いらっしゃらない」のような、丁寧語を伴わない言い方が8例と、下接がハダカ形のものの方が多い。
　「おいでになる」は、丁寧語「ます」を伴う「…なりますか」と、それを

− 87 −

さらに丁寧にした「…ますでしょうか」があり、基本形も「おいでになるご予定」と尊敬語とともに用いられている。この両者を比べるとき、「おいでになる」の方がより丁寧な語と一緒に使われることがわかる。このことは、また、「おいでになる」の方が敬意のレベルが高いことでもある。「いらっしゃる」の方は例数も多く、レベルの低い語とも共起している。より多く使われるから、敬意が低いものに使われやすくなり、そのことがまた使用頻度を高めてもいる。つまり、「いらっしゃる」のほうが「おいでになる」より使いやすいと思われて多用される、多用の結果、敬意のレベルもやや低くなる、という循環の中にあり、レベルの差を認める宇野の主張と一致することになる。

2．4　ご覧になる

　11　…きちっと組まれたもので、ご覧になったほうが、あの、いいわけですね。　　　　　　　　　　　　　　　　[03D・40m・会]

のような、「見る」の尊敬語「ご覧になる」は、1例のみだが、会議の場面で40代の男性によって使われていた。[03D]は仕事の受注、発注の会議の中で相手[03A]の行為の「見る」を1回述べ、それをこの尊敬語で表したのである。ハダカ形の使用例はない。[03D]の話の相手である[03A]は、相手である[03D]の行為「見る」を、「見ていただければ」のように謙譲形で応じている。「ご覧になる」と「見ていただく」では前者の方が敬意は高い。40代の男性[03D]のほうが30代の女性[03A]より高い敬意の語を選んでいるのである。これは[03D]が受注する側、[03A]が発注する側という力関係が働いているからと考えられる。その他の話者の、フォーマルな場面での相手の行為「見る」の動詞の使われ方をみると、

　12　時間のある人はこの資料を見てってください。[07A・40f・会]

など、5例あるが、どれもハダカ形である。

2．5　くださる

　　13　ごめんくださいませ。　　　　　　　　［06A・40f・電］
　　14　よろしくお伝えくださいませ。　　　　［06A・40f・電］
　　15　ピックアップしてくださっていたんですよ。　［03A・30f・会］

のような例があるが、例13、14は、挨拶、依頼表現として形式化しているので省く。「くださる」は「くれる」の尊敬語で、なにかをもらったとき、与え手に敬意を示して、「〇〇さんが本をくださった」のように用いるのが本来のものだが、今回の例にはこの種の本動詞としてのものは1例もない。例15のような補助動詞としてのものばかりで11例使われている。すべてフォーマルな場面である。

　一方のハダカ形「くれる」の使われ方をみると

　　16　今度くれるかもしれないって。　　　　　［11A・20f・雑］

など、本動詞のものが4例あり、場面はフォーマル、インフォーマル各2例である。補助動詞のものは、

　　17　…お願いすれば書いてくれるのか…　　　［04B・40f・打］

など、38例あり、使用場面はフォーマル20例、インフォーマル18例である。フォーマルな場面で「（て）くださる」の約2倍の「（て）くれる」が使われているし、本動詞「くれる」がインフォーマルな場面でも使われているところから、尊敬語「くださる」はほとんど使われていないといえそうである。

2．6　なさる

　　18　先生がなさるわけね。　　　　　　　　　［04A・50f・会］

など、「する」の尊敬語「なさる」は6例使われている。そのうち、4例が例18と同じ［04］の会議で使われている。そこで、同会議中の「する」の使われ方と比べてみる。同会議の「する」は、

19　一人が進行して、一人がコメントなさるため、二人いるんだもの。
　　　　　　　　　　　　　　　　　　　　　　　　　　[04G・50f]
のように、一人の話者の同一の発話の中にも、敬語形とハダカ形が一緒に使われていたりする。その他「別々にセッティングしてっていいですよ」など8例ある。ハダカ形は尊敬形の2倍である。

2.7　お(ご)～になる

　20　…あの、お戻りになりましたら、お電話いただけるように…
　　　　　　　　　　　　　　　　　　　　　　　　　　[06A・40f・電]
のように、「お(ご)」と「になる」の間に一般の動詞の連用形、サ変動詞の語幹をいれた形式のもので、7例使われている。場面は、雑談3例と、電話、打合せなどフォーマルなもの4例である。この中に
　21　…話し相手なさってくださる先生方が、そこでお座りになって食べて僕らは、ちょっとコーヒーだけもって…　　　[04F・40m]
のような、「座る」の尊敬語、「お座りになる」の例がある。この会議中、[04F]らは「先生方」が「壇上に座るかどうか」などについて検討していて「座る」という動詞が12回使われている。そのうち自分の動作について述べる3例を除いて、相手や会議のメンバーの動作を表すものが9例ある。その中で[04F]も「報告者も4人座ってね」など、3回ハダカ形で話している。つまり、[04F]の例21のような、「座る」の尊敬語「お座りになる」の使用は最初の1回だけということである。
　その他、この形の尊敬語は、[09A]、[15A]が各2例用いている。[09A]は、「2.1　いらっしゃる」で述べたと同じ、退職した先輩教師に向かって丁寧なことばをよく使い、「お帰りになっちゃったかな」と2例使っている。他の場面ではこの種の尊敬語は使っていない。[15A]は同僚で年下の[15D]に「おなくしになったんですか」と問い、同僚で同年配の[15E]にも、「お話しになんなかったんですか」と尋ねている。[15A]は話し相手に、その人物

の行為について言うときはだれに対しても尊敬語を使っていることになる。しかし、第三者の行為については[15A]も「話しされて」（受け身の意で）、「おんなじ話ししてるー」などハダカ形を使っている。

2．8　「れる」「られる」を伴うもの

　「読む→読まれる」「来る→来られる」のように、動詞の未然形に、「れる・られる」をつけて、作られた尊敬語である。この種のものは、
　　　22　2日に分けて出されますか。　　　　　　　　[11A・20f・電]
など、19例使われている。話者は、20代f　3名、3例、30代f　1名、2例、40代f　3名、9例、40代m　1名、1例、60代m　1名、2例、年齢不詳m　1名、2例の計10名である。このうち、40代の[06A]が6例も用いており、また、これら19例が10名の話者によって用いられているなど、少数の話者に偏っている。場面別では会議7例、電話1例、打合せ10例、雑談1例である。
　「れる」「られる」を伴って尊敬語として用いられた動詞は、「行く」、「やる」、「議論する」各2例、「言う」「（気に）入る」「移る」「帰る」「来る」「越す」「出す」「つむ」「就任する」「準備する」各1例、補助動詞「（て）いる」2例、「（て）いく」1例、計15の動詞である。これらの動詞が尊敬語の形をとらず、ハダカ形のままのものはどのくらいあるのかをみる。尊敬語となりうる環境でのハダカ形の出現数は以下のとおりである。フォーマルな場面のものを「フォ」、インフォーマルな場面なものを「インフォ」と略記する。

　　　　「行く」26例（フォ4、インフォ22）
　　　　「やる」38例（フォ35、インフォ3）
　　　　「議論する」0
　　　　「言う」47（フォ17、インフォ30）
　　　　「（気に）入る」0
　　　　「移る」0

-91-

「帰る」4（フォ4）
「来る」24（フォ12、インフォ12）
「越す」1（インフォ1）
「出す」6（フォ6）
「つむ」0
「就任する」0
「準備する」0
「（て）いく」5（フォ2、インフォ3）
「（て）いる」66（フォ38、インフォ28）

　これらを全体としてみると、上記15の動詞の「れる・られる」を伴う尊敬語の出現数19（フォ18、インフォ1）に対して、ハダカ形の出現数217（フォ118、インフォ99）となる。尊敬語として使われたものと、尊敬語になりうる環境にあったもの、つまり、ハダカ形とを合わせて全体とし、その中での尊敬語の使用率をみると、フォーマルな場面で13.2％、インフォーマルな場面で1％ということになる。「れる・られる」を伴う敬語形の使用はかなり少ないことがわかる。特に、インフォーマルな場面ではほとんど使われないといえるのである。

　以上のいくつかの尊敬語の使われ方を表2（次ページ）にまとめてみる。なお、表中に[11A・1]とあるのは、話者[11A]がその尊敬語を1回使用していることを示している。

　この表と第1章の4「談話資料の性質」に掲げた表4とから次のことがわかる。

(1)　20代、30代、50代の男性は尊敬語を使用していない。20代は、敬語使用の習熟度が低いこと（荻野（1997）など）と、発話数、特にフォーマルな場面でのものが非常に少ないためと考えられる。30代以上は、発話数の対女性比も、フォーマルな場面の発話がインフォーマルな場面のものより多いことも、各世代に共通しているのに、30代、50代は尊敬語を使っていない。その理由を知るには、それぞれの会議や打合せの規模や

性格、構成メンバーの役割など、さらに細部の要因を検討しなければならないだろう。

(2) 40代の男性の尊敬語使用は、他の世代の男性よりはるかに多いだけでなく、同世代の女性よりも多い。フォーマルな発話339の中で9回尊敬語が使われ、出現頻度は37.7話につき1回であるが、女性は1047発話中24語で、43.6発話につき、1回である。

表2　尊敬語を使う人

	20代		30代		40代		50代		60代		計	
	f	m	f	m	f	m	f	m	f	m	f	m
いらっしゃる	11A·1 11H·1 14H·1		04L·1 09A·5 15A·4 19B·1		05A·1 06A·2	04F·2	04G·1 04I·1		04C·1		19	3
おっしゃる			04L·2 05I·1 09A·2 15A·1		19A·1		04A·1 04G·2 04J·1 08A·1		04D·1		12	1
おいでになる					05A·1 06A·2						3	0
ご覧になる						03D·1						1
(て)くださる			03A·2 05I·1 19B·1		04K·1 05A·1 07A·2 19A·1	04F·1	04A·1				10	1
なさる			09A·1		05A·1	04F·1	04A·1 04G·1		04D·1		4	2
召し上がる			19B·1								1	0
お〜になる	13C·1		09A·1 15A·1		05A·1 06A·1	04F·1					6	1
れる・られる	11A·1 13A·1 14H·1		03A·2		04B·2 06A·6 07A·1	03D·1 03E·2			04D·2		14	5
例数計	7	0	28	0	24	9	10	0	5		69	14
延べ話者数	7	0	16	0	15	7	9	0	4		47	11
異り話者数	5	0	6	0	6	3	5	0	2		22	5

(3) 使用される尊敬語は、語による差が大きく、「いらっしゃる」「おっしゃる」は10例以上も使われているが、「ご覧になる」「召し上がる」は各1例、本動詞の「くださる」は0である。

(4)「いらっしゃる」は20代女性が40代、50代と同じように使っていることから、習熟の早い尊敬語、いちばん使いやすい尊敬語と言えそうである。

3 謙譲語

「いたす」「申す」「参る」など専用形式の謙譲語の使われ方を観察する。

3．1 いたす

23 …来年の春は無理かもしれないとゆう話をいたしましたら…
　　　　　　　　　　　　　　　　　　　　　　　　［06A・40f・打］
24 ちょっと失礼いたしまーす。　　　　　　　　［10A・40f・挨拶］
25 はい、お願いいたします。　　　　　　　　　［05A・40f・電］

のような使用例がある。例23は「する」の、24は「失礼する」の謙譲語形で、25は謙譲語形「お願いする」のそれをさらに謙譲語にしたものである。

例24、25は挨拶のことばとして形式化して用いられている。これらと同じ意味の挨拶をハダカ形で表現しているものがある。

26 どうも失礼しました。　　　　　　　　　　　［05A・40f・電］
27 じゃ、よろしくお願いします。　　　　　　　［07A・40f・会］

などである。そこで、失礼いたします／失礼します、お願いいたします／お願いします、の使われ方をそれぞれ比較してみる。

3．1．1 失礼いたします／失礼します

「失礼いたします」は5例あり、話者は20代3名、3例、40代2名、2例

-94-

で、いずれも女性、場面は、電話4例、挨拶1例である。

　「失礼します」は8例あり、話者は、20代女性1名・1例、30代女性1名・1例、40代女性1名・3例、30代男性3名・3例で、合わせて女性3名、男性3名である。場面は電話3例、挨拶2例、打合せ2例、会議1例である。ハダカ形の方が、使用例も使用場面も多い。謙譲語形「失礼いたします」では20代女性の使用数3が目につく。尊敬語の使用の少なかった若い世代で、謙譲語を使用しているという意識より、挨拶語として一定の形式のものとして捉えられているのであろう。

3．1．2　お願いいたします／お願いします

「お願いする」には、
　28　…ずいぶん、先生にお願いして、もうどうもすいません

[04B・40f・打]

のような挨拶以外での文中の用法があるが、「お願いいたす」には「お願いいたして」のような文中の用法はない。そこで、挨拶表現として「お願いいたします／お願いします」の言い切りの形で使われるものだけで、比べてみる。「お願いいたします」は6例、「お願いします」は20例である。以下はそれぞれの話者と例数を示す表である。

表3　お願いいたします／お願いします

	20代		30代		40代		50代	
	f	m	f	m	f	m	f	m
お願い いたします	13A・1		16A・1		05A・1 06A・1	10D・2		
お願い します	11A・4 11F・1 13B・2		16B・1		04B・1 06A・1 07A・5 08H・1 10A・1	04F・1		09M・1 13G・1

　40代男性の場合を除いて、どの年代でも「お願いします」のハダカ形の方

が多い。特に20代、40代の女性のハダカ形使用が目立つ。

　使用場面でみると、「お願いいたします」はすべて電話で使われている。「お願いします」は、電話8例、会議5例、打合せ4例、雑談3例である。謙譲語形の、敬意のレベルの高い敬語は、電話でしか使われていない。しかし、ハダカ形も電話で多く使われ、使用例数は謙譲形のものより多い。

　また、話者の使用例数の男女比も、「お願いいたします」が、1：3であるのに対し、「お願いします」は3：20で、謙譲のレベルの低い「お願いします」の女性の使用の多さがめだっている。

3．1．3　「する」の謙譲語としての「いたす」

　例23のような「する」の謙譲語「いたす」が単独で使われる場合である。この種のものは4例あったが、すべて[06A]が使っているもので、電話で1例、打合せで3例であった。

3．1．4　謙譲語形「お（ご）〜する」の中の「〜いたす」

　　29　いろいろご心配をおかけいたしましたけれども…

　　　　　　　　　　　　　　　　　　　　　　　　　　[06A・40f・打]

のような、謙譲語形「お（ご）〜する」の「する」が「いたす」になり、より謙譲の意が強められたものである。例29のほかに「お持ちいたしました」[04B・40f]、「お返しいたします」[06A・40f]があり、この用法のものは計3例で、中央官庁の公務員である[04B]が、政府の審議会委員を引き受けてほしいと、大学教授[04A]に依頼しにきた場面と、出版社の編集者[06A]が執筆者である、大学教授たちとの打合せの場面とで用いられている。3例中2例が[06A]の使用である。

3.2 申す・申しあげる

謙譲語「申す」は「言う」の謙譲語で、

 30 総務の方から…ご連絡をするとゆうようなことを申しておりますので。 [06A・40f・打]

 31 もしもし、［社名］の［名字］と申します、どうもお世話になっております。 [06A・40f・電]

のように使われ、「申す」より謙譲の程度の高い「申しあげる」も、

 32 それは、もう、はっきり、申しあげ、ます。 [11B・30m・打]

のように使われている。例31は、電話などでまず自分を名乗るときに使う形式的な用法で、丁寧語で「［名字］でございます」と名乗る形式と似ているので、4節の丁寧語「ございます」の項で取り上げる。ほかに「申す」からできた「申し訳」を用いた「申し訳ない・申し訳ございません」があるが、これも丁寧語「ございます」の項で考える。

 実質的な「言う」行為を謙遜した「申す」は、例30のほかは、同じ話者の「常務取締役のほうから…ゆうようなことを申しておりましたが…」の例があるだけで、謙譲語「申す」の使用例は2例のみである。より謙譲の意の強い「申しあげる」も例32のほかは、[06A]の電話での「はい、申しあげます」があるだけである。フォーマルな場面で自分または自分の側の「言う」行為をハダカ形で表現している例は「社内で…チャンスだなんてゆっておりますけど」（[06A]）など26例あるが、謙譲語の使用は極めて少なく「申す」「申しあげる」合わせて4例だけである。しかも、そのうち3例が[06A]の使用したもので、特定の話者に限られている。

3.3 いただく

 33 …原稿だけいただいて、文字を先にすすめてくってな形を… [03E・40m・会]

34 あ、これがねー、おいしそうだよ、前、<u>いただいた</u>ことあるじゃない…
　　　　　　　　　　　　　　　　　　　[10A・40f・雑]
35 …2回出して<u>いただく</u>こともあったので…　[03A・30f・会]

のようなものがある。例33は動詞「もらう」の、例34は動詞「食べる」の謙譲語で、例35は補助動詞「もらう」の謙譲語である。使用例は動詞のものは19例で補助動詞のものが80例。補助動詞として多用される語であることがわかる。まず、動詞からみてみる。

3.3.1 「食べる」の謙譲語としての「いただく」

「食べる」ことを「いただく」と表現している例には

36 じゃ、<u>いただき</u>まーす。　　　　　　　[10A・40f・雑]

のような挨拶のことばが9例あったが、これらは謙譲語としての意識は薄いと思われるので除外する。「食べる」の意味のものは、例34のほかは[19A]の「じゃー、いただきましょうか?」があり計2例である。ただし、[19A]の「いただく」は自分の行為だけでなく、相手の行為も含み、一緒に食べようという誘いかけの表現に使われている。一方、同じような雑談中で、自分の側の行為を指すものとして「食べる」行為を、「食べる」とハダカ形で表現する例はどのくらいあるだろうか。

37 あたし、帰ってしばらくは、やっぱりナッツとかそうゆうもんばっかり<u>食べ</u>てた。　　　　　　　　　[16B・30f・雑]

のような、「食べる」を用いるものが、20名・45例あった。例34で「いただく」を使っている話者[10A]も、別の談話では「自分が食べるあれね」と言い、[19A]も別の談話では「食べたとして」「食べてもいいのよね」と、「食べる」を用いている。「いただく」を使う話者たちも、「食べる」のほうをより多く使うのである。また、話者の側からの使われ方をみると、「いただく」を使ったのが3人、「食べる」を使ったのが20人で、「食べる」を用いる人のほうが圧倒的に多くなっている。

なお、他人が「食べる」行為に尊敬語「召し上がる」があるが、この語を用いた例は[19B]が年上の研究所員に対して使った「[名字]さん、これ召し上がって↑」の1例のみである。その一方で、相手や他人の行為を「食べる」で表現したものが17例であることを考えると、やはりハダカ形のほうがはるかに多く、「食べる」は尊敬語、謙譲語とも使われることが少ないのである。

3．3．2　「もらう」の謙譲語としての「いただく」

「もらう」行為を「いただく」というか、「もらう」というかである。例33のように、「もらう」行為を謙譲語で表しているのが、17例あり、1例を除き、場面はすべてフォーマルなものである。一方、「もらう」と表現しているのが20例で、会議などフォーマルな場面で9例、雑談で11例使われている。

この、「いただく」と、「もらう」の話者と例数を一覧表にしてみる。

表4　いただく／もらう

	20代		30代		40代		50代		例数計	
	f	m	f	m	f	m	f	m	f	m
いただく	01A・1 11A・3		19B・1	14G・2 10C・1	05A・1 06A・3	03E・5			9 (47.1%)	8 (52.9%)
もらう	10G・1 13A・1 13D・1	12E・1	05I・1 16A・1 17K・1	10C・2	04B・2 05A・1 07A・1 08Q・1 10A・1	11E・1	08A・1 12A・1	09E・2	14 (70%)	6 (30%)

男性の「いただく」の使用が多いのが目につく。第1章の表4の発話数の男女比は25.4％：74.6％であるが、「いただく」の例数の男女比は47.1％：52.9％である。さらに、全発話中の出現率では、男性が267.9発話に1回、女性は968.9発話に1回と、男性が3.6倍になっている。

これに対して、「もらう」の男女比では30％：70％で、男性の使用がより

少なくなり、女性の使用の比率が高まっている。すなわち、ハダカ形の使用が女性の方が多いのである。

　また、この「いただく／もらう」の選択の面でみると、「いただく」「もらう」の両方とも使っているのは[05A]だけで、他の話者はいずれか一方のみを使っている。一人の話者の中の使い分けではなく、話者による選択の差のある語といえよう。

3.3.3　補助動詞「（て）もらう」の謙譲語としての「（て）いただく」

　例35のようなもので、このような「いただく」は80例と非常に多く、1例を除いて79例がフォーマルな場面で使われている。
　ハダカ形の「（て）もらう」の方は

　　38　…場所を取って<u>もらう</u>、ということと、日程を決めて<u>もらう</u>とゆう
　　　　こと…　　　　　　　　　　　　　　　　　　　　［07A・40f・会］

など45例ある。場面は会議16例、打合せ15例、電話3例、雑談11例である。
　「（て）いただく」「（て）もらう」ともよく使われているが、話者の側からみるとどういうことになるか。使用する人を示す**表5**を次にかかげる。

表5　（て）いただく／（て）もらう

	20代		30代		40代		50代		60代		例数計	
	f	m	f	m	f	m	f	m	f	m	f	m
（て）いただく	01A・1 03C・1 11A・1 13A・7 14H・2		03A・26 05I・1 15A・1 16A・1 17A・1	11B・6	04B・3 05A・3 06A・1 07A・10 08H・1	03D・1 03E・3	04A・1 04J・1		04D・3		67	13
（て）もらう	02A・2 02C・1 10E・1 11A・4 18C・1		03A・1 05I・3 12D・1 15A・2 17A・2	05F・1 10C・1 18B・1	04B・1 05A・1 07A・7 10A・2 18A・1 19A・1	03B・4 04F・2	04A・1 04G・1 08A・1		04D・1 06B・1		34	11

女性が多用している。発話数中の出現は53.8発話に1回で、男性の96.7発話に1回と比べると、1.8倍である。その中でも話者[03A]が多用しているのが目につく。女性の全例数67のうち、1人で26例も占めている。また、20代女性で、[11A]が両方の語を使う以外は、「いただく」を使う話者と「もらう」を使う話者が分かれているのも興味がある。30代以上の女性が両方とも使って使い分けているのと比べると、20代は使い分けがまだできない段階の人が多いということであろうか。

全体の例数では、「いただく」は「もらう」の1.8倍である。すでにみた尊敬語・謙譲語で各語を敬語形とハダカ形と比べたとき、ハダカ形のものの方がどれも多かったが、「（て）いただく」で、初めて敬語形の方が多いものが現れたのである。きわめて使いやすい敬語ということであろう。

ところで、この使いやすさが原因なのか、「いただく」を使った「～させていただく」という表現が11例見いだされた。

39　…ファックスをあとで入れ<u>させていただき</u>ますので…
　　　　　　　　　　　　　　　　　　　　　　　[06A・40f・電]

のようなものである。この言い方は、「文化庁」にも

　　過剰敬語であるという批判がしばしばなされます。それゆえ、
　　・昨年の秋に退職させていただきました。
　　・ただ今より門を閉めさせていただきます。
　　のように、その行為がだれか（典型的には聞き手）の恩恵によって成立するとは考えにくい場合にこの表現を使用することは、へりくだり過ぎてかえって無礼な印象を聞き手に与えてしまうので避けるべきです。

と記され、問題化している表現である。

「避けるべき」とされる言い方であるが、今回のデータの中にも11例あった。次のようなものである。「→」は、発話の相手を示す。

40　…メモを取ら<u>していただいて</u>いいですか↑[14H・20f・打]→30m
41　…あのー　<u>やらせていただけ</u>、でも、忙しかったらいいんですけれど。
　　　　　　　　　　　　　　　　　　　　　　　[08H・40f・打]→50f

42　…じゃちょっとあの、拝見させていただきます。
　　　　　　　　　　　　　　　　　　　［14H・20f・打］→20m
43　…ちょっと詳しく、あの、あとで、えー、打ち合わせさしていただきたいと思うんですが。　　　　　　［03A・30f・会］→40m
44　…英文の、この図だけ、版下で納めさせていただきます。
　　　　　　　　　　　　　　　　　　　［03C・20f・会］→40m
45・46　今までえっと　やらせていただいたときはですね、えー、一番初めに［社名］さんでレイアウトと原稿と…一括で…入稿させていただいてたんです。　　　　　　　　　［03A・30f・会］→40m
47　…そうゆうふうな形で　やらせていだだいておりましたけれども。
　　　　　　　　　　　　　　　　　　　［03A・30f・会］→40m
48　…当社の不手際によるね、えー、もんであれば、えー、あのー保証はさしていただきますけどね。　　　［11B・30m・打］→20f
49　…９０なんパーク以上はあの、人が必ず、ええ確認さしていただく形をとりますので…　　　　　　　　［03E・40m・会］→30f

　39・40・41は相手に許可を求め、その許しを得るという恩恵により成立するもので、これらは本来の用法である(菊地（1997))。42.は「拝見」というレベルの高い謙譲語に加えてさらに「させていただく」と述べて過剰ともいえる。しかし、自分が「見る」ことが、相手の恩恵によらなければならない場合はこの表現は妥当である。43.は「打ち合わせる」という行為は相互の行動によるものだから、話者だけがへりくだる必要はないので、謙譲しすぎとなる。44.も発注先へ原稿を入れることだから許可もいらないのに使っている。45.～47.は相手ではなく、他の会社に発注していたときの話で、相手からの恩恵・許可に関するものでないから謙譲形にする必要はない例である。48.・49.は菊地（1997)のいう自己完結的な動作についてのものであるから、「させていただく」をつける必要はない。

　このように、過剰と思われる「（さ)せていただく」が、11例中7例にのぼっている。これらは、仕事の受注、プラントの納入と営業上の緊張を強い

られる場面で使われている。丁寧な言い方をしなければならない、との意識はあるが適切な表現がわからず、他人が使っていて丁寧にきこえる語形をまねて使っているものと思われる。これらの実例は、過剰な敬語を生むメカニズムを解き明かす材料として役立ちそうである。

以上の謙譲語の語別にその使用話者を示したものを表にまとめる。

表6　謙譲語を使う人

	20代 f	20代 m	30代 f	30代 m	40代 f	40代 m	50代 f	50代 m	60代 m	計 f	計 m
いたす					06A・4					4	0
お〜いたす					04B・1 06A・2					3	0
お願いいたします	13A・1		16A・1		05A・1 06A・1	10D・2				4	2
失礼いたします	01A・1 11A・1 13A・1				06A・1 10A・1					5	0
いただく（食べる）					10A・1 19A・1					2	0
いただく（もらう）	01A・1 11A・3		19B・1	14G・2 10C・1	05A・1 06A・3	03E・5				9	8
（て）いただく	01A・1 03C・1 11A・1 13A・7 14H・2		03A.26 05I・1 15A・1 16A・1 17A・1	11B・6	04B・3 05A・3 06A・6 07A.10 08H・1	03D・1 03E・3	04A・1 04J・1		04D・3	67	13
うかがう			04L・1							1	0
お目にかかる	18C・1 ＊									1	0
差しあげる	14H・1				06A・1 19A・1					3	0
まいる										0	0
申す					05A・3 06A・5			13G・1		8	1
申しあげる				11B・1	06A・1					1	1
例　数　計	21	0	33	10	51	11	2	1	3	107	25
延べ話者数	13	0	7	4	20	4	2	1	1	42	10
異り話者数	7	0	6	3	7	3	2	1	1	22	8

＊　この「お目にかかる」は[18C]が、休憩時間の雑談の中で「レモンティーなんてものはちょっとお目にかかったことが（ない）」と言ったもので、謙譲語としての用法ではない。

前ページの表6から以下のことがわかる。
(1) 「いただく」は「食べる」の謙譲語としての使用は少ないが、補助動詞「いただく」はどの世代にもよく使われている。特に女性の話者[03A][07A]が多く使い、女性の例数の半数以上を占めている。この2人の使用が全体数を引き上げる結果になっている。また、「（て）いただく」と同じ文脈で使われるものに「（て）くださる」があるが、「（て）いただく」は80例で、11例の「（て）くださる」よりはるかに頻繁に用いられている。
(2) 「する」の謙譲語「いたす」は、40代女性[06A]だけが使っていた。この語は「お願いいたします」「失礼いたします」の、挨拶語のように形式化したものとして使われる方が多いが、これら形式化したものも、そのハダカ形「〜します」の方が多く使われていた。
(3) 「まいる」「うかがう」「お目にかかる」では、「うかがう」が1例使われているのみで、これらの謙譲語の使用はきわめてわずかである。謙譲語も尊敬語の場合と同じく、使われる語に大きな差があることがわかる。

4　丁寧語

丁寧語には「です」「ます」もあるが、本稿ではそれらを単独にみることはせず、「ございます」との関わりでみるに留める。

4．1　ございます

　　50　ありがとうございます
　　51　お早うございます
　　52　…は　今日おいでになるご予定が、ございますでしょうか。
[06A・40f・電]

53　これは、今年の、あのガイドラインのパンフでございます。
　　　　　　　　　　　　　　　　　　　　　　　[04B・40f・打]
　　54　[社名]の[名字]でございます。　　　[05A・40f・電]
　　55　はい、申し訳ございません。　　　　　[05A・40f・電]
など、丁寧語の「です」より丁寧度の高い「ございます」を含む話しことばは多様である。例50、51は挨拶語なので除外する。例52、55は「ある」の丁寧語で、例53、54は「だ・です」の丁寧語である。

4．1．1　申し訳ございません／申し訳ないんです

　「申し訳ございません」も形式語化しているが、一方にハダカ形の「申し訳ないんですが」のようなものもあるので取り扱う。「申し訳ない」を1語の形容詞とみるか、「申し訳がない」の「が」の省略されたものとみるか、で「申し訳ございません」の位置づけが変わってくる。1語とする見方にたてば、「ない」の部分だけを丁寧語にする「申し訳ございません」は誤用となる。これは「とんでもございません」を許容するか否かと、共通の問題である。「が」の省略とみれば、「ない」→「ありません」→「ございません」と丁寧の度合いの問題として処理できる。ここでは後者の考えに立ち、丁寧度の差として捉える。

　例55のような「申し訳ございません」は4例使われているが、「申し訳ない」は

　　56　なんか勝手で申し訳ないんですけれども、…　[01A・20f・電]
など7例使われている。「〜ございません」は4例とも例55のような言い切りのものであるが、「〜ない」の方は、言い切りはなく、どれも「〜ないんですが」「〜ないですね」などと後に語を伴った用法で使われている。「〜ございません」のほうが形式語化が進んでいるのである。なお、「〜ございません」を使用する話者は[01A]、[05A]と[06A]の3名、いずれも女性である。「〜ない」を含む文を使用する話者は、女性は20代の[01A]、30代の[03A]

と[16A]、40代の[04B]と[06A]の5名、男性は30代の[10C]、40代の[10D]の2名である。[01A][06A]の2名は「ございません・ない」の両方を使っている。丁寧度の低い「ない」の使用例の方が多く、女性の使用例も「ございません」より多い。

4.1.2 名乗るときの「ございます」

例54のような、名乗りの言い方として、「ございます」の使用が3例ある。使用場面は、電話2例と、挨拶1例である。そのほかの名乗りの言い方として

　　57　[部署名]の[名字]<u>です</u>。　　　　　　　[11A・20f・電]

のように、「です」を用いる言い方があり、この種のものは7例使われている。この言い方は、すべて電話で使われている。

さらに、3節で述べたような

　　58　[社名]の[名字]と<u>申します</u>。　　　　　[06A・40f・電]

と、「申す」を用いる言い方があり、7例使われている。場面は「です」の場合と同じく、すべて電話である。

この3種は、丁寧さのレベルとしては、「ございます」＝「申します」＞「です」となる。

これらの語を使っている話者は以下のとおりである。

「ございます」……[04B]、[05A]、[06A]が各1例。3名とも40代女性。

「申します」………[05A]が3例、[06A]が3例、[13G]が1例。40代女性
　　　　　　　　　2名と50代男性が1名。

「です」……………[11A]が3例、[06A]が2例、[17A]、[10D]が各1例。
　　　　　　　　　20代、30代、40代女性各1名と40代男性が1名。

名乗るときに、「ございます」「申します」を使うのは40代以上の男女ということになる。どの言い方も女性の使用例が圧倒的に多いのは、今回の録音資料収録を女性に依頼していることによる。これら協力者の話し言葉が中心

であるから、名乗りの場面も協力者である女性のものにならざるをえない。電話での談話は協力者以外のものは録音されにくいのである。

4．1．3　「ある」の丁寧語「ございます」

例52のような「ございます」である。この種のものは、[06A]の「株主総会ございまして」、[05A]の「うかがいたいことございまして」など10例ある。話者は、[03E]、[05A]、[06A]の3名ですべて40代、その中の[06A]が8例使用している。

この3名がハダカ形「ある・あります」も使っているか、使っているとすればどのくらいか、同一話者の語の選択のようすをみてみる。

[03E]は、「見直しがありますね」、「あるんですか」とハダカ形も用いている。

[05A]も「チャンピオンシップありますね」、「全部頼んでどうかってゆうとこありますからね」など、「あります」も用いている。

[06A]は「……と、ゆう、話がございまして……ゆうような話もありますので」と、同一発話の中で両方の言い方を用いている。この他にも「こうコラージュしたやつがあるんですけど」（電話）、「前書きに書いてありますように」（打合せ）など、ハダカ形の使用は16例に及んでいる。[06A]は丁寧語も多用するが、ハダカ形もそれ以上に用いているのである。

4．1．4　「です・だ」の丁寧語「ございます」

例53のような「ございます」である。その他に[06A]の「ファックスは[番号]でございますね」や、[13K]の「422円でございます」など、この種のものは8例ある。4.2でみた名乗りの3例もここに含まれる。そこで、残りの5例について、それぞれの話者の、ハダカ形の使われ方をみる。

例53の話者[04B]は、同じ相手との同じ打合せの場面で、「ぎりぎりのと

こですから」「あの痴呆の問題とかもあるだろうし」のような「です」「だろう」を31例用いている。例51の「ございます」が例外ともいえるほど、ハダカ形の使用が多い。

　[06A]は「ございます」を3例用いているが、「です」「だ」も多用しており、89例に及んでいる。全く「ございます」を使わない話者と比べると、[06A]の「ございます」の使用は目立つが、この話者の、「ございます」の使いうる文の多さの中で考えると、多いといいうるかどうか、疑問である。

　[13K]は店員で、「はい、いらっしゃいませー」「はい、ありがとうございます。」の発話の次に「422円でございます」の「ございます」を含む発話をしている。この「ございます」は一種の接客用語と考えられる。

　以上の、「ございます」のいくつかの使われ方を、話者を示した表にまとめる。

表7　丁寧語を使う人

	20代		30代		40代		50代		60代		例数計	
	f	m	f	m	f	m	f	m	f	m	f	m
ございます（ある）					05A・1 06A・8	03E・1					9	1
ございます（です）					04B・2 05A・1 06A・5						8	0
申し訳ございません	01A・1				05A・1 06A・1						3	0
例　数　計	1				19	1					20	1
延べ話者数	1				7	1					8	1
異り話者数	1				3	1					4	1

　この表7から、以下のことがわかる。

(1)　「ございます」の使用は、年代、性別、個人の偏りがある。総例数21のうち、20例が40代で、そのうちの19例が女性が使用しているものである。特に、[06A]の多用が目立ち、この話者だけで、14例使っている。

(2) 20代女性[01A]の1例は、電話の場面での謝りのことばの中で使われたもので、形式化された語の1部である。

5 まとめ

以上、語の側から使われ方をみてきたが、ここで、話者の側から使用する人・しない人の観点でまとめ直して表8にし、全体の使用状況を考えてみる。

表8　敬語の使われ方

		20代		30代		40代		50代		60代		計	
		f	m	f	m	f	m	f	m	f	m	f	m
話者総数		23	5	19	18	14	12	9	8	5		65	48
尊敬語	話者	5	0	6	0	6	3	5	0	4			
	例数	7	0	28	0	24	9	10	0	5			
謙譲語	話者	7	0	6	3	7	3	2	1	1			
	例数	21	0	33	10	51	11	2	1	3			
丁寧語	話者	1	0	0	0	3	1	0	0	0			
	例数	1	0	0	0	19	1	0	0	0			
話者数	延べ話者数	13	0	12	3	16	6	7	1	5			
	異り話者数	8	0	8	3	8	4	5	1	2		29	10
例数計		29	0	61	10	94	21	12	1	8			
話者当たりの使用例数　例数計/異り話者数		3.63	0	7.63	3.33	11.75	5.25	2.40	1	4			
敬語使用者比率　異り話者数/話者総数×100		34.8	0	42.1	16.7	57.1	33.3	55.6	12.5	40.0		44.6	20.8
使用頻度数　フォーマル発話/例数計		24.8		17.4	54.1	11.1	16.1	37.0	17.7	15.3			

この表から次のことがわかる。
(1) 20代男性はどの敬語も使っていない。これは若くて敬語が十分に習熟されていない、敬語をよく使うフォーマルな場面に出ることが少ない、

の2つの事情によるものと思われる。
(2) 話者総数の中での、敬語を使用する人としない人の割合は、34.8％：65.2％で、使用しない人が全体の約2／3である。つまり、職場で「です・ます」以外の敬語を使う人は1／3ということになる。性別では女性は47.5％：52.5％、男性は19.6％：80.4％で、女性の方が敬語を使う人の率が高い。しかしその女性も、使用する人と、しない人とでは使用しない人の方の率が高い。
(3) 話者当たりの例数では、40代女性がピークで、30代女性、40代男性、20代女性の順に少なくなっていく。
(4) 発話数中の出現頻度は、40代女性が11.1発話につき1回であるのに対して、40代男性16.1発話に1回、30代女性が17.4発話に1回と、頻度が低くなっていく。

6 おわりに

　1973年刊行の、明治書院の敬語講座シリーズ第6巻『現代の敬語』の中に「職場の敬語」（吉沢典男）と題する論文が収められている。そこでは、上司をどう呼ぶか、社内でのことばづかいにどの程度注意しているか、などがいくつかの企業でのアンケート結果に基づいて論じられている。
　堀井令以知『はたらく女性のことば』（明治書院1992）でも職場の女性のことばを、マナー、身だしなみ、あいさつの一部としてとらえている。
　従来の、職場の敬語のとらえ方は、職場の中で上司と部下、外部者と部内者とのコミュニケーションを円滑に行うためのことばづかいはいかにあるべきか、また、どう意識されているかが中心であった。国立国語研究所の大がかりな調査「企業の中の敬語」（1982）もアンケートによるもので、いずれも実際に職場で話されることばをもとにしたものではなかった。
　今回、職種などに多少の偏りはあるにせよ、19人の協力者による職場の自然談話の資料が得られた。現実にどういう敬語が使われているのか、使われ

ていないのかが、具体的・客観的・量的に把握できる好機到来であった。

　コンピューターの力でそれぞれの発話の中の用語の検索が瞬時にできることになったとき、まず「ございます」が何例あるかをみた。こうして「おっしゃ」「いらっしゃ」「申（し）」など敬語の活用語形を考え、意味の異なる音結合のものは捨てながら必要な語を拾い出した。一方で対応するハダカ形を「ゆわ、ゆい、ゆえ、ゆお、ゆっ、ゆう、いい、いわ、いい、いっ、いう、いえ、いお（「言う」について）」とありうる形すべてを拾い上げ、比較して、敬語の使用、不使用の実態を観察したのが今回の報告である。

　「です・ます」をはじめ、「お・ご」のつく名詞（その使用実態を知るには、「お・ご」のつかないハダカ形の名詞との対比が必要で、これはパソコンでも検索できない）、敬称など、語のレベルの敬語についてだけでも、やり残した部分は多い。今後も、このデータを活用して、職場の敬語の実際の解明を続けたいと考えている。

【参考文献】
1　宇野義方（1996）『日本語のお作法』　ごま書房
2　荻野綱男（1997）「敬語の存在」『言語』26-6　大修館書店
3　菊地康人（1997）「変わりゆく『させていただく』」『言語』26-6
　　　　　　　　　　　　　　　　　　　　　　　　　　　　大修館書店
4　文化庁（1996）『国語に関する世論調査』　大蔵省印刷局
5　安平美奈子（1992）「『敬語』に自信がありますか〜第6回言語環境
　　　　　調査から〜」『放送研究と調査』42-5　日本放送出版協会

第5章　自称・対称は中性化するか？

小林美恵子

1　はじめに

　本稿では、職場における自称代名詞を中心とする自称、対称代名詞およびいわゆる敬称を含む対称について、次の2つの視点から、その実態を把握分析する。
(1)　自称・対称におけることばの男女差は縮まりつつあるのか。
(2)　日本語における自称・対称代名詞は将来においては、相対的な待遇意識を表すものから、より絶対的な個を表すものへと移行していくのではないか。

　日本語における男女のことばの差がなくなりつつあるといわれる。現にこの論文集においても、終助詞、疑問表現などを中心に女性特有とされた表現が使われず、男女に関係のないいわば中性的な表現が職場でのことばの大半を占めるという報告がされている。そういう中で「男女による絶対的な使い分け」があるのは「人を指すことば（人称代名詞を含む）ぐらいだ」と森田(1991)は述べる。一般に、特にインフォーマルな場面では女性は「わたし」「あたし」「あなた」を、男性は「ぼく」「おれ」「きみ」「おまえ」などを使うといわれる。また、敬称についても女性のほうが男性よりフォーマルな形（～さま、～さん）、男性はよりフォーマルではない形（～くん、呼び捨て）を使うとされる（大修館1988など）。
　ところで、実際の日常会話場面で、われわれは男性が「わたし」や「あなた」を使うところにも遭遇するし、女子中学生などには「ぼく」という自称がしばしば用いられることが、すでに1970年代から寿岳(1979)などによって報告されてもいる。この「ぼく」は「きみ」とともに、昭和初期に「モガ

（モダンガール）」と呼ばれた女たちにも使われていたという田中澄江の回想が遠藤（1997）にも紹介されている。さらに近来若い女性が「おれ」を使うケースも報告されているし、筆者自身もこれは耳にしたことがある。敬称「～くん」なども従来男性専用とされたが、学校における、おもに女性教師や女子生徒から男子生徒に対する場合などには普通に用いられる語となっているといえるだろう。

　こうしてみると、自称や対称においても、男女間の差が縮まっている面がまったくないとはいえない。ことに今回調査の対象となった職場のように女性が男性と肩を並べて、仕事を分担し、それなりの責任を持っているような場では、他の言語現象におけるのと同様に自称・対称の男女差が縮まる可能性は十分にあるだろう。その場合、もともと男性にも女性にも使われる「わたし」や「あなた」が性的に比較的ニュートラルな語として男女どちらにも同じように用いられるのではないか。現状ではもちろんそのような状況が完成実現しているわけではないだろうが、自称・対称の実際の使用状況のなかにそのような方向に向かう可能性があるのかどうかを確認したい。以上が(1)の視点である。

　さて、次に(1)のように、職場で男女が「わたし」や「あなた」を共通する単一の自称・対称として用いるという状況が実現した場合、自称代名詞・対称代名詞のあり方そのものに変容が起きるということも考えられる。

　日本語の人称代名詞は本来、絶対的な人称をあらわすというより、相手に対する自分、自分に対する相手や第三者の関係を表す待遇的役割を担っている。互いの関係や双方が置かれた場によって、自分や相手を指すことばがこれに伴う述語の待遇表現とともに変化する。また相手によって対称代名詞を用い得ない関係を規定したり、自称をあまりに頻発することを押しつけがましく失礼であると感じるような意識もこのような人称代名詞の性質による。このため、英語や中国語などでは１種か２種に限られる自称や対称が日本語では人間の関係に応じて多数存在することになる。

　かつて筆者が行った調査によれば、身分制度が存在した江戸末期に書かれ

た、「春色梅児誉美」「春色恵の花」（天保3～7・1832～36）に現れる、8人の登場人物の用いる自称は、「わたくし」「わたし」「わちき」「わっち」「わたい」「おいら」「おら（あ）」「おれ」と、のべ7種類、対称も「あなた」「おまえさん」「おまはん」「おまえはん」「おまはん」「おまえ」「ぬし」「おめえ」「てめえ」「おのれ」と10種類におよび、1人の人物が相手や場によって3～4種類の語を使い分けていた。同一人物に対する場合にも幾種類かの自称・対称を用いるのが普通であった。だが、約50年後に書かれた「浮雲」（明治20～22）では、同じく8人の登場人物は「わたくし」「わたし」「あたし」「ぼく」「我輩」の自称代名詞5種、「あなた」「きみ」「おまえ」「おまえさん」の対称代名詞4種を用いるのみで、1人の人物の使い分けの幅もずっと狭くなり、特に、ある人物から他の特定の人物に対しては対称は1種類のみを使う例が圧倒的に多くなっている。また述語の待遇段階（敬意の度合）についても、必ずしも自称・対称代名詞の待遇段階に対応するものとはなっていない。このことについて小林（1976）では、明治になって、人々が自己や対者を規定する意識が身分による相対的なものから絶対的な個意識へと変化しつつあることの反映であろうと考えた。

　現代に至って、年齢差・男女差などを含め、人を相対的に規定する要件はさらに少なくなり、それによって自分や相手を相対的に規定する人々の意識は、さらに希薄になりつつあるのではないだろうか。そうなると、使われる自称・対称代名詞もさらに少なくなっていくという仮説がなりたつだろう。すなわち自称・対称代名詞は待遇意識を表すものから、より絶対的な個を表すものになっていく可能性がある。それを確認してみたいというのが(2)の視点である。もちろん、男女の差や、職場における地位・職階などの、いわば身分の差や場に対する、フォーマル・インフォーマルの意識などは、現代の日常生活においてまったく消え去った過去のものなどとはいえない。われわれがそのような意識に縛られてことばを選んでいるのは、現状においても紛れもないことである。従って(1)についても(2)についても、分析の結果からその可能性・方向性を読み取れるかどうかということになるだろう。

分析の対象として、談話資料全11,421発話から同時に複数の者によってなされたり、発話者不明のものなどを除き、20代以上の女性65人のべ8,720発話、同じく男性50人のべ2,143発話をデータとして用いた（以下これを「対象データ」と称する）。なお、対象データを発話者の性別・年代別に
　①発話数　　　　　　②発話者の数
　③会議・打ち合わせ・教師から学生への指導など仕事関係の発話か、仕事に特に関係のない発話（総称して「雑談」とする）か
　④「です」「ます」「ください」などを用いた、いわゆる敬体の発話か、「だ（よ）(わ)」「〜くれ」「〜くれる？」「ちょうだい」などを用いた常体か
　⑤発話の相手の性　　　⑥相手の年代
によって分類整理したのが、表1（女性の発話）、表2（男性の発話）である。対象データに現れた自称・対称と対比する基礎資料としてこれらを用いることとする。

表1　女性の発話（全8856例より10代以下の発話15例・年代不明121例を除いたものについて）

年代		20代		30代		40代		50代		60代		合計	
①	発話数	2853		2821		1997		1049		0		8720	
②	発話者人数	23		19		14		9		0		65	
③場面による用例数	仕事関係	718	25.2	1061	37.6	1047	52.4	778	74.2	0	0	3604	41.3
	雑談	2135	74.8	1760	62.4	950	47.6	271	25.8	0	0	5116	58.7
④文体による用例数	ですます	621	21.8	613	21.7	529	26.4	138	13.2	0	0	1901	21.8
	だ・無	2232	78.2	2208	78.3	1468	73.5	911	86.8	0	0	6819	78.2
⑤相手の性による用例数	男	676	23.7	500	17.7	753	37.7	315	30.0	0	0	2244	25.7
	女	1690	59.2	1435	50.9	666	33.4	552	52.6	0	0	4343	49.8
	多数・不明	487	17.1	886	31.4	578	28.9	182	17.3	0	0	2133	24.5
⑥相手の年代による用例数	上	748	26.2	895	31.7	248	12.4	54	5.1	0	0	1945	22.3
	同じ	1206	42.3	467	16.6	402	20.0	85	8.1	0	0	2160	24.7
	下	0	0	274	9.7	717	35.9	728	69.4	0	0	1719	19.7
	多数・不明	899	31.5	1185	42.0	630	31.5	182	17.3	0	0	2896	33.2

（右欄は各年代の発話数に対する％）

表2　男性の発話（全2361例より10代以下の発話24例・年代不明194例を除いたものについて）

年代		20代		30代		40代		50代		60代		合計	
① 発話数		143		912		593		269		226		2143	
② 発話者人数		5		18		13		9		5		50	
③場面による用例数	仕事関係	43	30.1	371	40.7	339	57.2	212	78.8	122	54.0	1087	50.7
	雑談	100	69.9	541	59.3	254	42.8	57	21.2	104	46.0	1056	49.3
④文体による用例数	ですます	24	16.7	221	24.2	116	19.6	43	15.9	84	37.2	488	22.8
	だ・無	119	83.2	691	75.8	477	80.4	226	84.0	142	62.8	1655	77.2
⑤相手の性による用例数	男	11	7.7	63	6.9	61	10.3	39	14.5	38	16.8	212	9.9
	女	101	70.6	698	76.5	379	63.9	135	50.2	132	58.4	1445	67.4
	多数・不明	31	21.6	151	16.5	153	25.8	95	35.3	56	24.8	486	22.7
⑥相手の年代による用例数	上	51	35.7	359	39.4	41	6.9	1	0.4	0	0	452	21.1
	同じ	61	42.7	285	31.3	74	12.5	8	3.0	15	6.6	443	20.7
	下	0	0	117	12.8	313	52.8	165	61.3	155	68.6	750	35.0
	多数・不明	31	21.7	151	16.6	165	27.8	95	35.3	56	24.8	498	23.2

（右欄は各年代の発話数に対する％）

2　自称代名詞「わたし」「あたし」「ぼく」「おれ」

2.1　自称代名詞出現の概観

　対象データに現れた自称代名詞のうち、発話者およびその年代のあきらかなものについて、年代別に整理したのが、表3（女性〈次ページ〉）、表4（男性〈次々ページ〉）である。女性では「わたくし」3例以外は「わたし」「あたし」のみ、男性では「わたし」「ぼく」「おれ」だけが用いられている。自称として名字や名前を名乗ったもの、「先生」などの役職名を用いたものは、男女ともに皆無である。また、女性にも「ぼく」2例、「おれ」1例があったが、いずれも他者のことばの引用の形で用いられており、調査の対象からははずした。また、つぎのような「自分」の用例が1例見られた。

　　1　あ、えーと、いちよ（一応）自分は、両方とも一生懸命直したつも

りなんで、で、あの文章のほうは、まだ、ちょっと間に合わなくて、あの、先生が簡単だとおっしゃってくだすった＃＃しかいれてないんですけれども。　　　　　　　　　　　　[04L・30f・指導]

　これは大学院生が教授の指導を受けている場面でのことばであるが、この発話者は同じ場面で他に3例の「わたし」と1例の「あたし」を用いており、この例については、自称代名詞として用いたのかかどうか判断しにくい面があるように思う。「自分では」というつもりの発話かもしれない。

　男性では「わたしども」と同義で使われ、自分の会社を表している「てまえども」が同一発話者[03E]に4例用いられていた。

表3　女性の自称「わたし」「あたし」

年代		20代		30代		40代		50代		合計	
語		わたし	あたし	わたし	あたし	わたし	あたし	わたし	あたし	わたし	あたし
① 使用例数		31	58	34	70	11	27	17	7	93	162
② のべ使用者人数		13	19	9	10	5	7	4	4	31	40
この語のみ使用		0	6	2	3	1	3	1	1	4	13
どちらも使用		13		7		4		3		27	
③場面による用例数	仕事関係	3	6	11	9	7	8	15	5	36	28
	雑談	28	52	23	61	4	19	2	2	57	134
④文体による用例数	ですます	4	12	10	12	6	2	7	1	27	27
	だ・無	27	46	24	58	5	25	10	6	66	135
⑤相手性による用例数	男	6	6	9	7	3	14	3	2	21	29
	女	23	43	15	35	4	10	8	3	50	91
	多数・不明など	2	9	10	28	4	3	6	2	22	42
⑥相手の年代による用例数	上	13	21	15	12	1	4	2	0	31	37
	同じ	15	23	7	24	0	2	3	0	25	49
	下	0	0	2	6	6	18	6	5	14	29
	多数・不明など	3	14	10	28	4	3	6	2	23	47

表4　男性の自称「わたし」「おれ」「ぼく」

年代		20代			30代			40代			50代			60代			合計		
語		わたし	おれ	ぼく	わたし	おれ	ぼく	わたし	おれ	ぼく	わたし	おれ	ぼく	わたし	おれ	ぼく	わたし	おれ	ぼく
① 使用例数		0	0	1	3	7	2	2	9	4	0	2	1	1	1	7	6	19	15
② のべ使用者人数		0	0	1	2	3	1	2	5	4	0	2	1	1	1	3	5	11	10
この語のみ使用		0	0	1	2	3	1	1	3	3	0	2	1	1	0	2	4	8	8
他の語と併用		0	0	0	0	0	0	1	2	1	0	0	0	0	1	1	1	3	2
③場面による用例数	仕事関係	0	0	0	0	0	0	2	0	2	0	2	1	1	1	2	3	3	5
	雑談	0	0	1	3	7	2	0	9	2	0	0	0	0	0	5	3	16	10
④文体による用例数	ですます	0	0	0	3	0	2	1	1	0	0	0	1	0	3	6	1	6
	だ・無	0	0	1	0	7	0	0	8	3	0	2	1	0	1	4	0	18	9
⑤相手性による用例数	男	0	0	0	2	0	0	0	2	1	0	0	0	0	0	3	2	2	4
	女	0	0	1	1	6	2	1	5	1	0	2	0	1	1	3	3	14	7
	多数・不明など	0	0	0	0	1	0	1	2	2	0	0	1	0	0	1	1	3	4
⑥相手の年代による用例数	上	0	0	0	3	1	2	0	1	0	0	0	0	0	0	0	3	2	2
	同じ	0	0	1	0	0	0	0	2	0	0	0	0	0	0	0	0	2	1
	下	0	0	0	0	5	0	1	5	2	0	2	0	1	1	6	2	13	8
	多数・不明など	0	0	0	0	1	0	1	1	2	0	0	1	0	0	1	1	2	4

　「わたし」「あたし」「わたくし」をあわせ、女性の自称代名詞の使用率は、発話総数の約2.98％（260/8720）、男性は「わたし」「ぼく」「おれ」合計で1.87％（40/2143）である。一般的な日本語の談話における自称（や対称の）代名詞の出現率については確とした資料はなく（今後このような調査を積み重ねていく必要があろう）、また、発話総数といっても、必ず自称・対称代名詞を必要とするもの、形式上必要ないと考えられるもの（たとえば疑問文における自称代名詞など）を分出した上で、必要な場合における割合をあきらかにしたわけではないので、この数字は、あくまでめやすとみるべきだが、それでも職場の談話における自称代名詞の出現率がさして高くない

ことはわかる。また出現率とあわせ、引用として用いられる「ぼく」「おれ」などが女性にだけあることも含め、女性のほうがやや自由に自称詞を使っているのではないかという推測もできる。まったく自称を用いない話者も女性が65人中21人（32.3％）であるのに対し、男性は50人中27人（54.0％）と、１人あたりの平均発話数の差（女性134.2、男性42.9）はあるものの、男性が自称を使わない傾向を示している。

２．２　女性の自称代名詞

　女性に用いられている自称代名詞は「わたし」「あたし」「わたくし」の３種である。女性によく使われるとされる「わたくし」は、40代編集者から執筆者に向かって使った３例のみ、「あたくし」は１例も見られなかった。遠藤（1997）ではNHKのラジオ番組を資料に明治生まれの女性の自称では「わたくし」「あたくし」などが「わたし」「あたし」に比しておよそ４倍程度と圧倒的に多いこと、昭和生まれではそれが逆転して、およそ４対６の割合で「わたし」「あたし」のほうがよく使われることを報告している。さらに国立国語研究所の現代の女子中高生へのアンケート調査をまとめたに杉戸・尾崎（1997）によれば「あたし」は約45％、「わたし」は高校生では約80％、中学生でも60％ほどが使うことがあるが「わたくし」や「あたくし」については、せいぜい１％ほどしか使うという者がいないとのことである。今回の調査での女性発話者は昭和40年代以前に生まれた人々であるが、その自称代名詞についてはむしろ、より若い世代に近い傾向があることがわかる。

　さて、出現した「わたし」「あたし」については50代を除くどの年代でも「あたし」のほうがよく使われており、用例の総数でも「わたし」94例に対して「あたし」163例と約1.7倍現れている。自称にはすべて「あたし」を用いるという話者は全65人のうち13人いたが、「わたし」については４人のみである。自称を用いる44人のうち残り27人は状況に応じてこの２語を使い分けていることになる。「あたし」の発現が多いのは、若い年代がよく雑談を

していること、「あたし」がどちらかといえば雑談で用いられる傾向にあることが原因と考えられる。

　表1③に見るとおり、仕事関係の発話といわゆる雑談の割合は20代では約3対1だが、年代を追うにつれ仕事関係の発話の割合が増してゆき、50代では割合がほぼ逆転している。これは男性の場合も60代を除いては同じである。(60代でも仕事関係の発話が多いが、退職した60代[09J]が職場に遊びにきて元同僚と行った雑談があるので、割合が近づいている。)これは、男女とも高年になって、職階などが若い世代とは隔たっていることもあろうし、若い人々が職場でも仕事以外のつきあいをしているのを傍観しながら仕事一筋という高年代の働きぶりを想像もさせる。

　次に表3③で「わたし」「あたし」がそれぞれ仕事関係、雑談で使われる数を比べると、どの年代でも「あたし」が雑談で使われる割合が高いことがわかる。全体としても「わたし」94例のうち56例（59.5％）が雑談での使用であるのに対して「あたし」は163例中134例（82.2％）までが雑談に現れている。「あたし」は「わたし」のくだけた言いかた（大修館1982など）とされるが、同僚どうしの雑談は社外の顧客との接客や上司との会議などをも含む仕事関係の談話より「くだけている＝インフォーマル」なはずと考えるならば、フォーマルの度合いによる「わたし」「あたし」の使い分けがここでは行われているといってよいだろう。例としては同一話者につぎのような使い分けが見られる。

　　2　これ、とりあえず、30万わたしがお預かりしたぶんの、あんのー、あれだけ、精算しましたので、で、これが、そうです。
　　　　　　　　　　　　　　　　　　　　　　　　[03A・30f・打]
　　3　でも、ほら、あたしーが、通勤するぶんにはまあ、多少の、あれはいいんだけど、子どもを保育園に連れてくじゃない。
　　　　　　　　　　　　　　　　　　　　　　　　[03A・30f・雑]

　例2は40代の男性上司との出張旅費の精算についての話し合い、例3は年下の女性同僚との昼食時の雑談の発話である。

ところで場面による「わたし」「あたし」の使い分けと文体の丁寧度とは必ずしも合致しない。表1③④において、場面に占める雑談の割合に比して、文体に占める「です」「ます」やその活用形や「ください」などの形を含まない、いわゆる常体の割合はずっと大きい。これは、次にあげる例のように、会議や接客など仕事関係のフォーマル度の高い場でも敬体でなく常体で行われている発話の割合が大きいということである。

　4　だって、エピソードってわたしとてもいいと思うのよ。
　　　　　　　　　　　　　　　　　　　　　　　　　　[15A・30f・会]
　5　わたしもいいと思う。　　　　　　　　　　　　　[15D・20f・会]

　例4・5は同じ会議の場に参加している2人の一続きの発話である。この会議の参加者は、別の50代女性も含め自称は「わたし」だが、「です」「ます」はほとんど用いていない。

　表3④のとおり、「わたし」「あたし」の出現においても、おおまかには「わたし」は「です」や「ます」とともに用いられ、「あたし」は常体において用いられるという傾向はあるが、常体とともに用いられている「わたし」も71.3％と、かなり多い。後述するように男性の「わたし」は例外なく「です」「ます」とともに用いられているから、「わたし」が発話の場としてはややフォーマルに傾きながらも、文体の面からは特にあらたまったものではなく、くだけた発話の中でも用いられていることがわかる。

　相手の性別や年齢関係による「わたし」「あたし」の使い分けはあるだろうか。表1⑤に見るとおり、「対象データ」においては女性から女性への談話が男性に対するもののほぼ倍近くある。もっとも表2⑤の男性の発話においても相手が女性であるものが男性に対するものの7倍近くもあり、職場では同性の談話が多いというわけではない。これは女性をインフォーマントにその周辺の談話を採録したという談話資料の性質によるものであろう。女性どうしの発話が女性の発話全体に占める割合は49.8％であるが、女性どうしの発話内の自称代名詞の用例数が、自称代名詞を含む発話全体に占める割合は「わたし」「あたし」ともに50％を超えている。女性どうしの談話のほう

が、男性に対するときよりも、自称代名詞の出現が多いということになる。「わたし」と「あたし」を比較すると、男性に対する場合のほうが、「わたし」がいくらか多いといえるが、大きな傾向差ではない。40代のように、むしろ男性に対して「あたし」を多く用いて話している年代もある。

　つぎに相手との年齢関係であるが、表1⑥から「対象データ」では同年代に対する発話がやや多く、しかし相手が不明なものや多数へのものを除くと、相手の年代が上・同・下それぞれ大体3分の1ずつあるといってもよいだろう。ただ、これはもちろん発話者の年代によってその構成が全く違うわけで、20代ではすべて同年代から上の相手への発話であり、年代が上がるにつれて、下の年代に対するものが増え、50代では圧倒的多数は同年代以下に対するものとなる。「わたし」「あたし」の現れかたについては、20代では「わたし」も「あたし」も上に対する場合、同年に対する場合とほとんど変わりのない割合で用いているが、30代になると「わたし」は上に向かって15例、同年以下には9例、これに対して「あたし」は上に向かって12例、同年以下に31例と、20代とはちがって相手との年齢関係によって使い分けているようすが見られる。40代、50代に用いられた「わたし」「あたし」は比較的数も少なく、30代ほどはっきりした傾向は現れないが、「あたし」がどちらかといえば自分より年代が下の者に対するときに多く使われていることは同じである。

　以上から、「わたし」「あたし」が年代を問わずに、多くの女性に併用されていること、その使い分けについては、「わたし」が、どちらかといえばフォーマルな場面で使われ、「あたし」はインフォーマルな場面で使われるという従来の基準を超えるものではないが、その使い分けはきわめて緩やかで、基準にはまらない例も多数見られるといえる。特に20代では年上の相手にも「わたし」と同様に「あたし」を用いるなど、自称代名詞が基準にとらわれない自由な意識で用いられることによって、その待遇的な意味が希薄になっていることもうかがえ「絶対的な個を表す」自称代名詞へと一歩踏み出しているともいえそうだ。

2．3　男性の自称代名詞

　男性に用いられている自称代名詞は「わたし」「おれ」「ぼく」の3種である。

　談話資料の性質上男性の発話が少ないし、「対象データ」における1人あたりの発話数の平均も女性の145.3話に対して男性は42.9話と3分の1以下であるとはいえ、この3語をあわせても自称代名詞の出現数は40例に過ぎず、全発話の1.9％と女性よりさらに少ない。

　会話量がきわめて少なく、録音された場面では自称代名詞を使う必要のある発話のない発話者もいるのであろうが、自称代名詞を用いているのは50人の男性発話者のうち23人だけである。（女性のほうは65人中44人であった。）このうち、「わたし」のみを用いている話者が4人、「おれ」のみが8人、「ぼく」のみが8人で、2つ以上の語を場に応じて使い分けている話者は3人（13.0％）しかいない。女性の場合27人（61.4％）であったから、（談話の状況が特に男性の場合限られており、談話資料内で発話していないから、その人がその語を使うことはないとか、使い分けはしていないなどと判断することはできないにしても）男性のほうが女性より、固定した1語を自称として用いる傾向が現れている。

　これらの語の現れかたを年代との関連で見ると（表4③）60代の「ぼく」を除き、40代以下の若年層では自称代名詞が雑談に多く現れ、50代、60代では仕事関係の話に現れているようにみえる。しかし、これはむしろ女性もそうであったように高年代の雑談のデータが少ないことによるものであろう。30代、40代の雑談では「おれ」の使われている例が多いが、50代、60代に仕事のうえで使われたものも含め、「おれ」は出現する19例のうち18例までが「です」「ます」などのない、いわゆる常体とともに用いられているのが特徴的である。

　　6　にょう、女房のほうがー、ちょっとー、早く起きるとー、おれが遅
　　　　いとー、にょうぼがつくるでしょ。　　　　　［09G・40m・雑］

例6は敬体とともに用いていると分類した唯一の例であるが、これについても、形式的には「でしょ」と一応敬体だが、くだけた物言いであると言ってよい。

いっぽう6例と出現数は少ないが、「わたし」はすべて「です」「ます」とともに用いられている（表4④）。他の2語と比較すると仕事関係の談話に使われている率も高い。「わたし」が雑談に使われている例はいずれも30代から年代が上の相手への発話のなかに現れており、これらから「わたし」が男性においては強いフォーマルの意識とともに用いられていることがわかる。女性の用いる「わたし」とはかなり違う面がある。

7　あ、わたし、父になったんです。[09I・30m・雑]→[60m] に対して
8　わたしはね、あんまり、基本的に好きじゃないですね。
　　　　　　　　　　　　　　　　　[12B・30m・雑]→[50f] に対して

「ぼく」は表4で見るとおり、15例中7例までが60代に用いられ、60代の話者5人のうち3人までが使用している。これは60代の発話総数や発話者数からいうとかなりよく使われているといえる。場面では雑談に使われている例が比較的多いが、仕事関係にも「おれ」よりはよく使われる。また「わたし」とも「おれ」とも違うのは、文体をあまり選ばず、「です」「ます」とともにも、また常体の中でも用いられていることである。相手の性別による特徴は他の語と比較して、特に強く現れてはいないが、年代については30代から50代までが、年下の相手と話すときに「おれ」を多く用いているのに対し、60代は「ぼく」をもっともよく使うこと、また30代では比較すれば「おれ」よりは、割合として多い2例（1話者）が上の年代に向かって使われていることもあり、「ぼく」が場面・文体・相手との関係のフォーマル、インフォーマルを問わず、比較的広く使われていることがわかる。これは杉戸・尾崎（1997）における男子中高生の「おれ」「ぼく」の使用についての分析とも一致している。

なお談話資料に登場する60代はすべて大学・高校の教員または元教員である。「ぼく」の使用はこの年代の教職従事者の特徴的な傾向ともいえそうだ。

9　そうさ、いちよう（一応）もし、やってくれるんなら、ぼくのー、あれでもやってもらおうかな。　　　　　　　[06B・60m・打]

10　であのー、ここも15分ですので、まああのー、ゲストの4人とそれからあとー、話し相手なさって、くださる先生方が、そこでお座りになって食べてぼくらは、ちょっとコーヒーだけ持って、た、た、タンミしますんで、ごゆっくりお願いします。[04F・40m・会]

11　ぼくも知ってるよ。　　　　　　　　　　　　　　[11F・20m・雑]

12　これはね、あのー、ぼくは見ようかと思ってるんですけどね。

[09J・60m・雑]

　「おれ」を使う人は特にあらたまった場では自称を変えることを考えなくてはならないかもしれない。しかし「ぼく」を使用している人は、そのような場で文体を丁寧にする場合に自称は変更する必要は少ない。なお2つの自称代名詞を使い分けているうちの1人は「わたし」と「おれ」、2人は「ぼく」と「おれ」を使っており、これも「ぼく」がくだけた「おれ」よりはむしろ「わたし」に近い待遇的位置にあることを示している。

3　対称代名詞「あなた」「あんた」「おまえ」「きみ」
3．1　対称代名詞出現の概観

　対象データに現れる対称代名詞は「あなた」16例（うち2例は他者のことばの引用）「あんた」5例（うち1例引用）「おまえ」8例だけで、自称代名詞よりもさらに少ない。他に女性によって使われた「きみ」が1例あるが、これもＴＶ俳優のことばを想定した引用の形で用いられたものである。「おたく」という言い方を聞くこともあるが、談話資料には1例も現れなかった。「そちら」「そっち」「そちら様」「こちら様」のように方向を表す語で代替する言い方も、「あなた」のかわりに用いられたものは見られない。なお「あなた」「あんた」はすべて女性が用い、「おまえ」は男性だけが用いている。男女の使用する対称代名詞ははっきりと分かれているのである。

3．2　女性の対称代名詞

　引用を除く14例の「あなた」の発話者はすべて女性で、50代3人、40代2人、30代1人、20代2人の合計8人である。発話者の数、発話例数は多いとはいえないが、すべての年代にわたっている。「あなた」と呼ばれる対者には、《多数》が3例ある。このうち1例は「あなたたち」と呼びかけているが2例は「あなた」であり、発話者としては多数の中から特定の相手を意図して呼びかけているのだろうが、データ上では相手が特定できなかったとみるべきだろう。残り11例のうち男性に向けられたものが3例、8例は女性に向けられたもので、相手の性にかかわらず、すべて同年代、もしくは下の年代に向かって言っている。

　仕事の上で用いられたものは大学教師から大学院生の指導中に用いた2例および次にあげる例13を含む4例である。

　　13　あなたたちのほうで決めていただいて、皆さんの委員のほうで決めていただいていいんですけれども、（後略）　［07A・40f・会］

　例13は大学助手のインフォーマントが謝恩会委員である学生たちを招集し、会議を行っている場面での発話である。全体が「です」「ます」文体で、このような文体が「あなた」とともに使われたのはこの1例のみ。「あなた」についても「あなたたち」と言ったあと「皆さんの委員」と言い替えているのが注目される。

　「あんた」については引用を除いて4例あり、これも対者を特定できない1例を除くと3例は年代の低い相手に用いられている。そのうち2例は高校教員から男子生徒を指導する中での発話、1例は女性どうしの雑談に現れる。文体としては「です」「ます」体は1例もない。

　以上から、「あなた」「あんた」ともにほとんど差なく、同年以下の相手へのインフォーマルな場面での雑談か、または教師から学生・生徒への発話に現れており、話題内容についてはともかく、形式としてはインフォーマルな場面や関係で用いられていることがわかる。

ところで、このような状況を反映してか、「あなた」「あんた」の用法には次のようなものが目立つ。

14　参加の数、かつ、これあなた違うよ。　　　［04A・50f・指導］
15　誤解なのよ、あなた、お弁当買って来ることぐらい誰でもたいしたことないじゃん、ぜんぜん。　　　［13C・20f・雑］
16　はっきりいいな、あんた、はっきり。　　　［09A・30f・指導］

これらは呼びかけ語とか、相手を特定して念押しをしているというものであって、文構成上は主語や目的・対象を表す語のように欠くことができないというわけではない。このような「あなた」は14例中はっきりしたもので6例、「あんた」では4例中3例を数える。次の例は主語を表すものでありながら、このような念押し的な雰囲気も合わせ持っているものである。

17　やっぱり、あなた、まだ、あれ分かってないんだわ、説明変数と、被説明変数が。　　　［04A・50f・指導］

以上4例中3例までが教師から学生・生徒への呼びかけであることからもわかるとおり、この語調には自分の意見や判断をかなり強く相手に押しつけるというニュアンスが感じられる。一般的には「あなた」も「あんた」もほとんど使われないといってもいいような状況の中で、数少ない用例のうち半数がこのようなものであるということは興味深い。

3．3　男性の対称代名詞

「おまえ」は8例現れたが、すべて男性によるもので、そのうち5例までは30代の1人の話者［01C］から同僚の20代のこれも1人の女性に向かって仕事中にかわされた雑談の中で呼びかけている。

18　おまえってそういうやつなんだよ。　　　［01C・30m・雑］
19　おまえ、絶対に誤解しているよ。　　　［01C・30m・雑］

この話者は自称についても「おれ」のみを使用し、

20　なんかしんないけど、おれ、まじめにつきあおうとおもうんだけど

　　　　　さ、＃＃＃なりそうになっちゃうんだよ。　　［01C・30m・雑］
と同じ女性同僚に対しており、全体的にこの話者の語調はかなりくだけたものといえる。夫婦とか特に親しい男女の間で男性から女性に「おまえ」と呼びかけることはないではないが、一般的な会社の同僚間での「おまえ」呼ばわりはかなり特異な印象を受ける。実際に他の男女同僚間でこのような呼びかたは1例も見られないことからも、この話しかたはこの話者の個性、もしくは2人の独特な関係とか、会社の独特な雰囲気などに基づくものと見るべきであろう。ただし［01C］には同じ女性に対して1例のみだが、つぎのような発話も見られ、時によってことばの使い分けをしているようすは察せられる。

　21　だって［名字］さんだって、22歳ぐらいの女の子に会えれば、お姉
　　　さんに見えますよ。　　　　　　　　　　［01C・30m・雑］

なお、「おまえ」の残り3例中、1例は話者・相手とも不明（小学校で教師と児童が話している場面に現れるので、教師から児童、もしくは児童どうしの発話と推測される）、1例は50代の男性教師から生徒の男子高校生に向かって用いられたもの、1例は20代の男性から同僚の30代男性に雑談の中で用いられたものである。高校教師から生徒に対しては女性教師の場合、例16のように「あんた」を用い、男性教師は「おまえ」を用いている。待遇的には女性の「あんた」と男性の「おまえ」がほぼ同じ段階にあるということになる。

　22　でー、［名字］、じゃ、おまえ、2年んとき、なにやってたのよ。
　　　　　　　　　　　　　　　　　　　　　　［09F・50m・指導］

男性教師のこの発話では語尾はむしろ女性が多く用いられるとされる「のよ」を使いながら、対称代名詞は女性には用いられない「おまえ」であるところも興味深い。

　さて以上から、全体的にも対称代名詞の使用率は少ないが、男性の場合、［01C］のようないわば特異な例を除くと、特別な状況を除いては男性には対称代名詞はほとんど用いられていないということがわかった。

4 対称としての「［名字］さん」「［名字］先生」
4.1 「名字・名前」＋敬称・役職名による対称の現れかた

　日本語では直接相手を指す対称代名詞はあまり使われないというのは周知のことであるが、談話資料についてもこれは同様であった。相手を指し示したり、呼びかけたりするときに、これを補っているものとしては、おもに名字や名前に「さん」「ちゃん」「さま」「くん」などの敬称をつけたり、あるいは敬称なしで呼びすてにする、ニックネームで呼ぶ、また「先生」「課長」などの役職で呼んだり、敬称のかわりに名字に役職名をつけたりという方法がある。

　そこで、つぎに以上にあげたような呼びかたが「対象データ」にどう現れているかを調べてみた（表5・表6〈次・次々ページ〉）。

　対象としたのは、発話者の性別が明らかなもののうち、呼称が相手を指す（対称）として用いられたものである。三人称として他者を指したものは含めなかった。

　表5に現れる各種の呼びかたを合計すると女性は85例、男性は20例で、この数は発話数全体の比（8,720：2,143）とだいたい一致すると言ってよい。

　しかし女性にはさまざまな形の呼称が用いられているのに対して、男性の場合、現れているのは「［名字］さん」、「［名字］（呼び捨て）」「［名字］先生」の3種類のみである。表で見ると「ちゃん」を使うこと、姓ではなく名で呼ぶこと、「あだ名」で呼ぶことが男性にはまったく行われていないということがわかる。

　これらはいずれも親しい関係の間柄にのみ許される、ごくインフォーマルな呼称であるから女性の場合にも同年代から下の同性に対してのみ使われ、場面も1例を除いては雑談である。

　また「［名前］さん・ちゃん」は40代にも使われるが、「［名字］ちゃん」や「あだ名」はおもに20代に用いられている。

表5　[名字・名前]＋敬称・役職名（対称として用いられたもの）

呼　称	発話者性	場　面	文　体	発話者年代	相手性	相手年代
[名字] さん （さーん）	女　45	雑談 33 仕事 12	ですます 16 だ無　　29	20　17 30　11 40　15 50　　1 不明　1	女　26 男　19	上　14 同　13 下　17 不明　1
	男　9	雑談　4 仕事　5	ですます　3 だ無　　　6	20　2 30　3 40　2 50　1 60　1	女　7 男　2	同　5 下　4
[名字・名 字の一部] ちゃん	女　7 男　0	雑談　7	ですます　0 だ無　　　7	20　6 30　1	女　7	同　6 下　1
[名字] くん・・0 （対称として）					
[名字] のみ （呼び捨て）	女　1 男　2	雑談　1 雑談　1 仕事　1	無　　　　1 だ無　　　2	20　1 40　1 50　1	女　1 男　2	同　1 下　2
[名前] さん	女　4 男　0	雑談　3 仕事　1	無　　　　3 ですます　1	40　1 30　3	女　4	同　3 下　1
[名前] ちゃん	女　1 男　0	雑談　1	無　　　　1	40　1	女　1	下　1
[名前]のみ（呼び捨て）[名前]くん・・0（対称として）					
[あだ名]	女　10 男　0	雑談 10	だ無　　 10	20　10	女　10	同　10
[名字] せんせい （せんせ）	女　13	雑談　2 仕事 11	ですます　3 だ無　　 10	10　1 40　9 50　3	女　6 男　6 不明　1	上　11 下　1 不明　1
	男　9	雑談　2 仕事　7	ですます　3 だ無　　　5	10　1 30　1 40　2 50　1 60　4	女　5 男　4	上　4 下　5
[名字] 役職（次長 3,主事1）	女　4 男　0	仕事　4	ですます　4	20　3 40　1	男　4	上　3 下　1

表6　役職名による呼称（対称として用いられたもの）

呼　称	発話者性	場　面	文　体	発話者年代	相手性	相手年代
先　生	女　23	雑談 15 仕事　8	ですます 11 だ無　12	0～　　3 20　　3 30　1 2 40　　2 50　　1	女　7 男　14 不明 2	上　21 不明　2
	男　2	雑談　1 仕事　1	ですます　1 だ無　　1	10　1 40　1	女　1 男　1	上　1 下　1
課長・ 社長	女　2	仕事　2	ですます　2	30　1 40　1	女　1 男　1	上　2

　ところで、「［名字］役職」も「［名字］先生」以外はすべて女性の発話であるし、名字をつけずに「先生」「社長」などと呼ぶ呼びかたもほとんどは女性の用例である。ここから、職場の中でも仕事上の関係を超えてつきあう非常に親しい同性の同僚と、相手の役職を呼んで仕事上の関係としてのみつきあう異性や年上の相手をはっきり区別している女性、なかでも特に若い女性の職場での人間関係のありようが見えてくる。なお、若い女性間の呼称に1例ではあるが、つぎのように最近の女子高校生などにあるとされる姓の呼び捨てが現れているのも興味深い。

　23　［名字］、土曜日だったじゃん。［13D・20f・雑］→［20f］に対して

　ちなみに男性の姓の呼び捨ての例は1例は40代の男性が30代の男性同僚に雑談の中で用いたもので、他の1例は50代の高校教師から男子生徒への呼びかけである。

　なお表5に見るとおり敬称については、「さま」はもとより「くん」も対称としては1例も用いられていない（他称としては35例ほど見られる）。学校では女性教師や女子生徒から男子生徒への「くん」は一般的であり、職場での男性同僚への「くん」づけも増加しているのではないかという推測（金丸1993）もあるが、談話資料においては高校教員が他の教員に、同席する生徒を指して言ったと見られる次の1例のみが、そのような傾向を示唆するにとどまる。

　24　いや、わたしも覚えてないんですけど、だから、［名字］くん。
　　　　　　　　　　　　　　　［09F・30f・打］→［50m］に対して

4.2　[名字] さん・[名字] 先生

　つぎに比較的出現数の多かった「[名字] さん」「[名字] 先生」についてその出現の特徴を見てみたい。「あなた」の場合、主格や目的格として文を構成する要素になっているものと、呼びかけや念押し的に用いられたものの割合は約半々で、呼びかけについては、先にあげた例14～例16のように主張や判断の後につけて念を押すような形で使われたものがほとんどであるが、「[名字] さん」「[名字] 先生」の場合、そのようなものもあるが、むしろまず注意を喚起するために呼びかけるという形で文頭にくるものが多い。

　25　いいのよー、[名字] さん、無理しないで。　[13B・20f・雑]
　26　もうなんか [名字] 先生、ガイドラインのときもお世話んなって
　　　（後略）　　　　　　　　　　　　　　　　　[04B・40f・打]
　27　資料は同じ数だからいいんですよ、せんせー。[09Q・30f・会]

　この3例は注意喚起というよりは、一応念押し的な呼びかけといってよいが、特に例25・26については「あなた」の例に比べると前にはっきりした主張や判断があるわけではない。例27については「あなた」の場合とほぼ同様に使っているといえよう。このような形のものが「[名字] さん」では女性に5例、「[名字] 先生」では女性に2例、男性に1例ある。また名字なしの「先生」にも他に女性に5例あるがいずれも主張を相手に念押しするという点では弱い。

　いっぽう、文頭にあって相手の注意を喚起するために呼びかけている、つぎのような例は「[名字] さん」では女性21例、男性5例とそれぞれ約半分近くを占めている。「[名字] 先生」では女性に4例、男性に1例、「先生」では女性5例、男性1例、「[名字]（呼び捨て）」「[名字] ちゃん」「[名前] さん」「[名前] ちゃん」、さらに「[名字] 次長」「[名字] 課長」などの役職を敬称がわりにしたものも含め、このような呼びかけ例が多い。（例28～33）

28	［名字］さん、コーヒー飲みます↑	［07E・30f・雑］
29	［名字］先生、5000円札くずれない↑	［09F・50m・雑］→［30f］に対して
30	先生、ちょっとよろしいですか↑	［06A・40f・打］
31	［名字］ちゃん、きのうの人とアポとった↑	［13B・20f・雑］
32	［名前］さん、今日は視察に1件みえますよね。	［10A・40f・打］
33	［名字］次長、電話切れちゃいました。	［13A・20f・仕］

　このように見ると対称代名詞「あなた」などのかわりに用いられているかに見える「［名字・名前］敬称」「役職名」などだが、対称代名詞の用いられかたとは違う側面をもって使い分けられていることがわかる。

　さて、最後に「先生」という呼称の、談話資料における特徴について、触れておきたい。表5・6に見るとおり、男性の対者への呼称が少ない談話資料において「［名字］先生」「先生」を併せて「先生」という呼称は割合としては唯一男性にもよく用いられていると言ってよいだろう。これらはおもに学校関係の職場や、編集者と執筆者の関係で使われているもので、その中には実際に小学生や高校生が自分の先生に呼びかけたものもあるが、多くは同僚どうしで、先にあげた例29のように年上の人から下の年代に呼びかけたものも少なくない。是非はともかくとして、小学校から大学にまで共通してある学校独特の呼称であろう。

5　まとめ

　さて、冒頭に述べた2つの視点から、以上の分析結果について考えてみたい。

　まず、(1)自称・対称におけることばの男女差は縮まりつつあるのかということだが、職場においても自称・対称のある部分については、この傾向は見られるといってもよいだろう。たとえば女性専用とされる「わたくし」「あたくし」などがほとんど用いられないこと、女性の対称の中に男性専用とさ

れた姓の呼び捨てが見られること、従来は男性専用とされ、やがて学校などを中心に、女性がおもに年少の男性を呼ぶ語としてもっぱら使われるようになった「くん」が現れないことなどは現象として男女のことばの差を小さくしていると言ってよい。

とはいえ、全体的にみると女性の用いる自称・対称代名詞、男性の用いる自称・対称代名詞ははっきり分かれているし、ことばとしては男女に共用されている唯一の自称代名詞である「わたし」もその待遇段階の把握については男女に差があり、女性のほうがよりフォーマルな形式を使う ── すなわち同じ語についていえば女性が使う場合のほうが丁寧度が低いということで、これは従来言われているとおりの状況を示している。

ただ、それとは別に特に敬称・役職名などを含む対称全体についていえば、女性のほうが男性に比して特にインフォーマルな方向に自由なことば選びをしている傾向が見え、語数も語種も男性より多様に用いて話しているようすが見える。男性のほうは、この談話資料の範囲で見るかぎり、ほとんどの話者が限られた自称・対称の枠の中で話しているか、もしくはその中でのことば選びがしにくいこともあって自称・対称を用いないという方向を選んでいるように思われる。そして、この傾向は日本語一般の傾向としても、それほど違ってはいないのではないかとも思われる。

日本語の自称に関しては女の子は「わたし」（もしくはそのくだけた形としての「あたし」）1語を身につければよいのに、男の子は「ぼく」「おれ」「わたし」などを年齢や置かれた環境、対する相手などによって使い分けていくことを課せられている。「ぼく」にも「おれ」にも「わたし」にもそれぞれのニュアンスや丁寧度の違いがあり、また分析からは例えば60代とそれ以下では「ぼく」という語に対する感じかたの違いなどということもあるようだ。そうなると、ある年齢の少年たちには自称に何を選ぶかということは重荷になるし、大人にもそういうことがあるのかもしれない。自らを自由に規定できなければ相手を規定することもしにくいから、これが自称・対称に関する男性の寡黙さの一つの原因になっているとも考えられる。女性が多様

な対称を選び得るのは、「わたし」「あたし」によって自己を規定し得るからともいえるのである。

　さて、そうなると⑵自称・対称代名詞が相対的な待遇意識を表すものから絶対的な個を表すものへと移行する可能性も今のところあまり考えられないということになるのであろう。これはすなわち、主体がだれか、客体がだれかを示さず、自分や相手を表すことばはなるべく使わないという「日本語の伝統」を維持することでもある。女性においては、他者との関係でなく絶対的自分を表す語としての「わたし」「あたし」がほぼ確立していると言ってもよいかもしれないが、これとても、あまりに「わたしが」「わたしが」と、主語を明確にするような物言いが嫌われる文化の中では、言わずに済ますという方向に傾きがちである。まして言いにくい「ぼく」「おれ」「わたし」（男性の）はなおさら使われない。また対称も、自称以上に用いられない傾向が強く、使われても念押しか注意喚起の呼びかけ語としてであり、主語・目的を表す語など文構成上必要な要素として用いられるのは最小限のさけ得ぬ場合のみということになる。身分関係があいまいになり、あらゆる面で人が外見からその属する立場を判断され得ぬという状況の中ではこのような自称・対称の不使用の傾向はますます強くなっていく可能性もある。現に日本語教育においては今も「わたし」「あなた」の多用を戒める教育が行われてもいる。

　ところで、今特に若い世代を中心に敬語の知識が希薄になってきていると言われる。敬語の是非についてはここで論じる余裕を持たないが、伝統的な日本語においては自称・対称の不使用を敬語が補っていたことを考えれば、敬語の不使用もしくは変化と、自称・対称の相変わらずの不使用があいまって日本語の論理性を失わせ、日本語をあいまい化させる可能性もある。しかし、たとえば日本語の国際化への要請の中で、そのようなあいまいな日本語が通用していくとも思えない。そうなると、敬語の変化とともに自称・対称も変わっていかざるを得ないのではないかと考えられ、筆者としてはそれを期待したいとも思うのである。

【引用・参考文献】

遠藤織枝（1997）『女のことばの文化史』　学陽書房

金丸芙美（1993）「人称代名詞・呼称」『日本語学』12-6　特集「世界の
　　　　　　　女性語・日本の女性語」　明治書院

小林美恵子（1976）「『浮雲』に現れた自称・対称代名詞」『国文』45
　　　　　　　お茶の水女子大学国語国文学会

杉戸清樹／尾崎喜光（1997）「待遇表現の広がりとその意識－中高生の自称
　　　　　　　表現を中心に」『月刊言語』26-6　大修館書店

寿岳章子（1979）『日本語と女』　岩波新書

大修館（1982）『日本語教育事典』　大修館書店

大修館（1988）『日本語百科大事典』　大修館書店

森田良行（1991）「語彙現象をめぐる男女差」『国文学・解釈と鑑賞』
　　　　　　　56-7　至文堂

第6章　「のっけちゃうからね」から「申しておりますので」まで

谷部　弘子

1　はじめに

　原因・理由を表す形式「から」と「ので」の異同については、永野(1952)をはじめとして、これまでたびたび議論されている。日本語教育の場でも、「と」「ば」「たら」「なら」と並んで、「から」と「ので」はよくその違いが問題となる類義表現のひとつとなっている。日本語教育の観点から、森田(1989)は、その違いをおおよそ以下のように記述している。

(1)　「から」は、きっかけ・理由・根拠などを主観的にとらえ叙述する条件形式であり、「ので」は確実な因果関係を客観的にとらえ叙述する条件形式である。

(2)　まだ確定していない事柄や、話し手の推量や、意志・願望・依頼など、主観的判断による叙述が来る場合は「から」を用い、「ので」の後続句には「…しろ／…なさい／…てください／…てほしい／…しよう」などが現れることは少ない。

(3)　「ので」の先行句には、不確かなことや、話し手の心の状態は現れにくく、「…だろうので／…まいので／…たいので」などふつう言わない。

(4)　「ちっとも知りませんで、失礼しました」のような完了後の言い訳を表す言い方は「から」に置き換えることができない。

（森田1989 pp.347-350より　筆者まとめ）

　ここでは、後続句の表現意図や因果関係の捉え方、話者の態度の主観性・客観性といった点に主眼を置いている。しかしながら、森田(1989)はあくまでも語彙・文法の問題として「から」と「ので」の異同を見ており、自然談

話に現われる様相が軽視されがちであった。実際の日常談話を振り返ってみれば、上に見た制限とは異なる選択要因が働いているのではないかと、容易に思い至るだろう。たとえば、森田（1989）が「ので」の置き換えは不適切とする例文に、「私もすぐ行くから、あっちで待っていてください」という１文があるが、これを「私もすぐまいりますので、あちらでお待ちください」という丁寧体に変えれば、不適切な感じはなくなる。こうした「ので」と丁寧体との照応については、すでに永野（1952）が「『ので』の用法の拡張」として触れている。永野（1952）は、「丁寧形の依頼表現や意向表現があとにくる場合、『から』とあるべきところに『ので』の使われることが非常に多いという事実」を指摘し、それが「やはり、『から』と『ので』の特性に根ざしている」として、つぎのように述べている。

　「・・・『から』を使うと、主観的な理由を押しつけ、根拠を強調し、言わばたゝみかけるような印象を相手に与えるのに対して、客観的表現である『ので』を使うと、自分を殺して主観を押しつけない、淡々と述べている、という印象を与える。すなわち、『から』だと、強すぎてかどが立つところを、『ので』を使うと、丁寧なやわらかい表現になり、下にくる丁寧形の表現とよく照応するわけである。」（永野1952 P.39）

　「から」と「ので」が置き換えられる場合、「ので」が丁寧な文脈でよく使われていることについては、益岡（1993）などでも言われており、談話レベるにおける選択要因として丁寧度や文体がかかわっているものと考える。「から」と「ので」を、談話レベルの問題として扱ったものに、今尾（1991）がある。「から／ので／ため」の選択に「発話態度と焦点の有無が関与する」ことを論証しようとしたものであるが、論文の主旨とは別に、「『カラ、ノデ、タメ』の選択に丁寧度または相手に対する働きかけのムードが関与すると考える」（今尾1991 p.87）と述べている。

　本稿では、文体の丁寧度とのかかわりという観点から、自然談話における「から」と「ので」の使用実態を見、「から」「ので」両形式が現れる言語環境と場面状況について検証する。さらに、女性が「職場」という公的な場

の異なる場面、異なる相手に対し、どのような形で「から」「ので」両形式を使用しているのかを、とくに2人の協力者の談話を対象に実態報告をおこなうものである。実際の話しことばを資料とした調査には、遠藤（1990）があり、性差検証の視点から、インタビュー番組の文字化資料を使って、「から」と「ので」の使用状況を調査している。本稿では、同一話者の異なる場面での談話を見ることによって、「から」と「ので」がどのように使い分けられているのかを見てみたい。

2　調査の対象データについて

第1章「調査の概要」で示した通り、本談話資料には計123名の発話者が登場するが、今回ここで扱うのは、19名の協力者の発話のみである。協力者のデータに限ったのは、同一発話者の場面別使用状況を見ることが、1つの目的であること、年齢・職階・親疎等の関係が、協力者を基準にしており、協力者以外の発話者同士の関係はデータの該当項目には現われてこないためである。

場面の設定に関しては［場面1］ではなく［場面2］の項目を利用した。［場面2］には、打合せ・相談・院生指導といった、より具体的な情報が入っている。ここでは、場面と文体の関係を見るために、［場面2］の分け方に基づいて、以下の2つの場面に分けて、分析・考察の対象とした。

　　［Ⅰ］あらたまった場面（会議・打合せ・指導等）
　　［Ⅱ］くつろいだ場面（休憩時や昼食時等の雑談）

「から」と「ので」の出現数は各協力者ごとに示すが、当然ながら、各協力者で場面別発話件数にばらつきがあるため、ここでは各人の出現率を数量的に比較し、その出現要因を検討しようという意図はなく、あくまでも全体数と各協力者の場面や相手による使い分けの実態を把握し、分析するにとどめる。

3 「から」と「ので」の出現状況

表1は［01A］から［19A］の発話に現れた「から」「ので」の場面別出現状況を示したものである。なお、表中の「ので」の中には、「んで」の形式も含んでいる。

表1 「ので」「から」の場面別出現状況

場面 発話者　　出現数	\[I\] から	\[I\] ので	\[I\] 計／発話数	\[II\] から	\[II\] ので	\[II\] 計／発話数	計 から	計 ので
04A・50f	20	1	21／733	—	—	—	20	1
08A・50f	11	0	11／303	13	0	13／352	24	0
12A・50f	6	0	6／206	1	0	1／192	7	0
05A・40f	8	6	14／306	9	0	9／392	17	6
06A・40f	17	17	34／320	6	0	6／247	23	17
07A・40f	12	14	26／167	6	4	10／ 78	18	18
10A・40f	16	0	16／408	10	0	10／656	26	0
18A・40f	3	3	6／221	2	0	2／279	5	3
19A・40f	1	2	3／ 60	4	1	5／292	5	3
03A・30f	2	19	21／401	5	0	5／192	7	19
09A・30f	8	3	11／335	5	0	5／425	13	3
15A・30f	10	2	12／475	1	0	1／345	11	2
16A・30f	1	1	2／ 43	5	1	6／722	6	2
17A・30f	1	12	13／ 68	24	0	24／530	25	12
01A・20f	0	6	6／ 67	2	0	2／279	2	6
02A・20f	—	—	—	8	0	8／309	8	0
11A・20f	6	4	10／263	5	0	5／326	11	4
13A・20f	2	12	14／212	8	0	8／810	10	12
14A・20f	8	7	15／303	1	1	2／ 94	9	8
合　計	132	109	241／4891	115	7	122／6520	247	116

ここでわかることは、まず話しことばにおいては「から」形式が優勢であること、また、「ので」形式が談話場面のあらたまり度と大きな関係を持つようだ、ということである。「ので」があらわれるのは、ほとんど会議、打合せなどあらたまった場面であり、特に、職場外の相手とのやりとりの中で多用されている。「ので」形式116例のうち109例までが［I］の場面に現れ、さらに、109例のうち70例までが、ふだんは接触の少ない職場外の相手との談話に現われている。［II］の場面、つまり休憩時や昼食時等の雑談の中に現われる「ので」形式は、以下の7例にすぎない。

なお、各用例の発話者と相手との年齢関係の上下、職階関係の上下、親疎の度合いを→以下に示す。たとえば、例1では、「→［下／上（上）／親］」とあるが、これは発話者［07A］を基準として、相手が年齢的には下、職階では上（上）、親疎の度合いでは親しい関係にあることを示している。

1　えーと、今、そこのどう、あのー、道が、（ええ　他者（男））駅がよくなくなった<u>ので</u>、だいたい9時ぴったりぐらいになっちゃいます、まえ5分前には着いたんですけど。
　　　　　　　　　　　　　［07A・40f・雑］→［下／上（上）／親］
2　いや、［駅名］じゃなくて、［駅名］が、上のー、あれになる<u>んで</u>、（ええ　他者（男））あのー、かえってたいへ、大変だと思います。
　　　　　　　　　　　　　［07A・40f・雑］→［下／上（上）／親］
3　降りて、上がって、上がって、上がって3階まであがることになる<u>ので</u>。　　　　　　　　［07A・40f・雑］→［下／上（上）／親］
4　柿持ってきました<u>んで</u>。
　　　　　　　　　　　　　［07A・40f・雑］→［同／下（下）／親親］
5　高い、強いとか弱いとかよくわかんない<u>ので</u>。
　　　　　　　　　　　　　［14A・20f・雑］→［同／同／普通］
6　風邪をひいて、しまった<u>ので</u>。
　　　　　　　　　　　　　［16A・30f・雑］→［＊／＊／＊］（同僚多数）
7　ちょっと録音の確認をした<u>のでぇ</u>。
　　　　　　　　　　　　　［19A・40f・雑］→［＊／＊／＊］（録音機に向かって）

上の7例のうち、例1～3の3例は、大学助手である［07A］と同じ大学の専任講師との休憩時雑談である。相手は親しい関係で、年齢も下ではあるが、職階が［上（上）］という関係からか、［07A］の発話は丁寧体が基調になっている。他の4例はいずれも後続句の現われない「ので中止」の形である。また、例6・7は森田（1989）の言う「完了後の言い訳を表わす用法」ということができ、「から」には置き換えにくい。

一方、「から」は、あらたまった場面、くつろいだ場面双方に現われてい

-143-

る。が、表中には示していないが、あらたまった場面［Ⅰ］での相手との関係を見てみると、132例中104例（約77％）が同一職場内の同僚や上司あるいは勤務校の児童・学生であり、接触度の比較的高い関係にある。同一職場外の相手との談話に現われる「から」28例について、発話者と相手との年齢・職階・親疎関係を見てみよう。

　　［04A・50f・打］（大学教員）→ ［下／無／？］
　　　　　　　　　　（審議委員就任を依頼に来た中央官庁課長）：7例
　　［06A・40f・打（電）］（会社員・編集）→ ［下／無／疎疎］
　　　　　　　　　　　　　　　　　　　　　　　（出入業者）：5例
　　［06A・40f・打］（会社員・編集）→ ［上／無／親］［上上／無／親］
　　　　　　　　［＊／＊／＊］（いずれも出版予定の本の執筆者）：9例
　　［07A・40f・相談］（大学助手）→ ［＊／＊／＊］（不明）：2例
　　［08A・50f・相談］（小学校教員）→ ［下／無／普通］
　　　　　　　　　　　　　　　　　　　　　　（担当児童の母）：3例
　　［14A・20f・打］（大学事務官）→ ［上／無／疎疎］
　　　　　　　　　　　　　　　　　　　　　　（留学生の保証人）：2例

　［04A・50f・打］［06A・40f・打（電）］［08A・50f・相談］の談話の相手は、いずれも年下である。また、［04A］では発話者と相手が被依頼者と依頼者の関係、［08A］では教師と担当児童の母の関係にある。これらは［04A］の談話例8に見られるように、発話者が意識的に自分を低める必要がない場面であることがわかる。

　　8　04A　あのときから、★ずっとねー、やってますから。
　　　　04B　→流れをずーっと、あのー←ええ、★わかっておられるのは、
　　　　　　　［名字］先生なんで、ですね、★まあそのへんのところでぜひ
　　　　　　　あの、★お願いします。
　　　　04A　→ええ、わかってるから、ええ。←
　　　　04B　→ほんとう、うーん。←
　　　　04A　→ほんとうはねー、←あのー、［名字］先生なんかもいいけど、

　　　　　北海道へ＜笑い＞いっちゃわれたからね。
　　04B　あんまり、あの、遠い方は★また、旅費の関係がー。
　　・・・
　　04A　お金がないからねー。
　　04B　予算がないもんですから。＜笑い＞

　一方、[06A・40f・打][14A・20f・打]の談話相手は、年齢が上であり、とくに[06A]では、発話者と相手が編集者と執筆者の関係で、[04A]とは逆の上下関係が見られる。そうした関係を反映するように、[04A][08A]の「から」は10例中8例が普通体と、[06A][14A]の「から」は16例中13例が丁寧体と結び付いており、普通体で現われる3例も、うち2例は引用文中の例である。つまり、あらたまった場面に現われる「から」「ので」両形式は、発話者と相手との関係を見た場合、かなりはっきりとした使い分けがなされているということが言える。なお、[06A]の例は、出版予定の本の執筆者に対して社内事情を説明している場面で、協力者の各発話が非常に長く、「から」と「ので」が交互に現われている。これについては5節で例をあげて述べる。

　「から」「ので」両形式の現われ方の特徴を、個々の協力者について見ると、[04A][08A][10A]の発話に「から」が「ので」に比してきわめて多く現われている。[04A]は21例中20例までを「から」が占め、[08A][10A]に至っては、「から」の使用例が24例、26例と多数見られるのに対し、「ので」は1例も見られない。つまり、原因・理由を表示する形式を必要とする場面は多いにもかかわらず、「ので」はまったくと言っていいほど現われていない。ここでも、発話者と相手との関係が大きく関与していると思われる。[04A][08A]はいずれも50代の女性であり、職場の中ではすでにある程度の地位を築いている。職場における談話の相手としては、必然的に年齢でも職階でも同程度あるいは下に位置する人間となる。また、[10A]は40代の公務員で、あらたまった場面、くつろいだ場面とも、談話の相手は複数の同僚である。以上のような特徴を持つ発話者や談話場面で「ので」が使用されていないということからも、「から」と「ので」の選択に待遇表現的な配慮がかかわっ

ていると言えるのではないか。

つぎに、「から」と「ので」がどのような言語形式の中に現われているかを見てみよう。表2は、「から」「ので」の先行句と後続句の文体を見たものである。

表2 「から」「ので」の先行句および後続句接続状況

後続句 先行句 発話者	から 非デス・マス 非デス・マス	から 非デス・マス デス・マス	から デス・マス 非デス・マス	から デス・マス デス・マス	から中止 非デス・マス	から中止 デス・マス	計	ので 非デス・マス 非デス・マス	ので 非デス・マス デス・マス	ので デス・マス 非デス・マス	ので デス・マス デス・マス	ので中止 非デス・マス	ので中止 デス・マス	計
04A・50f	5	0	2	2	10	1	20	0	0	0	0	1	0	1
08A・50f	11	0	0	0	13(2)	0	24	0	0	0	0	0	0	0
12A・50f	3(1)	0	1	1	2	0	7	0	0	0	0	0	0	0
05A・40f	6	0	2	0	7	2	17	2	0	3	1	0	0	6
06A・40f	5(2)	0	0	8	4	6(1)	23	1(1)	0	2	6	0	8	17
07A・40f	5(2)	0	4	3	4	2	18	0	0	11	3	3	1	18
10A・40f	4	0	3	1	18	0	26	0	0	0	0	0	0	0
18A・40f	0	0	3	0	1	1	5	0	0	1	1	0	0	3
19A・40f	2	0	0	0	3	0	5	0	0	0	0	1	2	3
03A・30f	2	0	0	0	4	1	7	2	0	10	3	1	3	19
09A・30f	7	0	1	0	5	0	13	0	0	2	0	1	0	3
15A・30f	1(1)	0	2	0	4	4	11	0	0	1	0	1	2	2
16A・30f	2	0	0	0	4	0	6	0	0	1	1	0	0	2
17A・30f	6	0	3	0	15	1	25	0	0	8	4	0	0	12
01A・20f	1	0	0	0	1	0	2	0	0	0	2	0	4	6
02A・20f	4	0	1	0	3	0	8	0	0	0	0	0	0	0
11A・20f	0	0	1	3	5	2	11	0	0	1	1(1)	0	2	4
13A・20f	3(2)	0	1	0	6	0	10	0	0	3	2	7	0	12
14A・20f	1	0	2	2	2	2	9	0	0	4	1	2	1	8
計	68(8)	0	26	20	111(2)	22(1)	247	5(1)	0	45	26(1)	18	22	116
合 計	68(8)		46		133(3)		247(11)	5(1)		71(1)		40		116(2)

（ ）内は引用文の内数

まず先行句の接続形式について見てみると、本資料では、「から」は247例中42例（17%）が、「ので」は116例中48例（41%）が、「デス・マス」形に接続している。文法的には、「から」が動詞・形容詞・名詞の終止形に接続するのに対して、「ので」は連体形に接続する。その分、「から」より「ので」のほうが先行句と後続句との結びつきが強く、丁寧体の「デス・マス」が現われるのも通常文末のみで可とされる。では、実際にはどうだろうか。「デス・マス」形に接続している例が「ので」用例の約4割を占めてい

る。また、後続句について見てみると、「から」は非「デス・マス」形が、「ので」は「デス・マス」形が優勢である。これは、表1の結果から見て、当然とも言えるが、例9のような、先行句、後続句ともに非「デス・マス」形の「ので」文は、引用文中の1例を含む5例にすぎない。[03A]の2例は職場外の相手との「会議」に、[05A]の2例は職場内の相手との「打合せ」にと、4例はいずれもあらたまった場面に現われている。例9と同一場面には「から」が2例現われているが、「から」文は2例とも「デス・マス」形に接続している（例10）。

9　けっこうまあ、安くできたってゆうこともある<u>んで</u>、（うん　他者（女））よけいなこと★ゆったんだけど。
　　　　　　　　　　[05A・40f・打]→[＊／＊／＊]（多数）

10　うちもやっぱり、や、やりました<u>から</u>ね今回クライアント、あの、いくつかあるでしょう、そうゆうところなんかも、あのー、すごい構造改革をみなさんしてるわけですよ、えあの、会社が、それぞれ。
　　　　　　　　　　[05A・40f・打]→[＊／＊／＊]（多数）

　ここで、「から中止」文、「ので中止」文について見ておきたい。話しことばにおいては、倒置文や言いさしが多く見られるが、ここでは1件の発話文中に後続句が現われていないものを、「から中止」文、「ので中止」文とする。表2を見て目に付くのは「から中止」文の多さであろう。とくに「から」では半数以上の133例までが「から中止」文であり、うち111例が非「デス・マス」形に接続している。この111例中66例が、場面[Ⅱ]に現われる。後続句がある場合は、文末の本体が丁寧度を決定するが、中止文の場合は、先行句の接続形式が丁寧度を左右している。

　次節では、個々の具体的な使用状況を[03][06]の談話データを用いて見てみよう。19談話の中から[03][06]を選んだのは、「から」「ので」の使用数が多いことと、談話相手として職場内外の人が現われており、使い分けを見るに適当と判断したからである。

4 [03]にみる「から」と「ので」

[03]は、「会議」「打合せ」「仕事の話」（表中では「仕事」、話者表示では「仕」と略す）、「昼食時雑談」の4場面（[場面2]）からなる。「会議」は取引会社の部長・部員との業務上の打合せであり、あらたまり度はもっとも高い。「打合せ」「仕事の話」は同じ職場の上司とのやりとりである。「昼食時雑談」は年下の同僚と食事をしながらの雑談であり、4場面の中ではもっともくつろいだ場面である。

表3は、4場面に現われる「から」と「ので」を、発話者と相手別に見たものである。

表3 [03]に見る「から」と「ので」の出現状況

		から						ので					
	後続句	非デスマス		デス・マス		から中止		非デスマス		デス・マス		ので中止	
場面	先行句 発話者→相手	非デスマス	デス・マス	非デスマス	デス・マス	非デスマス	デス・マス	非デスマス	デス・マス	非デスマス	デス・マス	非デスマス	デス・マス
会	03A・30f → 40m [上／無／疎疎]	0	0	0	0	0	0	2	0	10	2	1	3
	40m→ 03A・30f [下／無／疎疎]	0	0	0	0	0	0	0	0	0	0	0	2
打	40m→ 03A・30f [下／下（下） ／普通]	0	0	0	0	1	0	0	0	0	0	0	0
仕事	03A・30f → 40m [上／上（上） ／普通]	0	0	0	0	1	1	0	0	0	1	0	0
	40m→ 03A・30f [下／下（下） ／普通]	0	0	0	0	1	0	0	0	0	0	0	0
雑	03A・30f → 20f [下／下下 ／普通]	2	0	0	0	3	0	0	0	0	0	0	0
	20f→ 03A・30f [上／上上 ／普通]	1	0	0	0	2	0	1	0	0	0	1	0
	計	3	0	0	0	8	1	3	0	10	3	2	5
	合計	3		0		9		3		13		7	

[03A・30f]（会社員・編集）が、ふだん接触の少ない職場外の相手との談話では「ので」形式を使い、その一方で、くつろいだ場面で年齢や職階が下の相手に対しては「から」を使用するというように、使い分けていることがわかる。「会議」場面では、協力者、相手ともにかなり丁寧な表現を使いながら談話を進めているが、このような場面で「から」形式は1件も見られない。そこに現われる「ので」形式も、例11〜13に見るように、しばしば「V－テオル」「V－テイタダク」「オ－V－スル」など他の敬語形式と併用されている。

11　で、ふつう英語－は、初校－では入らないんでボウウチで英文出していただいて、そうでないと、行数が読めませんので。
　　　　　　　　　　　　　　　　　　　　　　　　　　[03A・30f・会]

12　でー、このへんのそのー、表紙、関係とか、は、あの、問題があれば2回出していただくこともあったので、（はあはあ　他者（男））表紙のほうを先行して、入れておりました。　[03A・30f・会]

13　でも、だいたいそろえてお出しししますので、（はい　（他者（男））そしたら一括でお渡しするとゆうことにします。
　　　　　　　　　　　　　　　　　　　　　　　　　　[03A・30f・会]

　「昼食時雑談」では[03A]と年下の同僚が、普通体を基調にかなりくつろいだ調子で話を進めている。ここでは[03A]の発話には「ので」は現われてこないが、逆に、年下の同僚が[03A]に対して「ので」形式を使用している。
　また、ふだん接触することの多い上司との談話では、「ので」「から」両形式が現われている（例14〜16）。上司との「仕事の話」を見てみると、[03A]の表現態度にゆれがあることがわかる。そして、そのゆれに呼応するように「ので」と「から」が交互に出てくる点が興味深い。例14は「［名字］さん、すいません」と相手に呼びかけた次の発話であり、丁寧体を使っている。会話が始まってしばらくはこの丁寧体が続くが、しだいに「はい」が「うん」にかわり、「ううん、経費なんだけど」や、例15のような普通体が現われてくる。そして、話の終結部分になると、また例16のような丁寧体が現われる。

14 これ、とりあえず、30万わたしがお預かりした分の、あのー、あれだけ、清算しました<u>ので</u>、で、これが、そうです。

[03A・30f・仕]

15 だけど★、30万から出てるやつは、渡してきた分だけ★だ<u>からー</u>。

[03A・30f・仕]

16 →すいません←、あの、いつけっこう★です<u>から</u>。

[03A・30f・仕]

「ので」「から」の使い分けに際しては、場面のあらたまり度に加えて、相手との親疎・上下関係がかかわっていることがわかる。

5 [06]にみる「から」と「ので」

[06]は3場面からなる。「打合せ」は出版予定の書籍の執筆者との業務上の打合せであり、あらたまり度はもっとも高い。「打合せ（電話）」は社外の取引先および社内の同僚など年齢・親疎関係の異なる複数の相手との談話である。「雑談」は複数の同僚との雑談であり、3場面の中ではもっともくつろいだ場面である。3場面の「ので」および「から」形式の出現回数は表4（次ページ）の通りである。

まず、「から」について見てみると、先行句・後続句ともに非「デス・マス」形をとるのは、引用文中の3例を除くと3例ともくつろいだ場面（「雑談」）に現われている。非「デス・マス」形につながる「から中止」文も5例中3例はくつろいだ場面に現われ、あらたまった場面（「打合せ」「打合せ（電話）」）の2例も、年下の親しい関係の相手に向けられている。あらたまった場面に現われるその他の「から」は、いずれも「デス・マス」形に接続している。一方、「ので」について見てみると、くつろいだ場面では0、あらたまった場面に現われる16例（引用文中の1例を除く）は、「デス・マス」形に接続した中止文か丁寧体の後続句につながるものである。「デス・マス－ので」が最も多いのは、[06A]が職場外の相手（出版予定の書籍の複

数の執筆者）に向けた発話である。たびたび顔を合わせる親しい関係とはいえ、編集者と執筆者という関係と、年齢も地位も高い相手ということで、[06A]は、全体的に丁寧な表現を使っている。

表4　[06]に見る「から」と「ので」の出現状況

場面	後続句　　先行句 発話者→相手	から 非デス・マス 非デス・マス	から 非デス・マス デス・マス	から デス・マス 非デス・マス	から デス・マス デス・マス	から中止 非デス・マス	から中止 デス・マス	ので 非デス・マス 非デス・マス	ので 非デス・マス デス・マス	ので デス・マス 非デス・マス	ので デス・マス デス・マス	ので中止 非デス・マス	ので中止 デス・マス
打（電）	06A・40f → 40m ［上／同／普通］	0	0	0	1	0	0	0	0	0	0	0	0
	06A・40f → 30m ［下／無／疎疎］	0	0	0	2	0	3(1)	0	0	0	0	0	0
	06A・40f → ? （大学助手） ［?／無／?］	0	0	0	0	0	0	0	0	0	1	0	1
	06A・40f → ? （電話先夫人） ［?／無／?］	0	0	0	0	0	0	0	0	0	0	0	1
	06A・40f → 30f ［下／下下／親親］	0	0	0	0	1	0	0	0	0	1	0	1
打	06A・40f → 60m ［上／無／親］	0	0	0	1	0	0	0	0	1	0	0	0
	06A・40f → 60m ［上上／無／親］	0	0	0	0	0	1	0	0	0	0	0	0
	06A・40f → * （執筆者） ［*／*／*］	2(2)	0	0	4	0	2	1(1)	0	0	5	0	5
	60m→ 06A・40f ［下／無／親］	0	0	0	0	1	0	0	0	0	0	0	0
	60m→ 06A・40f ［下下／無／親］	1(1)	0	0	0	1	0	0	0	0	0	0	0
雑	06A・40f → * （同僚多数） ［*／*／*］	3	0	0	0	3	0	0	0	0	0	0	0
	計	6(3)	0	0	8	5	7(1)	1(1)	0	1	7	0	8
	合　　計	6 (3)			8		12(1)	1 (1)			8		8

（　）内は引用文の内数

[03A]の談話同様、敬語形式との併用も見られる（例17・18）。[03A]と異なるのは、ここでは「デス・マス−ので」と「デス・マス−から」が、ほ

-151-

ぼ同数現われていることである。これは、[06A]が、社内事情についてかなり長い説明を一方的に行っている談話であることに関係すると思われる。たとえば、この「打合せ」の場面では、例19のように1件のデータに「から」と「ので」がしばしば併用されている。また、同場面の[06A]の発話に見られる「非『デス・マス』ーから」は、相手に向かって直接向けられたものではなく、2例とも引用部分に現われたものである。

17 そちらのほうにファックスをあとで入れさせていただきます<u>ので</u>、申し訳ございません、…（中略）…電話を頂けるとありがたいのですがあの、会社のほうにずーっと今日はおります<u>ので</u>。
　　　　　　　　　　　　　　　　　　　　　　　　[06A・40f・打]

18 えーとそれではですねー、えー、夜でもお電話差し上げます<u>ので</u>。
　　　　　　　　　　　　　　　　　　　　　　　　[06A・40f・打]

19 …（略）…今年は［書名］で、景気がよくてー、お金がたくさんある<u>からー</u>、大きな仕事は今年ーにお金がかかるようにやってくれと、♯♯♯＜笑い・複＞ゆうような、ことを申しておりましたが、あのー、基本的に営業のほうも、いろいろな、え、事前に注文をとるとか、そういったようなことで動きたい<u>ので</u>、…（中略）…と、ゆうようなこともある<u>から</u>、…（中略）…一度営業会議、で説明してくれと、ゆうような話もあります<u>ので</u>、…（中略）…［名字］が社長就任のその年に［名字］先生と、会って決めた仕事です<u>からー</u>、あ、そのへんもやっぱりある種の遺言みたいなね、形でもっていけます<u>からー</u>、いいような形でまわせるとわたくしは考えております<u>ので</u>。　　　　　　　　　　　　[06A・40f・打]

以上のように、[06A]では、「から」と「ので」の、場面による使い分けが見られるとともに、「から」文の先行句の接続形式、および後続句の文体と、発話者が相手によって選択する丁寧度との関係が、かなり明瞭に現われている。

6 待遇表現としての「から」と「ので」

以上、原因・理由表示の形式「から」と「ので」について、自然談話における使用実態を見てきた。ここで言えることは、「から」と「ので」は、場面や発話相手によって、現われ方に一定の傾向が見られるということである。職場外の相手との、かなりあらたまった場面では、「ので」が多用され、非常にくつろいだ場面では「から」が多用される。「から」文、とくに「から中止」文の場合は、先行句の接続形式が「デス・マス」形か、非「デス・マス」形かによって丁寧度が大きく変わってくるため、多様な場面で現われうるが、「ので」は、本資料で見る限り、全般に丁寧な文脈の中で選択されており、場面、相手、接続形式とも「から」に比べて狭い範囲で使用されているのが現状である。言い替えれば、「から」と「ので」は、場面や相手に対する配慮と密接に結び付いた形で選択されている。したがって、話しことばの教育では、「から」と「ので」の使い分けを先行句と後続句との関係だけではなく、待遇表現の面からとらえることが、これまで以上に必要なのではないかと考える。

今回は、「から」と「ので」の出現状況を、形式的な側面にしぼって分析し、その使い分けの実態を見た。今後の課題として、「から」「ので」を含む個々の用例の談話機能や意味についても、自然談話資料に基づいて、さらに分析を進めていきたい。

なお、森田（1989）が普通言わないとしている「〜たいので〜」という形式が、本談話資料では例16のほか、以下の3例に見られた。

17 それと、あの、まあ、ちょっと、えー、どちらかとゆうと、どちらかとゆうととゆうよりも、非常にビジュアルを重視したいので、このへんが、あのー、これ、ちょっと実はすごーく色の出がよくなくてですね。　　　　　　　　　　　　　　　　　[03A・30f・会]

18 それはー、基本的には、＃＃＃も、あのー、今回だけじゃなくて今

まもずっと一緒にやっていただい、きましたしね、これから先もお願い、したいですので、あの、極力ね、極力ーってゆうか、あのー、近い、形で、バックアップはさしていただきたい（うん　Inf（女））と思いますよ。　　　　　　　　[11B・30m・打]

19　（略）ええ、この分はあの1年間分まとめて一支払ってますので、ええ、この分が、削除、していただきたいので。

[13A・20f・打（電）]

　これら4例は、いずれもあらたまった場面の丁寧な文脈の中で現われている。「～たいので～」という話し手の主観的な表現形式と「ので」との結合は、書きことばではたしかに現われにくいのかもしれないが、実際の話しことばでは、丁寧体に支えられて、ごく自然な形で使われているのである。

【参考文献】

今尾ゆき子（1991）「カラ、ノデ、タメニ－その選択条件をめぐって－」
　　　　　　　　『日本語学』10-12　明治書院

遠藤　織枝（1990）「男と女の話しことば－日本語教育と性差検証の視点から－」『ことば』11号　現代日本語研究会

趙　順文（1988）「『から』と『ので』－永野説を解釈する－」『日本語学』7-7　明治書院

永野　賢（1952）「『から』と『ので』とはどう違うか」『国語と国文学』29-2

永野　賢（1988）「再説・『から』と『ので』とはどう違うか－趙順文氏への反批判をふまえて－」『日本語学』7-13　明治書院

益岡　隆志（1993）『24週日本語文法ツアー』　くろしお出版

森田　良行（1989）『基礎日本語辞典』　角川書店

第7章
話しことばの「だから」「それで」

三井　昭子

1　はじめに

　接続詞とは「2つの表現の中間に位置して、前の表現を受けて、後の表現を導くことによって、両者の関係を示す働きをもつ単語」（市川1976）である。語論や文論に基づく文法研究の対象から、近年は文章論において文と文との関連の問題、段落の相互関係などを解明する研究の対象として取り上げられている。しかし、それらの研究は、主として書きことばを対象としたものであり、話しことばを対象としたものは少ない。本稿では、談話資料の中に出現する接続詞のなかから、今回は「だから」と「それで」を取り上げ、使われ方の実態をさぐってみた。この2つの接続詞を検証した理由は、まず両語が談話資料において上位1、4位と比較的多く使われていることがある。また、両語とも原因と結果、因果関係を表す機能をもち、「結果であることを表す接続詞」としてまとめられることもある（比毛1989年）共通性をもつ接続詞である。この両語が話しことばで使われた場合、どのような様相を示すかをさぐってみたいと考えたからである。

　まず、談話資料にどのような接続詞が出現するかであるが、表-1（次ページ）のような結果となった。

　「でも」「だから」「で」「それで」「じゃあ」「じゃ」など上位を占めている接続詞は、明治初期の言文一致体の文章資料ではかなり使われているが、文章資料「明治初期の新聞の用語」（国立国語研究所報告）では使われていない接続詞群に属している。近世の俗文体の接続表現とも一致する、ややくだけた俗語的な感じが付着した接続詞群である。（京極、松井1973）こ

れらの明治以来の口語的接続詞が現代の話しことばにおいても引き続き、多用されていることがわかる。一方、「つまり」「すなわち」「または」「あるいは」「もしくは」「ないし」「したがって」「ところで」など文章語的接続詞の使用数は多くない。口語的接続詞と文章語的接続詞はその使用において、かなり区別されているといえる。

表1 接続詞の出現数、比率％(対接続詞)、出現率％(対発話数：11,421)

n	接続詞	出現数	比率％	出現比率％
1	だから	265	19.6	2.32
2	でも	265	19.6	2.32
3	で	224	16.6	1.96
4	それで	129	9.5	1.13
5	だって	75	5.5	0.66
6	じゃあ	72	5.3	0.63
7	じゃ	71	5.3	0.62
8	それから	57	4.2	0.50
9	でー	42	3.1	0.37
10	そしたら	29	2.1	0.25
11	そいで	20	1.5	0.18
12	ですから	19	1.4	0.17
13	それでも	16	1.2	0.14
14	じゃー	13	1.0	0.11
15	そうすると	8	0.6	0.07
16	そんで	8	0.6	0.07
17	つまり	7	0.5	0.06
18	あるいは	6	0.4	0.05
19	それとも	6	0.4	0.05
20	もしくは	5	0.4	0.04
21	しかし	4	0.3	0.04
22	また	3	0.2	0.03
23	そして	3	0.2	0.03
24	では	2	0.1	0.02
25	したがって	1	0.1	0.01
26	ところが	1	0.1	0.01
27	ただし	1	0.1	0.01
28	すなわち	0	0.0	0.00
29	が	0	0.0	0.00
	計	1352	100.0	11.84

以下、「だから」「それで」について考察していく。

2 「だから」

「『だから』は文のなかにさしだされた、それぞれの対象的な内容を、話し手である「わたし」の立場から、『主体の論理』によって関係づける接続詞である。したがって、一般にこの接続詞は、まえの文にさしだされた対象的な内容を論理的な前提として、話し手があとの文の内容を理由づけたり、正当化したりするばあいに用いられ、そのためにここでは話し手である主体の論理的な考え方や態度、評価などがつよく前面におしだされる。」（比毛 1989）とされる接続詞であり、話し手の論理的な考え方や態度、評価などがつよく表現されるはずである。

2.1 使われる場面と年代

まず談話資料における「だから」の出現数およびそれぞれの発話数に対する出現比率を性別、場面別、年齢別にみたのが表2-1である。場面については「会議、打合せ、相談、指導」の場面を「仕事関係」とまとめ、それ以外の「雑談」と分けた。

表2-1 「だから」の出現数と発話数に対する出現比率％（性別、場面別、年齢別）

性別	場面		20代	30代	40代	50代	60代	不明	計
女	仕事等	出現数	8	37	21	51	0	2	119
		発話数	718	1061	1047	778	0	96	3700
		比率%	1.11	3.49	2.01	6.56	0.00	2.08	3.22
	雑談	出現数	44	30	14	11	0	0	99
		発話数	2135	1760	950	271	0	40	5156
		比率%	2.06	1.70	1.47	4.06	0.00	0.00	1.92
男	仕事等	出現数	0	1	11	6	3	0	21
		発話数	43	371	309	212	122	92	1149
		比率%	0.00	0.27	3.56	2.83	2.46	0.00	1.83
	雑談	出現数	2	12	7	0	1	4	26
		発話数	100	541	254	57	104	156	1212
		比率%	2.00	2.22	2.76	0.00	0.96	2.56	2.15
計		出現数	54	80	53	68	4	6	265
		発話数	2996	3733	2560	1318	226	384	11217
		比率%	1.80	2.14	2.07	5.16	1.77	1.56	2.36

まず場面別の出現数をみると、女性は「仕事関係」の場面で119、「雑談」の場面で99と前者がやや多い。男性は21対26と「雑談」がやや多い。年代別では、女性の30代、40代、50代は「仕事関係」で多く使っているが、20代のみ「雑談」での使用が多くなっている。20代の女性は「主体の論理や評価を強く押し出す」という性格をもつ「だから」を「仕事関係」で使う立場には置かれていないことを示しているのかもしれない。一方、「雑談」の場面では、20代は「仕事関係」の5倍以上の44回使用している。「雑談」というくだけた場面では、遠慮なく「だから」を使用している20代の姿が浮かんでくる。30代、40代では「仕事関係」と「雑談」での使用数の差はあまり大きくないが、50代では51対11とかなり大幅な差となっている。50代の大学教員が「院生の指導」で多用しているという個人的特徴も影響しているといえるが、年代が高くなるにつれて、「仕事関係」での使用割合が高くなるという傾向はあると認められる。

　男性は絶対数が少ないため断定はできないが、40代、50代、60代は「仕事関係」の場面で多く使い、20代、30代は「雑談」の場面で多く使っており、女性の場合と共通している。

2．2　用　法

　次に「だから」を用法によって4つに分類した。
(1)　「だから」によって、前件と後件が因果関係をともなって、論理的に結びついているもの。
　　1　今まで世田谷の保育園に入ってたでしょう。　［03A・30f・雑］
　　　　ふーん　　　　　　　　　　　　　　　　　　［03A・20f・雑］
　　　　だから、空きが出るまで、そこに行ってないと＜間＞
　　　　　　　　　　　　　　　　　　　　　　　　　［03A・30f・雑］
　　2　でっ＜笑い＞　なんか、わたしもいい加減ですから、はい、はいなんてね、引き受けちゃって、で、よくよく中身を見ましたら、ね、

（はい　他者（女））育児も入れてほしいってゆうところもあれば、
　　　（あーあー　他者（女））企業の社会的責任とかゆうところにウエ
　　　イトをおいてほしいとか、（はー　他者（女））いろいろちょこっ
　　　と違うんですよね。　　　　　　　　　　　　［04A・50f・打］
　　　だから、全部同じってわけには、いかないなあ、なんてね、思って
　　　るんですけど。　　　　　　　　　　　　　　［04A・50f・打］
　　3　ちょうどねー、そのー、側面図、立面図の正面から見たのがまっぷ
　　　たつに割れてるんですよ。B（びー）、Bのところでね。
　　　　　　　　　　　　　　　　　　　　　　　　［11A・20f・打］
　　　だからー、そこのところをもう一回クリアーにしていただければ、
　　　ありがたいんですけれども。　　　　　　　　［11A・20f・打］

これらは「だから」の本来の用法であり、数的にも最も多く、「だから」
全体の60.4％を占めている。全体的に「仕事関係」「雑談」の両方の場面で
使われているが、20代、30代では「雑談」の場面でより多く使い、40代、50
代は「仕事関係」の場面で多く使っている。先述した「だから」全体の傾向
と一致している。

(2) 前件を漠然と受けているようだが、あまり呼応がはっきりせず、むしろ、
　　後の説明部分を引き出す役割に重点があるもの。
　　4　いちよ株式会社なんですけどー（うん　Inf（女））、なんか、あ
　　　の、いちよ株は全部かい、こ、国が（あーInf（女））持ってるっ
　　　てゆう感じ＜間＞　　　　　　　　　　　　　［03A・20f・雑］
　　　だからあたしの名前が、ついた由来もー（うん　Inf（女））父親
　　　がすごいずっと海外に行ってたんですよ、もう、ほとんどいなくて。
　　　　　　　　　　　　　　　　　　　　　　　　［03A・20f・雑］
　　5　違う、違う、これはもう払ったやつでしょ。　［03A・40m・打］
　　　うん、うん、だっ（だから）、これも払ったやつなんだけどー、
　　　（うん　他者（男））これ、30万から出てるやつはこれなのね。
　　　　　　　　　　　　　　　　　　　　　　　　［03A・30f・打］

経費の精算をしながら、社長の疑問に答えて、説明しようとして、まず
「だから」が出てしまったケースである。
　　6　あのー、つながれている↑　　　　　　　[10A・40f・打]
　　　　鎖を★切ったの。　　　　　　　　　　　[10A・30m・打]
　　　　→ああ←そんなに切れちゃうものかしらね↑[10A・40f・打]
　　　　だから、子犬ん時買ったやつだから、（ああInf（女））弱くなっ
　　　　てんじゃない、金属疲労ってゆうかね。　[10A・30m・打]
鎖がそんなに簡単に切れるものかという疑問に対して事情を説明するため
「だから」から入っている。後に接続助詞の「から」があるので、必ずしも
必要ないのだが、思わず初めに出てしまったのである。
　　7　そう思うんだけど、なかなか西海岸行けなくってさー
　　　　　　　　　　　　　　　　　　　　　　　[16E・30f・雑]
　　　　ねー。　　　　　　　　　　　　　　　　[16B・30f・雑]
　　　　だから、ほら、日付変更線を越えるとさー、（うん　他者（女））
　　　　なんか時差あったりしていやなんだよ。＜笑い＞
　　　　　　　　　　　　　　　　　　　　　　　[16B・30f・雑]
西海岸へ行けない理由を出すために、「だから」を使っている。
　この用法は「だから」全体の29.4％を占めており、かなりの高率である。
「だから」以下が、前の部分とまったく無関係ではないが、「まえの文にさ
しだされた対象的な内容を論理的な前提として、話し手があとの文の内容を
理由づけたり正当化したりする場合に用いられ」（比毛1989)ているわけでは
ない。前の部分とつながりはあるが、前の部分を前提として、後の文の内容
を理由づけたり、正当化したりするのではなく、前の部分と関係のあること
について説明したり、前の部分が起こる理由・事情を説明したりしている。
前件と後件が逆転している場合も多く、「だから」は後の説明部分を出すた
めの、きっかけの役割を担っているわけである。比毛氏は「だから」「それ
で」「そのため」を「結果であることをあらわす接続詞」と分類されている
が、この用法は結果ではなく、前提を表しており、前の部分と後の部分の関

係の示し方、関係性が変化しているともいえる。文の順序がかなり自由に変わり、表現されない内容、論理に合わない表現なども前後の文脈、その場の雰囲気から推測可能であるなどの話しことばに特有の性格に負っている用法である。女性は「仕事関係」の場面で36、「雑談」で28使用している。ものごとを説明するとき、前につけるという機能が「仕事関係」での使用を多くしているのであろうが、「雑談」でもかなり多く使用されているのは、前件と後件の逆転など従来の規範にとらわれない自由な用法が「雑談」のくだけた雰囲気に合っているということでもあろう。

(3) 後件が省略されているため、因果関係が不明瞭になっているもの。

 8 →あっ、そうか←、すごい僻地だから家族がすんでるところと別々なんだ。 [03A・30f・雑]

  そう、(ふーんInf(女))だからもう。 [03H・20f・雑]

これだけのやりとりからは、「だからもう」以下に省略されている内容ははっきりしない。あとの会話からある程度のことは推測されるが、それはあくまでもあとの文脈に依存して可能になることであって、「だから」の時点での論理性は希薄であるといえる。

 9 あ、でもせんせ、ワックスがけって特別清掃区域でしょ。↑廊下と。 [09A・30f・打]

  教室は今日じゃなくて。 [09A・30f・打]

  いやー、覚えてない。 [09F・50m・打]

  @＜笑い＞

  いや、わたしも覚えてないんですけど、だから、[名字]くん。 [09A・30f・打]

高校職員室での数人の教師、1人の生徒をまじえての会話である。教師が「だから[名字]くん」と生徒の名前を出しているのだが、後に続くのが、「掃除の場所」に関することなのか、ほかのことなのかはっきりしない。

 10 ほんとにざつよ、雑用係↑ [11G・20f・雑]

  ★だから＜言いさし＞ [11H・20f・雑]

— 161 —

「だから」で言い差してしまっているので、言いたいことは表面には出ていない。「だから」で言い差すのは、この例以外にも7件あり、話しことばにおける「だから」の1つの機能を表している。

(4) 「だから」が前件を受けておらず、単に調子をととのえたり、強めたりする機能をもつにすぎないもの。

　　11　すごいゲームコーナーみたいのもあるのかな↑[02C・20f・雑]
　　　　ふーん。　　　　　　　　　　　　　　　　　[02A・20f・雑]
　　　　あと、だからディズニーランドのあーいうディズニーの売ってるお店もあるしー（うん Inf（女））食べるところなんかほんとにいっぱいあるしー。　　　　　　　　　　　　　　　　[02C・20f・雑]

新しい羽田空港を説明していて、かなり興奮状態にあり、自問自答のように語りながら「だから」を使っているケースである。

　　12　口頭で、★もしあれでしたら、コピーします。[06A・40f・会]
　　　　→んー、まあーねー、← これぐらい、書いてますからね。ただね、（ええ Inf（女））とうとう、けっきょくー、だからね、今日はしてない、★ 出して、プリントアウトしてないの。
　　　　　　　　　　　　　　　　　　　　　　　　　[06D ・40m・会]

編集会議の席上で、著者の1人が、プリントを用意してこなかったことを述べているのだが、「ただね」「とうとう」「けっきょく」などの副詞がつぎつぎと飛び出し、最後に「だからね」が使われている。あわてた様子がよみとれる。

　　13　→えーとー←うん、あのー再リースの場合★別の請求書が来るんでー。　　　　　　　　　　　　　　　　　　　[13A・20f・打]
　　　　→あ、ちょっと待って、待って、←これが1回分てことは、だからー、ここが10月の請求だからー。　　　　　　[13G・50m・打]

請求書についてのやりとりで、「だから」は自分の頭を整理するための合いの手のように使われている。

　数的には少ないが、この用法も話しことばにだけ出現する用法で、話しこ

-162-

とばの即興性、自由度の高さからもたらされるものといえる。「仕事関係」での使用が男女合わせて5、「雑談」は1のみである。

以上、4つに分類したものの出現数、「だから」の総出現数に対する比率および場面は次表のとおりである。

表2−2　「だから」の用法別出現数と比率％（性別、場面別）

性別	場面		因果関係	前置き	後件省略	整え	計
女	仕事等	出現数	72	36	9	2	119
		比率％	27.2	13.6	3.4	0.8	44.9
	雑談	出現数	64	28	6	1	99
		比率％	24.2	10.8	2.3	0.4	37.4
男	仕事等	出現数	11	5	2	3	21
		比率％	4.2	1.9	0.8	1.1	7.9
	雑談	出現数	13	9	4	0	26
		比率％	4.9	3.4	1.5	0.0	9.8
計		出現数	160	78	21	6	265
		比率％	60.4	29.4	7.9	2.3	100.0

図1　「だから」の用法別比率％（「だから」全出現数を100として）

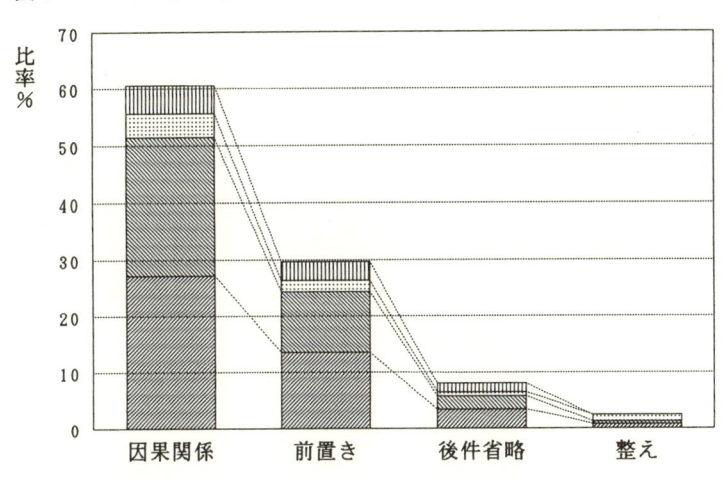

「因果関係」を表す(1)の用法が数的にも比率的にも最も高く、「だから」の基本的用法は、話しことばにおいても維持されているといえる。しかし、(2)の「理由や説明の前置き」の用法がかなりの割合を占めている。この用法では、原因と結果という論理性は希薄であるが、前の部分と関連する理由や事情を説明するにあたって、「だから」を前置することによって、ある種の「論理性」をもつような効果をもたらしているのではないか。特に「仕事関係」で使用される場合は、その効果が役立つことになろう。一方「雑談」では、「だから」の力強さ、自己主張の姿勢などが生きてくるのであろう。

(3)、(4)の「後件省略」「整え、強め」も数的には少ないが、話しことばにのみ見られる用法である。先述したような話しことばに特有な性格からきているものと思われる。

3　それで

「接続詞の『それで』は人間の意志的な行動だけではなく、自然現象や物理現象のような無意志的な現象もふくめて、あらゆる現象における原因－結果の関係をあらわすことができる。『それで』はまずこの点で『そこで』から区別される。さらにまた、『そこで』の場合とはちがって、話し手はふたつの現象のあいだに客観的に存在する内的で必然的な関係を認識して、その原因、結果の関係を『それで』という接続詞によって資格づけて表現する。」（比毛1989）と説明されており、原因と結果の必然的な関係を表現することがわかる。比較されている「そこで」については「ある主体をとりまく客観的な状況についてかたる文とそうした状況における主体の積極的で意図的な行動についてかたる文との論理的な関係づけは『そこで』によっておこなわれる」と説明され、「それで」のほうが使用される範囲が広いこと、「そこで」の前件は客観的な状況であることが両者の大きなちがいであると理解される。

今回の談話資料では「そこで」は1件も使われていない。会話という話し

手の主体的な意志が出やすい場では、「そこで」の客観的な状況提示がふさわしくないのであろう。また、「それで」の使用範囲の広さも話しことばにとって都合がいいのではないだろうか。

表3-1 「それで」の出現数と発話数に対する出現比率％（性別、場面別、年代別）

性別	場面		20代	30代	40代	50代	60代	0-10代不明	計
女	仕事等	出現数 発話数 比率%	9 718 1.25	25 1061 2.36	24 1047 2.29	8 778 1.03	0 0 0.00	2 96 2.08	68 3700 1.84
女	雑談	出現数 発話数 比率%	3 2135 0.14	10 1760 0.57	12 950 1.26	6 271 2.21	0 0 0.00	0 40 0.00	31 5156 0.60
男	仕事等	出現数 発話数 比率%	0 43 0.00	7 371 1.89	5 309 1.62	1 212 0.47	6 122 4.92	1 92 1.09	20 1149 1.74
男	雑談	出現数 発話数 比率%	0 100 0.00	7 541 1.29	0 254 0.00	1 57 1.75	2 104 1.92	0 156 0.00	10 1212 0.83
計		出現数 発話数 比率%	12 2996 0.40	49 3733 1.31	41 2560 1.60	16 1318 1.21	8 226 3.54	3 384 0.78	129 11217 1.15

表3-2 「それで」の用法別出現数と比率％（性別、場面別）

性別	場面		前置き	つなぎ	因果関係	時間的	合いの手	うながし	計
女	仕事等	出現数 比率%	37 28.7	16 12.4	6 4.7	4 3.1	2 1.6	3 2.3	68 52.7
女	雑談	出現数 比率%	9 7.0	12 9.3	6 4.7	1 0.8	1 0.8	2 1.6	31 24.0
男	仕事等	出現数 比率%	3 2.3	10 7.8	2 1.6	1 0.8	2 1.6	2 1.6	20 15.5
男	雑談	出現数 比率%	6 4.7	4 3.1	0 0.0	0 0.0	0 0.0	0 0.0	10 7.8
計		出現数 比率%	55 42.6	42 32.6	14 10.9	6 4.7	5 3.9	7 5.4	129 100.0

図2 「それで」の用法別比率％（「それで」の全出現数を100として）

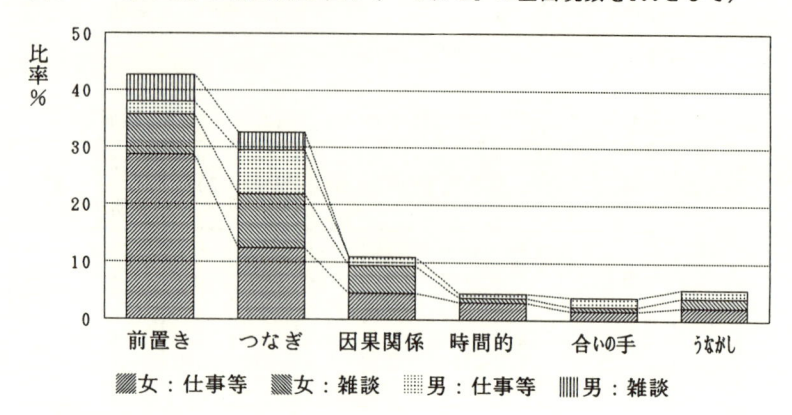

▨女：仕事等　▧女：雑談　▦男：仕事等　▥男：雑談

3．1　「それで」の使われる場面と年代

　男女ともに、「仕事関係」の場面でより多く使っている。男性の30代、50代で「仕事関係」と「雑談」が同数になっているが、30代7と50代1と絶対数は少ない。女性全体で「仕事関係」68、雑談31、男性全体は20対10で男女とも「仕事関係」で2倍使っている。くだけた場よりは、あらたまった場で使われやすい接続詞といえる。

3．2　用法の分類

　「それで」の使われ方を次のように分類してみた。
(1) 新しい話題に入ったり、事情を説明したりするときに、前置き的に使うもの。
　　14　で、えー、遅れたものとか、ちょっとこちらで入力でき、えなかったものだけ、手書きの原稿がいきますが、ほとんどが、えー、フロッピー入稿とゆうふうに考えていただいて、けっこうだと思います。
　　　　　　　　　　　　　　　　　　　　　　　　［03A・30f・会］

<u>それで</u>、えーと、遅れるのはですね、ここですね、あの、ここは、全部、そろってからでないと★いきませんので。
　　　　　　　　　　　　　　　　　　　　　　　　[03A・30f・会]
雑誌原稿の入稿方法について、編集者が説明している場面だが、ここでは、この種の「それで」が多用されている。「それで」を使って、従来のやり方を説明しているわけである。

15　あの（はいはい　Inf（女））これは、今年の、あのガイドラインのパンフでございますんで、（あ　はいはいはいはい　Inf（女））おもちいたしました。　　　　　　　　　　　[04B・40f・打]
　<u>それで</u>、実はあのー（はい　Inf（女））、お願いというのは、（ええ、はいはいInf（女））ですね、えーと、係の者がどの程度お話ししたかわからないんですが、（あん、はいはいIfn（女））実は、今度こうゆう、あのーですね（はい　Inf（女））、えー介護休業制度に関する専門家会合というの（はいはい　Inf（女））をやりたいと思いまして。　　　　　　　　　　　　[04B　・40f・打]
大学教員と厚生省の課長の会話であるが、課長は「それで」を多用しながら、新しく設置する専門家会合について説明している。

16　それ、できるかできないかだけでも、ちょっと、きいてみたほうがいいかなってゆうのと、それから、あとー、ん↑
　　　　　　　　　　　　　　　　　　　　　　　　[05I・不明f・打]
　<u>それで</u>、あとは、あの、ビデオレクチャーとか、それからあのーいちおう、国際シンポジウムとかそういうことに関しては、あのー、どうしても［社名］としてやらなきゃいけない事情があって、［社名］のできるところは、あそこー、はっきりいえばあそこだけなので、それに関しては［社名］のほうと、あのー、やっていただくことになると思いますけれども、と。　　　　　[05I・不明f・打]
　この用法は出現数55、比率42.6％で最も多い。話しことばに特徴的な用法で、原因結果という要素はほとんど失われているが、前の部分とつながりの

-167-

ある新しい話題や、今までの経緯、事情などを説明する際、前置き的に使われている。「前置き」という点では、先の「だから」の「前置き」の用法と共通しているが、「だから」のように、文の順序が変わったり、前後の関係性が逆になったりするということはない。あくまでも順接的につながれていて、場合によっては後の部分が依頼、お願いの文になることもある。

　女性が「仕事関係」の場面で特に多く使っており、ものごとを論理的に説明する際に使用している。

(2) 前の部分を受けてはいるが、因果関係はなく、順接的につづいていくもの。

　17　で、あのー、タイトルまわりなんかは、けっこうデザイナーのほうでうっていただいて、こんなふうに。　　　　［03A・30f・会］
　　　こんなふうに。　　　　　　　　　　　　　［03A・30f・会］
　　　あー、そうですか。　　　　　　　　　　　［03 ・40m・会］
　　　それで、えーと、あのー、カミヤキの形でおつけ★すると。
　　　　　　　　　　　　　　　　　　　　　　　［03A・30f・会］
　18　組織図で逃げる。　　　　　　　　　　　　［06A・40f・会］
　　　んー、それであとー、ちょっとー、概説でしょいきれないとこカバーするしかしょうがないんじゃないかな。　［06B・60m・会］
　19　いや、飾りーだったらしいんですけど、おしゃれみたいな★感じでね。　　　　　　　　　　　　　　　　　　　　　　［12B・30m・雑］
　　→うん、うん。←　　　　　　　　　　　　　［12A・50f・雑］
　　　それで、だんだんエスカレートしましてね。貴族は、まあ、ある程度###、それをね、1（いち）ランクずつみんな上の、人たちの、服装を真似るようになったのね。　　　［12B・30m・雑］

　この用法は書きことばの「そこで」に相当するものが多い。出現数41、比率32％で数的には2番目である。「そこで」がまったく使われていないため、「そこで」に代わるものとして、ものごとを続けていく場合に使われている。

(3) 前の部分と後の部分が原因と結果で結ばれているもの。
　　20　うん、なんか、ゴミがあってさあ、粗大ゴミじゃなくて、それで、おけなかったのよ。　　　　　　　　　　　　［05A・40f・会］
　　21　お金を集めるのが、けっこう会計さん去年なったかた、すごく大変だったので、それでーいちよゼミごとにいちよう責任を持って、集めて、そのー会計さんが、日にちを決めてきて、その会計さんにそのときに、あのーゼミの、その集めた人が持ってくる、謝恩会委員でもいいですし、もしくは、その個人的に持ってくるんでしたらその日ってゆうその連絡とかね。　　　　　　　　　［07A・40f・会］
　　22　あのー、先日ですね、（はい　他者（男））あのーまえ、［名字］さんからもちょっと、ここの、番号がちょっと長すぎるって（えーえーえー　他者（男））ゆうことで、指摘受けて（えーえーえー他者（男））、それであのご家族とかも確かめたんですけど、番号そのものはこれでいいようなんですね、（えーえー　他者（男））口座番号は。　　　　　　　　　　　　　　　　　［14H・28f・打］

この用法は数的には少なく、出現数14、比率10.9％である。書きことばにおいては本来的な主たる用法として扱われているが、話しことばでは、あまり使用されない用法であることがわかる。女性は「仕事関係」と「雑談」でいずれも6例ずつ使っている。「「それで」は「だから」と違って、原因や理由を積極的に示す意識ではない」（森田1980）と指摘されているように、「それで」は書きことばにおいても因果関係の弱い用法が多いが、話しことばでは、いっそう、その傾向が強まっている。

(4) おもに時間的な順序を示すとき、使われているもの。
　　23　で、棒打ちで出して（はい　他者（男））いただいて、それで、赤字を入れて、まあ、行数足りなければそれを調整したり、多ければ削ったりとゆう作業をして、あの、お戻しして、それで色校（いろこう）で全部そろった形で出すと、ゆうのが通常の工程なんです。
　　　　　　　　　　　　　　　　　　　　　　　　［03A・30f・会］

24 でーすからー、あのー、先生のお話ならば、(はい Inf(女))あのー、とり、まず前半の部分については(ええ Inf(女))、あのー、えーと、話さない方は下に下りてて、(それはそうですね Inf(女))それでやってもらって、(そうですね Inf(女))<u>それ</u><u>で</u>あとー、後半はみんな上がって(そうですね Inf(女))もらってと、ゆうことですね(そうですね Inf(女))、やるならば。
[04D・40m・雑]

25 雑草の中にピンクの花が1輪だけぼうっとさ、きれーなの咲いてるからさー。　　　　　　　　　　　　　　　[09F・50m・雑]
ええ。　　　　　　　　　　　　　　　　　　[09A・30f・雑]
<u>それで</u>ー、2、3日経ってもー、しぼんでこないからさー、そば行って見にいったらさ。　　　　　　　　　　　[09A・50m・雑]

時間的経過を示すとき使用され、出現数7、比率5.4%であまり多くない。「それから」「そして」に近い用法と思われるが、「それから」が57例(「そして」は3例)使われているので、「それで」を時間的経過を示すために使う必要性は薄かったと判断される。

(5) 語調を整えたり、強めたりするために、合いの手のように入れるもの。

26 討論の時に、(はい Inf(女))あのー、<u>それでえー</u>と、お茶、コーヒーブレイクはなん分でしたっけ、20分。
[04D・60m・会]

27 だから★<u>それでさー</u>あ、なんてゆうのかな、なんかほんとに1からつくっていってる(うーん Inf(女))ってゆう感じじゃない、(うーん Inf(女))###。　　　　　　[15E・30f・打]

28 しらない、ちょっと待って。　　　　　　　[16E・30f・雑]
〈笑いながら〉<u>それでね</u>、★聞いて聞いて。　[16A・30f・雑]

この用法は、当然話しことば特有の用法である。「えー」とのばしたり、終助詞「さ(あ)」「ね」などを伴っている場合が多い。数的には、出現数5・比率3.9%である。うち4件は「仕事関係」で使われている。

(6) 相手に発話をうながすために使うもの。
29　→いくつか←やる（はい　他者（女））わけだわね。
　　　　　　　　　　　　　　　　　　　　[04A・50f・指]
　　はい。　　　　　　　　　　　　　　　[04L・30f・指]
　　ふん、ほいで。　　　　　　　　　　　[04A・50f・指]
　　それでー。　　　　　　　　　　　　　[04A・50f・指]
　　計算の手法としては、とりあえずこの実数を全部出して、その実数を、逆にどんどんどんどん足すなり引くなりしていって、わり算かけ算やっていったんですけど。　　[04L・30f・指]
30　それからー、［名字］氏のこの２つはー、★いちよ。
　　　　　　　　　　　　　　　　　　　　[06B・60m・会]
　　→これはむしろ←長すぎて、縮めていただくよう、ですね。
　　　　　　　　　　　　　　　　　　　　[06A・40f・会]
　　それでー。　　　　　　　　　　　　　[06B・60m・会]
　　121は、まだ、半分ぐらい。　　　　　　[06A・40f・会]
31　今出しにきた。　　　　　　　　　　　[09D・10m・打]
　　ん↑　　　　　　　　　　　　　　　　[09A・30f・打]
　　それで↑　　　　　　　　　　　　　　[09A・30f・打]
　　で、出しにきた。　　　　　　　　　　[09D・10m・打]
　　出しにきたんですかー。　　　　　　　[09A・30f・打]

高校教員と生徒とのやりとりである。話し方の指導のために、「それで」でうながしている。

　この用法も話しことばのみであるが、定着した用法で辞書にも採録されている。出現数７、比率5.4％で、うち３件を女性が「仕事関係」の場面でつかっており、２件は教員である。

　先述したように話しことばにおける「それで」は「原因、結果」を表す本来の用法は少なく、前置き的に使う用法が最も多かった。話しことばにおいては、厳密に因果関係を述べることは少ないが、「仕事関係」の場において

は、ある程度の論理性をもった表現が要求され、そうした場合に「それで」が前置き的に使われていると考えられる。また、順接というよりもむしろ単に前後をつなぐという用法もかなり存在し、時間的つなぎも含めて「それで」の機能の大きな部分を占めている。先の「前置き」用法も、巨視的には「つなぎ」の機能に入ると解釈されるので、話しことばにおける「それで」の機能は「つなぎ」に集約されていると言ってもいいのではないだろうか。

その他、「合いの手」「うながし」などの用法は、数的には少ないが、話しことばで特徴的な機能として認めることができる。

4 まとめ

以上、「だから」および「それで」の使われ方をみてきたが、両者に共通しているのは、原因、結果を表す用法のほかに、理由や事情、経緯などを説明する際、前置きとして使われる用法がかなりの部分を占めていることである。この傾向は「それで」において特に著しく、全出現数の42.6％を占めている。「だから」では、因果関係を表す用法が60.4％を占め、前置き用法は29.4％で、「だから」の主たる用法は話しことばにおいても因果関係であることがわかる。また、前置き用法とはいっても、先述したように「だから」と「それで」では違いがある。

「だから」の前置き用法が前後の関係の示し方にまで変化をもたらし、前件で原因、後件で結果という関係性が逆になって、後件で原因を表すこともあるのに対し、「それで」は、前後の関係性にまでは影響を及ぼさない。前後をつなぐという機能は保ちつつ、後件で理由や事情、経緯あるいは依頼などを表すきっかけの役割を果たしているのである。「だから」も「それで」も因果関係という論理性を表す機能をもっており、その論理性を利用しながら、論理性という枠にとらわれない、独自の用法を生み出しているのが、話しことばにおける「だから」と「それで」であるといえるのではなかろうか。

【参考文献】

市川　孝（1976）「副用語」『岩波講座日本語6』　岩波書店

窪田富男（1982）「話し言葉・書き言葉」『日本語教育事典』　東京堂出版

比毛　博（1989）「接続詞の記述的な研究」『ことばの科学2』　むぎ書房

飛田多喜雄（1980）「話すこと聞くこと」『国語学大辞典』　大修館書店

松井栄一（1973）「接続詞の変遷」『品詞別日本文法講座6』　明治書院

森田良行（1989）『基礎日本語辞典』　角川書店

第8章
「笑い」の意図と談話展開機能

早川　治子

1　はじめに

　「笑い」にはさまざまな種類が想定される（以下「笑い」の「　」をはずす）。近年その研究も盛んになってきたが、おかしさと笑い、日本人のユーモアといった視点で論じられる部分が多く、その意味、談話展開上の機能、待遇表現の一部という観点での論議は少ない。
　例えば「ジャパニーズ・スマイル」という言葉がある。日本人は意味なく笑うとも言われる。しかし、それは意味のない笑いなのだろうか。むしろ反対に、きわめて意味のある、効果を予想した活動なのではあるまいか。このような視点に基づき、本稿では2.において、本稿で扱う笑いの範囲と形態及び参加者について述べ、3.において笑いの表現意図と談話展開機能を概観する。そして4.において、笑いの出現場面と年齢関係の相関を探ることにする。
　なお、談話展開をみる必要上、談話資料には含まれない、最初の録音資料も適宜例として使用する。その場合は、例番号の前に＊をつける。なお、話者の区別をX・Yで示し、作例についても同じ記号を用いる。

2　本稿で扱う笑いについて
2．1　笑いの範囲と形態

　「なぜ笑うのか」という問いに対する答えとして一般的なものは「おかしいから」というものであろう。しかし、人はおかしくなくても笑う。
　＊1　X　あー、そうですか。＜笑いながら＞ありがとうございます。はい。

2　でも間違えて机下げちゃったりなんかすると大変ですよ。＜笑いな
　　　　　がら＞なぜかとゆうと、月曜日の1時間目、わたしの授業なの。
　　　　　＜笑い＞だから下げないように、戻すように言っといてください。
　　　　　＜笑い＞　　　　　　　　　　　　　　　　　　［09A・30f・雑］
　　　3　・テストの前でしょ。　　　　　　　　　　　　［09J・60m・雑］
　　　　　・そうなんです。＜笑い＞　　　　　　　　　　［09A・30f・雑］
　　　　　・英語の字引でしょ。　　　　　　　　　　　　［09J・60m・雑］
　　　　　・そうなんです、今ね、ちょっとね、英語をね、見てたんです。
　　　　　　＜笑い＞　　　　　　　　　　　　　　　　　［09A・30f・雑］

　例1は電話での発話である。例2は年上の同僚に依頼をする場面である。例3は元同僚が職場である学校をたずねて来た場面である。いずれも話されている内容はおかしくない。本稿では、これらのおかしくなくても笑う例を中心に扱う。つまりユーモアの質といった観点では云々せず、おかしくないのにコミュニケーションをとるためのテクニックとして笑う例を考察する。このデータ内の笑いのほとんどが上述のようなおかしくなくても笑う例である。

　また笑いには「ほほほ」、「あはは」など種々の音声表現の形態がある。各々、意味が異なり、それが笑いの機能の重要な部分を担っていると考えられるが、今回はすべて笑いに一括し、その長さについても考慮しないことにする。音として出ない発話、いわゆる「スマイル」も扱わない。これは今回収集した資料が笑いの音声表現の形態、長さを細かく採録していないこと、また録音テープによる採録のため話者の表情まで論議できないことによる。

2．2　笑いの参加者

　当然のことながら、談話の参加者（話し手、聞き手）はしばしば同時に笑うことができる。ここに、笑いが他の言語行動と異なる特徴がある。例えば、AとBの2人の人物が会話をしている場合、2人の発話は交代しながら、談

話線上に交互に現れるのが普通である。もし両者が同時に発話するような場合は一種の破格と見なされる。例えばあいづちなども笑いと同様にいわゆる非言語行動として分類されることが多いが、それらも話し手の談話線上に挿入される形で現れ、話し手、聞き手が同時に、あいづちを打つということはない。これと対照的に、笑いは「爆笑」のような形で、話し手と聞き手が同時に談話に参加することができるだけでなく、笑いは話し手、聞き手が同時に笑う場合が多く、話し手が笑うと笑っていなかった聞き手も誘い込まれるように笑う場合があり、それが今回の資料にも数多く見受けられる。ちなみに今回のデータの発話者の項に、＜多数＞の書き込みがあるものはほとんど笑いであった。また1対多の場面においても、複数の聞き手が笑いによって、同時に談話に参加することができる。例えば、講演会などで、講演者の発言に聴衆が笑いで応じるような場面である。

3　笑いの表現意図

笑いは基本的には実質的発話ではなく、実質的発話に付加されたり、または単独で、その前後の実質的発話の補助機能を担う。その使用意図は実質発話の内容の緩和、促進、継続であり、談話展開機能としては談話の展開を協調方向に動かそうとするものである。
　今回のデータに現れた笑いを、話者の使用意図を、その基本的意味と考え、
　　　　A　バランスをとるための笑い　　B　仲間づくりのための笑い
　　　　C　ごまかしのための笑い
の3種に分類した。もとより、これによって笑いすべてが分類されたわけではない。例えば「あざ笑い」、「嘲笑」、「ひとり笑い」といったものはこのデータの中には出現していない。しかし、少なくともこのデータ内の笑いはこの3種いずれかに属すると考えられる。ただし、1つの笑いが重層的にいくつかの表現意図を持つのが大部分であり、分析者によりその使用意図の解釈は異なると考えられる。

3．1　バランスをとるための笑い（＝事実緩和）について
3．1．1　自分の領域に属する内容に付加された笑い
3．1．1．1　照れによる笑い

　自分の存在や行動、つまり自分自身のプライバシーを他人から注目されて緊張し、照れ笑いすることがある。例4は、年齢を尋ねられたHが、照れて笑っている場面である。

　　　4　・［名前］ちゃん、まだ22歳だっけ。　　　　　［03A・30f・雑］
　　　　・来年で＜笑い＞、23でーす。＜笑い＞　　　［03H・20f・雑］

例5は録音開始場面で協力者の相手が笑っている場合である。

　＊5　X　えー、あの。
　　　　Y　はい。
　　　　X　特に、なにも。
　　　　Y　＜笑い＞
　　　　X　すいません。
　　　　Y　我々のことがチェックされるわけですか。
　　　　X　いえいえ。

　自分の会話が録音されるということは、納得して協力者になった者にとってはもちろんだが、たまたまその場に居合わせて協力者の相手として録音されるものにとっては、なお一層のとまどいと照れを強いることなのだろう。そのとまどい、照れから生じた緊張を和らげて、自分自身の精神のバランスをとるために笑っていると考えられる。＊5においても笑いという緩和表現がなかったら会話そのものがギクシャクしたものになるばかりでなく、話者自身がかなりの緊張状態にあると解釈される。例＊5'は例＊5の＜笑い＞を＜沈黙＞に置きかえた作例である。

　＊5'　X　えー、あの。
　　　　Y　はい。
　　　　X　特に、なにも。

－178－

Y　＜沈黙＞
　　　X　すいません。
　　　Y　我々のことがチェックされるわけですか。
　　　X　いえいえ。

　Yは緊張して笑うどころではない。またはYはXの行為に気分を害して、コミュニケーションのチャンネルを切ろうとしているとも解釈される。テレビの街頭インタビューに答える市民が、<u>意味なく笑</u>ったりしているのもこの種の笑いであると考えられる。他者が自分の領分に入ってくることによるとまどいが緊張を強いて、その緩和作用としての笑いを引き起こしている。または自分のプライバシー開示による照れが、笑いを引き起こしていると考えられる。換言すれば相手が自分の領域に入ってくることにより生じたプレッシャー、負荷を何とか押し戻してバランスをとり、会話に加わるために笑いが使用されたと考えられる。

3．1．1．2　恥による笑い

　これは前述の「照れ笑い」によく似ているが、発話者が自分を恥じている点が特徴的である。アンダーライン部分がその笑いである。
　　6　結局、あのー、やっぱり年ですね。ぼけちゃってね。
　　　　だめなんですよ。<u>＜笑い＞</u>　　　　　　［09J・60m・雑］

　例6では、発話者［09J］が自分の年老いたことを恥じ、それを笑い飛ばそうとしている。ここに笑いがなかったとすると深刻な場面になるが、笑いによって救われているのである。つまりこれも事実の深刻さを笑うことによって緩和し、バランスをとろうとしているのである。バランスをとるばかりか「笑う」ことにより自分に事実を笑い飛ばす余裕があると装って、会話に参加しているとも考えられる。笑いには多くの場合笑いで応ずるが、この種の笑いには次の作例6'のように、Yが笑いのみで応じたり、その発話内容を承認したりすることは礼を失することになる。

6' X　結局、あのー、やっぱり年ですね。ぼけちゃってね。
　　　　だめなんですよ。<笑い>
　　Y　<笑い>

　この場合は後述する同意を示す笑いの用法と考えられる。日本語では話し手が話し手自身の欠点について述べた場合、聞き手はそれを否定することが優先的であるが、笑うことによりそれはこの原則を逸脱した行為、すなわち相手に対して失礼な行為になる。実際例6では以下のように[09J]の発話は[09I]によって否定され、皆で[09I]の意見に同意して終わる。

6 ・結局、あのー、やっぱり年ですね。ぼけちゃってね。
　　　だめなんですよ。<笑い>　　　　　　　[09J・60m・雑]
　・ねえ、先生が年だなんておっしゃったらねえ。<笑い・複>
　　　　　　　　　　　　　　　　　　　　　　[09I・30f・雑]

3.1.2　相手領域に踏み込むことに付加された笑い

　話者が聞き手に命令、要求、依頼、提案や、相手に対するコメントを行うことがある。これは相手に何かの行動を要求することであったり、相手について評価を行うことであるから、相手領域に踏み込むことを意味する。その場合、話者は自分が相手領域に入り込む緊張、厚かましいとの意識を和らげ、緩和するために笑う。また親しくないのに親しさを装うことがある。これも相手領域に自分が厚かましく踏み込むことを意味する。そのような時にも人は笑う。この項ではこのように相手領域に踏み込む厚かましさを緩和する笑いを扱う。

3.1.2.1　相手に要求していることの厚かましさを和らげるための笑い

　相手に何かを要求したり、相手に関して何か意見を言ったりして、相手の領域に踏み込んで何かを言うとき、笑いによって相手領域に踏み込む厚かま

しさを和らげることができる。
　2.1に引いた例2は、職員室での教員同士の会話である。教師[09A]が他の教師に学生に教室内の机を下げないように伝えてほしいと要求する場面であるが、[09A]が相手に要求する行為を厚かましいと認識し、それを和らげるために笑いが用いられている。

　2　でも間違えて机下げちゃったりなんかすると大変ですよ。＜笑いながら＞なぜかとゆうと、月曜日の1時間目、わたしの授業なの。＜笑い＞だから下げないように、戻すように言っといてください。
　　　＜笑い＞　　　　　　　　　　　　　　[09A・30f・打]

次の2'は例2から笑いを抜いた作例であるが、かなり直接的な印象を与える。

　2'　X　でも間違えて机下げちゃったりなんかすると大変ですよ。なぜかとゆうと、月曜日の1時間目、わたしの授業なの。だから下げないように、戻すように言っといてください。

以下の例7は職員室に来た言い方のはっきりしない学生に対する教師の命令発話であるが、内容の厳しさを和らげるために笑っていると考えられ、基本的には相手領域に属することを云々する行為に笑いを用いてその内容を和らげていると考えられる。

　7　・はっきり、はっきり思っていることをいう。＜笑い＞
　　　　　　　　　　　　　　　　　　　　　　　[09A・30f・雑]

ものごとに対する批判的なコメントにもこの種の笑いが伴うことが多い。データ中にはお金に関するコメントにこの種の笑いが特に多く見られた。

　8　・ちっと高いでしょ。　　　　　　　　　[11B・30m・打]
　　　・たーかーいですよ。＜笑い＞　　　　　[11A・20f・打]

提案表現とともに現れることも多い。

　9　じゃあ、この、点滅ってゆうふうにこー、ファジーな表現がいいんじゃないですか。＜笑いながら＞　　[09A・30f・打]

以上のように笑いは要求表現、命令表現、コメントの表現、提案の表現と

ともに現れ、内容の厚かましさ、きつさを緩和する働きをする。それは基本的に相手領域に属することを云々する厚かましさ、相手領域に入り込む緊張を緩和する意図が働いていると考えられるが、それとともに自分に敵対関係にある者を作らないようにしようとする自己防御の心理が働いていると考えられる。つまり、相手に自己の要求、提案、意見を開示している自分自身に対する認識が常に存在すると考えられる。

以下の例10は相手に柿を差しだしながらの発話である。

10 ・あっ、そうだそうだ。＜独り言＞あんまりおいしくないとゆったんですけど、初物（はつもん）だってゆったから柿をもってきました。＜笑い＞　　　　　　　　　　　　　　［07A・40f・雑］
　　・あーうれしぃー　　　　　　　　　　　　　［07＊・＊＊・雑］
　　・いただきもんで小さいんですけど。＜笑い＞でも、なんの農薬も使ってないやつだからね。　　　　　　　　　　　［07A・40f・雑］
　　・うん　　　　　　　　　　　　　　　　　　［07＊・＊＊・雑］

厚かましい行為ではないが、相手にものを受け取ることの負担を与えたくない気持ち、押しつけがましさを緩和するために、笑いが現れたと考えられる。

3.1.2.2　擬似の親しみを表現する笑い
　　　　（＝親密さ表示・疎の関係を親に変えるための笑い）について

この笑いは、後述する3.2仲間づくりの笑いに似ているが、これは3.2の笑いの基になる親しさ、楽しさを基本的に話者と相手が共有していない点が異なる。もともと仲間でない相手を笑いによって、「擬似仲間」として関係づける目的の笑いである。

例11は、会議というよりも打合せ開始場面で笑っているものである。

11 ・＜笑い＞あ、どうも、★どうもなんか、いろいろ。
　　　　　　　　　　　　　　　　　　　　　　　［14H・20f・会］

・→＜笑いながら＞どうもありがとうございました。←

[14G・30m・会]

　例11の[14H]と[14G]の2人は項目「親疎関係」において「疎疎」となっているが、会議開始の挨拶場面で笑うことによって、敵対関係にないことを表示し、互いを関係づけている。2.1の例1であげたものもこの種の笑いと考えられる。

　＊1　X　（電話で）あーそうですか。＜笑いながら＞ありがとうございます。

　また一度破綻しそうになった人間関係を修復するために、笑うことがある。相手の機嫌を取り結ぶための笑い、自分の過ちに対するいいわけとともに出る笑い、顧客と交渉する場面に現われるような営業用の笑いの場合が多い。

　今回のデータには謝罪表現の「ごめんなさい」「すみません」とともに出現する笑いが多く観察されたが、この笑いは「3.1.1.2　恥による笑い」とこの擬似の親しみを表現する笑いの両者の特徴を有している。話者は自分の領域に属する失敗を認め、恥じるとともにその事実を笑いによって軽くし、相手が自分の過ちを責めることを回避し、なおかつ相手との良い協調関係を作りたいと考えている。聞き手にすれば、笑われてしまってごまかされ、強く相手を責められないということになる。自分の失言によって起こった対立関係を修復する目的で、仲間に取り込もうとする笑いと考えられ、次の「3.2　仲間づくりの笑い」に分類してもよいものであるが、今回はあまり親しくない相手、または対立関係に陥った相手との緊張関係を緩和しようとしたバランスをとる目的の笑いと考え、ここに分類した。

3．2　仲間づくりのための笑い（＝会話促進）について
3．2．1　楽しさへの同意を期待する笑い

　以下は、昼休みにドーナツをもらって皆が喜んでいる場面である。笑いによって場がどんどん盛り上がっている様子がよくわかる。以下例12から例14

において、a　部分が楽しさへの同意期待の笑いであり、b　部分が次の項で述べる、それに対する同意表明の笑いと解釈される。とくに例12においてc　部分の、複数で現れる笑いは、話者[11G]の笑いは同意期待の笑いであり、[11G]以外の話者の笑いは、それに応じる同意表明の笑いと考えられる。

12 ・あっ、あー、こんなにいっぱい入ってる。ふー、ひょー、ほっほーa ＜笑い＞　　　　　　　　　　　[11A・20f・雑]
　　（中略）
　　・どーしよa ＜笑い＞　　　　　　　　　　　[11A・20f・雑]
　　・あっ、すごーい！　　　　　　　　　　　　[11H・20f・雑]
　　・やっぱ、[名字]さんより趣味はいいな。　　[11A・20f・雑]
　　・ね！c ＜笑い・複＞　　　　　　　　　　　[11G・20f・雑]

*13　X　a ＜笑い＞もうホンットにいい先生がいるのよねえ。
　　　Y　ふーん
　　　X　それで、もう、うちの子供なんか、恋をしてる程大好きで、
　　　　「だいしゅき、だいしゅき」とかゆっa ＜笑い＞
　　　Y　b ＜笑い＞かわいーa ＜笑い＞

14　・はいっ、入るだけで5000マイル信じられる↑[16B・30f・雑]
　　・わ、ずーい、うそ　　　　　　　　　　　　[16E・30f・雑]
　　・でしょ↑　　　　　　　　　　　　　　　　[16B・30f・雑]
　　・ずるーい、ずるーいずるーい。　　　　　　[16E・30f・雑]
　　・ずるいでしょa ＜笑い＞　　　　　　　　　[16B・30f・雑]
　　・b ＜笑い＞　　　　　　　　　　　　　　　[16?・*f・雑]
　　・しらない、ちょっと待って。　　　　　　　[16E・30f・雑]

この種の笑いは感嘆詞または感嘆を表す形容詞と共起することが多く、発話者が楽しいと思っている新情報が次々と提出される。また相手はそれに対して同意することが期待されている。この笑いには次の3.2.2の同意を表す笑いで応じることが多い。

３．２．２　同意を表す笑い

　笑いによって相手に対する同意を表し、談話を協調方向に持っていくことがある。笑いの基本的な機能がここにあると考えられる。例13,14のb　部分がそれにあたり、例13の場合は［Ｘ］が＜笑い＞＋自分が楽しいと思っている新情報を提示し、［Ｙ］がそれに「かわいー」と感嘆を表す形容詞で応答している。［Ｘ］は＜笑い＞によって仲間内の同意を期待し、［Ｙ］はその期待に応じているとも言える。
　このどちらの笑いも場の雰囲気すなわち、仲間であることの確認にプラス方向に寄与している。両者がペアで現れるような場面においては笑いを削除しても、他のあいづち表現が残れば、場面の雰囲気が緊張することはない。つまり、もともとリラックスした場面に現れるものであるが笑いによってリラックスした雰囲気がより促進されている。

３．２．３　誘い込み

　相手の反応を呼び込みたいときにも、人は笑う。
　　15　（職員室に持ってきた花の名前を尋ねられて）
　　　・なんの花なの↑　　　　　　　　　　　［09F・50m・雑］
　　　・これねー、↑　　　　　　　　　　　　［09A・30f・雑］
　　　　うふ、待って。＜笑いながら＞あかめやなぎ
　　　・あ、やなぎね↑　　　　　　　　　　　［09F・50m・雑］
　　　・ええ。　　　　　　　　　　　　　　　［09A・30f・雑］
話者[09A]は笑うことによって聞き手[09F]を自分の話題に引き込み、それに対して相手が反応してくれることを期待している様子が観察される。例16も相手を自分に注目させて、新しい話題に誘い込もうとしている。
　　16　・＜笑いながら＞それでね、聞いて　　［16B・30f・雑］
　　　　・そんな　　　　　　　　　　　　　　［16E・30f・雑］

この種の笑いには 相手はもたらされる情報内容を知らないために笑いで応じることはできないが発話者の次の情報提供に期待し注目することが要求される。それにより発話者はこれからの話題の仲間に相手を相手を誘い込み、談話を展開していく。

3．2．4　共通理解を確認するための笑い

　3.2.3に似た笑いとして、共通理解を示すときの笑いもある。
　17　・でも、わたしなんか、なんか、あの、よくあるじゃないですか。
　　　　お見合いの時に聞かれる、あれのような心境になって。
　　　　　＜笑い＞　　　　　　　　　　　　　［09A・30f・雑］
　　　・興信所みたいな。＜笑い＞　　　　　　［09J・60m・雑］
　　　・＜笑いながら＞なんか、よく、ほら、わたしもそういう年になっ
　　　　てきたのかなと思っちゃって＜笑い＞　［09A・30f・雑］

　［09A］が「あれのような」と互いに既知である情報を示唆し、互いの共通理解に基づく同意の期待を示すことにより、［09J］は［09A］の発話を補足するような発話と笑いで応じて談話が進行している。この種の笑いには話し手と聞き手のの話題のコンテキストであるバックグラウンドの共有が必要であるだけでなく、笑いにより参加者二人の一体化、世界を二人で共有することにより仲間意識を高め、反対に仲間以外の世界にと閉じていくものもある。わかっているものだけに通じる笑いである。例18にこの笑いの特徴が表れている。
　18　・今出まーすっつって。　　　　　　　　　［05＊・＊m・雑］
　　　・今出るって。　　　　　　　　　　　　　［05A・40f・雑］
　　　・そば屋の出前＜笑い＞　　　　　　　　　［05＊・＊m・雑］
　　　・知ってる？（［05f］に向かって）
　　　　何でもね、今、今やりますとかね、今、行っ、行ったばかしです
　　　　とかねそういうふうにね、嘘つくっていうかね、そういういいわ

－186－

けするのをね、そば屋の出前っていうの。日本語で。
[05A・40f・雑]

例18では、[05*][05A]が出前の遅いそば屋に電話して、その返事について笑っている。しかし、[05*][05A]2人だけでわかりあって笑ってしまって、その場に居合わせた外国人[05f]を話題から阻害してしまったため、その内容を説明して、[09f]を仲間に取り込もうとしている。

3．3　ごまかしのための笑い(＝協調的継続表示,FILLER)について

ここでとりあげるのは、はっきり言いたくないのをごまかしたり、またはうまく言語化できないのを、とりあえず笑うことでしのぐような笑いである。

3．3．1　言いたくないことをごまかす（＝表明回避の）ための笑い

はっきり言いたくない内容を笑ってごまかして表現しない場合がある。
 19 （職員会議で）
  あと進路ニュース（間）はー、ほんとはもうちょっと違うこと書こうと思ったんですけどスペースの問題とかいろいろあってー、きょうはー、この内容でー、＜笑い＞、とゆうぐらいでー、また継続して出して行きます。 [09A・30f・会]
例20においてはa＿＿部分がごまかしの笑いであり、b＿＿部分が後述のとりあえずの笑いである。
 20 ・あるんですよ。いろいろと。 [09A・30f・会]
  ・はあ [09I・50f・会]
  ・a ＜笑いながら＞いろいろと・・・ [09A・30f・会]
  ・深いんですよ。 [09J・60m・会]
  ・いやa ＜笑い＞ [09A・30f・会]
  ・はーb ＜笑い＞ [09I・50f・会]

・立ち話じゃなんですから　　　　　　　　　［09J・60m・会］
・話せばながーい話になります。　　　　　　［09A・30f・会］

例19では「きょうはこの内容で(我慢して／勘弁してください)。」というところを笑いで代用している。例20ではあることを言いたくないのだが沈黙してしまうとあまりにも角が立つ。それで何か発言していなければならないのであるが、よい表現が思い浮かばずとりあえず非言語表現である笑いが選ばれた。もし例20に笑いがなかった場合、相手に適切な説明を与えないで相手を仲間から阻害することになる。それで、敵意がないことを示すために笑いを使ったと考えられる。この笑いは言いさし表現とともに現れることが多い。

3.3.2　とりあえず会話のターン(turn)を維持する（＝反応保留の）
　　　　　　　　　　　　　　　　　　　　　　　ための笑い

　言いたくない内容をごまかすためではないが、どう反応していいかわからず、とりあえず反応しておこうという場合にも笑いが使われる。例えば例20の、b　部分がそれにあたる。例21の場合もとりあえず会話に参加している。

21　・だからそれがすけてんのよ。　　　　　　［05A・40f・雑］
　　・ふふん＜笑い＞　　　　　　　　　　　　［05B・20m・雑］
　　・もう、パンツ見える？　　　　　　　　　［05A・40f・雑］
　　・見えてるね。　　　　　　　　　　　　　［05B・20m・雑］
　　・こおんな、いいよもうここだけだから。　［05A・40f・雑］
　　・はは＜笑い＞　　　　　　　　　　　　　［05B・20m・雑］

例21は［05A］が［05B］に透けてパンツが見えるかどうかと聞いている場面であるが、［05B］は話題に積極的に参加するわけでもないし、参加を拒否しているわけでもない。あいづちのような「聞いています。あなたとのコミュニケーションのチャンネルを切ることによりあなたと敵対関係になりたくない」というメッセージのこもった笑いなのではないかと考えられる。前述の照れの笑いの例に引いた街頭インタビューに応える市民の笑いも、とりあえ

ず何と応えていいかわからず笑っているとも解釈できる。
　以下笑いの使用意図の概略を表にしたが、これはまだ仮の区分であり、今後修正が必要であると思われる。

表1

		発話内容	原因	効果	相手の笑い
A バランスの笑い		－ 協調方向	緊張	緊張緩和	
	自己の領域	3.1.1.1 自分のプライバシーに言及する＋笑い	照れ	恥ずかしさ減少	○
		3.1.1.2 自分の弱みに言及する＋笑い	恥	深刻さ減少	×
	相手領域	3.1.2.1 要求・批判・コメント・提案＋笑い	厚かましさの自覚	厚かましさ減少	○
		3.1.2.2 相手に対する感謝・謝罪・挨拶・いいわけ・ほめ＋笑い	疎の関係・関係の破綻認識	擬似関係づくり・修復	○○
B 仲間づくりの笑い		＋ 協調方向	仲間意識	緩和促進	
		3.2.1 自分が楽しいと思うこと＋笑い	同意を期待する仲間意識	場面盛り上げ	○○
		3.2.2 同意＋笑い	同意する仲間意識	場面盛り上げ	
		3.2.3 これから情報を与える自分が楽しいと思うこと＋笑い	誘い込みのための注目を期待する仲間意識	誘い込み	×
		3.2.4 互いが知っていること＋笑い	共通理解に基づき同意を期待する仲間意識	共通理解の確認	○○
C ごまかし FILLER		± 協調方向	とまどい	継続	
		3.3.1 言いたくない意志表示＋笑い	言いたくない	表明の回避	○×
		3.3.2 とまどいの表示＋笑い	とりあえず会話を維持する意志	反応保留	×

笑いの談話展開機能を話題を協調方向に持っていくものと考えた場合、笑いが付加された実質的発話内容が協調方向に向いていず、それを笑いによって緩和し、協調方向に持っていくのがA「バランスの笑い」であり、もともと実質的発話は協調方向にあり、それを促進して、より協調方向に持っていこうとするのがB「仲間づくりの笑い」であり、実質内容を表現することなく非実質発話である笑いのみで談話展開のターン(turn)を保持して談話を継続的に協調方向に持っていこうをするのがC「ごまかしの笑い」である。以下その対人機能面に注目して、話者の領域と相手の領域を縦軸に、実質的発話内容または事実の談話展開上の協調性を横軸にとり、以下の図に整理した。

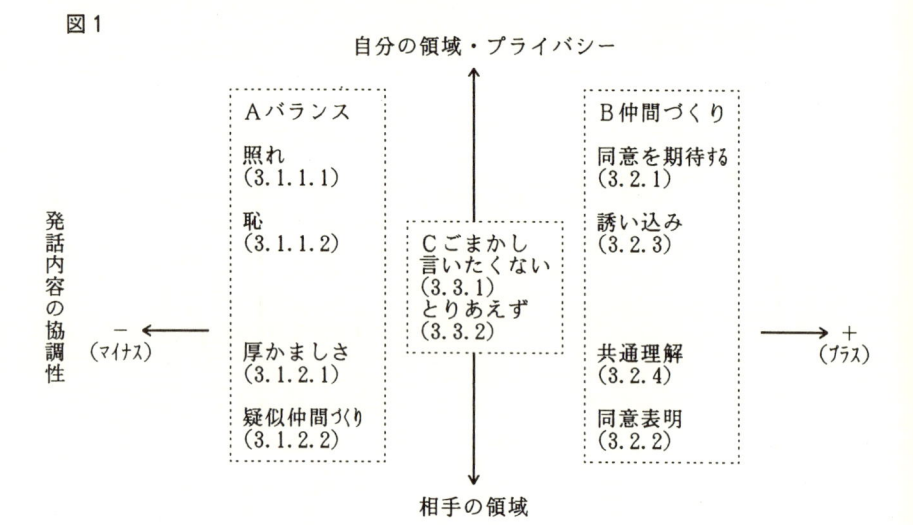

図1

```
                    自分の領域・プライバシー
                            ↑
        ┌─────────────┐   │   ┌─────────────┐
        │ Aバランス    │   │   │ B仲間づくり  │
        │ 照れ         │   │   │ 同意を期待する│
        │ (3.1.1.1)    │   │   │ (3.2.1)      │
        │ 恥           │   │   │ 誘い込み     │
        │ (3.1.1.2)    │   ┌───┤ (3.2.3)      │
発話内容                   │Cごまかし│
の協調性                   │言いたくない│
 －         ←              │(3.3.1)   │              → ＋
(マイナス)                 │とりあえず│               (プラス)
        │ 厚かましさ   │   │(3.3.2)   │ 共通理解     │
        │ (3.1.2.1)    │   └───┤ (3.2.4)      │
        │ 疑似仲間づくり│   │   │ 同意表明     │
        │ (3.1.2.2)    │   │   │ (3.2.2)      │
        └─────────────┘   │   └─────────────┘
                            ↓
                         相手の領域
```

　例えば、照れ、恥、厚かましさと言ったものは話題のスムースな展開を妨げるものであり、話者に緊張をもたらすものである。A「バランスの笑い」は、基本的にはマイナス内容の緊張を緩和する働きをし、Bは既に緩和しているもの、例えば仲間同士の楽しい会話の協調方向への促進、Cのごまかしのための笑いは、実施的発話の表明の時間的引き延ばしである。A、B、Cともに談話展開機能の点から言えば、すべて協調方向に談話を展開する働きがある。

4 場面による笑いの出現傾向と分析
4．1 場面による笑いの出現傾向

どのような場面でどのような笑いが出現するのだろうか。ここでは場面2の「雑談」と「雑談以外」（ここに主に含まれるのは会議、打合せである）を対立させて出現傾向を見る。

表2 「場面2」における笑いの出現率

	笑いの出現数／場面の総発話数	出現率
雑　談	669 ／ 6520	10.3%
雑談以外	223 ／ 4901	4.6%
計	892※／ 11421	7.8%

※"＜笑"で検索されるのは887件であるが、これに「吹き出した笑い」「ハハ」等、早川が「笑い」と判断したものを5件加えた。

ここで確認されるのは雑談のようなくつろいだ場面では笑いが多く出現し、それ以外では少ないという常識的なことである。ではそれぞれの中にはABCどの笑いが多く、または少なく出現するのであろうか。ここでは20代、30代、40代、50代　それぞれ2人の協力者について雑談と雑談以外の場面でのABC別の出現を見る。

表3

	雑　　談				雑　談　以　外				計
	A	B	C	小計	A	B	C	小計	
[11A・20f]	8	26	0	34	1	1	0	2	36
[14A・20f]	2	8	0	9	10	4	0	14	23
[09A・30f]	5	41	5	51	9	1	3	14(1)	65
[03A・30f]	8	18	0	27	5	4	0	9	36
[05A・40f]	2	26	2	32(2)	10	10	0	20	52
[06A・40f]	10	11	0	21	6	5	0	11	32
[04A・50f]	0	0	0	0	14	9	0	23	23
[08A・50f]	0	20	0	20(1)	5	8	0	13	34
総　計	35	150	7	194	60	42	3	106	407

（　）内は聞き取り不能または前後関係がわからず分類不能のもの。

このデータによれば、B「仲間づくりの笑い」が雑談場面に多く、反対にA「バランスをとるための笑い」は、雑談以外の場面に多く出現する。

4．2 雑談以外の場面に現れる笑いの特徴

4.1の調査によれば雑談以外の場面にＡ「バランスをとるための笑い」が多かったが、主に3.1.2の相手領域に入り込む笑い、依頼表現、要求表現、提案の表現とともに出る笑いである。雑談以外の場面が会議、打合せ等の集合であることを考えれば、その中には依頼、要求といった発話行為が多々あることが想定され、当然の結果であると言える。しかし、例えばすべての依頼表現が笑いをともに現れるわけではない。どのような条件で＜笑い＞が出現するのか今後の課題としたい。

反対に雑談場面に現れる笑いは主にＢ「仲間づくりの笑い」であるが、これも雑談場面の性格を考えれば納得のいくことである。しかし、3.2.2の同意表示の笑いは雑談、雑談以外の場面を問わず多出する。雑談以外の場面で3.2.2に分類した笑いの、かなりの部分が3.3.2の「とりあえず」の笑いであることも考えられる。つまり、仲間づくりを意図しないが、とりあえず会話を協調的に維持しておこうという笑いである。

4．3 年齢差のある話者間の笑い

[03]の雑談場面は、[09A][09H]2者の対話であり、192発話中、27発話（14.1％）に笑いが出現した。しかし、この雑談場面の笑いを発話者別にみると、主に[03H・20f]の発話であり、[03A・30f]の発話はそれに比して極端に少ないことが確認される。出現数のみで見れば[03H]の笑いは[03A]の8倍に上り、総発話数に対する比で見れば、[03H]は総発話数は[03A]に比して少ないにもかかわらずよく笑い、[03A]の9倍になる。

表4　[03A・30f]と[03H・20f]の雑談場面における笑いの出現率

発話者	笑いの数／総発話数	％
[03A・30f]	24／89	27.0％
[03H・20f]	3／100	3.0％

このような差の原因を本稿では年齢差と仮定し、書き込み項目の中の「年齢関係」——発話者にとって相手の年齢が上か下かということを書き込んだもの——と笑いの相互関係を探った。表4を「年齢関係」の上下を基に読みかえると表4'のようになる。

表4' 年齢関係による[03A・30f]と[03H・20f]の雑談場面における笑いの出現率

年齢関係	発話者→相手	笑いの数／総発話数	％
上に対して	[03H・20f]→[03A・30f]	24／89	27.0％
下に対して	[03A・30f]→[03H・20f]	3／100	3.0％

同じく[09]の年齢の離れた教員同士[09A・30f][09F・50m]は笑いの出現率で見ると[09A]が[09F]に一方的に笑いかけている。

表5 年齢関係による[09A・30f]と[09F・50m]の雑談場面における笑いの出現率

年齢関係	発話者→相手	笑いの数／総発話数	％
上に対して	[09A・30f]→[09F・50m]	10／69	15.2％
下に対して	[09F・50m]→[09A・30f]	1／34	3.0％

「雑談」の笑いは表3で見た結果から主にBに属する仲間作りの笑いが多く、雑談以外と比較して笑いが多く話が弾んでいるようにみえるが、[03][09]に限っていえば下は上に向かって笑うが、上は下に向かって笑わないのである。しかしながら、雑談の場面（ここでは年齢関係がわかるものに限るが）における年齢関係と笑いの相関を見ると、これらの特徴は平均化され認められない。

表6 雑談場面における笑いの「年齢関係」との相関

年齢関係	笑いの数／総発話数	％
上に対して	119／1290	9.2％
同年齢者に対して	194／2157	9.1％
下に対して	109／1200	9.1％
計	422／4647	9.1％

年齢差が笑いの使用に強く反映する場合と反映しない場合があると想定され、今後の課題としたい。例えば、後述の協力的要素として現れる笑い使用の個人差も、今後の研究課題である。

4. 4 協力的要素としての笑いの出現

この項では、Heritageの「雑談は1.情報要求2.情報提供3.評価というシークエンスまたはその変項という構造を持ち、談話中には提示された情報に対して、それぞれにプラス評価をしたり、ニュースマークをつけたり、継続促進語を付加して会話を協力的に展開する要素がある。」という考察に基づき、笑いもまた「会話を協力的に促進する要素」と見なし、[O3]の[O3A]と[O3H]の雑談部分の、協力要素と見られるものの数を調べることにより、笑いの個々人による使用条件の差を見る。

Heritageは協力的要素に質問発話等も入れるが、本稿では入れない。それは質問発話には情報も入るためである。今回は具体的情報の含まれない、談話上の機能のみを持つもの、つまり笑いとできる限り同価のものに限った。例えば、「あっ」、「ふーん」、「ねえ」などである。間投詞的に用いられる形容詞「すごい」、「かわいー」、「いいなあ」、「そうか。」、文末の「ーねえ」等も含んだ。またあいづちも入れた。つまり、実質的発話ではない、あいづち的発話のみを入れた。その結果が以下である。

表7　[O3A][O3H]の対話における協力的要素に占める笑いの比率

	笑い／協力的要素	％
O3A	3／48	6.3
O3H	24／48	50.0

[O3A]と[O3H]とも協力的要素は48件と同数であるが、[O3H]の笑いの使用率は圧倒的に多い。[O3A]は笑いよりも「ふーん」「ええ」といったもので会話に協調的に反応している。[O3]の雑談において発話はかなりの部分が新情報提供か了承で、笑いを付加しても自然である。

しかし、[O3A]は笑わず、ほとんど[O3H]が笑っていることから[O3H]のほうが笑いを使用して、談話を協調方向に持っていこうとする意図が強いと考えられる。今後笑いと他の協力的要素の機能の差を解明することにより笑いの出現条件について明らかにしていきたい。

5 まとめ

笑いには表現意図として種々のものが考えられるが、基本的には今まで述べてきたように、A「バランスをとるための笑い」、B「仲間づくりのための笑い」、C「ごまかしのための笑い」に分けられる。しかし、そのコンテキストのみならず、聞き手の解釈によって、その表現意図は異なるし、その境界も明確には分離できない。しかし、談話展開機能としては基本的には一致し、協調的に談話を展開する。また場面によってAB2者の出現率も異なり、雑談以外の場面ではAの笑いがBに比して多出し、雑談場面ではBの笑いが多出する。年齢上下関係においては、下から上への笑いが、上から下への笑いに比して特徴的に多い例があるが、その条件については今後、協力的要素の使用との関連とともに研究課題として見ていきたい。

【参考文献】
海保博之、原田悦子(1993)『プロトコル分析入門』　光明社
野村雅一(1994)「変容する笑いの文化」『言語』23-12　大修館書店
橋元良明(1994)「笑いのコミュニケーション」『言語』23-12　大修館
早川治子(1994)「日本人の笑いの談話機能」『言語と文化』第7号
　　　　　　　　　　　　　　　　　　　　　　　文教大学言語文化研究所
山口昌男(1990)『笑いと逸脱』ちくま文庫　築摩書房
Heritage, John (1985) "Analyzing News Interviews:aspects of the production of talk for an 'overhearing' audience" in T.van

Dijk(ed) Handbook of Discourse Analysis, vol.III: Discourse and Dialogue, Academic Press.
Sacks,Harvey (1992) Lectures on Conversation, Blackwell
Stubbs,Michael (1983) Discourse Analysis: The Sociolinguistic Analysis of Natural language, Basil Blackwell

第9章　発話の「重なり」と談話進行

本田　明子

1 はじめに

　自然な談話の流れのなかでは、1人の話し手の発話が終了すると次の話し手の発話が始まるというように、話者の交替が整然とおこなわれ、常にその時点での話し手がただ1人であるとは限らない。ある発話の終了前に次の発話が始まったり、複数の話者が同時期に発話を始めたりといったことはよくみられることである。

　この共同研究の談話資料にも、こうした発話の「重なり」（以下「　」ははずす）の現象が多くあらわれた。この重なりの現象のなかには、話し手の発話を遮って話し始めたり、発話の終了の予測を誤ったり、といった話者の交替（turn-taking）に際して起きるものと、あいづちのように話者の交替とは無関係に起きるものがある。前者については、話者の交替を積極的に促す「割り込み」や「さえぎり」といった側面からの研究がなされている（江原他（1993）など）。後者のような重なりは、これまで、あまり取り上げられなかったように思われるが、最近、水谷（1984）で提唱された「共話」という概念に関連して研究がなされている（深澤（1997）など）。いずれの場合にしても、発話の重なりが起きる原因やその機能を考察することは、日本語における談話進行のあり方を検証するうえで、興味深い問題であるといえよう。

　本稿は、発話の重なりの談話進行上の機能を解明するための基礎研究として、自然談話にみられる重なりにはどのようなものがあるのかを分類し、重なりのあらわれ方の諸側面を検討することを目的としている。

2 研究の範囲
2.1 重なりとは

　本研究では、ある一時点において、複数の話者が音声を発しているとき、その時点で発話の重なりがおこったという。重なりはあくまでも、複数の話者の発した音声が物理的に重なった現象を示すものとし、質的なものは問わない。ただし、発話を目的としない音（拍手、足踏み、衣服のすれる音、ものを食べたり、飲んだりする音等）は、発話と同時に発生しても、重なりとはしない。

　複数の話者の音声の重なりのうちでも本研究の対象としないものもあるが、これについては、後で述べることとする。

　この談話資料のなかでは、発話の途中で次の話者の重なりが始まった時点を★印で示してある。また、前の話者の発話に重なった部分は、始まりを→、終わりを←で示してある。

　　1　・スペインん時も、ずいぶん持っていって★いただきましたものね。
　　　　　　　　　　　　　　　　　　　　　　　　　　[01A・朝]
　　　　・→いや、スペインは←もうねえ、だめだった。　　[01D・朝]

　この例1の場合、[01A] が「ずいぶん持って」と言ったところで、[01D] が「いや」と発話を始め、[01A] の「いただきましたものね」と、[01D] の「いや、スペインは」という部分が重なって発話されたことをあらわしている。以下、本稿では、先に始まっていた発話（例1では [01A] の発話）を、「重なられた発話」と呼び、後から始まった発話（例1では [01D] の発話）を「重なった発話」と呼ぶ。

2.2 研究の範囲―あいづちの扱い

　前項で定義した重なりのなかには、発話の途中に聞き手がおこなう、「ああ」「はい」「ええ」などという、話を聞いていることを示すという機能し

かもたないような短い発話も含まれる。本研究の談話資料では、このような短い発話を「あいづち」とし、例2のように扱っている。

2 ・あの、ほら、ちらしの、あの、今までやってなかったけれど、(うん、うん) なんか、館内用だとか、（ええ、ええ、ええ）なんとか用だとか、こまこまこまこまなんか（そうそうそう）、作ってあって、ほんとに帯に短し、たすきに長しってゆうものだから、今回のデータブックにしてもやっぱり、ちょっと、うーん、あの、もったいないつくりかた★ですよね。　　　　　[05I・会]
・→全体の←規模としては小さいんですか↑　　　[05A・会]

例2の（うん、うん）など、かっこ内は［05A］のあいづちを示す。あいづちは、会話における重なりのなかでは最も頻度が高いといえるだろう。あいづちの定義や機能等、考えるべきことは多いが、ほかの重なりとは別に論じることとし、本研究では発話中に（　）で示されている聞き手のあいづちは考察の対象とはしないことにした。

3 重なりの事例
3．1 重なりの出現数

まず、談話資料中に重なりがどの程度みられるかをみてみよう。発話中に1カ所以上「重ねられた」箇所を含むレコード（★印を含むレコード）は、全11,421レコード中、1,389レコードであった。同様に「重なった」箇所を含むレコード（→＊＊＊＊←を含むレコード）は1,438レコードあった。

重ねられたレコード数と重なったレコード数に差があるのは、1発話中に複数の重ねられた箇所がある場合と、逆に1つの重ねられた箇所に、複数の話者の重なりがみられる場合があるためである。

表1（次ページ）に、各協力者の場面（「朝」「会議」「休憩」の3場面）別の重なりの数（便宜上、「1カ所以上、重ねられた箇所を含むレコード」の数であらわす）を示した。これによると、協力者［06A］と協力者［11A］の

朝の場面は、重なり0となっている。これは両場面とも電話による対話だけで成立しており、相手の発話が録音されず、協力者の発話のみ、記録されているためである。相手の発話の記録がない2場面を除外すると、すべての場面で数の多少の違いはあっても必ず重なりが発生していることがわかる。以下では、この談話資料にみられる重なりを分類し、談話の参加者の人数、親疎、場面の違いによって、あらわれる重なりにどのような違いがあるのか、検討してみたい。

表1 場面別の重なりの出現数（合計は重なりを含むレコード数）

資料コード	朝	会議	休憩	計（回）
01	8	／	／	8
02	／	／	41	41
03	30	33	9	72
04	29	35	23	87
05	6	40	43	89
06	0	6	15	21
07	13	4	／	17
08	23	42	42	107
09	19	31	43	93
10	18	49	37	104
11	0	12	45	57
12	6	6	21	33
13	61	20	56	137
14	5	21	3	29
15	42	74	27	143
16	50	／	55	105
17	59	3	36	98
18	22	／	31	53
19	20	／	75	95
計	411	376	602	1389

（表中の／は、その場面については談話資料が欠けていることを示す）

3．2　重なりの種類

　談話資料中にみられる重なりには、どのような違いがあるだろうか。本田（1996）では、この談話資料にみられる重なりには、いくつかのタイプがあることを示した。ここでは前稿に修正を加え、以下の①～⑥に分けた。

①　現時点の話し手の発話の終末部に、倒置（あるいは付加）部分があらわれた場合、次の話し手は発話が完結したものと思うため、話し始めることがある（以下、「付加」とする）。

　　3　・ちょっと、いや、ツアーだよね、★結局。　　　［02A・休］
　　　　・→あ、じゃあ←、空港からホテルっていうのはなんで、い＃＃。
　　　　　　　　　　　　　　　　　　　　　　　　　　　［02C・休］
　　　　・ん、空港からもうレンタカー借りて。　　　　　［02A・休］

②　話し手の言おうとすることを想像して、同時に言ってしまう場合（以下、「先取り」）。

　　4　・もう到着のロビーと出発のロビーはもう階数★わかれてるし。
　　　　　　　　　　　　　　　　　　　　　　　　　　　［02C・休］
　　　　・→別々。←　　　　　　　　　　　　　　　　　［02A・休］

　この場合は、①のタイプとは違い、［02C］の発話が終了しないことは明らかだが、［02C］の発話の内容を予想して、［02A］が発話している。

　このタイプの場合、例5のように発話の先取りが失敗する場合もある。

　　5　・えーと、どっちでもいいんですが、たぶんに、えー、＜笑いながら＞写真のほうが先にそろうってゆうことは、★往々にしてあるんです。　　　　　　　　　　　　　　　　　　　　　［03A・会］
　　　　・→あ、ないですねえ。←　　　　　　　　　　　［03E・会］
　　　　・あるんですか。＜笑い＞　　　　　　　　　　　［03E・会］
　　　　・ええ。＜笑い＞　　　　　　　　　　　　　　　［03A・会］

　これは、初対面の［03A］と［03E］が、仕事上の打合せ（［03A］が［03E］に雑誌の印刷を発注する）をしている場面にあらわれた。写真原稿と文字原稿の

どちらかが、先にできた場合どうするかという話題のなかで、[03E]は、写真より文字のほうが先にできる場合が多いという予想をたてて、話を進めている。例5の[03A]の最初の発話は、前半は[03E]の予想を受ける口調でありながら、後半で、当該の雑誌の場合は、文字より写真のほうが早いことが多いという[03E]の予想とは逆の事実を述べている。

　この事例から、発話の先取りには話者同士の話題についての共通の知識や理解、また、場合によっては発話者の話癖などの理解も必要であると考えられる。逆にいえば、ある程度の相互理解がないと、発話の先取りはおこりにくいのではないだろうか。

　③　話し手の働きかけ（質問等）に対して、相手の反応が遅れ、話し手が
　　　ことばを続けた場合（以下、「遅れ」）。
　　6　・え、けど、ツアーで行ったんですよね↑　　　　　[02C・休]
　　　　・あのー、★飛行機とー。　　　　　　　　　　　　[02C・休]
　　　　・→ううん。←　　　　　　　　　　　　　　　　　[02A・休]

この例では[02C]の質問に対して[02A]の応答が遅れ、[02C]が「あのー」と発話を続けたところに[02A]の応答が重なっている。

　④　話し手の発話の途中で、言いたいことができたために、発話の終了を
　　　待たずに言ってしまう場合。また、話し手の働きかけ（質問等）に対し
　　　て、反応が早すぎる場合。（以下、「早すぎ」）
　　7　・あのー、なんだい、材料費いくらいくらで、誰が★なにを。
　　　　　　　　　　　　　　　　　　　　　　　　　　　[03B・朝]
　　　　・→ここ。←　　　　　　　　　　　　　　　　　　[03A・朝]
　　　　・そうゆう感じで。　　　　　　　　　　　　　　　[03B・朝]
　　　　・ここにある。　　　　　　　　　　　　　　　　　[03A・朝]

これは、[03A]（会社員）が[03B]（社長）に経費の報告書の書き方を尋ねている場面だが、[03B]の説明の途中で、その点はすでに書いてあると言いたくなった[03A]の発話が、[03B]の発話に重なっている。

　⑤　発話者を無視して言いたいことを言う場合。④とは異なり、発話者の

発話とは一見、無関係のことを述べたり、新たな話題を導入したりする場合（以下、「割り込み」）。

8 ・せんせー、★あの、これはワックス、でー、ワックスがけあるからー、今日＃＃＃＃。　　　　　　　　　　　　　　　［09C・朝］
　・→数（すう）でいいんだな、数（すう）でな。←　［09F・朝］

⑥　複数の話者が同時に話し始めた場合（以下、同時発話）。

9 ・それ正式名称なんてゆうの↑　　　　　　　　　　　［17L・休］
　・★ごけん。　　　　　　　　　　　　　　　　　　　［17A・休］
　・→ごけん←じゃないの。＜笑い・複＞　　　　　　　［17B・休］
　・ごけんしか書いてない。　　　　　　　　　　　　　［17B・休］

　この例では、［17L］の問いかけに対して［17A］と［17B］が同時に応答したために、重なりが起こっている。こういうケースの他にも、間や沈黙のあと、2人が同時に発話を始めるという例も多い。こうした同時発話については、従来の割り込みという観点による研究では、考察の対象外とされることが多かったようだ。が、同時発話の直後にどちらが発話を続ける権利をとるかは、談話の参加者間の関係や話題に対する態度を知る手がかりとなるため、重なりを通して談話進行をみるうえでは考察の対象としていく。

　さらに以下のような重なりがあるが、これらは音声の重なりではあるが、意味のある発話の重なりとはみられないので考察の対象とはしない。

　a　笑いなど、発話以外の音声との重なり。
　b　発話者の独り言に、他の発話が重なった場合、または、発話に他の話者の独り言が重なった場合。
　c　4人以上の参加者による談話のなかで、複数のグループに分かれて話が進行する場合、異なるグループの発話が同時に起こった場合。

3．3　重なりの分類の考察

　以上、談話資料にあらわれた重なりを①〜⑥のように分類した。この分類

について考えてみたい。

　談話において重なりが生じる原因はさまざまであるが、重なりを通して談話進行のシステムを考えるためには、先にも挙げた、話者の交替にともなって発生する重なり（以下、「話者交替の重なり」とする）と、話者が互いに協力し合って談話を作り上げていく「共話」の成立の際に起こる重なり（以下、「共話の重なり」）という2つの見方が可能なのではないかと思われる。「共話」とは、水谷(1984)によれば、「話し手と聞き手の区別のない」話し方であり、「聞き手は頻繁にあいづちを打ち、時には話し手のことばを補ったりすることによって、話の流れを作る作業に参加する」、そして、「共同して一つの流れを作る」ものである。しかし、共話においても話者の交替は起こるので、話者交替の重なりと共話の重なりは必ずしも対立するものではない。むしろ、個々の重なりの事例について、話者の交替を意図するのかしないのか、共話の成立に寄与するのかしないのかという点を検討してみることが必要なのではないだろうか。

　このような観点から、重なった側の意図がどこにあるのかを、前述の①～⑥について考えてみる。

　①の「付加」については、付加部分の有無という構文上の分類のようではあるが、これは発話の終了が予想される箇所であらわれた重なりなので、話者交替の際に生じる重なりであるといえるだろう。それに対して、②の「先取り」は話者交替を意図しない重なりで、相手と一緒に談話を作り上げようという典型的な共話の重なりといえるのではないだろうか。③の「遅れ」は、話者交替の重なりで、交替のタイミングが一致しなかったという点では、共話の成立に寄与するとはいえないが、妨げるものではない。④の「早すぎ」は話し手に対して積極的に反応を返していこうとする意図をもち、共話の重なりといえるのではないだろうか。この場合、後で示す例11のように、必ずしも話者交替が起こるとは限らない。⑤の「割り込み」は、話し手を無視して話順をとろうという話者交替の重なりで、共話の成立を妨げるものである。そして、⑥の「同時発話」は、話者交替の重なりといえるだろう。そして、

この重なりが共話に発展するかどうかは、この段階ではどちらとも判断できない。

このようにみると、②の「先取り」、④の「早すぎ」が多くあらわれるときには、話者間に、協力して談話を作り上げようという意識があるのではないだろうか。⑤の「割り込み」が多い場合は、逆に各話者が独自の流れで談話を成立させようと考えているといえよう。

3．4　場面ごとの重なりの種類

表2（次ページ）に、協力者別、場面別の、重なりの種類を示した。表中の「不明」とは、録音が不明瞭で、発話の内容がわからないため、分類ができなかったものを指す。また、ここでは、「朝」「会議」「休憩」の3場面がそろっている談話資料のみをとりあげた。

重なりの種類は、全体をみると、直前の発話が終わらないうちに、その発話に反応して自分の発話を始めるという「早すぎ」のタイプが最も多い。

また、「朝」「会議」「休憩」という3場面では、あらわれる重なりの種類に大きな差異はみられない。

3．5　参加者の人数と重なりの種類

談話の参加者の人数によって、重なりの種類に違いがあらわれるだろうか。
表3（後掲）は、1対1の対話だけで構成されている場面（以下、対話と呼ぶ）を選んでまとめたもの、そして表4（後掲）は、3人以上の参加者によって会話がおこなわれている場面（以下、会話）をまとめたものである。
会話と対話を比較すると、会話の方が重なりの回数が多いことがわかる。全部で27の会話で成立した場面にみられる重なりは、1場面平均34.6回なのに対し、全10場面の対話では、1場面平均16回と、半数以下になる。

表2 場面ごとの重なりの種類（合計は重なりの実数）

資料コード	場面	①付加	①先取り	③遅れ	④早すぎ	⑤割り込み	⑥同発	時話	不明	計（回）
0 3	朝	0	0	0	17	8	5		0	30
	会議	0	1	0	27	0	4		1	33
	休憩	1	3	0	5	0	0		0	9
0 4	朝	0	3	0	24	4	0		0	31
	会議	2	5	0	14	11	3		0	35
	休憩	1	3	0	15	1	2		0	22
0 5	朝	0	1	0	3	1	0		1	6
	会議	0	4	0	23	9	6		1	43
	休憩	5	3	1	16	6	13		0	44
0 6	朝	0	0	0	0	0	0		0	0
	会議	1	1	0	3	1	0		0	6
	休憩	1	0	0	9	5	0		0	15
0 8	朝	1	2	0	16	2	1		1	23
	会議	2	3	0	28	2	6		1	42
	休憩	5	1	0	29	3	4		0	42
0 9	朝	0	0	0	8	4	3		1	16
	会議	1	2	0	13	4	13		0	33
	休憩	3	3	0	26	6	2		0	40
1 0	朝	3	0	0	7	1	5		0	16
	会議	2	1	0	34	2	11		0	50
	休憩	1	0	0	18	3	13		0	35
1 1	朝	0	0	0	0	0	0		0	0
	会議	1	1	0	10	0	0		0	12
	休憩	0	1	0	27	6	11		0	45
1 2	朝	0	1	0	5	0	0		0	6
	会議	1	1	0	4	0	0		0	6
	休憩	0	1	0	10	2	7		0	20
1 3	朝	6	1	0	25	5	22		0	59
	会議	0	2	0	16	1	2		0	21
	休憩	3	0	0	29	4	15		0	51
1 4	朝	0	0	0	2	2	0		0	4
	会議	1	1	0	17	1	1		0	21
	休憩	1	0	0	2	0	0		0	3
1 5	朝	6	3	1	28	0	3		0	41
	会議	7	9	0	25	9	12		0	62
	休憩	3	0	2	9	3	9		0	26
1 7	朝	4	4	0	43	6	7		0	64
	会議	1	0	0	2	0	0		0	3
	休憩	3	1	0	19	7	7		0	37
計	朝	20	15	1	178	33	46		3	296
	会議	19	31	0	216	40	58		3	367
	休憩	27	16	3	214	46	83		0	389

表3　1対1の対話における重なりの種類（合計は重なりの実数）

資料コード	場面	①付加	②先取り	③遅れ	④早すぎ	⑤割り込み	⑥同時発話	不明	計（回）
03	休憩	1	3	0	5	0	0	0	9
04	朝	0	3	0	24	4	0	0	31
04	休憩	1	3	0	15	1	2	0	22
05	朝	0	1	0	3	1	0	1	6
11	会議	1	1	0	10	0	0	0	12
12	朝	0	1	0	5	0	0	0	6
13	会議	0	2	0	16	1	2	0	21
14	朝	0	0	0	2	2	0	0	4
14	休憩	1	0	0	2	0	0	0	3
15	朝	6	3	1	28	0	3	0	41
計（回）		10	17	1	110	9	7	1	155
割合（%）		6.5	11.0	0.7	71.0	5.8	4.5	0.7	100.2

表4　3人以上の会話における重なりの種類（合計は重なりの実数）

資料コード	場面	①付加	②先取り	③遅れ	④早すぎ	⑤割込み	⑥同時発話	不明	計（回）
03	朝	0	0	0	17	8	5	0	30
03	会議	0	1	0	27	0	4	1	33
04	会議	2	5	0	14	11	3	0	35
05	会議	0	4	0	23	9	6	1	43
05	休憩	5	3	1	16	6	13	0	44
06	会議	1	1	0	3	1	0	0	6
06	休憩	1	0	0	9	5	0	0	15
08	朝	1	2	0	16	2	1	1	23
08	会議	2	3	0	28	2	6	1	42
08	休憩	5	1	0	29	3	4	0	42
09	朝	0	0	0	8	4	3	1	16
09	会議	1	2	0	13	4	13	0	33
09	休憩	3	3	0	26	6	2	0	40
10	朝	3	0	0	7	1	5	0	16
10	会議	2	1	0	34	2	11	0	50
10	休憩	1	0	0	18	3	13	0	35
11	休憩	0	1	0	27	6	11	0	45
12	会議	1	0	0	4	0	0	0	6
12	休憩	0	1	0	10	2	7	0	20
13	朝	6	1	0	25	5	22	0	59
13	休憩	3	0	0	29	4	15	0	51
14	会議	1	1	0	17	1	1	0	21
15	会議	7	9	0	25	9	12	0	62
15	休憩	3	0	2	9	3	9	0	26
17	朝	4	4	0	43	6	7	0	64
17	会議	1	0	0	2	0	0	0	3
17	休憩	3	1	0	19	7	7	0	37
計（回）		56	45	3	498	110	180	5	897
割合（%）		6.2	5.0	0.3	55.5	12.3	20.1	0.6	100.0

重なりの種類については、会話では対話よりも、「割り込み」の比率が高く（5％水準有意差）、同時発話も多くなる（0.1％水準有意差）。

逆に、「早すぎ」の比率は会話より対話の方が高くなり（0.1％水準有意差）、「先取り」も対話の方が多い（1％水準有意差）。

3．6 話者間の関係と重なりの種類

談話の参加者の人数が、重なりの回数と種類に影響を及ぼすことがわかったが、話者間の親疎関係は、重なりに影響するだろうか。ここでは、その1例として、03の「朝」と「会議」の場面を比較してみよう。

この両場面は、どちらも対話ではなく、会話であるが、会話の中心になっているのは協力者と1人の男性で、同席している男女は、時々口をはさむという形で進行している。協力者と主に会話をおこなっている男性は、「朝」の場面は、同じ職場の年上の上司、「会議」では、初対面の年上の男性だが、協力者の方が仕事を発注する立場にあるという関係になっている。両場面にみられる重なりの回数は、「朝」30回に対し、「会議」33回と、ほとんど差はない。

表5 談話資料03「朝」「会議」にみられる重なりの比較（同時発話を除く）

		先取り	早すぎ	割り込み	計
03 朝	協力者	0	6	2	8
	相手	0	1 1	6	1 7
03 会議	協力者	0	1 2	0	1 2
	相手	1	1 5	0	1 6

（数値は各話者が重なった回数を示す）

表5のように、同じ協力者（女性）と年上の男性という、似たような条件の会話でも、重なりの種類には違いがみられる。同じ職場の上司との会話では、「割り込み」が多くみられるのに対し、初対面の仕事相手との会話では、「割り込み」はみられない。この違いのうまれる要因は、ひとつには上司と仕事を発注する相手という違いがあるだろう。が、「朝」の場面では、協力者は

上司に対しても、「うん、あ、ここに、でもいちおこれー書いてあるよ」といった、くだけた話し方もしているので、立場の上下だけではなく、同じ職場の知っている相手と、初対面の相手という親疎の差も、重なりの種類の違いに反映しているものと思われる。

3.7 重なりの種類に関する考察

　以上のように、重なりは、ほとんどすべての自然談話で発生するが、談話の参加者の人数が多い方が、重なりの発生も多くなる傾向がある。また、1対1の対話では、相手の発話の続きを予想して発話する「先取り」や、相手の発話に対する反応が発話の終了前におこなわれたために起こる重なり（「早すぎ」）が多く、3人以上の会話では、発話の途中の「割り込み」や「同時発話」が多くなる。そして、この重なりの種類の違いには、人数だけではなく、話者間の関係や親疎といった条件も影響する可能性があることがわかった。

　重なりは、これまで話者の発話に割り込んで中断させ、話順をとるといった役割の面で取り上げられることが多かった。しかし、相手の発話の先取りは、相手に対する共感や理解度を示すことができ、円滑に談話を進行させる役割をもつことも考えられる。また、適度な「早すぎ」の反応も相手の発話に対する関心の度合いを示すためには必要な場合もあるのではないだろうか。重なりのこうした側面を考慮すると、「早すぎ」や「先取り」の多い談話は、話順をとることよりも、相手との協調関係に気を配る、「協調型」の談話進行、「割り込み」の多い談話は、協調より話順をとりたいという気持ちの強い、「自己主張型」の談話進行とみることができるかもしれない。

3.8 重なりに対する反応

　これまで、重なった発話の話者の側からみてきたが、重なられた話者の反

応にも、大きく2つのタイプがある。ひとつは、①重なられても、そのまま発話を続けるもの、であり、もうひとつは②重なられて発話を中断してしまうもの、である。

重なられても話を続ける場合にも2つのタイプがある。

①-a　重なった発話を無視して話を続けるもの。

 9　・[地名]の[機関名]なんてまあ女性が★多いけどー、男はみんなぶっ倒れてんのにー＜笑い・複＞女の人みんな朝まで飲んでるの。＜笑い・複＞　　　　　　　　　　　[17A・休]

  ・→みんな焼酎飲むもんねー。←　　　　　[17?・休]

これは[17A]と[17?]が、他の数人（職場の同僚）と一緒に会話しているなかに出てきた重なりである。九州の女性は強いという会話の流れのなかで、九州の女性のお酒の強さが話題になり、[17A]が自分の体験した例を話しているところに、[17?]が「焼酎を飲む」という話題で重なってくるが、[17A]はそれには触れず、自分の発話を続けている。

①-b　重なられても発話を続けながら、重なった発話に対して応答をおこなうもの。

 10　・海はいってないけどさー、すごいなんか、蚊ってゆうの↑、海むしってゆうの、すーごいいっぱいいて、あと、3カ所ぐらい刺されてさー、★＃＃＃＃＃＃＃、そう、なんか膿がでてくるっていわれたのね。　　　　　　　　　　　　　　　　[13B・朝]

  ・→あー、またこーんなんなっちゃうんだよ。←　[13A・朝]

[13A]と[13B]は、職場の親しい同僚であるが、[13B]の発話の途中に、[13A]が「あー、またこーんなんなっちゃうんだよ」と重なっている。しかし、[13B]は発話をやめず（なんと言ったかは聞き取り不能）、[13A]の（重なった）発話が終わると、「そう」と[13A]に応答し、自分の発話を続けている。

また、重なられて話をやめる場合にも2つのタイプがある。

②-a　重なられて完全に自分のいおうとした話を断念してしまうもの。

-210-

②—b　重なった相手の発話が終わるのを待って、自分の言いたかったことを続けるもの。

この、②—bの例には次のようなものがある。

11　・お客様からで［雑誌名］の［名字＋名前］先生の［連載名］ってゆうのありますよね。　　　　　　　　　　　　　　　　［16I・休］
　　・あれ★が。＜いいさし＞　　　　　　　　　　　　　　　　　　　［16I・休］
　　・→今月、←今月がないって。　　　　　　　　　　　　　　　　　［16A・休］
　　・それを参考文献として手に入れたいので、たとえばなんか。
　　　　　　　　　　　　　　　　　　　　　　　　　　　　　　　　［16I・休］

この例では、［16I］は重なられて発話をやめていながら、［16A］の「今月がないって」という問いかけには直接応答せず、自分が言いかけた内容を続けている。

このように重なられた側の反応にも、「協調型」と「自己主張型」があるようだ。例10は重なられても自分の話を続けているが、相手の発話も聞いて応答を返しているという点で「協調型」、例9は重なりにかまわず、自分の話を続ける「自己主張型」、例11はいったんことばを切っていながら、相手の問いかけは無視するという点である種の「自己主張型」といえるようである。特に例10は、重なられても、相手に話順を渡さず、それでいて、相手を無視しないという、共話のよい例であり、円滑に談話を進行するためのストラテジーとしても興味深い。

4　まとめと今後の課題

本稿では自然談話にみられる重なりの種類を分類し、場面等の違いによって、あらわれる重なりに差異があるのかどうかを検討した。今後は、談話に対する話者の評価や意識調査をおこなうなどして、重なりの談話における機能について検討していきたい。

【参考文献】

江原由美子・好井裕明・山崎敬一(1993)「性差別のエスノメソドロジー」
　　　　　れいのるず＝秋葉かつえ編『おんなと日本語』　有信堂
深澤のぞみ(1997)「会話への積極関与としての割り込み発話
　　　　　　　　―異文化間コミュニケーションギャップとの関連―」
　　　　　平成9年度日本語教育学会春期大会予稿集
本田明子(1996)「会話にみられる「重なり」に関する一考察―中間報告―」
　　　　　　　　　　　『ことば』17　現代日本語研究会
水谷信子(1984)「日本語教育と話しことばの実態―あいづちの分析―」
　　　　　『金田一春彦博士古稀記念論文集　第二巻　言語学編』
　　　　　　　　　　　　　　　　　　　　　　　　　三省堂

第10章
女性の働き方とことばの多様性

高崎みどり

1 はじめに

本研究では、談話資料を、
1. 各職場における女性の言語使用の実態
2. 職場における各女性の言語表現の幅

という2つの観点から分析する。

1は、女性の使うことばを5層に分けて考察した高崎（1996）を基に、談話資料中の女性の発話を、A：女性専用とされる言語形式・表現、B：女性が多用するとされる言語形式・表現、N：性に無関係に使用される言語形式・表現、C：女性が普通あまり使わないとされる言語形式・表現、D：女性がほとんど使わないとされる言語形式・表現、の5つの層に分類した。それを、各職場別、そして会議・雑談といった場面別にみて、パーセンテージ化し、またグラフ化もした。

この観点は、職場ごとに、いわゆる女性らしい言葉や、女性らしくない言葉が、どれくらいの割合で使われているかを見るものである。

2は、協力者の女性の発話を、1.説明・2.感想・3.丁寧・4.ぞんざい・5.女性専用・6.女性稀使用・7.形式的・8.親近的、の8種類の観点で見て、それらの程度によって、3・2・1・0の4段階に点数化し、グラフ化して示した。

この観点は、一人ずつの女性の表現の幅の広さを見ようというものである。

これら2種類の観点からする分析の目的は、働く女性のことばの多様性を、具体的に示すことである。「男性化している」「性差がちぢまっている」と

いった、十把一からげにした言い方では収まりきれない実態の一端を明らかにすることをめざしている。このことに関する考察は、最後の「4　結果の考察」のところで行っている。

2　各職場における女性の言語使用の実態
2．1　方法
2．1．1　対象とした職場

　対象とした職場は、以下に示す16種で、打合せや雑談や電話などといった、3つ以上の異なる場面を有する職場のみを選んだ。したがって、場面が2種類以下である資料コード02・17・18の談話資料は除外してある。検索の便のために、談話資料の出現順（行番号の若い順）に、資料コードと職場を示す。なお、（　）内は、協力者の仕事の内容である。

　［01］会社（事務）／［03］会社（編集）／［04］大学（教員）／［05］会社（出版）／［06］会社（編集）／［07］大学（助手）／［08］小学校（教員）／［09］高校（教員）／［10］公務員（事務）／［11］会社（営業）／［12］公務員（事務）／［13］会社（事務）／［14］大学（事務）／［15］会社（企画）／［16］会社（編集）／［19］研究所（研究補助）

2．1．2　分類項目

　高崎（1996）に基づくが、一部改めたところがあるので、それらをも含めて、分類項目の概要を以下に示す。なお、分類を行う際に、国立国語研究所（1951）、松村（1969）、井出（1983）、森田（1991）、木川（1991）、マグロイン花岡（1993）、川成（1993）、鈴木（1993）、また、『日本文法大辞典』（1984）などの各先行文献における、女性語の扱いや、言葉の、性による使い分けに関する記述を参考にした。また、女性話者としての内省も判断の材料として加えた。

まず、上述において、「女性用」または、「女性専用」とされた、終助詞の用法、人称、感動詞などを「Ａ：女性専用とされる言語形式・表現」とした。今回の談話資料の中では、終助詞の用法で、「のよね／なのね／わね／わ」、人称で「あたし」、感動詞「あら」などが、Ａとして見い出された。
　同様に、「女性が好む」「女性に使用が偏る」「女性に多い」とされたものに内省を加えて、「Ｂ：女性が多用するとされる言語形式・表現」とした。談話資料中では、終助詞の用法で「ね／みたい／よ／なの／ないの／て（待って）」、婉曲表現で「なんか／とか」、誇張・強調表現で「ながーい／すっごく／ひしっと／けっこう／とっても」、言い差し・言い淀み文末で「けど。／けれども。」、丁寧な言い方で「おうち／カレー屋さん／ますので／ましょうか／ですけれども」、感動詞「わー」、流行語「そーなんだ／わかんない」等々を、Ｂとして分類した。
　Ｎは、ＡＢＣＤいずれにも入らないもので、性に無関係に使用される言語形式・表現である。
　また、「Ｃ：女性が普通あまり使わないとされる言語形式・表現」は、同様に先行研究中で「女性が避ける」「女性は口にしないのが常」とされたものに内省を加え、今回談話資料中では、終助詞の用法で「さ／動詞＋よ／だよ」、脱落・省略・縮約・くずれとして、助詞抜け「これ取った↑」、投げ出し「夫婦げんか。」、「い」抜け「ついてて」、接続詞一部省略形「で／んで／じゃ／じゃー／か」や、そのほか俗語「ぬりたくって／わっか（＝輪）」や、「わかんないけどさ／朝いち／おいとけば」などの言い方、感動詞「うん」、人称接尾辞「君（くん）」などを採った。
　「Ｄ：女性がほとんどつかわないとされる言語形式・表現」は同様に「男性用」「男性専用」とされるもので、談話資料中では、終助詞の用法で「だよ／かな／だ／か／な」や意志の助動詞「う」「よう」、軽卑語「やつ」などを見い出した。

2.1.3 発話の分類方法

　対象とした16の職場には、各々3つの異なる場面がとられている。たとえば、最後の、[19]研究所（研究補助）では、「打合せ」「相談」「休憩時雑談」の3場面がある。各場面から、平均的に始めから終わりまでわたるようにして、女性の発話のみ10発話ずつをとる。登場する女性は、単数の場合も複数の場合もあるが、何人出てきても、いくつかおきに10発話のみをとる。次に、各発話を文節に区切り、その各文節がA～Dの5層のどの要素を含むかで、各文節にA・B・N・C・Dのどれかのラベルを貼る。

　たとえば、[19]研究所（研究補助）から取った3場面のうちの「打合せ」の場面を例にとってみよう。対象となるのは、行番号11369～11421までの発話で、2人の女性が登場する。それを5行おきにとって以下の10発話を得た。聞き取り不能や、＜笑い＞のみの行は除外する。各発話に、文節の区切りと、区切りごとに貼ったラベルを付した。

　　11370　あっ、／わかりました。　　　　　　　　［NB］
　　11374　あっ、／そうですか。　　　　　　　　　［NB］
　　11379　でも、／あれだっ、／あのー、／もし／着いて／なかったら／電話／下さると、／うん、／思いますので。
　　　　　　　　　　　　　　　　　　　　　　［CDNNNCCBCB］
　　11386　うーん、／で、／もしも／わたししか／いない／時に／電話が／あったら／一応／電話番号を。［CCNNNNNNNB］
　　11389　ここに／置いて／おきますので。　　　　［NNB］
　　11394　あっ、／はい、／わかりました。　　　　［NNB］
　　11399　西口って／いうのかな／たぶん。　　　　［CDN］
　　11404　電話して／もらう／ことに／しよう。　　［NNND］
　　11409　うん、／あの、／銀行に／よって／すごく／差が／あるのよね。
　　　　　　　　　　　　　　　　　　　　　　　［CNNNBNA］
　　11414　ちょっと／録音の／確認を／したのでえ。　［NNNB］

-216-

採集した最初の発話11370「あっ、わかりました」は2文節。「あっ」はN、「わかりました」は文末に丁寧表現「ました」があるのでBと認定する。つまり、日本語の文末決定性や入れ子型構造、膠着語的性格、助辞の連接順序等を持ち出すまでもなく、文の終わり、あるいは、場合によっては文節の終わりの位置に、場面や主体に密接に関わる要素が来やすいことを考え、文末・文節末の要素をそれ以外の位置にある要素よりも優先して認定することとした。「ました」は、学校文法的にいえば、「ます＋た」であるけれども、ここでは「ます」の変化形として扱う。そしてこの11370の発話全体を100とすると、Nが50％，Bが50％現われているとする。
　以下同様にして各発話の各文節にA～Dのラベルを貼り、それらが1つの発話全体に占めるパーセンテージを算出したのが、表1である。

表1　[19]研究所に勤務する2人の女性の10発話（打合せ）の分析

行番号	文節数	ラベル	ラベルの根拠	A	B	N	C	D
11370	2	NB	B ～ました	0	50	50	0	0
11374	2	NB	B ～ですか	0	50	50	0	0
11379	10	CDN	C でも／D あれだっ					
		NNC	C 「い」抜き					
		CB	C 助詞抜き／B 下さると					
		CB	C うん／B 言いさし文末	0	20	30	40	10
11386		CCN	C うーん／C で					
		NNN						
		NN	B 言いさし文末	0	10	70	20	0
11389	3	NNB	B 言いさし文末	0	33	67	0	0
11394	3	NNB	B ～ました	0	33	67	0	0
11399	3	CDN	C ～って／D ～かな	0	0	33	33	33
11404	4	NNND	D 意思～う	0	0	75	0	25
11409	7	CNNN	C うん					
		BNA	B すごく／A のよね	14	14	57	14	0
11414	4	NNNB	B 言いさし文末	0	25	75	0	0
		合	計	14	235	574	107	68
	100分率	換算	（パーセント）	1	24	57	11	7

-217-

表1は上述の10の発話を対象としている。最下段が、この10発話全体の、各層の割合の百分率換算である。

すなわち、［19］研究所（研究補助）という職場で、打ち合わせの場面では、働く女性の言葉として、前述の基準で、A層1％、B層24％、N層57％、C層11％、D層7％の割合で出てきている、というふうに考える。

このようにして出した最終の百分率換算を、同様の方法で、16種のすべての職場の3場面ずつにわたって出してみたのが、表2である。すなわち、表1のような表が16×3＝48枚あって、それぞれの一番下の総合の百分率換算のみをとって、並べたのがこの表である。

表2　16種の職場における女性の発話の分析　（1／2）

職場	資料コード	場面	対象	A	B	N	C	D
会社	［01］	電話	女性1人	0	26	71	3	0
		雑談	女性2人	13	12	31	45	0
		雑談	女性1人	0	8	30	53	10
会社	［03］	大会議	女性1人	0	33	60	8	0
		雑談	女性2人	2	27	50	19	3
		打合せ	女性1人	0	9	46	43	3
大学	［04］	小会議	女性6人	0	17	57	26	0
		打合せ	女性2人	0	10	66	24	0
		院生指導	女性2人	0	11	48	31	10
会社	［05］	雑談	女性1人	3	7	58	25	8
		電話	女性1人	0	32	66	3	0
		打合せ	女性1人	2	15	54	30	0
会社	［06］	電話	女性1人	0	20	70	10	0
		打合せ	女性1人	0	28	67	5	0
		雑談	女性4人	1	17	46	32	3
大学	［07］	小会議	女性1人	0	22	65	11	1
		雑談	女性1人	0	18	76	5	0
		相談	女性3人	0	22	31	38	10

表2 (2/2)

職　場	資料コード	場面	対象	A	B	N	C	D
小学校	[08]	雑談	女性3人	10	5	48	37	0
		相談	女性1人	0	10	57	33	0
		打合せ	女性2人	1	15	45	40	0
高校	[09]	打合せ	女性1人	0	10	45	44	0
		雑談	女性1人	5	26	34	33	3
		小会議	女性2人	0	25	34	40	1
公務員	[10]	打合せ	女性1人	0	43	20	36	0
		雑談	女性1人	0	18	37	45	0
		相談	女性2人	3	54	23	18	3
会社	[11]	打合せ	女性1人	0	33	30	36	0
		雑談	女性3人	1	26	41	28	3
		打合せ	女性1人	0	22	47	30	0
公務員	[12]	打合せ	女性1人	0	17	43	37	3
		検討会	女性1人	0	25	13	63	0
		雑談	女性1人	0	8	21	61	10
会社	[13]	雑談	女性4人	0	28	36	36	0
		打合せ	女性1人	0	17	66	17	0
		電話	女性1人	0	17	77	6	0
大学	[14]	打合せ	女性1人	0	26	51	23	0
		雑談	女性1人	0	25	31	34	10
		打合せ	女性1人	0	17	39	35	10
会社	[15]	打合せ	女性2人	10	9	40	35	5
		雑談	女性3人	5	18	22	55	0
		小会議	女性4人	0	35	39	27	0
会社	[16]	雑談	女性5人	3	13	23	50	10
		電話	女性1人	0	12	88	0	0
		小会議	女性2人	0	17	55	28	1
研究所	[19]	雑談	女性2人	0	34	20	46	0
		相談	女性2人	0	28	30	42	0
		打合せ	女性2人	1	24	57	11	7

そして、見やすくするために、これらをグラフ化したのが、グラフ1である。

グラフ1　各職場ごとのA～D層の出かた　　――― 線　会議
　　　　　　　　　　　　　　　　　　　　　……… 線　雑談
　　　　　　　　　　　　　　　　　　　　[　] 内は資料コード番号

① [06] 会社　　　　② [13] 会社 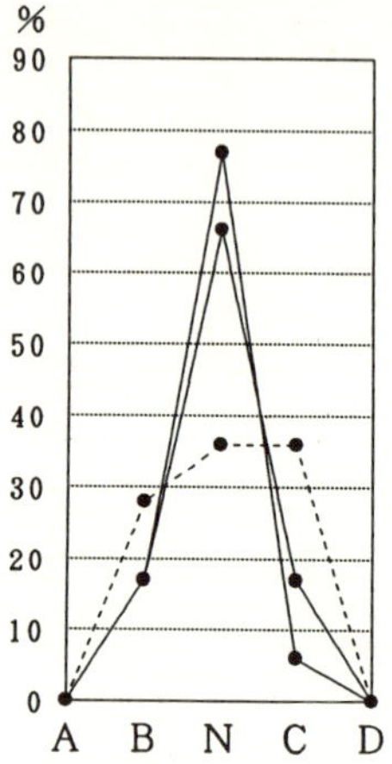　　　　③ [05] 会社

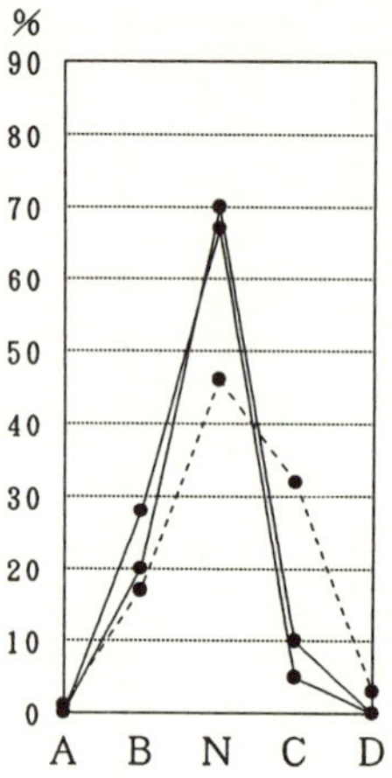

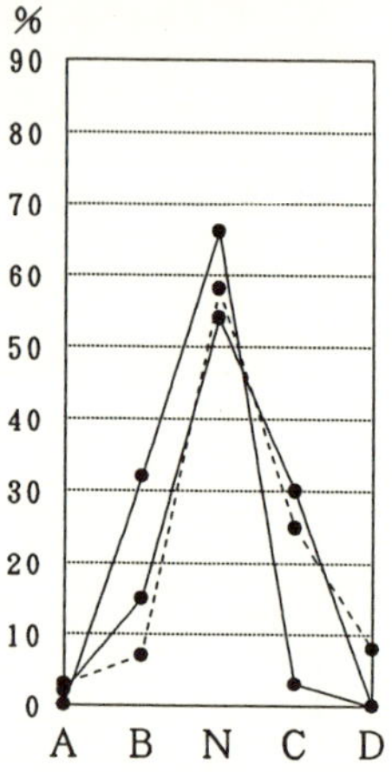

④ [16] 会社 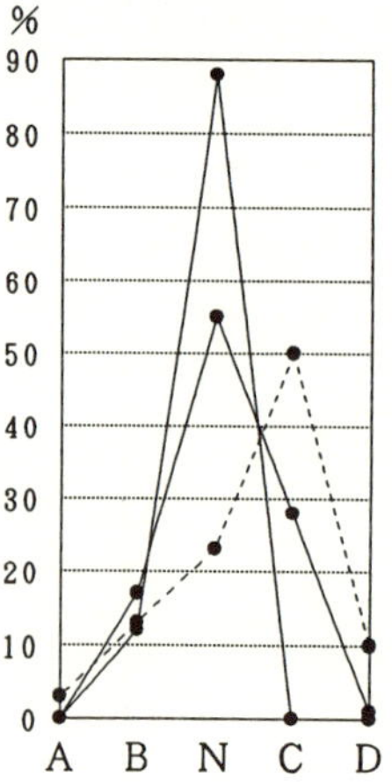　　　　⑤ [03] 会社 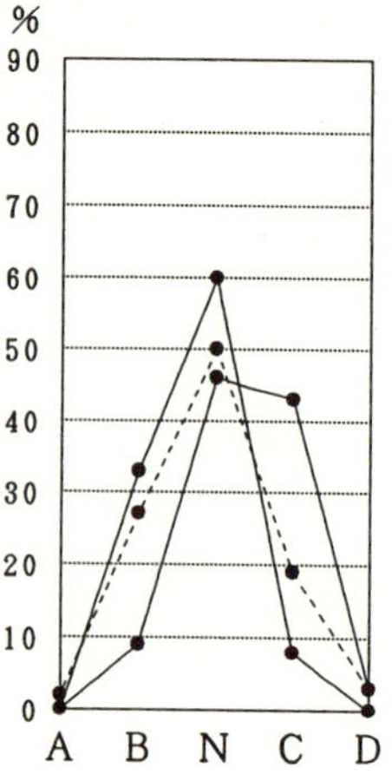　　　　⑥ [01] 会社

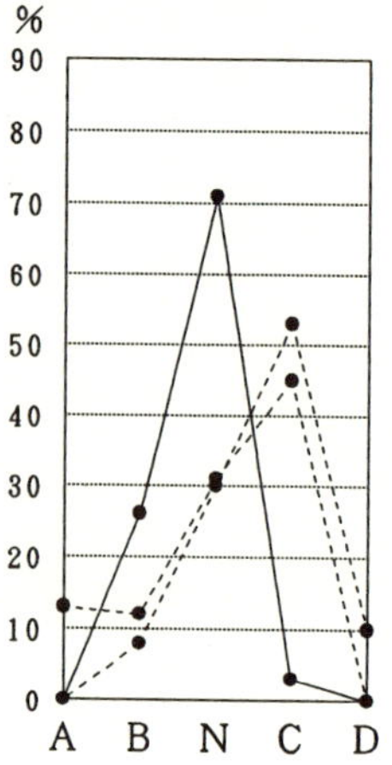

-220-

⑦ [11] 会社

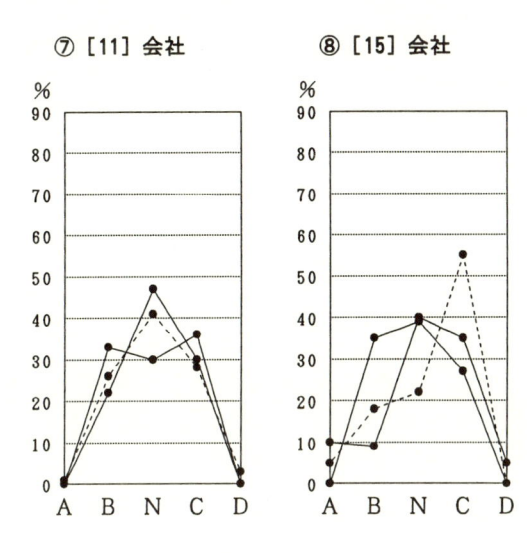

⑧ [15] 会社

⑨ [07] 大学

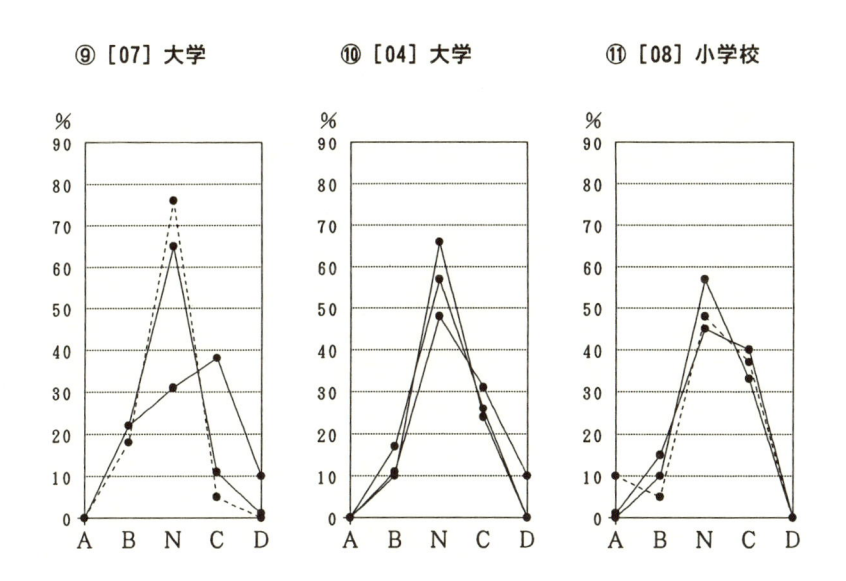

⑩ [04] 大学

⑪ [08] 小学校

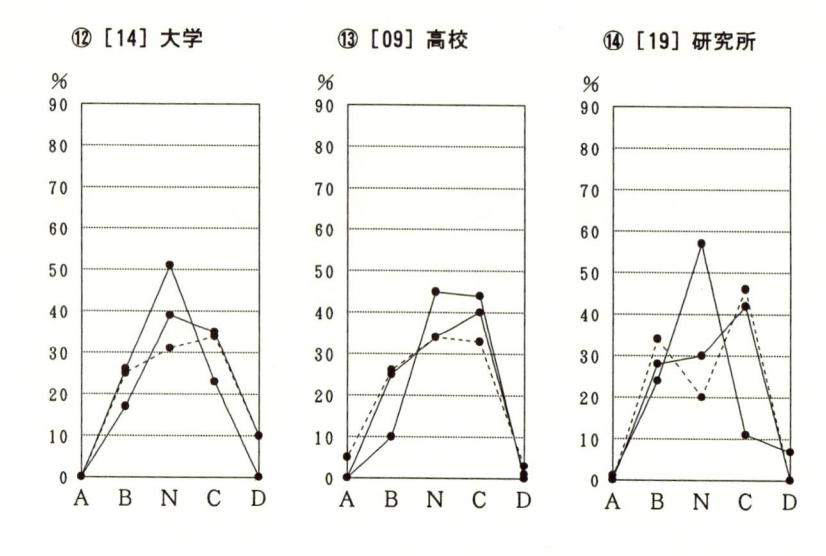

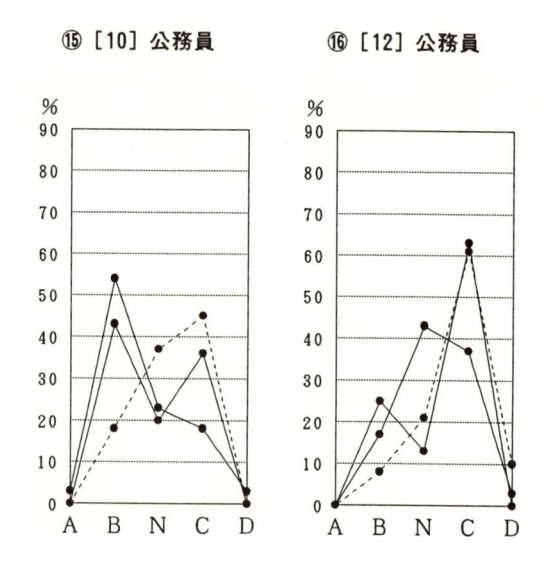

⑫ [14] 大学　　　⑬ [09] 高校　　　⑭ [19] 研究所

⑮ [10] 公務員　　⑯ [12] 公務員

2．2　分析
2．2．1　分析1

　グラフの方が、視覚的に見やすいので、表2をもとにしたグラフ1の分析をまず行う。
　このグラフの順序は、表2の職場の順序とは異なる順序で並べてある。ほぼ、会社とそれ以外で分けてあり、①〜⑯までの通し番号をつけたうち、①〜⑧までの8つの職場が会社で、あとは、会社以外の職場だが、⑨〜⑭が学校（研究所含む）関係、⑮・⑯が公務員という並べ方になっている。
　さて全体で、16種類の職場に各3場面であるので、各グラフに3本ずつ、合計48本（雑談16、会議32－打合せ・指導・相談など、雑談以外のものは、会議の形態をとっていなくても「会議」とする）の線があるわけである。会議は実線、雑談は点線で示してある。
　職場ごとに見てみると、次のようなことがわかる。
　ほとんどの職場でN層のことばが最も多用されている。また、Nを頂点とする高い山型以外の、四辺形やM字型の線を含むグラフ、すなわち、N層よりも他の層の方が多用される場面を持つ職場は、グラフの通し番号順にあげると、

　　④［16］会社：雑談　　　　⑥［01］会社：雑談（2本）
　　⑦［11］会社：会議　　　　⑨［07］大学：会議
　　⑫［14］大学：雑談　　　　⑬［09］高校：会議
　　⑭［19］研究所：会議と雑談　⑮［10］公務員：会議（2本）と雑談
　　⑯［12］公務員：会議と雑談

で、どちらかといえば、会社以外の職場で、N層より他の層のことばが多用される傾向にある。とくに、⑮［10］公務員は、3つの場面ともN層より、他の層（B・C）が多く使われており、⑬［09］高校も、3つの場面とも、NがCより少ないか、ほぼ同じくらいに接近しているため、山が低くなっていることが注目される。

－223－

すなわち、多くの職場で性に無関係に使われることばが多用されているが、会社以外の、公務員・大学・高校・研究所では、C層の、女性がふつうあまり使わないとされることばもよく使われ、時としてNをしのぐことがある。

雑談……線、会議――線の場面ごとに見てみると、次のようなことがわかる。

会議は、Nが多用される場合が多く、雑談はN以外の層が多用されるように見える。それらの線を数えて本数のパーセンテージを出してみると、会議の32本のうち25本がNが最も多く使われる層となっており、割合でいうと、78％である。雑談の場合は、16本のうち7本が、Nが最も多く使われる層となっており、割合でいうと44％である。

すなわち、会議ではN層優位、雑談ではN層以外（C層であることが多い）が優位である場合も、半分近くあることになる。

以上の分析を通じて、A層（女性専用）、D層（女性がほとんど使わない）は、非常に少ないといえる。また、B層（女性多用）よりはC層（女性があまり使わない）の方が比較的多く使われ、線形の山が、高くなることが多い。

2.2.2 分析2

次に、3本の線のずれ、すなわち、3種類の場面での女性らしい言葉の使い分けの程度という点を見てみよう。3本とも同じような形になっているもの、つまり、場面によってあまり層の比重が変化しない、女性らしい言葉づかいという点で同じような話し方をしている職場というのは、少ないのである。会社の中の③［05］、学校の⑪［08］くらいである。学校の⑩［04］も同じような形だが、これは3種とも会議なので、別に考える必要があるかもしれない。もっとも、会議として一括されるとはいえ、実際は、院生指導・打合せ・小会議というように、話題の内容も違うし、参加している、協力者以外の対象女性も、異なってはいるのだが。

その他、学校の⑬［09］も比較的ずれが少なく、話し方の切り替えの程度

が少ないといえよう。
　いずれにしても、ここにあげた4つの職場のうち、3つまでが会社以外の学校関係である。
　一方、3種のずれの大きいもの、すなわち場面による比重の変化の大きい職場を見ると、まず公務員の⑮［10］が大きく、会社の⑧［15］、④［16］、研究所の⑭［19］なども比較的ずれが大きい。これらの職場では、場面による女性らしいことばと女性らしくないことばとの切り替えが、よく行われているといえよう。これらは、学校以外の職場である。

2.2.3　分析3

　次に、表2をもとに、各職場の3つの場面の平均値を出した表3（次ページ）を作成した。この表の並べ方は、先のグラフ1の並べ方と同じである。そして、会社の中や、会社以外の中での並べ方も同じなのだが、実は、それぞれの中では、表3のNの項目を見ればわかるように、Nの平均値の大きい順に並べているわけなのである。
　さて、この表から観察できるのは、全体を見ると、Nが50％以下の職場が、16のうち9あること。そしてそれは、会社以外の職場に多いこと。また、B≦C、すなわち、Cの割合が、Bの割合以上である職場、つまり女性多用のことばよりも、女性があまり使わないとされることばづかいをすることが多いか、両者が同じくらいである職場が12あること。しかし、NがBやCより少ない割合で出ている職場は、4つの職場にとどまっていること、等々である。
　すなわち、ほとんどの職場は、多く性に無関係なNで話されてはいるが、そのNの割合は、圧倒的に多いといえるほどではない。特に、会社以外の職場では、Nは50％以下であることが多い。

表3　3種の場面の平均値

職場の種類	職種	資料コード	Aの割合	Bの割合	Nの割合	Cの割合	Dの割合
会　社	編集	[06]	0	22	61	16	1
	事務	[13]	0	21	60	20	0
	出版	[05]	2	18	59	19	3
	編集	[16]	1	14	55	26	4
	編集	[03]	1	23	51	23	2
	事務	[01]	4	15	44	33	3
	営業	[11]	0	27	40	32	1
	企画	[15]	5	21	34	39	2
大　学	助手	[07]	0	21	58	18	4
	教員	[04]	0	13	57	27	3
小学校	教員	[08]	4	10	50	37	0
大　学	事務	[14]	0	23	40	31	7
高　校	教員	[09]	2	20	38	39	1
研究所	研究補助	[19]	0	29	36	33	2
公務員	事務	[10]	1	38	27	33	1
	事務	[12]	0	17	26	53	4

　また、職場ごとに見てみると、会社対会社以外といった際立った対立はないにしても、職場ごとには、実にさまざまな様相が見てとれる。
　C層が優位に立つ職場が、公務員の［12］、学校の［09］、会社の［15］の3種であり、B層が優位に立つのは、公務員［10］である。特にこの公務員［10］は、B・N・Cがほぼ同じくらいの割合になっていることが特徴的で、他に、研究所［19］もその傾向がある。
　こうしてみると、Cは、女性があまり使わないというよりも、単に丁寧でない、ぞんざいな言い方であると捉えた方がいいように思われる。そして同じくBも、女性多用というよりも、丁寧な言い方と捉えた方が、より実態に

近いだろう。現に、ここに登場する職場の女性たちは、Nを主たる層として使い、場合によってはC層の方へ言語使用が傾く傾向は大いにあっても、Bの方へいくことは少なく、ましてA層（女性専用）の方へ傾くことはほとんどないのだといえる。

2.3 この節の結論

職場ごとに、女性らしいことばづかいの程度ということで見てきた。結果をまとめると、

(1) 女性専用のA層や、女性がほとんど使用しないとされるD層は、きわめてわずかしか使われない。

(2) ほとんどの職場で、性に無関係に使われるN層のことばが多用される。

(3) 会社以外の職場では、C層の、女性があまり使わないとされることばもよく使われ、時としてN層の使用をしのぐことがある。

(4) 会議の場面では、N層が最も多く使われる層である職場が多いが、雑談の場面では、N層以外の層（主としてC層）とN層が半々くらいの割合となる。

(5) 場面によって各層への比重があまり変化しない、すなわち、女性らしい言葉、らしくない言葉の切り替えの程度が低いのは、学校関係に見られる。

(6) 3種の場面を平均化してしまうと、職場ごとの特徴が出にくくなる。全体として、性に無関係なことばが中心ではあるが、圧倒的というほどではない。会社以外の職場においては、N層の使用が、50％以下になることも多い。N以外の層のことばを使うときは、C層の方に傾くことが多い。その他は、会社対会社以外の際立った対立はあまり見られなくなるが、公務員だけは、N層の少なさ、B層・C層などN層以外の多さで突出している。

3　1人の女性の表現の幅

　前項では、各職場におけるＡ・Ｂ・Ｎ・Ｃ・Ｄ各層の出方を見た。対象とした発話は、各職場3種の場面で登場する女性の、いくつかおきにとった10発話ずつであった。女性の数は、1人の場合も複数の場合もあった。
　ここでは、1人の女性の言語表現を場面に関係なく対象とし、職場においてどれくらいの表現の幅をもっているのかを見る。

3．1　方法

　前項と同じ16の職場の各協力者の女性16人の、全部の発話を対象とする。それらの中から、次の8種の言語表現と認定できるものを探す。その8種とは、

　　1.説明　　2.感想　　3.丁寧　　4.ぞんざい　　5.女性専用
　　6.女性稀使用　　7.形式的　　8.親近的

である。その内容を説明すると、

1. 説明――　構造として、〈題目＋題述〉を備え、「えー」「あのー」等、間投詞、空白補充、言いさしなどがあまり甚だしくなく、言語形式が比較的整っているもの。
2. 感想――　語彙自体が喜怒哀楽の感情や感覚を意味しており、強調のための副詞類や感嘆詞が付随しているもの。
3. 丁寧――　前章のＢ層（女性が多用するとされる言語形式・表現）のうちの、丁寧を表わす要素にほぼ該当するもの。女性専用ではないもの。敬語の要素がいくつか重なったもの。
4. ぞんざい――　ほぼ前章のＣ層（女性があまり使わないとされる言語形式・表現）に該当するもので、男性専用ではないもの。
5. 女性専用――　ほぼ前章のＡ層（女性専用とされる言語形式・表現）に該当するもの。また、Ｂ層の一部（丁寧以外）も含む。

6. 女性稀使用——ほぼ前章のD層（女性がほとんど使わないとされる言語形式・表現）に該当するもの。
7. 形式的——場にふさわしい、型にはまった、決まった言い方。個性がなく、役割重視で、臨時的付加や、言い淀み、〈笑い〉の付随しないもの。
8. 親近的——発話内容が、プライベートなこと、ないしは聞き手との共有の話題であり、言語形式も非形式的で、くずれや流行語的な言い方など、きちんとした型にはまらない個性的なもの。

　これらの各項目に、その程度の強弱で段階を設け、0・1・2・3の4段階に点数化する。協力者の発話のうち、1〜8の各項目に該当するものを選んでそれらを点数化し、そのうち最も点数の高い発話を1つ選ぶ。その項目に該当する発話が何百とあっても、最も点数の高いもの1つだけをとる。該当発話が1つしかないときは、その発話の点数が、その協力者のその項目の点数になる。4段階は、0が該当発話なし、1点が、1から8までの各項目に具備されるべき内容（上述）を一部備える、2点が、同様に半分程度備える、3点がほぼすべてを備える、である。また、非常に程度が強くても、3点が限度となる。同一の点数になる発話がいくつも出てくるが、その場合は、最も行番号の若いものをとる。
　［01］の協力者［01A］の発話を例にとって説明してみよう。
　協力者［01A］の発話のうち、各項目で最も点数の高かった発話は、次ページの表4のとおりである。
　1.説明では、46の発話には、「あの」「なんか」「申し訳ないんですけれとも」等の、説明にとっては余分なことばが多く入ってきており、必要なことだけ、要領よく述べるといった、説明本来の特徴をだいぶ損なっている、とみて1点を与えてある。そして、この［01A］には他にはあまり説明の表現がなかったので、この46が代表となる。なお、比較のために、他の協力者で、この1.説明の条件がほぼ満たされており、3点を与えた発話例をあげる。なお、これらについては後出の表5の使用発話一覧と、得点のグラフ2とを照らし合わせれば、容易に談話資料で特定できるものである。

表4 [01A]の発話内容の得点例

項目名	発話行番号	発話	点数
1.説明	46	で、あのー、それ以外については、あのー、ほんとに、こう、こちらのじょう、の、なんか勝手で申し訳ないんですけれども、いまのところまだあのですねー一般予約ということで電話がまだはいってますんで、あのー、それいかんにもよるんですよ。	1
2.感想	86	やだあ。	2
3.丁寧	32	じゃ、来週五日の金曜日、えー、この日に最終的な数字をいただいて、それで締めということでよろしいでしょうか?	2
4.ぞんざい	188	ねえ、でんわ、でんわしてやって、でもほんとにひまこいてんの、今、特に。	1
5.女性専用	303	あたし、真にうけちゃいますよ。	2
6.女性稀使用	90	まあいいや、ここにしよう。	2
7.形式的	2	はい、お世話になっております。	3
8.親近的	215	<笑い>ハワード・ザ・ダックみたいな。	3

　　2999　それから、[名字]先生は、なんか、前書きに書いてありますように、新しい資料が発見されそうなので、とゆうことで、今回2つの、レジメをもう1度、たててきてますから、これちょっと検討してあげてあとでコメント、してあげていただければ、と思います。　　　　　　　　　　　　　　　　　　　　　　　　[06A]

2.感想では、86の「やだあ」が、"厭である"という感情を表わす意味をもつ語彙であり、かつ、延ばす形式をとって強調を加えている、ということから、感想の機能の強さに2点を与えた。

これも同様に他の協力者の3点の例は、
　　9233　わー、すごい、すごーい、すごーい。　　　　　　[16A]

3.丁寧は、32に「いただいて」と「よろしいでしょうか」と2つの敬語要素が入っているが、もっと丁寧度の高い言い方にもできるのに、採用していないということから、中程度の丁寧さとみて2点を与える。3点の例は、
　　2082　あの、そうしましたら、あの、お戻りになりましたらお電話いた

だけるようにお伝えいただけますか。　　　　　　　　[05A]

4．ぞんざいは、188「こいてんの」という乱暴な言い方があるが、他には非丁寧な言い方が特にみられないところから、1点。3点の例は、

　　7013　実はあたしも[店名]に行く、ちょっと、ほら、歩いてたじゃん↑、2人ずつ別れてたじゃん、あんときちょっと聞いたけど。[13A]

5．女性専用は、303に「あたし」「ますよ」があるので2点。3点は、

　　6161　これねー、韓国語の先生がねー、さっきね、ちょっとあたし、本借りたのね。　　　　　　　　　　　　　　　　　　　　[11A]

6．女性稀使用は、90に「や」と意思の「よう」があるので2点。3点は、

　　2854　あれだよ、あのーなんか編集部のほうでさあ、あーの、女性だけでなんかやろーかってゆう話になってんだけど、来る↑[06A]

7．形式的は、2「はい、お世話になっております」という言い方が、"世話になっている"という事実の有無を言うのではなく、単に「もしもし」と同じような決まり文句であり、形も「あのー」や「とても」等が入ったり、「ますよね」などと変形したりしない点で、高度に形式化された言い方そのままなので、3点。

8．親近的は、215が相手をからかっている内容であることと、笑いが入っている点、言語形式も「みたいな」と、冗談であることを暗示するものなので、3点を与えている。

　以上のように点数化したものを、グラフ化して視覚的にわかりやすくした。

3．2　グラフ2について

　グラフ2は、上述のような方法で、16人の協力者の発話について項目をあてはめ、点数化して、その中の最も高得点をグラフ上の点で示し、それらの点どうしを結んで、図形ができるようにしたものである。これらのグラフの配置順序の意味は後でのべるが、左上から通し番号を①〜⑯まで打ち、そのあとに協力者番号と、職種を示してある。

グラフ2　1人の女性の表現の幅の職種による差異

① ［01A］会社員

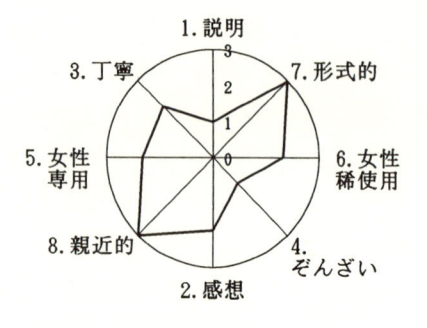

② ［05A］会社員

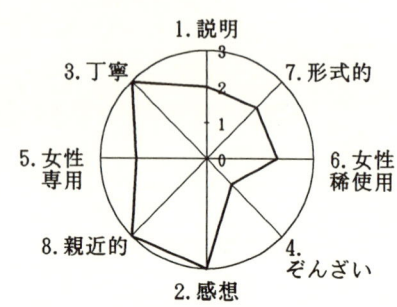

③ ［06A］会社員

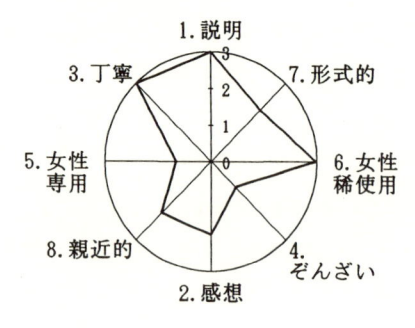

④ ［11A］会社員

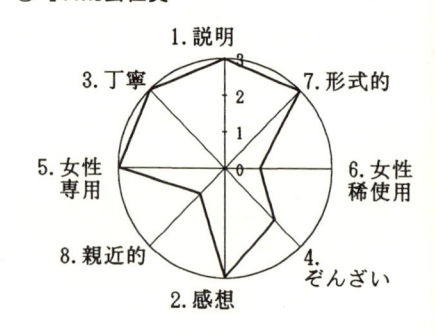

⑤ ［13A］会社員

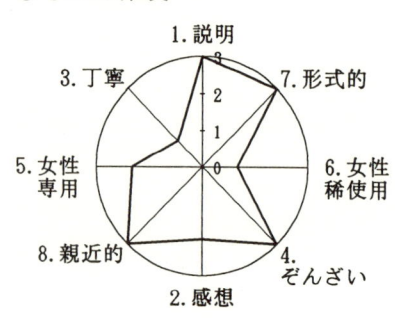

⑥ ［16A］会社員

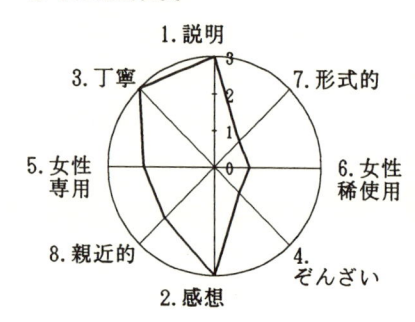

⑦ [07A]大学助手

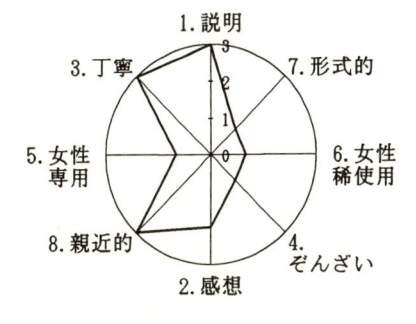

⑧ [04A]大学教員

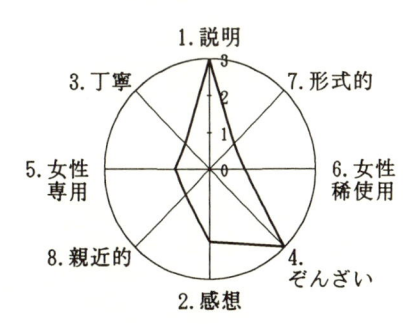

⑨ [10A]公務員

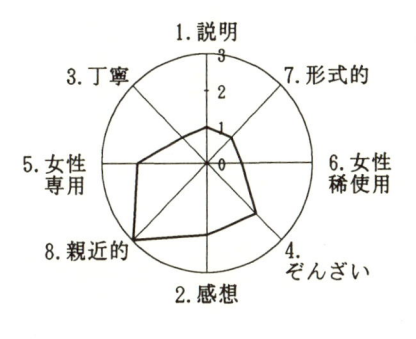

⑩ [14A]大学事務

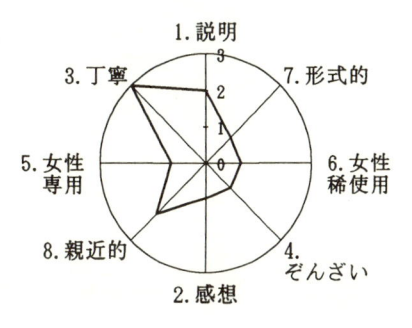

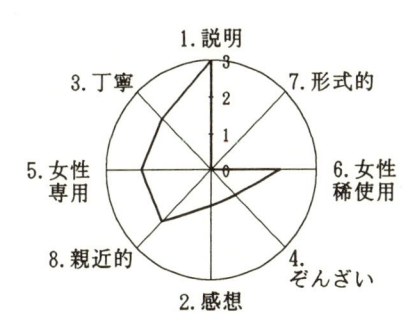

⑪ [03A]会社員

⑫ [09A]高校教員

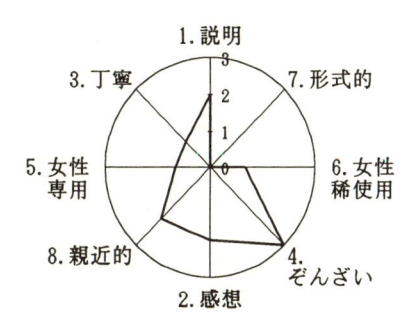

⑬ ［15A］会社員　　　　⑭ ［12A］公務員

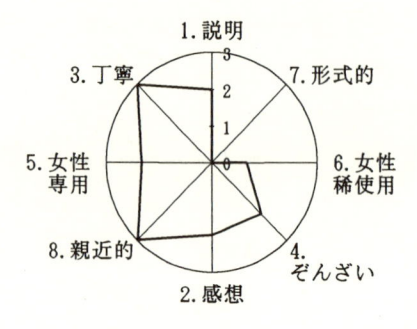

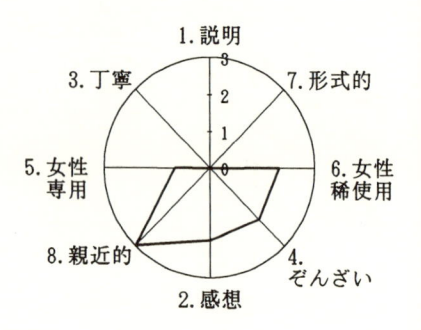

⑮ ［08A］小学校教員 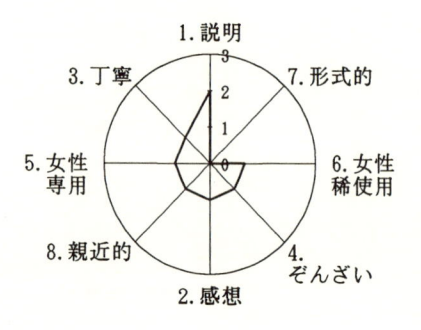　　⑯ ［19A］研究補助

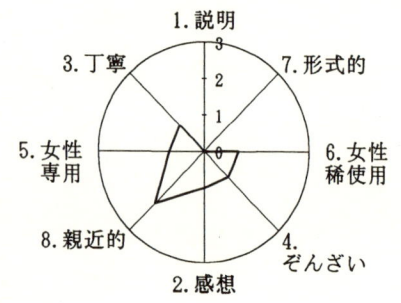

なお、各項目の代表として使用した、各協力者の発話行番号一覧を以下に記す（グラフ通し番号順）。

表5　使用発話一覧

資料コード	1.説明	2.感想	3.丁寧	4.ぞんざい	5.女性専用	6.女性稀使用	7.形式的	8.親近的	注記
[01]	46	86	32	188	303	90	2	215	左は行番号
[05]	2249	2361	2082	2099	2127	2065	2004	1997	
[06]	2999	3169	2810	2807	3053	2854	2826	2874	
[11]	6502	6188	6077	6358	6161	6421	6089	6388	
[13]	7559	7786	7232	7013	7021	7035	7555	7873	
[16]	10285	9233	9729	9488	9533	9307	9706	9238	
[07]	3488	3410	3305	3423	3364	3291	3301	3443	
[04]	1914	1587	1649	1439	1568	1773	1571	1659	
[10]	5286	5128	5377	4991	5170	5602	5150	5625	
[14]	8186	8376	8149	8033	8258	8040	8106	8016	
[03]	668	1026	755	813	938	1119	−	951	「−」発話なし
[09]	4483	4601	4248	4672	4408	4159	−	4668	
[15]	8982	8508	8441	8661	8473	8572	−	8664	
[12]	6571	6746	−	6709	6676	6663	−	6945	
[08]	3716	3512	3823	3585	3522	3603	−	3917	
[19]	−	11189	11200	11253	11080	11077	−	11210	

3．3　分析

　このグラフの図形の大きいものほど、協力者が、幅広い、多様な言語表現をなしている可能性があると考えられる。また、1と2、3と4、5と6、7と8、というように、ほぼ反対の概念を有する項目を対置させたので、そ

れぞれの方向への伸びの大きさで、極端なフレがあるかどうかも見ることができよう。加えて、ほぼ上半分（1.説明、3.丁寧、7.形式的）はおおむね職業を実際に遂行する上で、必要度の高いと思われる表現、下半分（2.感想、4.ぞんざい、8.親近的）は、それとは逆の比較的プライベートな表現といってもよいかと思う。そして、左半分は、一般的にとかく女性に期待されやすいもの（3・5・8・2）であるし、右半分は、そうではないもの（7・6・4・1）という見方もできよう。

ほかにもいろいろな観点があろうかと思われるが、上記のようなことを頭において、協力者ごとにみていくことにする。

まず、グラフの図形が比較的大きいと思われるのは、通し番号①〜⑥の、[01A][05A][06A][11A][13A][16A]の6人の協力者で、いずれも会社員である。しかし、大きいとはいってもそれらの形はさまざまで、上下左右への広がりの程度もいろいろである。すなわち、これらの会社員の女性たちは、説明的でもあれば、その反対の感想的な面も表現しうるし、形式的にもなれるし、形式を捨てた親しみのある表現もできる、といったように、表現の幅が広いということが言え、しかもその広がりかたにそれぞれの個性が発揮されていると言えよう。

一方、それらとは逆に、通し番号⑮・⑯の[08A][19A]は、図形が比較的小さい。両者とも形式的がゼロであり、他の項目も低いため、図形がちぢまっている。[08A]は、小学校教員、[19A]は、研究所の研究補助で、ともに会社勤務ではない。この2人の協力者は、職場において、表現の幅が狭く、極端にフレることがあまりない、一定のレベルに安定したところの言語表現をしているものと考えられよう。

あとの、通し番号⑦〜⑭の8人の協力者のグラフは、図形の大きさでいうと、上述の2つの中間的な形であると思われる。そのうち、⑦〜⑩の[07A][04A][10A][14A]の4人は、大きさという点では、①〜⑥の6つのグラフとそれほど大きな差があるようにはみえないが、形式的な言語表現の点数が高くないことと、女性専用・女性稀使用のフレが大きくないことで共通し、

そのためにやや形が小さくなっているものと思われる。これらの[07A]は、大学助手、[04A]は大学教員、[10A]は地方公務員、[14A]は大学事務であり、いずれも会社勤務ではない。これらの協力者は、職場において、あまり形式的な表現をせず、女性らしい、らしくないにあまりかかわりのない言語表現をしているものと考えられる。

　さて残りの⑪〜⑭の[03A][09A][15A][12A]の4人は、ともに形式的がゼロであることで、その下の前述⑮・⑯とも共通点をもっている。ただ、他の項目に比較的強く現われているものが、いくつかあって、図形もやや大きくなっており、それぞれの特徴がはっきりしていることが、⑮・⑯とは異なっている。[03A]は会社員、[09A]は高校教員、[15A]は会社員、[12A]は国家公務員である。[03A]は、きわめて説明的で、丁寧さや親近感のやや強い言語表現で、女性専用も女性稀使用も同じ程度の強さで現われている特徴をもつ。[09A]は、ぞんざいさが強く出ており、親近的がやや強いほか、説明的と感想が同じ程度の強さで現われている。[15A]は、きわめて丁寧で親近的、やはり説明的と感想が同じ程度の強さで現われている。[12A]は、下半分だけの形で、形式的・説明・丁寧ともにゼロ、親近的がきわめて強く、感想・ぞんざい・女性稀使用がそろってやや強くでている、非常に個性的な言語使用である。

3．4　この節の結論

　これらの図形は、「方法」のところで述べたようなやりかたで作成したものであるから、各協力者の表現の幅の可能性を示すにすぎない。頻度を表わしてはいないし、ましてや何か月にもわたる録音資料ではないから、＜この協力者は、この種類の表現については、ここまで強く（弱く）言っている発話があった＞ということにすぎない。それでも、これだけ変化に富んだ図形が出てきているということは、働く女性のことばの多様性をたしかに示してはいると思う。とても、「女は説明が苦手で、感情的に話す」とか「女の言

葉使いは、丁寧で、親しみ深い」などと、ひとしなみに括ることなど出来ないものである。

　むしろ、女性の中での個性の差が大きいことに注目すべきで、ここでいえば、職場の差、働き方の差による言語表現の幅の差異を把握せねばならない。

　やはり、会社員とそれ以外には、だいたいにおいて表現の幅の大小に差があるようだ。また、研究所も含めた学校関係（小学校・高校・大学）に働く女性は、ことばの女らしさも女らしくなさもともに弱く、形式度も弱い、という共通性がありそうだ。公務員は、地方公務員・国家公務員ともに、グラフの下半分が大きい、すなわち、親近的と感想とぞんざいに強く出て、形式的と説明と丁寧に弱く出ていることで共通性を見い出せる。

4　結果の考察

　以上、2つの大きな観点から分析してきた結果をまとめてみる。

　まず、言えることは、一口に働く女性のことばといっても、職場ごとに、あるいは、職種ごとに、非常に多様な姿を見せているのだということである。そして、一人の女性のなし得る表現の振幅はかなり大きく、いろいろな表現を持っていて、場面によって、多かれ少なかれ切り替えているというありかたが浮かび上がってきている。

　全体的には、性に無関係な言葉遣いを中心として使っている。そして、職場によって、あるいは場面によって、従来女性があまり使わないとされてきた、整わない、やや乱暴な、敬語抜きの言葉を使っている。女性らしさ、あるいは女性らしくなさの、程度の切り替えや使い分けは、学校関係で少ないにしても、それ以外の職場では程度の差こそあれ、行われている。これらを総合的に見て、女性の職場での言葉は、女性語ばなれの傾向があるといってよいだろう。

　女性らしい言葉遣いの程度も含め、説明や感想、形式的や親近的などの表現について、1人の表現の幅の広さを見た場合、会社員は比較的、表現の幅

が広い。それは、形式的でもありうるし、親近的でもありうる、といったように、対立する表現の両方に程度が高く出て、フレが大きいためである。

一方、会社員ではない、小学校教員と研究補助員が最も表現の幅が狭かった。

また、幅の広さにおいて、これら2つの中間にあるもののうち、大学助手・大学教員・大学事務および公務員が、あまり形式的な表現をしないこと、女性らしさ・女性らしくなさのフレが少ないことで、表現の幅がやや縮まっている。特に公務員（国家）は、オフィシャルな表現形式と思われる、形式的・説明的・丁寧の3種がゼロで、言語表現上は、プライベートな面が強く出ている結果となった。

このように見てくると、会社で働く場合と、学校関係・公務員を中心とする会社以外の職場で働く場合では、女性の使う言葉は、かなり異なる様相を見せるということは、言ってよいのではないかと思われる。

【参考文献】

1. 井出祥子（1983）「女らしさの言語学」『講座　日本語の表現3　話しことばの表現』　筑摩書房
2. 川成美香（1993）「依頼表現」「日本語学」12-6　臨時増刊号　明治書院
3. 木川行央（1991）「方言にあらわれた男女差－西日本方言（関西）」「国文学　解釈と鑑賞」56-7　至文堂
4. 国立国語研究所（1951）『現代語の助詞・助動詞』　秀英出版
5. 鈴木　睦（1993）「女性語の本質」「日本語学」12-6　臨時増刊号
6. 高崎みどり（1996）「テレビと女性語」「日本語学」15-9　明治書院
7. マグロイン・花岡直美（1993）「終助詞」「日本語学」12-6　臨時増刊号
8. 松村　明編（1969）『古典語・現代語　助詞・助動詞詳説』　学燈社
9. 松村　明編（1984）『日本文法大辞典』　明治書院
10. 森田良行（1991）「語彙現象をめぐる男女差」「国文学　解釈と鑑賞」56-7　至文堂

第11章
「ね」のコミュニケーション機能と
ディスコース・ポライトネス

宇佐美まゆみ

1 はじめに

　本稿では、実際の会話における「ね」の使用を、社会的相互作用における運用上の「コミュニケーション機能」という観点から捉え直し、その場面に応じた使い分けを明らかにするとともに、その使い分けが、円滑なコミュニケーションを維持するためのストラテジーとしての「ポライトネス」と、いかにかかわっているのかということについて考察する。そのために、「ディスコース・ポライトネス」（宇佐美、1996b；1997）という概念を導入し、一定の談話における各々の「ね」の語用論的ポライトネスが、談話全体の中で総体的にはいかなる役割を果たしているのかという観点から、また、「ね」がポライトネスに果たす役割を、一定の談話における「**適切な使用頻度**」という観点から捉えて分析する。

2 いわゆる終助詞「ね」のこれまでの研究

　益岡（1991）が指摘しているように、ある表現形式が本質的に有する意味としての「内在的意味」と、具体的な「表現効果」は区別して研究されるべきであるが、これまでの終助詞の研究においては、前者の「内在的意味」を探究するものがほとんどであった。最近では、自然な日本語を話すためには、終助詞の適切な使用が必須であるという「表現効果」の観察に端を発した研究（大曽、1986；陳、1987；蓮沼、1988）も出てきているが、それらも基本

的には、内在的意味を研究対象としている。また、実際の会話をデータとして、終助詞「ね」のコミュニケーション機能を考察したという研究も出てきてはいるが（伊豆原、1992）、そこで言う「コミュニケーション機能」というのも、やはり言語形式としての「ね」の「中心的機能」という意味で用いられており、実際の会話における「ね」の「運用面における機能」という捉え方はなされていない。そのため、自然談話を資料とした研究も、短いやりとりの分析に留まっていることが多く、当該の談話全体の改まり度の高低などの、より長い談話レベルの要素も考慮に入れて、その「表現効果」としてのコミュニケーション機能、語用論的観点からの使用条件、ポライトネスとのかかわりなどに正面から焦点を当て、それを体系化しようとするような試みは、ほとんどなされてこなかったと言える。

　しかし、一方で、聞き手の内部世界を顧慮することを表す表現形式である「ね」の使用は、円滑なコミュニケーションのための工夫の一つである（益岡、1991）、「ね」の使用は親愛表現とつながるが、多用すると時と場合によっては、好ましくない印象を与える（伊豆原、1992）など、「ね」が対人調節と何らかのかかわりを持っているという指摘は多い。また、Brown and Levinson（1987）のポライトネス理論の枠組みを借りて、「ね」の場面による使い分けを、本質的機能の探究という観点からではなく、語用論的ポライトネスという観点から分析した研究も出てきた（宇佐美、1994b）。しかし、未だ限られたデータの分析にとどまっており、その実態は明らかになっているとは言い難い。すなわち、「ね」の運用上のコミュニケーション機能、使用条件、ポライトネスとのかかわりの解明については、幾人かの研究者が今後の課題として指摘しながらも、未だ明らかになっていないのが現状である。

3　Brown & Levinsonのポライトネス理論の限界

　Brown & Levinson（以後、B＆Lと記す）のポライトネス理論では、「円滑なコミュニケーションを維持するためのストラテジー」としてポライトネ

スが捉えられている。彼らは、「他者に理解・共感されたいという欲求」としてのポジティブ・フェイスと、「他者に邪魔されたくない、立ち入られたくないという欲求」としてのネガティブ・フェイスの二つを、人間の基本的な欲求として立て、この二つの基本的欲求としてのフェイスを脅かさないように配慮することが、ポライトネスであると捉えている。そして、それぞれ、ポジティブ・フェイスに訴えかけるストラテジーを「ポジティブ・ポライトネス」、ネガティブ・フェイスを配慮するストラテジーを「ネガティブ・ポライトネス」と呼んでいる。また、これらのフェイスを脅かす可能性のある行為をFTA（Face Threatening Acts）と呼び、このFTAの度合いが高くなればなるほど、よりポライトなストラテジーが必要になると捉えている。

　B&Lの理論に対しては、主に敬語を有する言語の研究者から、敬語使用の原則を説明しないという批判がなされている。ポライトネスの普遍理論は、各個別言語における敬語使用の原則を超えてある「円滑なコミュニケーション」のための言語的ストラテジーの普遍的原則であり、既に文法化、語彙化された各言語の敬語使用の原則をすべて説明する必要はないが、そういう的を射ない批判が出る一つの原因は、彼らの理論が、基本的に文レベルの方略的言語使用に重きを置いたものになっているためであると思われる。ポライトネスを文レベルで捉えると、敬語を有する言語においては、どうしても敬語使用の原則の制約の比重が重くならざるを得ないからである。そういう意味で、現状のB&Lの理論には、敬語を有する言語における敬語使用の原則が、個人の方略的な言語使用に対して持つ制約力の影響を、その理論に充分に組み込んでいないという限界がある。

4　方法
4．1　「ディスコース・ポライトネス」という観点からの「ね」の分析

　B&Lのポライトネス理論とそれに対する批判双方に共通する問題は、どちらもポライトネスを文レベルで捉えていることである。ポライトネスの理

論をより普遍的なものへと発展させるには、各言語の構造の違いが大きく影響する文レベルにおける言語表現の比較は不適当であり、前置きの有無、話題導入やあいづちの頻度など、談話レベルからしか捉えられない諸要素の効果もポライトネスの要素として捉える「ディスコース・ポライトネス」という概念が必須である(宇佐美.1996b;1997;Usami,1996)。ここでは、「ディスコース・ポライトネス」の概念を、「一文、一発話行為レベルでは、捉えることのできない、より長い談話レベルにおける諸要素が語用論的ポライトネスに果たす役割、及び、文レベルの要素も含めた諸要素のポライトネス機能のダイナミクスの総体」と定義しておく。ディスコース・ポライトネスは、語用論的ポライトネスであるが、語用論的ポライトネスは、文レベルでも捉えることができるという意味で、この両者は同一のものではない。

いわゆる終助詞「ね」は、敬語のように、それ自体が文の「丁寧度」を表すものではない。しかし、それが話者の発話態度を付随的に示すことから、これまでしばしばその「対人調節機能」が指摘されてきた。しかし、実際の言語使用場面における「ね」とポライトネスのかかわりを解明するためには、文レベルの分析において、その本質的機能を探るだけでは不十分である。

そのため、本稿では、異なるコミュニケーション機能をもつ「ね」の場面に応じた使い分けとポライトネス・ストラテジーとの関係を分析するとともに、「ディスコース・ポライトネス」という概念を導入して、各々の「ね」の語用論的ポライトネスが、一定の談話全体の中で、総体的にはいかなる役割を果たしているのかを探る。また、「ね」の場面に応じた「適切な使用頻度」を探ることから、それがディスコース・ポライトネスにいかに関係しているのかを、分析・考察する。

4.2 分析資料

本共同研究の談話資料は、様々な場面における働く女性の言葉遣いを分析するために、大きくは「朝」、「会議」、「休憩」の3場面に分けて収集さ

れている。しかし、さらに細かく個々の場面を見ると、例えば、「朝」には、電話、打ち合わせ、同僚との雑談など、相手や改まりの度合いが異なる場面が混在しているデータが多い。また、「会議」も、内輪の改まり度の低い打ち合わせから、改まり度の高い会議まで、各協力者（録音を依頼した人）によって、状況がまちまちであるため、すべてを無造作に比較することはできない。

　本研究では、改まり度の高低の違いに重点をおいて、同一話者の場面による「ね」の使い分けとそのコミュニケーション機能を、語用論的ポライトネスという観点から分析するのが目的であるので、改まり度が最も高い「会議」（基本的スピーチレベルは敬体）と、改まり度が最も低い「休憩」（基本的スピーチレベルは常体）の雑談を分析対象とすることにした。

　「会議」については、前述のように、協力者によっては、改まり度が低く、常体でかなりくだけた話し方をしているものから、敬体中心のかなり改まり度の高い会議まで様々であったので、条件を統一するため、また、改まり度の低い雑談場面との違いがより明確になるように、敬体中心の改まり度の高い会議場面のある協力者のデータを分析対象とすることにした。

　また、「休憩」の会話は、どのデータもほとんどが同僚との雑談であり常体が主となっているが、会話参加者が大勢いる会話では、協力者の発話数が相対的に少なくなり、一定の傾向を見い出すには至らなくなる。そのため、会話参加者が比較的少なく、協力者の発話数が相対的に多いものであることを基準とした。

　今回のデータには、「会議」といっても内輪の打ち合わせ的なものが多く、敬体を中心とした話し方をしているものは、意外に少なかった。上記の条件を満たした協力者は、協力者19名中、協力者03（30代）、協力者06（40代）、協力者17（30代）の3名であった。偶然にもこの3名はいずれも編集者で、会議の場面はいずれも編集会議であった。また、3つのデータ共に、大部分が、会議で協力者が中心となって報告や説明を行っている場面となっており、協力者の発話数が全体の半数以上を占めている。このように、これらのデー

タは、かなり条件が類似したデータになっている。また、「休憩」の雑談も、どのデータも参加者が比較的少数であるため、協力者の発話数が半数近くになっており、協力者に焦点を当てた言語使用の分析に適したものとなっている。以下に、分析対象としたデータの総発話数に占める協力者の発話数とその割合を示す。

表1　総発話数に占める協力者の発話数とその割合

	会議			雑談		
	協力者発話数	総発話数	割合	協力者発話数	総発話数	割合
協力者 03	154	249	61.8	100	192	52.1
協力者 06	93	138	67.4	89	227	39.2
協力者 17	50	68	73.5	132	273	48.4
平均	297	455	65.3	321	692	46.4

4.3　「ね」の分類法

　本研究の目的は、従来、終助詞、間投助詞、感動詞などに分類されている「ね」の品詞認定や表現形式としての「ね」の内在的意味を探究するものではなく、また、「ね」の機能の分類を網羅することでもない。むしろ、実際の会話の中における「ね」の運用上の機能、すなわち、益岡が「表現効果」と呼んでいるものを、「コミュニケーション機能」と捉え、実際の会話において、異なるコミュニケーション機能を持つ「ね」を、同一話者が場面に応じていかに使い分けているか、また「ね」の使用と語用論的ポライトネスとはいかなる関係にあるのかを明らかにすることが目的である。
　そのため、本研究では、従来は、感動詞、間投助詞、終助詞、或いは、終助詞の間投用法等々として分類されている「ね」すべてを、その「運用面におけるコミュニケーション機能」という同じ枠組みの中で捉え、分類する。

分類法は、「ね」と同様の機能を持つとされる"you know"を扱った研究 (Brown, 1977; Holmes, 1986; Shiffrin, 1987等) を参考にした宇佐美(1994b)を若干修正し、実際の会話における「ね」のコミュニケーション機能として、円滑な会話に最も基本的であると考えられる以下の5つに分類した。
　①会話促進（Facilitative）　　②注意喚起（Attention-getting）
　③発話緩和（Softening）　　④発話内容確認（Confirming）
　⑤発話埋め合わせ（Verbal-filler）

　最初にも述べたように、本研究は、一つの言語形式「ね」のコミュニケーション機能を網羅的に分類することが目的ではないので、今回分析対象とした談話資料には出現しなかった「僕は、いやだね」「そんなに面白いかね」「お母さんは元気かね」のような発話のコミュニケーション機能について、新たに分類項目を立てる必要があるか否か等は検討中である。

　実際の発話をその運用上の機能から分類する際の複雑な点は、一つの「ね」が同時に複数の機能を果たしていることも少なくないということである。しかし、本研究の目的の一つは、それぞれの機能を持つ「ね」の出現頻度を談話レベルから見た際に、それが総体として、その談話内でいかなる機能を果たしているのかを明らかにすることである。そのため、一つの「ね」が複数の機能を持つと思われるような場合は、当該の「ね」が使用された談話レベルのコンテキストやイントネーション等を考慮し、その談話の流れの中で、当該の「ね」が最も強く果たしていると思われる機能として分類した。また、本稿では、「ね」「ねー」などを含めて、「ね」と表し、議論を進める。

4．4　コミュニケーション機能による「ね」の分類

　以下に、各コミュニケーション機能の説明と、語用論的ポライトネスとのかかわりを例を挙げながら記す。以後、例における最初の番号は、例の通し番号、続く番号は、データのレコード番号、[　]内は、協力者番号と年代、性別、場面を示す。会議は「会」、休憩時雑談は「雑」と記す。また、今回

の分析は、協力者の発話に現れた「ね」のみを対象とし、対話相手の発話に現れた「ね」は対象としていない。また、例の発話中の（　）内の言葉は、意味が分かりやすくなるように筆者が補足したものである。「ね」を運用上のコミュニケーション機能という観点から分類するためには、かなり長い談話レベルの要素を考慮した判断が必要になることが多い。しかし、以下の用例は、紙幅の都合で一発話、或いは、極めて短い談話レベルでしか示していない。前後の文脈がないと分かりにくいものには、簡単な説明をつけるようにはしたが、制約があることは否めないことをお断りしておきたい。

① 会話促進（Facilitating）－相互作用的用法

話し手が対話相手と意見・考えなどを共有するものと想定することによって相手との一体感を示したり、相手の発話に同意を示すことで聞き手に対する連帯感（solidarity）や肯定的態度を示すもの。

この「ね」は、自分の持つ情報を相手も持っていると想定することや、相手の持つ情報を自分の情報として認めることによって、話し手と聞き手の一体化志向、経験の共有化志向を示すものである。すなわち、話し手と聞き手の情報や判断の一致を前提としている話し方である。つまり、この「ね」は、一般的には一体化志向などと呼ばれている「ね」の基本的な働きが最も素直に、実際のコミュニケーション機能として働いている場合であると考えられる。それ故、文レベルにおける、いわゆる同意を求める「ね」は、この分類に含める。

しかし、一方、「ね」の機能を文レベルだけでなく、談話レベルにおける会話管理という観点から見ると、「全体的には、あなたと同じような考えである」ということを表すことによって、会話の進行を円滑にし、会話を促進する機能を持っていると考えられる。というのは、自然会話における個々の「ね」を見ていった場合、話し手と聞き手が全く同一の情報を持っている場合もあるが、むしろそうでない場合の方が多いからである（Cook, 1988）。文レベルではなく、長い談話レベルから分析すると、相手に同意を求める「ね」についても、特定の命題内容に対して同意を求めているものよりも、むしろ、

全体的に、概して同じような考えだということを互いに確認しあっているものが多い。つまり、相手が「同種」の情報や考えを持っていると、話し手が「想定」して話してさえいればよく、必ずしもそれが事実である必要はないのである。そのように「想定する」ということが、実際の対人コミュニケーション上、意味を持っているのである。この傾向は、英語の"you know"にも見られる。

つまり、この「ね」は、相手が同種の情報や考えを持っていると、話し手が想定しているという「ね」の本質的機能を包含しながらも、現実にはほとんど慣習的、無意識的に用いられているものである。つまり、実際の会話におけるコミュニケーション機能という観点から見ると、会話のテンポを作り出し、会話を促進する「会話促進機能」を持っていると捉えられる。

この用法の「ね」は、取り去ることも可能であるが、そうすると、その話者の言い切りによって、会話の流れが途切れる感じや、ぎこちない感じになってしまうものが多い。このことからも、この「ね」が会話促進機能を持っていることが分かる。実際の会話では、このタイプの「ね」の使用は、親しい者同士のカジュアルな会話に典型的に見られる。

この用法の「ね」の使用は、Ｂ＆Ｌのポライトネス理論における「相手に共感を示す」ポジティブ・ポライトネスになっていると考えられる。以下に、いくつか例を示す。

1　1061　飛行機のよう、飛行機酔う人ってあんまりいないよね。
　　　　　　　　　　　　　　　　　　　　　　　　[03A・30f・雑]
　　 1062　今はぜんぜん酔わないんですけどね。　[03H・20f・雑]
2　1065　＜笑い・複＞バスは、★ね。　[03H・20f・雑]
　　 1066　→酔うね←＜間＞　[03A・30f・雑]
3　3051　あのー、年にいっぺんぐらいしか書かないんだよね、あの人ね。　　　　　　　　　　　　　　　　　[06A・40f・雑]
4　10324　でもねえ、九州もわたしね、長崎は一回行ったんだけど。
　　　　　　　　　　　　　　　　　　　　　　　　[17A・30f・雑]

10325	ふーん。	[17J・20f・雑]
10326	あとはいつも福岡どまりですよ<u>ねー</u>。	[17A・30f・雑]
10327	うん。	[17J・20f・雑]
10328	だから宮崎とか鹿児島とか<u>ねー</u>。	[17A・30f・雑]

　これらの「ね」は、上に述べたように、話し手と聞き手の情報や判断の一致を前提としている話し方であるが、現実には、ほとんど習慣的、無意識的に用いられることが多いものであり、コミュニケーション機能としては、会話にテンポを持たせる「会話促進」の機能を果たしていると捉えられる。相手と概して同じような考えであるということを前提として話しているということが重要で、特定の内容に厳密に同意するか否かを問題としていないことが多い。しかし、厳密ではないにせよ、基本的には内容にかかわるため、ひとつの命題内容が終わる文末にくることが多い。

　例4の10326の発話は、文レベルのみで見ると、後述の「発話内容確認」のようにもとれるが、これは、談話の流れから見ると、話し手が「九州に行ったことはあるが、いつも福岡止まりで、それより南に行ったことがないので、もっと南に行きたい」という文脈の中の発話であり、聞き手も同様の意見を持っていることを前提として話していると考えられるものである。

② 注意喚起（Attention-getting）－話し手中心用法

　話し手が聞き手を自分の話題に引き込むために、自分の発話を強調したり、相手の注意を喚起するものであり、聞き手が同じ情報を持っているか否かという判断も必要ない。そういう意味で、話し手中心の用法と言える。発話をすべて言い終わらないうちに、聞き手を自分の話題に引き込みたいわけであるから、語末や句末レベルで頻繁に現れるのが特徴である。また、この用法の「ね」は、自分が発話の順番を保持する機能も持っている。

　「注意喚起」の「ね」もある意味では、相手を会話に引き込もうとするわけであるから、会話促進の機能を持っているとも考えられる。しかし、「会話促進」の「ね」と、「注意喚起」の「ね」との大きな違いは、「会話促進」の「ね」が取り去るとぎこちない感じになってしまうものが多いのに対して、

「注意喚起」の「ね」は、取り去っても、文意が変わったり、ぎこちなくなるということはなく、また、相手に失礼になるということもないという点である。むしろ逆に、多用すると、相手や時と場合によっては、失礼になってしまう危険性がある。それは、この「ね」が話し手中心の用法であるからであろう。

そのため、この「ね」は、ある特定の言語表現の「適切な使用頻度」を考慮に入れた「ディスコース・ポライトネス」にも密接にかかわってくるという意味で重要である。つまり、適切な頻度であれば、ポライトネスを逸してはいないが、適切な頻度を越すと、ＦＴＡ（Face Threatening Acts）の度合いが高くなり、失礼になるという、談話レベルからしか捉えられない「ディスコース・ポライトネス」のひとつの構成要素になっていると考えられる。

 5 1072 けっこう混むんですか、バスって。 ［03H・20f・雑］
    1073 うちからはね、まだ乗ってないの。 ［03A・30f・雑］
 6 3220 ほんとに速読する人はね、岩波新書はね、2時間で読まなきゃいけないだよね。 ［06A・40f・雑］
 7 10324 でもねえ、九州もわたしね、長崎は一回行ったんだけど。
                 ［17A・30f・雑］

③ 発話緩和（Softening）-聞き手中心用法

聞き手の感情を配慮して、自分の発話を和らげるものであり、これらには、口調を和らげることによって、ネガティブ・ポライトネスを高める働きがある。この場合、話し手より聞き手の心理に重点が置かれており、その意味で、聞き手中心の用法と言える。この「ね」は、話し手が、聞き手が知らないであろうと判断する情報を提供するときにも用いられ、あえて「ね」を用いて聞き手との情報の共有性を示唆することによって、発話を緩和する機能を果たしている。

この発話緩和の機能を持つ「ね」の使用は任意であるが、取り去った場合、話し手が自分の意見を言い切った印象を与えるため、時と場合、相手によっては、失礼になる場合が出てくる。そのことからも、この「ね」の使用が、

ネガティブ・ポライトネスになっていることが分かる。

  8 679 それで、それを、あの、ま、えー、こちらでミリ、ミリ単位でまー計算しまして、いちおう出すんですが、この英語が全部揃ってくるまで、えーと、そちらにお渡しできないんです<u>ね</u>。 [03A・30f・雑]

　例8は、取引会社の部長、部員との業務上の打合せ会議における発話である。なるべく早く仕事を進めたいという文脈の中、原稿が揃うまで、その取引先の印刷会社に渡せないと言うことを伝える発話である。「ね」をつけることで、口調が緩和されていると言える。この「ね」は、取り去ることも可能であるが、そうすると、話し手が言い切っている印象を与え、イントネーション等によっては、失礼になる場合がある。

  9 2912 まだー、あのー（話題主の）長女が23才なんです<u>ね</u>。
  [06A・40f・雑]

  10 10253 で、来年の春ーから、まあ、たとえば、［学校名］が、その、とりやめるとかって、ゆう話がきてますので、こう、どうもこう、勢いとしては、ちょっといま下がってる状、況です<u>ね</u>。
  [17A・30f・雑]

　例9・例10は、協力者が会議の中で、ある事柄を説明している比較的長いナレーティブの中の一つの発話である。聞き手が知らない情報を提供、説明するという一種優位な状況の中、「ね」をつけることで口調が緩和されていると言える。

④　発話内容確認（Confirming）

　話し手が自分の発話の内容に確信を欠く場合に、聞き手に確認するもの。話し手が単に事実をよく知らないという場合もあるが、自分の考えに自信がないときに、相手に確認する場合もある。

  11 742 で、えーとー、版下ーもいっしょにやっていただけるんですよ<u>ね</u>。 [03A・30f・会]

12　776　→じゃあ、←2通、あればいいと★ゆうことですね。
　　　　　　　　　　　　　　　　　　　　　　[03A・30f・会]
　13　2989　えーと、それから250も、今日、初めてでございますよね。
　　　　　　　　　　　　　　　　　　　　　　[06A・40f・会]
　14　10250　えーと、じゃあ、いちよちょっと、説明したほうがいいです
　　　　　　　よね。　　　　　　　　　　　　[17A・30f・会]

⑤　発話埋め合わせ（Verbal filler）
　話し手が、発話中に不確実な言語表現のために言いよどんだ時や、次の表現を計画する時間を稼ぐための間を埋め合わせるため、また、会話のギャップを埋めたりするために挿入される言葉（フィラー）に付随するもの。この「ね」は、通常、「です」に付随して、「〜ですね」という埋め合わせ表現の一部として用いられ、単独で使われることはない。

　15　686　えー、にゅ、入稿はですね、2回ぐらいに分けたいとゆうふ
　　　　　　うに思っております。　　　　　　[03A・30f・会]
　16　2886　あのー、いちようですね、えー、まあ、それでー会社のほう
　　　　　　は今日から出社して動き出しております。[06A・40f・会]
　17　10251　えーっとですねー、じゃあまず、企画主旨とゆうことからで
　　　　　　す、けれどもー、ま、基本的にはまあ養成講座の、まあ、ガ
　　　　　　イドとゆうことです。　　　　　　[17A・30f・会]

　この発話埋め合わせの「ね」は、上記の例に見られるように、「ですね」という話し言葉に特有の一種の埋め合わせ表現の一部として使われることがほとんどである。この埋め合わせ表現における「ね」自体の機能は、「注意喚起」の機能から派生したものと考えられる。つまり、「〜ですね」という言い方は、注意を喚起し、発話順番を保持するという話し手中心用法の「注意喚起」の「ね」に、より改まった場面でも使用できるように敬体「です」をつけて、丁寧度を高めたものが慣習化したものと思われる。それが発展して、注意を喚起する「ね」の丁寧度を高め、発話を緩和するとともに、言葉を選んで話す必要がある会議などにおける発言の間を埋め合わせる機能も持

- 253 -

つようになったと考えられる。しかし、この「〜ですね」という言い方は、既に「ね」抜きでは用いられない形で慣用化していることから、ここでは、「ね」を含めた埋め合わせ表現全体が、「発話埋め合わせ」としての機能を持つと捉えることにした。この「ですね」の使用は、敬体「です」と共に用いられることにもよるが、発話を緩和するネガティブ・ポライトネスになっていると考えられる。

4．5 語用論的ポライトネスという観点からの「ね」の分類

次に、先に述べた「ね」の5つのコミュニケーション機能を語用論的ポライトネスという観点から分類する。

①の「会話促進」のための「ね」の使用は、相手が概して自分と同じような考えを持っていると想定しているのであるから、典型的なポジティブ・ポライトネスと考えられる。

③の「発話緩和」のための「ね」の使用は、相手を配慮して発話を和らげるのであるから、典型的なネガティブ・ポライトネスである。

④の「発話内容確認」の「ね」の主たる機能は、話し手が純粋に自分の発話内容を確認する機能を持つものであると考え、ポライトネス・ストラテジーの観点からはニュートラルであると捉える。

⑤の「発話埋め合わせ」の用法は、先にも述べたように、「注意喚起」の「ね」に「です」がついて丁寧化したものと捉えられ、常に「ですね」という形で用いられるため、ネガティブ・ポライトネスになっていると考えられる。

つまり、①の会話促進はポジティブ・ポライトネス、③の発話緩和と⑤の発話埋め合わせは、ネガティブ・ポライトネスに対応していると考えられる。また、④の「発話内容確認」は、ニュートラルとして分類する。

新しい発想が必要なのは、②の「注意喚起」の「ね」である。この「ね」とポライトネスとのかかわりは、一文、一発話レベルにおけるこの「ね」の

使用が、単純にポライトネス・ストラテジーになっているという類のものではない。この「ね」は、前述のとおり、話し手が聞き手を自分の話題に引き込むために、自分の発話を強調したり、相手の注意を喚起するものであり、また、自分が発話の順番を保持する機能を持っているなどのことから、極めて「話し手中心的な」用法であると言える。この「ね」を子供が頻繁に使用する傾向にあるのもそのためであろう。それ故、多用すると、「子供っぽい」「なれなれしい」「くだけすぎ」などの印象が生じ、相手に不愉快な印象を与えてしまうことになりかねないものである。

しかし、一方で、この「ね」は、相手を会話に引き込もうとするわけであるから、一種の会話促進の機能を持っているとも考えられ、一概に使わないほうがよいとも言いきれない。つまり、適切な頻度であればポライトネスを逸してはいないが、適切な頻度を越すと、FTA（Face Threatening Acts）の度合いが高くなり、失礼になるという意味で、ディスコース・ポライトネスのひとつの構成要素になっていると考えられる。それ故、「注意喚起」の「ね」は、「適切な使用頻度」というものが語用論的ポライトネスにかかわってくるものの好例と言えよう。

本稿では、会議場面と雑談場面において、このタイプの「ね」の使用頻度がどのくらいであるのかを同定することによって、この「ね」の場面に応じた「適切な使用頻度」について考える。

5 結果と考察

5.1 「ね」の頻度が各協力者の場面ごとの総発話数に占める割合

まずは、協力者03（30代）、協力者06（40代）、協力者17（30代）の3名の協力者の「ね」の場面ごとの使用数が、各協力者の総発話数に占める割合を次ページの表2に示す。

表2　各協力者の「ね」の使用頻度とその総発話数に占める割合

場面 協力者	会議			雑談		
	「ね」の頻度	総発話数	割合	「ね」の頻度	総発話数	割合
協力者03	53	154	34.4	11	100	11.0
協力者06	18	93	19.4	23	89	25.8
協力者17	18	50	36.0	24	132	18.2
合計	89	297	30.0	58	321	18.1

＊　一発話に複数回「ね」が使われることもある。

表2に示されたように、場面ごとの「ね」の総発話数に占める割合は、平均、「会議」で約30％、「雑談」で約18％となっている。

本研究では、「さ」「よ」は扱っていないが、それらも含めると、上記の割合が上がるため、この結果は、会話における表現の流れの約3分の1は、「ね」「さ」「よ」などの助詞によって区切られているという報告（メイナード，1993）と近いものになっていると考えていいだろう。

5．2　コミュニケーション機能別に見た「ね」の使用頻度と割合

次に、「ね」の使い分けの傾向を明らかにするために、「ね」のコミュニケーション機能を先に述べた5つに分類し、各協力者ごとにその使用頻度と割合をまとめた結果を以下の表3に示す。

表3－1　コミュニケーション機能別に見た「ね」の使用頻度と割合「会議」

場面 機能	会議						
	協力者03		協力者06		協力者17		合計
	頻度	割合	頻度	割合	頻度	割合	頻度	割合
①会話促進	3	5.7	0	0	5	27.8	8	9.0
②注意喚起	2	3.8	1	5.6	0	0	3	3.4
③発話緩和	24	45.3	3	16.7	7	38.9	34	38.2
④発話内容確認	8	15.1	3	16.7	3	16.7	14	15.7
⑤発話埋め合わせ	16	30.2	11	61.1	3	16.7	30	33.7
合計	53	100	18	100	18	100	89	100

＊　割合の合計は、四捨五入の関係で、100.00にならない場合もあるが、便宜上、100と記した。（以下同様）

表3-2 コミュニケーション機能別に見た「ね」の使用頻度と割合「雑談」

機能＼場面	雑談 協力者03 頻度	割合	協力者06 頻度	割合	協力者17 頻度	割合	合計 頻度	割合
①会話促進	9	81.8	15	65.2	13	54.2	37	63.8
②注意喚起	2	18.2	6	26.1	7	29.2	15	25.9
③発話緩和	0	0	0	0	0	0	0	0
④発話内容確認	0	0	1	4.3	4	16.7	5	8.6
⑤発話埋め合わせ	0	0	1	4.3	0	0	1	1.7
合計	11	100	23	100	24	100	58	100

次に、コミュニケーション機能別に見た「ね」の使用頻度と割合の3名の協力者の合計を、場面ごとの比較のために以下の**表4**にまとめる。

表4 場面ごとのコミュニケーション機能別「ね」の頻度と割合－合計

機能＼場面	会議 頻度	割合	雑談 頻度	割合
①会話促進	8	9.0	37	63.8
②注意喚起	3	3.4	15	25.9
③発話緩和	34	38.2	0	0
④発話内容確認	14	15.7	5	8.6
⑤発話埋め合わせ	30	33.7	1	1.7
「ね」の総数	89	100	58	100

以上の表3・4から分かるように、多少の個人差はあるが、全体的には、会議場面では、「発話緩和」（38.2％）「発話埋め合わせ」（33.7％）「発話内容確認」（15.7％）の「ね」で、全体の87.6％を占めており、「会話促進」「注意喚起」の「ね」は、あまり使われていないことが分かる。一方、雑談場面では、「会話促進」（63.8％）が圧倒的に多く、「注意喚起」（25.9％）と併せて全体の89.7％を占めている。つまり、会議というフォーマルな場面と、休憩時の雑談というカジュアルな場面の違いによって、同一人物が異なるコミュニケーション機能を持つ「ね」を、きれいに使い分けていることが分かる。

「えーっとですね」などの「発話埋め合わせ」の用法は、会議などにおけ

る説明や発言に特有のスタイルとみなすことができる。今回の3名の協力者はいずれも、会議の席で何かを報告、説明するという状況にあったため、この「ね」が発現しやすかったと思われる。また、「発話内容確認」の用法が休憩場面より若干多いのは、会議という性格上、何らかの確認事項が含まれていることが多いことによるものであろう。聞き手を配慮した聞き手中心用法としての「発話緩和」が全体の40％近くを占めているのも、会議という改まり度の高い場面における発言であること、同席者全員に向かって発せられている発話であることなどを考えてもうなづける。

一方、雑談場面の結果からは、カジュアルな雑談においては、聞き手の注意を喚起して話題に引き込もうとする「注意喚起」が増え、その他の大部分は、「ね」の相互作用的用法としての「会話促進」になっていることがわかる。このことから、カジュアルな場面における会話が、互いの「かかわりあい（involvment）」（Chafe, 1982）がより深い、相互作用的性格の強いものであることがわかる。

以上に示したように、「運用面における機能」という観点から「ね」の使用を見ると、一つの表現形式「ね」が、異なるコミュニケーション機能を持ち、それが、同一話者によっても、会議、雑談という場面の違いに応じて、はっきりと使い分けられていることが明らかになった。

従来、終助詞「ね」については、その内在的意味、本質的機能の探究という観点から分析されてきた。そのため、実際の言語使用場面における運用上の機能としての、「ね」のコミュニケーション機能の違いを探究することなく、異なる機能を持つ「ね」をひとまとめにしたまま、様々なことが指摘されてきたと言える。「「ね」の間投用法は、「いま親しく話しかけている」という話し手の態度を表すが、いくぶんおしつけるようなニュアンスが感じられる」というもの（田中, 1977）もあれば、テレビの談話資料の分析とアンケート調査の結果に基づいて、「「ね」が親しみを込めた丁寧さの働きかけをしている」とささか早急に結論づけたものもある（佐々木, 1992）。女性の使用頻度が高いとも言われてきた。

しかし、今回の結果に見られるように、異なるコミュニケーション機能を持つ「ね」が、同一話者においても場面に応じて、著しい使い分けがなされていることを考えると、一つの表現形式「ね」についても、それをコミュニケーション機能という観点から捉え直して分類し、場面差なども考慮して考察しなければ、単なる「ね」の使用頻度の男女の比較等の価値も半減してしまうと言えるだろう。

5．3　語用論的ポライトネスという観点から見た「ね」の使用頻度と割合
5．3．1　ポライトネス・ストラテジーの分類

　以下の表5・6に、語用論的ポライトネスの観点から「ね」を分類した結果を示す。3.4で述べたように、①の「会話促進」はポジティブ・ポライトネス、③の「発話緩和」と⑤の「発話埋め合わせ」は、ネガティブ・ポライトネスに対応している。また、④の「発話内容確認」はニュートラルである。また、②の「注意喚起」の「ね」は、一つひとつの「ね」がポライトネスにかかわっているというよりも、談話レベルから見た、「適切な使用頻度」があるという形で、ディスコース・ポライトネスとかかわっていると考えられるため、ここでは、残りの4つのタイプの「ね」を語用論的ポライトネスという観点から分類し、「注意喚起」の「ね」とポライトネスの関係については後述する。

表5　「ね」のコミュニケーション機能と語用論的ポライトネス

コミュニケーション機能　　場面	会議 頻度	会議 割合	雑談 頻度	雑談 割合
①会話促進（PP）	8	9.3	37	86.0
③発話緩和（NP）	34	39.5	0	0
④発話内容確認（N）	14	16.3	5	11.6
⑤発話埋め合わせ（NP）	30	34.9	1	2.3
計	86	100	43	100

＊　PP：ポジティブ・ポライトネス　NP：ネガティブ・ポライトネス
　　N　：ニュートラル

さらに、表5の結果を、場面に応じたポライトネス・ストラテジーの使い分けが分かりやすいように、以下の表6にまとめた。

表6　ポライトネス・ストラテジーから見た「ね」の場面による使い分け

ポライトネス・ストラテジー \ 場面	会議 頻度	会議 割合	雑談 頻度	雑談 割合
PP（①会話促進）	8	9.3	37	86.0
NP（③発話緩和　⑤発話埋め合わせ）	34　30　64	74.4	0　1　1	2.3
N（④発話内容確認）	14	16.3	5	11.6
計	86	100	43	100

　表5・6を見ると、4つの主要なコミュニケーション機能を持つ「ね」を、語用論的ポライトネスという観点からみると、全体的には以下のことが分かる。

(1)　表6を見ると分かるように、会議場面においては、「注意喚起」を除く「ね」の16.3％、雑談場面においては、11.6％は、純粋に「発話内容確認」の機能を担っており、ポライトネスに直接はかかわっていないと言える。

(2)　逆に言うと、会議場面においては、「注意喚起」を除く「ね」の83.7％、雑談場面では、88.4％が、対人調節機能を担っている。つまり、語用論的ポライトネスとかかわっていることが分かる。

(3)　ポジティブ・ポライトネスとネガティブ・ポライトネスは、場面に応じて見事に使い分けられている。すなわち、会議場面では、ネガティブ・ポライトネス・ストラテジー（「発話緩和」「発話埋め合わせ」）になっている「ね」が74.4％を占め、雑談場面では、ポジティブ・ポライトネス・ストラテジー（「会話促進」）になっている「ね」が、86.0％を占めている。

(4)　さらに、「注意喚起」の他、ポライトネス・ストラテジーに直接かかわっていないと考えられる「発話内容確認」を除いた、「ね」の総数に占めるポジティブ・ポライトネスの「ね」、ネガティブ・ポライトネスの「ね」の割合を場面ごとに算出すると、会議場面では、ネガティブ・ポライトネ

ス・ストラテジーが88.9%(64/72)を占め、雑談場面では、97.4%(37/38)が、ポジティブ・ポライトネス・ストラテジーとなっていることが分かる。
以上の結果を、簡単にまとめると、異なるコミュニケーション機能を持つ「ね」が、場面に応じて使い分けられることは、ポライトネス・ストラテジーの使い分けにも、一役担っていることが分かる。

5．3．2　「注意喚起」の「ね」の場面に応じた「適切な使用頻度」

次に、従来、多用すると失礼になる、子供っぽく感じられるなどと言われている「注意喚起」の「ね」の使用頻度を場面ごとに見てみる。先の表4に示したように、この「ね」の使用頻度は、会議場面では、「ね」の総数89のうちの3回で、全体の3.4%、雑談場面では、総数58のうちの15回で、全体の25.9%を占めていることが分かる。先の表2にまとめたように、「ね」の総発話数に占める割合は、会議場面で約30%（89/297）、雑談場面で約18%（58/321）であった。「ね」は1発話（1ライン）に複数回出てくることもあるが、これは目安としては、会議場面では、当該協力者の10発話中に3回くらい「ね」が使用され、雑談場面では、同じく10話中に2回くらい「ね」が使用されていると見ることができる。さらに、その「ね」の総数に占める「注意喚起」の「ね」の割合が、会議場面では3.4%であることを考えると（100発話中約1回）、会議場面では、この「ね」はほとんど使われないと考えていいだろう。その一つの理由は、3.3でも述べたように、改まり度が高い場面では、「注意喚起」の「ね」から派生したと考えられる「発話埋め合わせ」の「ね」が、「〜ですね」という形になって使用されるからであると思われる。事実、表4に示したように、会議場面の「発話埋め合わせ」の「ね」の使用率は33.7%と、「発話緩和」（38.2%）に次いで多くなっている。

一方、雑談場面では、「注意喚起」の「ね」は、「ね」の総数の約4分の1（25.9%）を占めており、表3-2からも分かるように、大きな個人差もないことを考えると、「注意喚起」の「ね」の場面に応じた「適切な使用頻

度」というものは、以下のようにまとめられよう。
(1) 会議などの改まり度の高いところでは、ほとんど使われない。
(2) 雑談などのカジュアルな会話においては、「ね」の総数の25％前後が適切と見なされる。しかしこれは、総発話数に対する割合に直すと約4.7％ということになり、100発話中4、5回の使用ということになる。これらを考えると、むしろ、成人女性の職場における会話では、雑談場面も含めて、「注意喚起」の「ね」は、あまり使われないと見なしてもいいかもしれない。

つまり、「注意喚起」の「ね」は、成人女性の雑談においては、100発話中4、5回前後であれば適切と見なしてもよいだろうが、それ以上の頻度になると、従来から指摘されているように、子供っぽい、なれなれしい、押しつけがましいといったコミュニケーション機能を生むことが予想できる。

ただし、今回は成人女性のデータのみを扱っているため、この結果を成人一般に当てはめることができるかどうかは、成人男性のデータも含めた、より多くのデータを分析して検証する必要がある。或いは、若干の男女差が出るかもしれない。今回は、「注意喚起」の「ね」の適切な使用頻度に関するひとつの仮説として提起するに留める。

5．4 「ディスコース・ポライトネス」という観点から見た「ね」の使い分け

今回の談話資料を、従来のように、言語形式の観点からのみ見ると、会議場面は敬体中心、雑談場面は常体中心ということになるが、それだけでは、雑談場面も「円滑なコミュニケーション」の場となっているという意味で、「ポライトネス」の原則から逸脱しているわけではないことをうまく説明できない。しかし、本資料を、ディスコース・ポライトネスという観点から分析すると、雑談場面では、言語形式の丁寧度は低い、つまりネガティブ・ポライトネスの度合いは低いが、全発話数の約18％を占める「ね」のほとんどが、ポジティブ・ポライトネス・ストラテジーとして機能しているというこ

とが明らかになった。つまり、雑談場面では、敬語以外の要素の一つとしての「ね」が、その「談話」をポジティブにポライトなものにする働きの一端を担っていると言える。

ポジティブ・ポライトネスという概念が、B&Lによって初めて導入されてから約20年が経つが、日本では未だこの概念は浸透しているとは言い難い。「丁寧」ではなく「ポライト」であるという言葉を使っても、ネガティブ・ポライトネスのほうしかイメージされないこともまだ多い。しかし、今日の実際の会話を分析してみると、日本語の会話の中でも、実に多くのポジティブ・ポライトネス・ストラテジーが用いられていることが分かる。雑談場面における「会話促進」機能を持つ「ね」の使用もそのよい例である。

また、一方、会議の場面に関しては、敬体使用に加えて、全発話数の約30％を占める「ね」の約90％が、さらに、ネガティブ・ポライトネスの機能を付加していることが分かった。改まり度の高い会議という場面では、言語形式に加えて、さらに「ね」の使用までもが、ネガティブ・ポライトネスを高めるストラテジーとして用いられているのである。これは、少なくとも日本社会においては、会議という公的で改まり度の高い場面では、あらゆる手段で、ネガティブ・ポライトネスを高めることが一種の規範となっていることを物語っている。

アメリカなどでは、よく、スピーチや会議などでも、ところどころにジョークを入れることが、ウィットに富んでいると肯定的に評価されると言われるが、これは、アメリカ社会がポジティブ・ポライトネス社会と言われる所以である。各文化におけるポジティブ・ポライトネス、ネガティブ・ポライトネス、その他のポライトネス・ストラテジーの談話内における割合、その使い分けなどを比較することは、比較文化語用論（cross-cultural pragmatics）の観点からも興味深い。

また、今回の分析の結果、すべての「ね」が対人調節機能を担うわけではなく、「ね」の約1割は、純粋に「内容確認」の機能を持つものであることが分かった。また、「注意喚起」の「ね」については、会議、雑談場面の使

用頻度を検討することによって、ポライトネスを逸脱しない「適切な使用頻度」を明らかにしようと試みた。その結果、「注意喚起」の「ね」については、会議の場面ではほとんど用いられていないことが判明し、また雑談場面でも、全発話数の4.7%程度しか用いられていないことから、この「ね」の使用は、成人の会話においては、あまり使用しないことが（100発話中4、5回程度）適切なのではないかという仮説を提起した。

　これらの結果は、大部分の「ね」が、ネガティブ・ポライトネスか、或いは、ポジティブ・ポライトネスの機能を果たしているという意味で、「ね」が対人調節機能を持つという従来の指摘を支持するとも言える。しかし、同時に、これらの結果は、以下のような新しい知見をもたらしていると言える。

(1)　すべての「ね」が対人調節機能を持つものではないこと。

(2)　同一話者においても場面に応じて、異なるコミュニケーション機能を持つ「ね」が著しく使い分けられていると同時に、それらがそれぞれディスコース・ポライトネスに異なる役割を果たしていること。

(3)　「注意喚起」の「ね」の使用頻度の分析結果と、従来の観察・分析を併せて考察すると、従来、成人会話において、「多用すると失礼になる」と言われてきた「ね」は、主に「注意喚起」の「ね」であったと言える。

(4)　「会話促進」の「ね」は、雑談場面では、「ね」総数のほとんどを占め、ポジティブ・ポライトネスの働きをしていることが明らかになった。しかし、この「ね」は会議場面ではほとんど用いられていないことから、適切な場面で使われることによってはじめて、ポライトネスの働きをする「ね」があることが仮説として立てられる。つまり、この「会話促進」の「ね」は、会議場面で多用すると、「注意喚起」の「ね」と同様に、失礼になることが予想できる。

(5)　以上のことから、従来いろいろな形で指摘されてきた「ね」の肯定的な対人調節機能は、一表現形式「ね」自体に内在するものとしてではなく、その使用が生み出す表現効果として捉えるほうが妥当であると言える。

　これらの結果は、これまでのように、異なるコミュニケーション機能を持

つ「ね」をひとまとめにして論じることの問題点を明らかにするとともに、今後は、一つの表現形式の使用の実態も、その機能別に調べていく必要があることを示唆していると言えよう。

　以上のような考察は、発話の一つひとつがポジティブ・ポライトネスになっているか、ネガティブ・ポライトネスになっているかというような、一文、一発話行為レベルにおける分析からは得られないものである。今後「ディスコース・ポライトネス」という観点からのポライトネス理論の研究が発展することを期待したい。

6　おわりに

　いわゆる終助詞「ね」については、従来「円滑なコミュニケーションを実現するための工夫の一つである」と指摘されながらも、その運用上のコミュニケーション機能という観点から、実際の会話を分析したものは、ほとんどなかった。

　本研究では、そういった自然会話における「ね」のコミュニケーション機能の使い分けを明らかにするだけでなく、「ディスコース・ポライトネス」という概念を導入して、「ね」が一定の談話内においていかなる役割を果たしているのかを考察した。

　今回は、改まり度の違いが明確な会議場面と雑談場面を選び、それら異なる談話内における「ね」の働きについての比較・分析を行った。対照的な場面を選択したこともあって、それぞれの場面に応じて、ポライトネス・ストラテジーの使い分けが顕著に見られた。しかし、現実には、ある意味で両極にあると言えるこれらの2つの場面の中間に、様々な改まりの度合いの場面があり、また、討論場面など、意見が対立するような場面や状況もある。それらの場面では、どのように、またどのような割合で、異なるコミュニケーション機能を持つ「ね」が使い分けられているのだろうか。それらを分析することは、今後の課題としたい。

また、ポジティブ・ポライトネス、ネガティブ・ポライトネスなどの機能を担う要素は、「ね」だけでなく、他にも様々あるはずである。今後は、「ね」のみならず、どのような要素が「ディスコース・ポライトネス」を構成しているのかを明らかにしていくとともに、それらが様々な場面、相手、状況に応じていかに使い分けられているのかを探究していくことによって、「ポライトネスの談話理論」を模索していきたいと考えている。様々な場面における、相互作用としての自然会話を「ディスコース・ポライトネス」という観点から分析していくことは、敬語を有する言語とそうでない言語における語用論的ポライトネスを同じ枠内で比較・検討し、その普遍的原則をより妥当なものにしていくための研究に、また、自然会話の研究そのものに、新たな切り口を提供するものと思われるからである。

【引用文献】

＝日本語文献＝

伊豆原英子(1992)「「ね」のコミュニケーション機能」『日本語研究と日本語教育』159-172．名古屋大学出版会

宇佐美まゆみ(1993a)「初対面二者間の会話の構造と話者による会話のストラテジー：話者間の力関係による相違－日本語の場合」『ヒューマン・コミュニケーション研究』21:25-39．日本コミュニケーション学会

------------(1993b)「初対面二者間会話における会話のストラテジーの分析：対話相手に応じた使い分けという観点から」『学苑』647:37-47．昭和女子大学近代文化研究所

------------(1993c)「談話レベルから見た"politeness"："politeness theory"の普遍理論確立のために」『ことば』14:20-29．現代日本語研究会

------------(1994a)「言語行動における"politeness"の日米比較」『スピーチ・コミュニケーション教育』7:30-41．日本コミュニケーション学会

------------(1994b)「場面に応じた「ね」の使い分け」『職場における女性の話しことば』51-60．東京女性財団1993年度助成研究報告書

宇佐美まゆみ(1994c)「性差か力(power)の差か：初対面二者間の会話における話題導入の頻度と形式の分析より」『ことば』15:53-69. 現代日本語研究会

------------(1995)「談話レベルから見た敬語使用：スピーチレベルシフト生起の条件と機能」『学苑』662:27-42. 昭和女子大学近代文化研究所

------------(1996a)「初対面二者間会話における話題導入頻度と対話相手の年齢・社会的地位・性の関係について」『ことば』17:44-57. 現代日本語研究会

------------(1996b)「ポライトネスの談話理論構築に向けて」 日本プラグマティックス学会1996年度年次大会配布資料

------------(1997)「初対面二者間会話における『ディスコース・ポライトネス』」 日本コミュニケーション学会第27回年次大会発表論文

宇佐美まゆみ・嶺田明美(1995).「対話相手に応じた話題導入の仕方とその展開パターン：初対面二者間の会話分析より」『日本語学・日本語教育論集』2:130-145. 名古屋学院大学留学生別科

大曽美恵子(1986)「誤用分析1『今日はいい天気ですね。』ー『はいそうです。』」『日本語学』5-9

佐々木泰子(1992)「終助詞「ね」と丁寧さとのかかわり」『言語文化と日本語教育』1-10. お茶の水女子大学

田中章夫(1977)「助詞(3)」『岩波講座日本語7巻：文法Ⅱ』 岩波書店

陳　常好(1987)「終助詞ー話し手と聞き手の認識のギャップをうめるための文接辞」『日本語学』6-10

蓮沼昭子(1988)「続・日本語ワンポイントレッスン」『言語』17-6

益岡隆志(1991)『モダリティの文法』 くろしお出版

メイナード、泉子・K(1993)『会話分析』 くろしお出版

＝英語文献＝

Brown, G. (1977) Listening to spoken English. London: Longman.

Brown, P and Levinson, S. (1987) Politeness: Some universals in language usage. Cambridge University Press.

Cook, H.M. (1988) Sentential particles in Japanese conversation: A study of indexiality. Unpublished dissertation. University of Southern California.

Chafe, W. (1982) Integration and involvement in speaking, writing and oral literature. In Tannen, D.(ed), Spoken and written language. 35-53. Norwood, NJ: Ablex.

Holmes, J. (1986) Functions of "you know" in women's and men's speech. Language in Society 15:1-22.

Schiffrin, D. (1987) Discourse Markers. Cambridge University Press.

Usami, M.(1993) Politeness in Japanese dyadic conversations between unacquainted people:Influence of power asymmetry. Paper presented at the 10th World Congress of Applied Linguistics, Amsterdam, Netherland.

Usami, M.(1994) Politeness and Japanese conversational strategies: Implications for the teaching of Japanese. Qualifying paper submitted to Harvard University, Graduate School of Education.

Usami, M.(1995) Discourse politeness in Japanese conversation: Some implications for a universal theory of politeness. Doctoral dissertation proposal submitted to Harvard University, Graduate School of Education.

Usami, M.(1996) Discourse politeness in Japanese conversation:From the results of speech-level shifts and topic management strategies. Paper presented at the 11th World Congress of Applied Linguistics, Jyväskylä, Finland.

あ と が き

　「やっとできた」という以外、何もことばが浮かんで来ない。
　しかし、じわじわと喜びがこみあげて来る。
　録音を引き受けて下さる協力者探しから始まって、文字起こし、テキストファイルにコンバート、桐のデータファイルに加工といった作業は、皆初めて経験することばかり、各プロセスごとに見直し、訂正、やり直しが何回もあって、正直言って、何度も投げ出したくなった。テープやデータの紛失や訳のわからないズレや消滅、資料を持ったまま行方不明になるアルバイターも出てきて、数々の泣きたくなるような事件もあった。やっとのことでデータができ上がって、共同研究に入っても、その歩みは遅々としており、データがどんどん古くなってゆくのを、あせりに似た気持ちで眺めていた。
　しかし、皆ケンカもせずに、10人のメンバーがここまで、よくやって来られたものだ。あとは、このデータが、少しでも多くの方々の話し言葉研究に役に立つことを願うばかりである。ここで、この自然談話資料を使って、メンバーが、いくつかの研究例を示したかたちになっているが、他にもまだ、いろいろな研究テーマが考えられることと思う。データとして整理した項目も豊富で、それらの相関関係を縦横に分析し、重層的複合的な研究に発展させることも可能である。私たちも、今後この談話資料を有効に活用し、さらに話し言葉の研究を進めていきたいと考えている。
　快く録音を引き受けて下さった協力者の方々に、厚くお礼を申しあげます。
　また、初期の作業過程で、コンピュータ操作につき、いろいろとアドバイスをいただいた、文教大学日本語日本文学科副手の辻井まゆみ氏に感謝申し上げます。そのほか、大勢のアルバイターの方や、ご助言をいただいた方々にも、お名前はいちいち書ききれなくて申し訳ありませんが、一同、深く感謝いたしております。

最後に、出版をお引き受け下さった、ひつじ書房・松本功氏に、心からの感謝を捧げます。

1997年9月

現代日本語研究会

索　引

あ
挨拶　89
挨拶語　83
あいづち　28, 199
相手　20
相手との関係　59
相手領域　180
合いの手　165
あいまい化　136
朝　10
あたし　113
あたくし　120
あだ名　130
厚かましさ　180
あなた　113
あらたまった場面　141
あります　107
ある　107
あんた　126

い
言いさし　29, 161
言いよどみ　29
言う　86
意識調査　83
いたす　94
～いたす　96
いただく　97
依頼表現　89
いらっしゃる　84
いる　85
～いよな　40
～い（よ）(ね)　39
～いわ（よ）(ね)　39
因果関係　155
イントネーション　28
インフォーマル　9
インフォーマルな場面　83

う
うかがう　104

「浮雲」　115
打合せ　83
うながし　165
運用面における機能　242

え
詠嘆調　28
FTA (Face Threatening Acts)　243
円滑なコミュニケーション　241
遠藤(1997)　114

お
おいでになる　87
おいら　115
応答詞　28
応答詞疑問形式　60
お（ご）～する　96
お（ご）～になる　90
お座りになる　90
おたく　126
おっしゃる　86
お願いいたします　95
お願いいたす　95
お願いします　95
お願いする　94
おのれ　115
オフィシャル　239
おまえ　113
おまえさん　115
おまえはん　115
おまはん　115
おめえ　115
お目にかかる　104
おら（あ）　115
おれ　113

か
会議　10
会社員　238
会社名　29
会話管理　248

-271-

会話促進　183, 247
会話量関係　23
かかわりあい　258
書きことば　155
各職場別　213
下降イントネーション　28
重なり　29, 197
カジュアル　258
かしら（ね）↑　63
課長　130
学校関係　238
カテゴリカルな男女差　45
かな↑　63
かね↑　63
から　139
から中止文　147
間接疑問形式　60
感想　213
緩和　177

き
機械検索　30
機械検索の利点　38
聞き手　20
聞き手中心用法　251
擬似の親しみ　182
基礎的属性　20
決まり文句　83
きみ　113
疑問表現　30, 59
休憩　10
旧女性専用形式　48
教職従事者　125
協調方向　177
共通理解　186
行番号　25
協力者　9
協力者の属性　13
協力的要素　194
共話　197
切り替え　225
勤続年数　22
緊張　178

く
ください　116

くださる　89
くつろいだ場面　141
くる　85
〜くれ　116
くれる　89
〜くれる？　116
くん　130

け
敬意　88
敬語　30, 136, 244
傾向的な男女差　45
敬語形　83
形式的　213
敬称　113
継続　177
敬体　116
謙譲語　83
謙譲語形　94
検討会　83

こ
後件　160
口語的接続詞　156
公務員　238
ございます　97
こちら様　126
小林　115
ごまかし　187
コミュニケーション機能　31, 241
語用論的ポライトネス　242
語用論レベル　83
ご覧になる　88

さ
さえぎり　29
誘い込み　185
〜させていただく　101
雑談　157
さま　130
さん　130
参加者　25

し
仕事関係　157
事実緩和　178

自称　30，113
自称詞　30
自称・対称の不使用　136
自称代名詞　113
自然談話　9
失礼いたします　94
失礼します　94
失礼する　94
指導　83
自分　117
自分の領域　178
社長　132
じゃないの↑　63
じゃないよな↑　63
習熟度　92
終助詞「わ」　28，34
寿岳　113
主語　128
出現頻度　93
順序　169
状況　25
上昇イントネーション　28
常体　116
省略疑問形式　60
職階関係　23
職場関係1　23
職場関係2　23
職場の敬語　30
女性専用　30，213
女性的疑問表現　59
女性稀使用　213
女性らしい言葉　213
女性らしくない言葉　213
助動詞　83
助動詞「だ」　34
資料コード　25，31
親近的　213
親疎関係　23
人物関係　10

す
杉戸・尾崎　120
ストラテジー　242
する　89
座る　90

せ
性差　30，59
性に無関係　213
性別　22
性別関係　23
世代差　59
接客用語　108
接触量関係　23
接続詞　155
絶対的な個　113
説明　213
前件　160
先生　117
専用形式　84

そ
相互作用的用法　248
相談　83
促進　177
そちら　126
そちら様　126
即興性　163
そっち　126
それで　30，155
尊敬語　83
尊敬語使用　93
ぞんざい　213

た
だ　85
待遇意識　113
待遇段階（敬意の度合）　115
待遇的役割　114
待遇表現　83，114，153
対称　30，113
対称代名詞　113
対象データ　116
対人調節機能　244
だから　30，155
だ・です　105
だな↑　63
田中澄江　114
食べる　98
だよな↑　63
だよね↑　63
〜だ（よ）(ね)　47

だ（よ）(わ) 116
だろ↑ 63
だわ 34
〜だわ（よ）(ね) 47
男性的疑問表現 59
談話研究 31
談話資料 11
談話進行 30
談話展開機能 30
談話の概要 20
談話レベル 242

ち
ちゃん 130
注意喚起 133, 247
中心的機能 242
中性化 30
中立的疑問表現 59
長音の表記 28
調査日 25
ちょうだい 116
直接疑問形式 60
直前文の話者との関係 24
沈黙 29

つ
使い分け 224
つきあい年関係 23
つなぎ 165

て
ディスコース・ポライトネス 31, 241
（て）いただく 100
ている 85
丁寧 213
丁寧語 83
丁寧度 106, 244
データ管理 25
データベース 20
データベースソフト「桐Ver. 4」 20
データ量 13
適切な使用頻度 244
（て）くださる 104
です 106, 116
です・だ 107
デス・マス形 146

てまえども 118
てめえ 115
（て）もらう 100
てらっしゃる 85
照れ 178
電話 83

と
同意 183
動詞 83
動詞普通体↑ 61
整え 163
とんでもございません 105

な
ない 106
ない↑ 61
ないの↑ 63
内在的意味 241
仲間づくり 183
なさる 89
（な）の↑ 63
名乗り 106
名乗りのことば 11
［名前］さん・ちゃん 130

に
ニックネーム 130
日本語教育 136
日本語の国際化 136
日本語の論理性 136
入社年関係 23
人称代名詞 114

ぬ
ぬし 115

ね
ネガティブ・フェイス 243
ネガティブ・ポライトネス 243
念押し 128
年齢関係 23, 193
年齢差 41, 192
年齢層 22

の
の 35
ので 139
ので中止文 147
のね↑ 63
のよ 129
のよね↑ 63
〜の（よ）（ね） 43

は
恥 179
場所 25
ハダカ形 83
はたらく女性のことば 110
発話 20
発話埋め合わせ 247
発話緩和 247
発話者 20
発話者数 21
発話者の属性 10
発話状況 20
発話数 92
発話態度 244
発話内容確認 247
発話なし 29
発話の単位 27
発話密度 21
発話量 21
話しことば 155
話し手中心用法 250
場面1 25
場面差 59
場面注記 25
場面2 25
場面別 213
バランス 178
「春色梅児誉美」 115
「春色恵の花」 115
半クエスチョン 28
反応保留 188

ひ
比較文化語用論 263
非「デス・マス」形 147
表現効果 241
表現の幅 31, 213

表明回避 187

ふ
フェイスシート 10
フォーマル 9
フォーマルな場面 83
プライベート 239
文章語的接続詞 156
文末形式 30

へ
Heritage 194

ほ
方略的言語使用 243
ぼく 113
ポジティブ・フェイス 243
ポジティブ・ポライトネス 243
補助動詞 89
ポライトネス 241
ポライトネスの談話理論 266
ポライトネス理論 242
本動詞 89

ま
間（ま） 29
参る 94
前置き 164
ます 116

み
名字 29
［名字］さん 130
［名字］先生 130
［名字］ちゃん 130
［名字］役職 132
［名字］（呼び捨て） 130
見る 88

め
名詞↑ 61
名詞＋ね↑ 63
召し上がる 94

も
申しあげる 97

申します　106
申し訳ございません　97
申し訳ない　97
申し訳ないんです　105
申す　94
モガ（モダンガール）　113
目的・対称　128
文字化　27
もらう　98
森田　113

よ
呼びかけ語　128

ら
られる　91

れ
レコード　20
レコード数　13
レコード番号　25
れる　91
れる・られる　92

ろ
録音状態　25
録音資料　11
論理性　161

わ
我輩　115
話者の交替　197
わたい　115
わたくし　120
わたし　113
わちき　115
わっち　115
わね↑　63
わよね↑　63
笑い　29

ん
（ん）じゃない↑　61
～んだよな　44
～んだ（よ）(ね)　43
（ん）でしょう↑　61

（ん）ですか↑　61

-276-

男性のことば・職場編

現代日本語研究会編

ひつじ書房

はじめに

　女性のことばについて、専門書、辞書、概説書などの記述と実態との齟齬を実感していたわたしたちは、以前から、テレビの談話、祖母・母・娘三代の談話、学校の教室での談話など小規模な調査や分析を行ってきていた。しかし、「女性のことばの実態」としてはあまりに部分的に過ぎるため、より大きな言語資料を求めていた。

　1993年秋、東京女性財団（この財団も都の緊縮予算のあおりで、2002年春には活動を停止した）の研究助成金が得られて、わたしたちは長年の望みを満たすべく、できるだけおおぜいの女性の自然談話資料を集めることにした。その資料に基づいて、職場の女性の話しことばの実態を報告することにしたが、その際、論文発表に力を注ぐと同じくらいの労力を、資料を公開することに向けた。

　学会のシンポジウムなどでは、言語研究にとって良質の言語資料の収集がいかに重要か、そのためには言語資料の共有化が喫緊の課題であると、たびたび論議されながら、現実にはコーパスの共有化は遅れたままである。こうした実情を知る者として、また、規模の大きい質のよい言語資料を常に求めている者として、獲得した資料の私蔵化は決してするべきではないと考えた。公開には協力者への配慮や、情報の記載方法、文字化の矛盾を最小限に留めるための作業、電子化資料としての整備など、さまざまな繁雑で厄介な処理が必要であるが、それを克服して公開することに大きな意義があると考えた。

　紆余曲折を経て、1997年に『女性のことば・職場編』（以下『女・職』と略記することがある）と題して、研究論文と収集した言語資料を記載した研究書を刊行した。それ以来、学会の研究発表や紀要の論文などに、同書の資料が言語資料として利用されている例をしばしば目にすることになり、所期の目的が達せられつつあることをよろこんでいる。

　『女・職』を刊行した直後から、女性の言語の調査だけでは一面的すぎる、同じような男性側の調査をするべきだと考えていたが、すぐには着手できな

かった。新たな気分で準備を始め、録音調査を開始したのが1999年秋。その後、前回と同様の多くの過程を経て、いまここに、『男性のことば・職場編』（以下『男・職』と略記することがある）をCD-ROMと一緒に刊行することができた。『女性のことば・職場編』（ひつじ書房）と合わせて、現在の日本語の実情を伝える資料として役立ってほしいと願っている。

　なお、今回の言語資料の収集、文字化、整理のための諸費用は、1999年度〜2001年度の文教大学文学部共同研究費に負っている。当研究補助に対して深く感謝している。

2002年5月

現代日本語研究会

> 本書に添えたCD-ROMには、今回(2002年)作成した、男性を中心とする談話資料と、前回(1997年)作成した、女性を中心とする談話資料を収録している。前者のファイル名は「男性談話.TXT」、後者のそれは「女性談話.TXT」である。

目　　次

はじめに………………………………………………………………………1

第1章　調査の概要……………………………………遠藤　織枝・尾崎　喜光
　1　調査の目的…………………………………………………………9
　2　調査の時期と対象…………………………………………………9
　3　調査の方法と手順…………………………………………………9
　4　談話資料の性質……………………………………………………10
　5　資料の処理…………………………………………………………20
　6　文字化にあたって考えたこと……………………………………27
　7　収録論文について…………………………………………………29

第2章　男性のことばの文末……………………………………遠藤　織枝
　1　はじめに……………………………………………………………33
　2　方　　法……………………………………………………………33
　3　文末の語の分類と頻度……………………………………………33
　4　終助詞………………………………………………………………36
　　4.1　「か」
　　4.2　「よ」
　　4.3　「な」
　　4.4　男性／女性専用とされる終助詞
　5　助動詞………………………………………………………………39
　6　形容詞・形容動詞…………………………………………………42
　　6.1　「やばい」
　　6.2　「おかまちっく」
　　6.3　「ぽい」の新しい用法
　　6.4　「まじ・まじで」
　7　応答詞………………………………………………………………43
　8　その他の助詞………………………………………………………44
　9　まとめ………………………………………………………………45

第3章　職場の男性の疑問表現…………………………………中島　悦子
　1　はじめに……………………………………………………………47
　2　職場の男性の疑問表現の分類と出現実態………………………48
　3　職場の男性の疑問表現の場面差・性差・世代差………………50
　　3.1　「α・β」群に属する疑問表現
　　3.2　「α」群に属する疑問表現
　　3.3　「β」群に属する疑問表現
　4　おわりに……………………………………………………………61

第4章　職場の男性の敬語……………………………………遠藤　織枝
　1　はじめに……………………………………………………………………63
　2　尊敬語………………………………………………………………………63
　　2．1　「いらっしゃる」（「～てらっしゃる」、「いらして」も含む）
　　2．2　「おっしゃる」
　　2．3　「お～になる」
　　2．4　「なさる」
　　2．5　「れる・られる」
　　2．6　「くださる」
　3　謙譲語………………………………………………………………………69
　　3．1　いたす
　　　3．1．1　お願いします／お願いいたします
　　　3．1．2　失礼します／失礼いたします
　　3．2　「申す・申し上げる」
　　3．3　「いただく」
　4　丁寧語………………………………………………………………………72
　5　まとめ………………………………………………………………………73

第5章　「です／ます」表現の使われ方……………………笹　寿美子
　1　はじめに……………………………………………………………………75
　2　調査の方法－対象データと調査項目……………………………………75
　3　観察の結果…………………………………………………………………76
　　3．1　場面1「会議」のあらたまり度
　　3．2　「です／ます」表現
　　　3．2．1　「です／ます」表現の種類
　　　3．2．2　「です／ます」表現の出現場所
　　　3．2．3　文末に出現する場合
　　　3．2．4　文中に出現する場合
　　　3．2．5　文末出現と文中出現に共通する現象
　4　まとめ………………………………………………………………………86

第6章　新しい丁寧語「(っ)す」………………………………尾崎　喜光
　1　はじめに……………………………………………………………………89
　2　分析方法……………………………………………………………………90
　3　分析結果……………………………………………………………………91
　　3．1　「～ですね」「～ますね」対「～すね」
　　3．2　「～ですよ」「～ますよ」対「～すよ」
　　3．3　「～ですか」「～ますか」対「～すか」
　4　まとめ………………………………………………………………………97

第7章　職場で使われる「呼称」……………………………小林美恵子
　1　はじめに……………………………………………………………………99
　2　データの概要……………………………………………………………100

3　話者と相手の関係による呼称の選択 …………………………101
　　3.1　①発話者性別発話数と⑥発話者年代
　　3.2　④場面
　　3.3　⑤文体
　　3.4　⑦相手性と⑧相手年齢
　4　場面・話者による使用の状況 ……………………………………107
　　4.1　「学校」の呼称
　　4.2　特徴的な呼称の現れる職場
　5　談話内での働きによる使用の状況 ………………………………113
　　5.1　呼称の機能の分類
　　5.2　「呼びかけ」と「提題」
　　5.3　「文法的な必須格」および「引用中に含まれる」呼称
　6　まとめ ………………………………………………………………117

第8章　「おれ」と「ぼく」………………………………………桜井　　隆
　1　はじめに ……………………………………………………………121
　2　「おれ」の使用例 ……………………………………………………121
　3　「ぼく」の使用例 ……………………………………………………123
　4　「おれ」と「ぼく」 ……………………………………………………126
　　4.1　職場別使用数
　　4.2　職場別：「おれ」の使用例数
　　4.3　職場別：「ぼく」の使用例数
　　4.4　場面と「おれ」「ぼく」の使い分け
　　4.5　年代別「おれ」「ぼく」の使用数
　　4.6　話し相手別「おれ」の使用数
　　4.7　話し相手別「ぼく」の使用数
　5　「ぼく」と学校─調査の反省点 …………………………………130
　6　その他 ………………………………………………………………131
　　6.1　「わたし」の使用
　　6.2　「わたくし」の使用
　　6.3　女性の「ぼく」「おれ」

第9章　「から」と「ので」の使用にみる
　　　　　　　職場の男性の言語行動………………………谷部　弘子
　1　はじめに ……………………………………………………………133
　2　調査の概要─対象データと調査項目について─ …………………133
　3　調査の結果と考察 …………………………………………………136
　　3.1　「から」「ので」の場面別出現状況
　　3.2　「から」「ので」の接続形式別出現状況
　　3.3　年代別出現状況言語行動の幅

4　おわりに ………………………………………………………146

第10章　自然言語データの相互的視点による
　　　　　　　　　「笑い」の分析 ……………………早川　治子
　　1　はじめに ………………………………………………………149
　　2　笑いの「相互性」、「同時性」、「随意性」…………………149
　　3　笑いの形態 ……………………………………………………150
　　　3．1　笑いの形態と笑い手
　　　3．2　笑いの形態と出現率
　　4　笑いの連続の分析 ……………………………………………153
　　　4．1　笑いの連続と非連続
　　　4．2　笑いの連続と場面差
　　5　笑い手・受け手の視点による分析 …………………………155
　　　5．1　会議場面の笑い手と受け手
　　　5．2　「雑談」場面の笑い手と受け手
　　　5．3　資料18の笑い手と受け手
　　6　あいづち笑いの性差 …………………………………………161
　　7　まとめ …………………………………………………………162

第11章　発話の「重なり」にみられる日本語談話進行の特徴
　　　　　　　　………………………………………本田　明子
　　1　はじめに ………………………………………………………167
　　2　研究の対象 ……………………………………………………167
　　　2．1　重なりの定義
　　　2．2　あいづちの扱い
　　3　重なりの事例 …………………………………………………169
　　　3．1　『男・職』談話資料にみられる重なりの出現数
　　　3．2　重なりの種類
　　　3．3　『男・職』談話資料にみられる重なりの種類
　　　3．4　重なりの種類の場面差
　　4　「重なり」の談話進行上の役割 ……………………………175
　　　4．1　「協調型」と「自己主張型」
　　　4．2　あいづちと重なり
　　　4．3　日本語における話者交替規則

第12章　職場における相互理解の談話構造………………杉本　明子
　　1　はじめに ………………………………………………………179
　　2　分析方法 ………………………………………………………180
　　3　結果と考察 ……………………………………………………181
　　　3．1　相手の応答を理解するための談話：
　　　　　　　　　　質問1－応答1－質問2－応答2
　　　　3．1．1　反復要求
　　　　3．1．2　確認要求

－6－

         3.1.3　明確化要求
         3.1.4　相手の応答を理解するための談話構造
      3.2　相手の質問を理解するための談話：
              　　　　　質問1－質問2－応答1－応答2
         3.2.1　反復要求
         3.2.2　明確化要求
         3.2.3　相手の質問を理解するための談話構造
      3.3　相手の説明・主張を理解するための談話：
              　　　　　説明・主張－質問－応答－納得
         3.3.1　反復要求
         3.3.2　確認要求
         3.3.3　明確化要求
         3.3.4　要求の変化
         3.3.5　相手の説明・主張を理解するための談話構造
      3.4　相手の否定・反論に対応するための談話
         3.4.1　説明・主張－否定・反論－質問－応答の発話連鎖
         3.4.2　説明・主張－否定・反論－反論－納得の発話連鎖
         3.4.3　説明・主張－反論－反論－確認の発話連鎖
         3.4.4　説明・主張－反論－反論－反論の発話連鎖
         3.4.5　相手の否定・反論に対応するための談話構造
      3.5　談話構造の出現頻度と場面の関係
   4　全体的考察 …………………………………………………203

第13章　男性の働き方とことばの多様性……………………高崎みどり
   1　はじめに ……………………………………………………207
   2　各職場における男性の言語使用の実態 …………………208
      2.1　方法
         2.1.1　対象とした職場
         2.1.2　分類項目
         2.1.3　発話の分類方法
      2.2　分析
      2.3　この節のまとめ
   3　1人の男性の表現の幅 ……………………………………219
      3.1　方法
      3.2　分析
      3.3　この節のまとめ
   4　結果の考察 …………………………………………………233
   5　まとめにかえて──職場のことばにおける性差について …234

あとがき …………………………………………………………237

索引 ………………………………………………………………239

共同執筆者一覧(50音順)
　　遠藤　織枝（えんどうおりえ）………文教大学
　　尾崎　喜光（おざきよしみつ）………国立国語研究所
　　小林美恵子（こばやしみえこ）………東京都立北多摩高校
　　桜井　　隆（さくらいたかし）………明海大学
　　笹　寿美子（ささすみこ）……………東京女子医科大学
　　杉本　明子（すぎもとあきこ）………国立国語研究所
　　高崎みどり（たかさきみどり）………お茶の水女子大学
　　中島　悦子（なかじまえつこ）………国士舘短期大学
　　早川　治子（はやかわはるこ）………文教大学
　　本田　明子（ほんだあきこ）…………立命館アジア太平洋大学
　　谷部　弘子（やべひろこ）……………東京学芸大学

#　第1章　調査の概要

遠藤織枝・尾崎喜光

1　調査の目的

現在の男性の話しことばの実態を知る。

2　調査の時期と対象

　調査データ収集のための録音は、1999年10月から2000年12月にわたり首都圏で行った。
　対象としたのは、有職の20代～50代の男性である。各世代5名、できるだけ異なる職種・職場から協力者を得るようにした（以下、録音機を身につけ、あるいは近くに置き、録音をとってくれた人を「協力者」と呼ぶ）。職場に録音機を置かせてくれる職場はそれほど多くなく、各世代5人を確保するのに思いのほか時間をとられ、『女・職』の時より長くかかったが、結局21名の協力が得られた。協力者の職種、年齢の内訳は表1（後掲）のとおりである。

3　調査の方法と手順

　協力の約束が得られた男性に、職場でフォーマルな場面とインフォーマルな場面での自然談話を録音してもらった。具体的には、朝、職場についてから1時間、会議・打合せなどの1時間、休憩時の1時間、計3時間の録音をお願いした。そのうち、資料としては、処理の際の量を考えて、それぞれ1時間の録音の中の、まとまった談話のある10分前後を取り扱うことにした。以下、今回収集し、データとして整理して作成した資料を「談話資料」と呼ぶことにする。『女・職』の際の資料と区別するために、今回のものを『男・職』談話資料、前回のものを『女・職』談話資料と呼ぶこともある。なお、

ここでの「談話」とは音声言語による、意味のまとまりのある意思伝達行動のことである。

また、録音された談話の中での人物関係を知るため、協力者に参考資料（後掲）のようなフェイスシートに記入してもらった。さらに、談話の状況をより正しく知るため、フェイスシートと録音テープをもとに、協力者に尋ねて必要な情報を得るようにした場合もある。協力者以外の人物について、テープの声の人物とフェイスシートの人物とを一致させなければいけないし、談話の行われた雰囲気など、フェイスシートには出てこない情報を知る必要があったからである。

それぞれの談話がどのような内容のものか、どのような人物が加わっているのかなど、談話についての情報を表2（後掲）としてまとめて示した。

また、談話に加わった人物で特定できる人についての情報を「発話者の属性」として、表3（後掲）に示した。

4　談話資料の性質

今回の調査の協力者はすべて男性であるが、その録音資料に登場する話者達は男性に限らない。職場には当然のことながら女性もいるし、上司も同僚もいる。たまたま職場に訪ねてきた他社の営業担当者もいる。その人たちの談話も資料として貴重なものである。それら協力者の周辺の人たちの談話も分析対象にできる。ただし、量的な傾向を見る際は中心となる協力者のものと、その他の話者とは同列にはおけないことは常に考慮にいれておく必要がある。

話題の初めが協力者であることが多いが、それは、必ずしも、その男性がその話題をリードしているということではなく、録音機を委ねられた人物の特性として初めにでてきているのかもしれない。たとえば、電話の場面で協力者である男性が談話の主導権を握っているようにみえるとしても、それは電話の先方のことばが録音されていないための情報不足による誤解かもしれないのである。

今回の録音資料が、21人の協力者から得られたものである以上、協力者の話しことばの個性——ある協力者が特によく使うことばのくせのような——が強く出るのを避けることはできない。限られた人数での調査の場合に免れない弊害であるが、数量化して傾向をみようとする際、このことを念頭に置く必要がある。

　協力が得られた職場としては、1000人以上の従業員を擁するものが2箇所あるほか、『女・職』の際と比べて大きい規模のものがある。『女・職』では得られなかった種類の職場での録音が得られたことはうれしいが、このことは間接的にだが、女性と男性とでそのおかれている職場環境に違いがあることを表している。協力者の職業は、会社関係9名、研究・教育関係7名、自営業4名、自由業1名で、一般社会に比べて、教育関係の割合が多いという偏りが出ている。

　以下に用語について説明しておく。

　場面は「朝」「会議」「休憩」の3つに分ける場合と、「打合せ」「会議」「雑談」など、談話の内容を指す場合がある。前者は、録音をとった「場面」で、データでは「場面1」とされている。後者は談話の「場面」で、データでは「場面2」とされている。なお、「朝」には会議・打合せ・雑談など、いろいろな談話が含まれるが、論文執筆者によって「朝」を総体的に捉えるものと談話の内容から会議・打合せなどを抜き出して考えるものとがいる。

　文中の01～21の記号は資料コード（「協力者コード」と呼ぶこともある）を示す。01とは協力者01が録音した資料の意味である。また、01A、13Bなどと示すのは、協力者01、協力者13の資料の中の話者A、Bであることを示している。なお、どの資料中でもAは協力者を指している。

　さらに［02A・40f・会］とあるのは、協力者02の資料の中の、40代女性であるAが、会議中での発話であることを示す。［　］内では、会議を「会」、打合せを「打」、雑談を「雑」、休憩を「休」、電話を「電」と略記している。

　※　次ページより、参考資料のフェイスシートと、表1・表2・表3を9ページにわたって掲載する。

フェイスシート

A．あなた御自身のことについて。
　◆お名前：
　◆年齢(満)：
　◆出身：＿＿＿＿＿＿都・道・府・県
　◆4歳～15歳で一番長く暮した所：＿＿＿＿＿＿都・道・府・県
　◆職場名：
　◆職業：
　◆職種：
　◆役職：
　◆職場の規模：約＿＿＿＿人（うち男性約＿＿＿＿人）
　◆勤続年数：a.～1年　b.2～4年　c.5～9年　d.10～19年　e.20年～

B．あなた以外の会話の参加者について。（**場面別にお願いします**）
　◆お名前：
　◆性別：a.女性　b.男性
　◆年齢：a.満＿＿＿＿歳　b.およそ＿＿＿＿歳
　◆出身：＿＿＿＿＿＿都・道・府・県
　◆4歳～15歳で一番長く暮した所：＿＿＿＿＿＿都・道・府・県
　◆職場名：
　◆職業：
　◆職種：
　◆役職：
　◆あなたとの仕事上の関係：a.同じ職場の人（→　ア.同室　イ.別室）
　　　　　　　　　　　　　　b.顧客
　　　　　　　　　　　　　　c.その他（　　　　　　　　　　　）
　◆あなたから見た職階関係：a.あなたより上の職階（→　ア.かなり上　イ.少し上）
　　　　　　　　　　　　　　b.あなたと同じ職階
　　　　　　　　　　　　　　c.あなたより下の職階（→　ア.少し下　イ.かなり下）
　　　　　　　　　　　　　　d.同じ職場の人ではない
　◆職場での先輩・後輩関係：a.あなたよりも＿＿＿＿年先輩
　　　　　　　　　　　　　　b.あなたと同輩
　　　　　　　　　　　　　　c.あなたよりも＿＿＿＿年後輩
　　　　　　　　　　　　　　d.先輩後輩関係ではない
　◆あなたとのつきあい年数：a.～1年　b.2～4年　c.5～9年　d.10～19年　e.20年～
　◆あなたとの接触頻度：a.かなり接触する　b.やや接触する　c.普通　d.あまり接触しない　e.めったに接触しない
　◆あなたとの会話頻度：a.かなり会話する　b.やや会話する　c.普通　d.あまり会話しない　e.めったに会話しない
　◆あなたとの親しさ：a.かなり親しい　b.やや親しい　c.普通　d.あまり親しくない　e.親しくない
　◆その他相手との関係で特記すべき事柄：

表1 協力者の属性とデータ量

協力者コード	年齢層	職業	レコード数 朝	会議	休憩	合計	時間（分） 朝	会議	休憩	合計
協力者01	40代	薬局の経営者	164	161	166	491	10	10	10	30
協力者02	50代	大学職員	122	129	214	465	10	10	10	30
協力者03	30代	会社員（営業）	139	124	168	431	10	10	10	30
協力者04	20代	会社員（営業）	124	156	206	486	10	10	10	30
協力者05	50代	会社員（技師）	188	0	160	348	10	−	10	20
協力者06	40代	大学教員	51	182	259	492	10	10	10	30
協力者07	30代	会社員（営業）	196	167	130	493	10	10	10	30
協力者08	40代	会社員（事務）	113	80	167	360	10	10	10	30
協力者09	40代	自動車製造技術職	95	129	267	491	13	17	12	42
協力者10	50代	会社員（技術職）	170	219	228	617	10	10	10	30
協力者11	40代	高校教員	171	192	252	615	10	10	10	30
協力者12	50代	会社経営者	274	89	357	720	22	17	13	52
協力者13	20代	研究機関アルバイタ	200	259	340	799	22	21	20	63
協力者14	30代	美容師	229	64	313	606	19	10	18	47
協力者15	20代	保険代理店（営業）	133	175	87	395	19	15	12	46
協力者16	40代	保険代理店（営業）	174	161	346	681	9	10	11	30
協力者17	30代	会社員（電話案内業務）	88	73	173	334	10	10	11	31
協力者18	20代	大学職員（図書館員）	114	204	138	456	7	17	8	32
協力者19	20代	大学職員（図書館員）	148	223	187	558	10	14	11	35
協力者20	50代	高校教員	130	213	95	438	10	15	10	35
協力者21	30代	ミュージシャン	326	315	182	823	10	10	5	25
合計（構成比[%]）			3349 (30)	3315 (30)	4435 (40)	11099	251 (34)	246 (34)	231 (32)	728

表2-(1) 談話の概要

協力者コード	朝	会議	休憩
協力者01	薬局に来る客への応対。	製薬会社の社員と保健請求についての情報交換。	薬局共同経営者である妻とパソコンの使い方についての話し合い。
協力者02	大学国際交流室室員との仕事の打合せ	台湾の大学の留学生受け入れ事情を調査してきた教員の報告と質問。	電話、学生との雑談。
協力者03	取引先との電話(外資向けの特典用ステッカーの廃棄処分の依頼、およびトーク&握手会・パネル展等のイベント開催の相談)。	シングルのパネルに関する打合せ(予算・コスト・ひらだい・サイズの見積り)、およびセリーヌ・ディオンについての打合せ(発売日・予算・看板・デザイン・扱う店等)。	プリグリ、ウェーブ、ヤマギワの売れ行きがいいこと。ジャイアンツのホームページに清原がいないこと、長嶋監督のこと、試合のチケット購買、色紙サインのこと等についての昼休みの雑談。
協力者04	取引先との電話(支払いの日時についての打合せ)と雑談。	各自が企画を提出。絵皿付きのクリスマスケーキの説明、目薬のケースに絵を使うキャンペーンの報告、ジュネーブの国際展示会にある電話会社が出展したカラー対応の電話の報告。	海外旅行で行きたいところについての昼休みの雑談。アルゼンチンと南極、パリへの日帰り買物ツアー。その後、まだ日本に入ってこないエルメスの時計についての話題。
協力者05	<下水道工事現場>同僚との朝の挨拶、雑談から朝礼風景。朝礼では関連各社の作業グループの代表がその日の作業内容を説明。	-	昼休み。ある業務上の失敗とその事後処理について、関連会社の課長らと雑談風に話している。
協力者06	大学の講義。日本社会における仏教のあり方、壇家制の特徴などを例に、宗教社会学の基本的な考え方について述べている。	他6名の教官との研究室会議。研究室内の業務の役割分担や当面決めなければならない事項(選考委員会委員選出・基本的学術図書の推薦・演習室へのクーラー設置など)についての検討	他の研究室の教官(男性2名)との昼食を食べながらの雑談。海外旅行・出張の予定、台湾への入国事情、ある大学の中国との交流事情について。中国人留学生(女性)が同席している。
協力者07	デザイナーの事務所でデザイナー(男性2、女性1)について、仕事の進捗状況について確認する。途中、土産物を巡っての簡単な会話と漫画雑誌談義がはいる。	仕事の前に行われる課内の定例の会議。在庫分の処理について上司が説明を行い、それについて異論・反論が出るが、結局そのままで終わる。	昼休み。社内の食堂へ行く途中の雑談。その後食事をしながら、野球談義をする。
協力者08	取引先との電話を2件。その後、業務に関して上司からの確認、部下への確認があり、デジタルカメラ購入についての相談へと続く。	会議室で、役員を前に月次報告を行う。最後に役員のコメントが入り、それに応答する。	昼休み。食堂で部下の女性と食事をしながら、牡蛎料理やスーパーの話などをする。
協力者09	ミーティングで、ほとんど協力者(グループ長)の独話。保護具着用・携帯電話使用等の注意事項、年間災害に関する報告、他社が見学に来たときの他社担当者の感想についての報告、集塵機発煙の件で原因や他のラインでの発生可能性などについて。	最初に協力者(グループ長)の挨拶、スケジュールの説明があった後、工場の安全衛生点検のため、移動。戻ってきて、点検結果の報告を工場内の安全衛生点検の後、点検結果を男性7人が順番にしていく。安全面や衛生面から、作業場所や作業内容を細かくチェックし、気づいたことを述べていく。	サッカーの話題から始まり、イタリア語の話、大学時代の第二外国語の授業で単位を落としたこと、覚えている外国語の披露、冷やかしなり冗談を言ったりの雑談。ドイツ語・フランス語・ポルトガル語などいろいろな外国語が話題にのぼる。
協力者10	結婚した同僚に送る祝電の文案についての相談。	他社の営業担当者が訪れて、協力者に商品の説明をする。	昼休み。温泉や自家で使っているポンプの機能などについて同僚と雑談。
協力者11	教科職員室での打合せ。「『執務の手引き』配布について」「成績の付け方」「欠席の連絡」などいくつかの話題が同時進行。課題提出について尋ねてきた生徒への対応。	成績の付け方についての教科の会議。	同僚を相手に大学時代の思い出話。
協力者12	朝礼において夏休みの報告と連絡事項の確認。パソコンに向かい、時々同僚と相談しながら商品の納品管理等の業務。	新商品を店頭に置いてもらうべく出張して依頼と説明を行なった際の相手の反応についての報告と、それを受けて問題解決をはかるための議論。	昼食の注文をしながら、CD-ROMの保存可能年数の話題。出されたパンの美味しさ、折り畳み自転車の使用、東京サミットの際の交通規制、コンピュータのセットアップ作業の苦労などについての雑談。
協力者13	コンピュータのキーボードを打ちながら、時々、職場の事務補佐員や他のアルバイタと、天気の話、新しく職場に来たアルバイタなどについて話をする。	コンピュータの操作法について2人の事務補佐員に教えてもらう。分からない点について、時々質問する。	昼食をとりながら、事務補佐員や他のアルバイタと雑談する。はじめは住んでいる場所、通勤経路・時間、ラッシュなどについて話し、新人アルバイタが九州出身であることから、九州の人の話し方、お土産の話へと進んでいく。

- 14 -

表2-(2) 談話の概要

協力者コード	朝	会議	休憩
協力者14	美容室で、客の髪をシャンプーし乾かす作業の中で、ヘアカラー、髪の痛み具合、仕事、最近の情勢などについて客と話をする。洗髪の途中でトリートメントをしている時に店の奥に引っ込み、女性部下2人の雑談に少し加わる。	美容室のスタッフ6人と、仕事上で最近気がついたこと、注意すべき点などについて話し合う。部下の女性が、掃除が行き届いていない点をあげ、司会担当の女性がその点についてスタッフの注意を促す。協力者はそれを受けて話をまとめ発展させる。	客が少ない時に、美容室の片隅のスタッフルームにて、雑誌の性格判断の項目を用いて部下の女性の性格を診断する。その後、部下の女性たちと飲み会などについて雑談をする。
協力者15	生命保険の事務所にて様々な事務処理。保険事務手続きのそれぞれのケースについての議論、コピー作成、電話の応対など。	顧客の事務所を訪ね、新事務所の設立の挨拶と報告。自動車保険の新規申し込みの内容（掛け金、保障、条件）について検討および事故発生時の保険会社との連絡と対応について。	蕎麦屋のポイントカードとベンチャー企業に移った先輩についての雑談。仕事の段取りについての話。顧客の保険契約の内容についての話。
協力者16	生命保険会社の本社に行き、担当者と自分の契約した顧客についての情報の報告および自分の手続きの妥当性、詳細についてのやり取り。	生命保険の顧客の事務所で契約を取っているが、最近の予定、日常生活、保険継続のやり方、知人についてのうわさ話等の雑談。	古くからの友達と中華料理店でゴルフへ行く相談。行き先、乗り物、その後の宴会の場所について候補を出し検討している。
協力者17	電話案内のやり方について、問題のあるケースについての問答。その後、打ち合せ（周知事項、、提案箱に入っていた質問に対する回答、傘の持ち帰り）。名前についての雑談。	駅についての電話番号案内のやり方について。質問に対する答えの周知方法について。電話番号の検索方法について。検索方法についてのコミュニケーター（電話案内をする人）の理解度について。	食事をしながら酒についての会話。その後、住んでいるアパートや不動産屋や自分が不動産屋をやっていた時あったトラブルについて。
協力者18	出勤後、お茶をいれながら、同僚と先週あった打ち上げ会の様子を聞く。その後、パソコンデータの問い合せに応じ、また別の同僚がクリップを探しにくる。	図書の受け入れデータをパソコンに入力する方法を、実際に操作しながら同僚に教える。	大勢で昼食をとりつつ雑談。飲み会の後電車が止まった話、天気予報を見ながら気温や台風の話、食後に葡萄が出されて牛久の葡萄園や大仏の観光の話と続く。
協力者19	電話で研究室に所蔵雑誌の問い合せ。上司と所蔵本の整理について話す。先程の研究室に出向いて雑誌を借り、ポスターを貼ってくる。図書館に戻り学生にパソコン検索を教える。	図書館のカウンターでの業務。貸出証の発行をし、教員からの雑誌の問い合せに電話で応じ、図書記号について聞かれ、購入希望図書を係に伝える。また、学生にCD-ROM検索の方法を教える。	昼休みに同僚と二人で昼食をとりつつ雑談。沖縄で開かれる研究会とハイキングで足を痛めた話。
協力者20	同僚のノートパソコンにウィルスが侵入したのを、別の同僚が直しながらの雑談。	教科の打合せ。週5日制の実施に備えた新カリキュラムの検討。	新カリキュラムについての話題の続き。各科の専門性へのこだわり方について。
協力者21	リハーサル前。リーダーにもうすぐ子供が生まれる等、メンバーの近況についての雑談。	ライブの予定やメンバー編成についての相談。	スタジオ内で。機材やメンバーの確認、楽器メーカーのアルバイトについての雑談、ライブ予定の相談など。

- 15 -

表3-(1) 発話者の属性

発話者コード	性別	年齢層	出身地	4～15歳の最長居住地	職業	職種	役職
01A	男	40代	東京都	東京都	薬局の経営者	＊	（なし）
01B	女	40代	東京都	東京都	管理薬剤師	＊	役員
01C	男	50代	茨城県	茨城県	販売員	＊	＊
01D	男	30代	千葉県	千葉県	薬剤師	＊	（なし）
01E	女	30代	＊	＊	＊	セールス	＊
01F	女	30代	岡山県	岡山県	＊	薬剤師	＊
01G	男	70代	東京都	東京都	＊	＊	＊
01H	?	?	＊	＊	＊	＊	＊
01I	?	?	＊	＊	＊	＊	＊
01K	?	?	＊	＊	＊	＊	＊
02A	男	50代	東京都	東京都	大学職員	＊	室長
02B	女	40代	山形県	山形県	事務職	＊	＊
02C	男	10代	富山県	富山県	学生	＊	＊
02D	女	10代	＊	＊	＊	＊	＊
02E	男	60代	神奈川県	神奈川県	教員	＊	＊
02F	女	40代	静（静岡県？）	＊	＊	＊	＊
02G	男	40代	＊	＊	＊	＊	＊
02H	男	50代	＊	＊	＊	＊	＊
02J	女	40代	＊	＊	＊	＊	＊
02K	女	20代	＊	＊	＊	＊	＊
03A	男	30代	東京都	東京都	会社員	営業	＊
03B	女	20代	東京都	＊	会社員	営業	＊
03C	女	30代	＊	＊	＊	＊	＊
03D	女	40代	東京都	東京都	会社員	営業	係長
03E	女	20代	千葉県	＊	アルバイト	アシスタント業務	＊
03F	男	30代	東京都	＊	＊	＊	＊
04A	男	20代	山口県	東京都	会社員	営業	（なし）
04B	女	40代	山形県	山形県	会社員	キャラクターマーチャンダイジング	部長
04C	女	20代	東京都	東京都	会社員	渉外	（なし）
04D	女	30代	沖縄県	沖縄県	会社員	営業	課長
04E	男	40代	東京都	東京都	会社員	企画	プロデューサー
04F	女	20代	千葉県	千葉県	会社員	企画	（なし）
04G	女	?	＊	＊	＊	＊	＊
04H	女	?	＊	＊	＊	＊	＊
04I	?	?	＊	＊	＊	＊	＊
04J	?	?	＊	＊	＊	＊	＊
05A	男	50代	埼玉県	埼玉県	建設業	土木	所長
05B	男	40代	＊	＊	建設業	土木	課長
05C	男	40代	＊（九州）	＊	＊	土木	所長（現場代理人）
05D	男	50代	＊（九州）	＊	建設業	土木	副所長
05E	男	40代	＊	＊	＊	土木	現場所長
05F	男	30代	＊	＊	＊	＊	職長
05G	男	30代	＊	＊	＊	土木	課長
05L	男	40代	＊	＊	建設業	土木	次長
05M	男	50代	＊	＊	＊	安全管理者	＊
05P	男	?	＊	＊	＊	＊	＊

（注1）「発話者コード」の欄で網かけをした人物は録音をしてくれた調査協力者。表1の「協力者」の欄との対応関係は、「01A」が「協力者01」、「02A」が「協力者02」…、という関係になっている。
（注2）欄外右に「a」「b」などを付した人物は重複する人物である。アルファベットにより対応させた。

- 16 -

表3-(2) 発話者の属性

発話者コード	性別	年齢層	出身地	4～15歳の最長居住地	職業	職種	役職
05Q	男	?	*	*	*	*	*
05R	男	30代	*	*	*	*	*
05S	男	?	*	*	*	*	*
05T	男	30代	*	*	*	*	*
05U	男	20代	*	*	*	*	*
05W	男	30代	*	*	*	*	*
05δ	男	?	*	*	*	*	*
05ε	男	?	*	*	*	*	*
06A	男	40代	東京都	東京都	大学教員	大学教員	教授
06B	男	50代	香川県	香川県	大学教員	大学教員	教授
06C	男	30代	東京都	東京都	大学教員	大学教員	講師
06D	男	40代	東京都	大阪府	大学教員	大学教員	講師
06E	男	40代	栃木県	栃木県	大学教員	大学教員	助教授
06F	男	30代	長崎県	長崎県	大学教員	大学教員	講師
06G	男	50代	富山県	富山県	大学教員	大学教員	教授
06H	男	40代	岡山県	岡山県	大学教員	大学教員	助教授
06I	男	60代	東京都	千葉県	大学教員	大学教員	教授
06J	女	?	中国	*	*	*	*
06L	女	?	*	*	*	*	*
06M	?	?	*	*	*	*	*
07A	男	30代	東京都	東京都	会社員	営業	係長
07B	男	30代	東京都	東京都	会社員	グラフィックデザイナー	(なし：一般職)
07C	男	40代	大阪府	大阪府	会社員	営業	課長
07D	男	40代	新潟県	新潟県	会社員	営業	係長
07E	男	20代	神奈川県	神奈川県	会社員	グラフィックデザイナー	(なし：一般職)
07F	女	20代	神奈川県	神奈川県	会社員	グラフィックデザイナー	(なし：一般職)
07G	男	30代	千葉県	千葉県	会社員	営業	係長
07H	男	30代	神奈川県	神奈川県	会社員	営業	係長
07I	?	?	*	*	*	*	*
07J	?	?	*	*	*	*	*
08A	男	40代	大阪府	大阪府	会社員	事務職	支配人
08B	男	50代	東京都	東京都	会社員	事務職	総支配人
08C	男	60代	東京都	東京都	会社員	事務職	代表取締役
08F	女	20代	宮城県	宮城県	会社員	事務職	主任
08G	女	20代	富山県	福島県	会社員	事務職	主任
08H	?	?	*	*	*	*	*
08I	男	?	*	*	*	*	*
09A	男	40代	東京都	東京都	自動車製造	技術職（生産技術）	グループ長（課長職）
09B	男	40代	*	*	自動車製造	技術職（生産技術）	主任
09C	男	40代	*	*	自動車製造	製造職	作業長
09D	男	50代	*	*	自動車製造	技術職	*
09E	男	40代	*	*	自動車製造	設備メンテナンス	副作業長
09F	男	40代	*	*	自動車製造	設備メンテナンス	(なし)
09G	男	40代	*	*	自動車製造	治具設備加工	作業長
09H	男	40代	広島県	広島県	自動車製造	技術職	グループ長（課長職）
09I	男	40代	東京都	東京都	自動車製造	技術職	グループ長（課長職）
09J	男	50代	神奈川県	神奈川県	自動車製造	技術職	主任
09K	男	20代	東京都	東京都	自動車製造	技術職	*

表3－(3) 発話者の属性

発話者コード	性別	年齢層	出身地	4～15歳の最長居住地	職　業	職　種	役　職
09L	男	20代	東京都	東京都	自動車製造	技術職	＊
09M	男	30代	山梨県	北海道	自動車製造	技術職	＊
09N	?	?	＊	＊	＊	＊	＊
09O	?	?	＊	＊	＊	＊	＊
10A	男	50代	栃木県	栃木県	会社員	技術職	部長
10B	男	50代	＊	＊	会社員	＊	部長
10C	男	60代	＊	＊	会社員	＊	顧問
10D	男	60代	＊	＊	会社員	営業	＊
10E	男	30代	＊	＊	会社員	技術職	＊
10F	女	20代	＊	＊	会社員	事務職	＊
10G	女	20代	＊	＊	会社員	事務職	＊
11A	男	40代	東京都	東京都	教員	教員	＊
11B	男	50代	山梨県	山梨県	教員	教員	＊
11C	女	40代	山梨県	山梨県	教員	教員	＊
11D	女	50代	宮崎県	宮崎県	教員	教員	＊
11E	男	50代	福島県	福島県	教員	教員	＊
11F	男	60代	東京都	東京都	教員	教員（嘱託）	＊
11G	男	50代	長野県	長野県	教員	教員	＊
11H	男	50代	大分県	大分県	教員	教員	＊
11I	男	10代	＊	＊	生徒	生徒	＊
11J	?	?	＊	＊	＊	＊	＊
12A	男	50代	福岡県	福岡県	会社経営者	会社経営者	代表取締役
12B	女	20代	東京都	東京都	会社員	営業アシスタント	(なし)
12C	男	20代	東京都	東京都	会社員	営業	(なし)
12D	男	20代	広島県	広島県	会社員	営業	主任
12E	女	30代	東京都	東京都	会社員	営業アシスタント	(なし)
12F	男	30代	静岡県	静岡県	会社員	営業	取締役部長
12G	男	20代	千葉県	千葉県	会社員	営業	主任
12H	男	30代	広島県	広島県	会社員	企画	室長
12I	男	20代	大阪府	大阪府	会社員	営業	(なし)
12J	男	40代	東京都	東京都	会社員	技師	部長
12K	男	?	＊	＊	＊	＊	＊
12L	女	?	＊	＊	＊	＊	＊
12M	男	?	＊	＊	＊	＊	＊
12N	?	?	＊	＊	＊	＊	＊
13A	男	20代	神奈川県	埼玉県	アルバイタ	＊	(なし)
13B	男	70代	鹿児島県	鹿児島県	非常勤職員	＊	(なし)
13C	女	30代	東京都	埼玉県	事務補佐員	事務補佐	(なし)
13D	男	70代	京都府	京都府	非常勤職員	＊	(なし)
13E	女	30代	東京都	東京都	事務補佐員	事務補佐	(なし)
13F	男	30代	大阪府	埼玉県	事務補佐員	事務補佐	(なし)
13G	女	20代	福岡県	福岡県	アルバイタ	＊	(なし)
13H	女	20代	兵庫県	神奈川県	アルバイタ	＊	(なし)
13I	女	50代	神奈川県	東京都	アルバイタ	＊	(なし)
13J	女	40代	東京都	東京都	アルバイタ	＊	(なし)
13K	女	?	＊	＊	＊	＊	＊
13L	?	?	＊	＊	＊	＊	＊

表3－(4) 発話者の属性

発話者コード	性別	年齢層	出身地	4〜15歳の最長居住地	職業	職種	役職	
14A	男	30代	東京都	東京都	美容師	美容師	＊	
14B	女	30代	高知県	高知県	美容師	美容師	＊	
14C	男	20代	東京都	東京都	＊	＊	＊	
14D	男	20代	東京都	東京都	美容師	美容師	＊	
14E	女	40代	東京都	東京都	受付	受付	＊	
14F	男	30代	新潟県	新潟県	美容師	美容師	副店長	
14G	女	30代	埼玉県	埼玉県	美容師	美容師	＊	
14H	女	20代	沖縄県	＊	美容師	美容師	＊	
14J	女	20代	東京都	東京都	フリーター	＊	＊	
14K	女	30代	＊	＊	主婦	主婦	＊	
14L	女	20代	＊	＊	＊	＊	＊	
14N	？	？	＊	＊	＊	＊	＊	
15A	男	20代	東京都	東京都	保険代理店	営業	（なし）	
15B	男	40代	東京都	＊	介護	＊	理事・事務局長	
15C	男	30代	東京都	東京都	保険代理店	社長	社長	
15D	男	30代	東京都	東京都	保険代理店	営業	（なし）	
15F	？	？	＊	＊	＊	＊	＊	
16A	男	40代	鹿児島県	福岡県	保険代理店	営業	店主	
16B	女	20代	神奈川県	神奈川県	会社員	営業	（なし）	
16C	男	20代	中国？	＊	中華料理店	＊	＊	
16D	男	50代	東京都	東京都	会社経営	社長	社長	
16E	男	50代	東京都	東京都	会社経営	社長	社長	
16F	男	50代	東京都	東京都	会社経営？	取締役	取締役	
16G	男	60代	東京都	東京都	会社経営	社長	社長	
16H	男	30代	東京都	東京都	ビル賃貸経営	専務	専務	
16I	女	？	＊	＊	＊	＊	＊	
16J	？	？	＊	＊	＊	＊	＊	
16K	？	？	＊	＊	＊	＊	＊	
17A	男	30代	鳥取県	鳥取県	会社員	電話案内	スーパーバイザー	
17B	男	40代	＊	＊	会社員	電話案内	チームリーダー	
17C	男	20代	＊	＊	会社員	電話案内	スーパーバイザー	
17D	男	20代	新潟県	新潟県	会社員	電話案内	スーパーバイザー	
17E	男	30代	福井県	福井県	会社員	電話案内	サブリーダー	
17F	男	30代	＊	＊	＊	＊	＊	
17H	女	？	＊	＊	＊	＊	＊	
17I	？	？	＊	＊	＊	＊	＊	
17J	？	？	＊	＊	＊	＊	＊	
18A	男	20代	神奈川県	神奈川県	図書館員	図書館員（収書係）	＊	
18B	女	50代	東京都	東京都	図書館員	図書館員（収書係）	＊	a
18C	男	40代	＊	＊	図書館員	図書館員（目録係）	館長補佐	
18D	女	20代	福岡県	＊	図書館員（非常勤）	図書館員（目録係）	＊	
18E	女	60代	青森県	＊	図書館員	図書館員（目録係）	＊	b
18F	女	40代	埼玉県	＊	図書館員	図書館員（装備係）	＊	
18G	女	30代	埼玉県	埼玉県	図書館員	図書館員（資料相談係）	＊	
18H	女	30代	＊	＊	大学助手（非常勤）	大学助手	＊	
18I	女	40代	＊	＊	図書館員（非常勤）	図書館員（閲覧係）	＊	c
18J	男	50代	埼玉県	埼玉県	図書館員	図書館員	業務主管	d
18K	女	？	＊	＊	＊	＊	＊	

表3-(5) 発話者の属性

発話者コード	性別	年齢層	出身地	4〜15歳の最長居住地	職業	職種	役職	
19A	男	20代	群馬県	福島県	図書館員	図書館員（資料相談係）	＊	
19B	女	40代	北海道	北海道	図書館員	図書館員	＊	
19C	女	60代	青森県	＊	図書館員	図書館員（目録係）	＊	b
19D	男	50代	埼玉県	埼玉県	図書館員	図書館員	業務主管	d
19E	女	40代	＊	＊	図書館員(非常勤)	図書館員（閲覧係）	＊	c
19F	男	30代	＊	＊	大学助手	大学助手	＊	
19G	女	30代	＊	＊	図書館員	図書館員（閲覧係）	＊	
19H	男	40代	＊	＊	大学教員	大学教員	教授	
19I	男	50代	東京都	東京都	図書館員	図書館員（収書係）	＊	a
19J	男	30代	千葉県	＊	図書館員	図書館員（総務係）	＊	
19K	男	20代	＊	＊	学生	学生	＊	
19L	男	20代	＊	＊	学生	学生	＊	
19M	男	30代	＊	＊	研究生	研究生	＊	
19N	女	20代	＊	＊	卒業生	卒業生	＊	
19O	男	20代	＊	＊	学生	学生	＊	
19P	?	?	＊	＊	＊	＊	＊	
20A	男	50代	神奈川県	神奈川県	高校教員	高校教員	＊	
20B	男	50代	神奈川県	神奈川県	高校教員	高校教員	＊	
20C	男	30代	神奈川県	神奈川県	高校教員	高校教員	＊	
20D	男	40代	神奈川県	神奈川県	高校教員	高校教員	＊	
20E	男	40代	石川県	石川県	高校教員	高校教員	＊	
20F	女	10代	＊	＊	生徒	生徒	＊	
20G	?	?	＊	＊	＊	＊	＊	
21A	男	30代	神奈川県	神奈川県	ミュージシャン	ミュージシャン（ベース）	コンサートマスター	
21B	男	20代	群馬県	群馬県	ミュージシャン	ミュージシャン(アルトサックス)	広報	
21C	男	30代	東京都	東京都	ミュージシャン	ミュージシャン(テナーサックス)	バンドマスター	
21D	女	30代	東京都	北海道	ミュージシャン	ミュージシャン(テナーサックス)	企画	
21E	男	20代	三重県	三重県	ミュージシャン	ミュージシャン(ギタリスト)	＊	
21F	男	20代	三重県	三重県	ミュージシャン	ミュージシャン(ドラマー)	＊	
21G	?	?	＊	＊	＊	＊	＊	

5 資料の処理

　得られた発話データは、機械的な分析を容易にするために、データベースソフト「桐 Ver.5」（㈱管理工学研究所）を用いてデータベース化した。なお、本書執筆者の各分析においては、各自で使いなれたソフトウェアを用いている。

　『女・職』の場合と同様、基本的に1文を1レコード（＝1行）とし、発話の進行に従ってレコードを積み重ねた。なお、データベースには、＜発話＞そのものの他に、＜発話者＞に関する情報（性別・年齢層など）、＜発話状況＞に関する情報（場面・会話の状況など）、＜データ管理＞に関する情報（レコード番号など）なども、1レコードごと付加した。詳しくは後述する。な

お、本書の付録として電子媒体で公開するデータ（テキストファイル形式）では、プライバシーに関わるものとして公開を差し控えた項目が一部ある。

『女・職』では、＜相手＞（聞き手）に関する情報、発話者と相手との＜相互関係＞に関する情報（年齢の上下関係・親疎関係など）なども付加したが、録画ではなく録音によりデータを収集する場合、相手を特定することが困難であるケースが少なくないことを考慮し、今回はそうした情報を付加することは断念した。

談話資料をこのようにデータベース化した結果、全部で11,099レコード（＝行）のデータが得られた。『女・職』のデータは11,421レコードであったので、ほぼ同規模のデータが得られたことになる。基本的に1文を1レコードとしたので、文の数もこれとほぼ等しいことになる。ただしここでは、たとえば「あっ。」とだけ言う発話なども1文として扱っている。

この11,099レコードを先に述べた3つの場面別に見ると、「朝」が3,349レコード（30％）、「会議」が3,315レコード（30％）、「休憩」が4,435レコード（40％）となる。『女・職』の場面別構成比は、「朝」が35％、「会議」が23％、「休憩」が42％であった。おおよそ同じ構成比と言えるが、細かく見れば、今回は「会議」が多少増え、逆に「朝」と「休憩」が多少減っている。

総データ量は、時間にすると約728分（約12時間）である。『女・職』は約9時間のデータであったので、3時間ほど増えたことになる。レコード数（≒文数）がほぼ同じ一方で時間が約3割増えたということは、今回の資料の中に、1レコードの発話が長いものが含まれることなどいくつかの要因が考えられそうだ。場面別内訳を示すと、「朝」が約251分（34％）、「会議」が約246分（34％）、「休憩」が約231分（32％）である。『女・職』の場面別構成比は、「朝」が40％、「会議」が25％、「休憩」が42％であった。時間の構成比の点から見ると、「会議」がやや増加し、逆に「朝」と「休憩」が減少したことになる。レコード数の構成比の増減と同じ傾向である。

なお、レコード数の構成比は、先に示したように、「朝」30％、「会議」30％、「休憩」40％であった。時間の構成比とおおむね平行的な関係にあるが、多少、「朝」と「会議」は時間の割に発話量が少なくなり（つまり発話密度が薄い）、

逆に「休憩」は時間の割に発話量が多くなる（つまり発話密度が濃い）、という傾向が見られる。「会議」を除き、こうした傾向は『女・職』にも見られた。

録音を引き受けていただいた協力者は21人いる（『女・職』では19人）。協力者21人の基礎的属性（年齢層・職業）および「協力者×場面」別に見たデータのレコード数・時間数は表1（前掲）のとおりである。また、各データの談話の概要は表2（前掲）のとおりである。

さて、この11,099レコードの中には、じつはコメントのみのレコードが45レコード（約0.4％）含まれている（発話の先頭に「＠」を付して＜＞で囲って示した；例えば「＠＜笑い＞」「＠＜話切れる＞」）。従って、純粋に発話が記録されたレコードは、これらを差し引いた11,054レコードということになる。なお、『女・職』では＜笑い＞は1レコードとして数えたが、今回は発話に挿入されたあいづち笑い・複数笑いは発話レコードに含めた。

ただし、この11,054レコードの中には、聞き取りが全くできなかったレコード（つまり発話の部分が文字化不能の「＃＃＃＃」ばかりのレコード）が290レコード（約2.6％）ある。従って、多少なりともことばが含まれ実際に分析の対象となるのは、これらを差し引いた10,764レコードということになり、実際にはこれが分析対象となる。なお、発話の先頭に「＃」が来る場合は（これには上記のような全く聞き取りができないケースの他に部分的に文字化できているケースを含む）、データ整備の都合上、先頭に「＄」を付加した（『女・職』ではそのようなことはない）。

公開するデータでは、発話中に固有名詞が出てきた場合、著名人などを除き、それが特定できないよう伏せてある。ただし、［名字］［社名］などという形にし、何に関するものを伏せたかの情報は残した。

この10,764レコードを3つの場面別に見ると、「朝」が3,216レコード（30％）、「会議」が3,237レコード（30％）、「休憩」が4,311レコード（40％）である。

10,764レコードを協力者の発話か否かという点から分類すると、協力者自身の発話が4,131レコード（38％）、それ以外の者の発話が6,633レコード（62％）であった。『女・職』では両者がほぼ半々であったので、今回のデー

タでは、協力者以外の発話の構成比が増えたことになる。協力者は多少聞き手にシフトしているのかもしれない。

次に発話者数についてであるが、得られたデータに登場する発話者の総数は219人である（『女・職』では159人）。ただし、協力者の職場が同じであるケースが含まれている関係で、同一人物が重複している部分がある。具体的には、18Bと19I、18Eと19C、18Iと19E、18Jと19Dがそれに当たる。これら重複する4人分を差し引いた215人が実際の異なり人数になる（『女・職』では154人）。異なり人数をカウントする際には注意を要する。重複する4人を含む219人の話者全員について、性別・年齢層・出身地・4～15歳の最長居住地・職業・職種等の属性を示すと表3（前掲）のとおりである。

なお、表3の「発話者コード」の欄のたとえば01A、03Dなどは、01、03が資料の別を、A、Bが各資料内部での話者の別を示している。Aは常に協力者を示している。01Iの次が01Kになるなど、ところどころアルファベットがとんでいる箇所がある。これは、分析対象とするデータの部分を確定した段階で（収録データのうち各場面でまとまりのある10分程度を分析対象とした）、分析対象外となったデータにのみ登場する人物がいたためである。

数字が同じ人物たちは必ずしも全員同じ場面に同席していたというわけではない。場面ごとに出入りがあったり、同じ場面に登場する場合でも時間的には前後する場合もある。

215人の性別・年齢層別による内訳は次のとおりである。

女性は61人いるが（『女・職』では74人）、10代2人、20代21人、30代16人、40代9人、50代3人、60代1人、不明9人である。20代にピークがある。

一方男性は131人いるが（『女・職』では62人）、10代2人、20代22人、30代32人、40代33人、50代24人、60代7人、70代3人、不明8人である。30代・40代にピークがある。

このほか、性別不明が23人いるが、年齢層も全員不明である。

発話者自身に関する付加情報としては、表3に示した項目の他に、「職場規模（全体）」「職場規模（男性）」「勤続年数」が含まれている。いずれも協力者についてのみたずねている。「勤続年数」は、『女・職』と同様、「～1年」「2

～4年」「5～9年」「10～19年」「20年～」の5つのカテゴリーに分類した。

この他、協力者と発話者の＜関係＞に関する項目がいくつかある。『女・職』では、発話者か相手のいずれかが協力者である発話については、協力者ともう一方の人物との＜関係＞を入力したが（協力者が全く関わらない人物同士の会話の場合は実質的なデータ無しの「*」が入力されている）、相手を特定することを断念した今回のデータでは、協力者（話者の識別記号は「A」を含むもの）から見た発話者との＜関係＞が入力されている。たとえば、協力者でない01Bの発話があった場合、その発話に、01Aから見た01Bとの＜関係＞に関する情報が付加されている、ということである（01Aの発話にはデータ無しの「*」が常に入力されている）。01Aが01Bの相手でない発話についても、01Bの発話である限り、そうした＜関係＞に関するデータが入力されている。特殊な情報であるため分析に用いる可能性は少ないかもしれないが、協力者に向けての発話であることが前後関係などから明確である場合などには利用しうるので、付加情報に加えた。

協力者との＜関係＞として付加したものは、「職場関係1」「職場関係2」「職階関係」「入社年関係」「つきあい年関係」「接触量関係」「会話量関係」「親疎関係」である。協力者以外の人物に関するフェイスシートへの記入（記入は協力者）に従って情報を入力した。職業・職種名などは協力者の記入をそのまま用いている。

「職場関係1」は同僚か顧客かといったような比較的大まかな関係である。それに対して「職場関係2」は同室か別室かといったようなもう少し細かい段階での関係である。

「職階関係」は、協力者を基準にして、発話した人物が「上上」（かなり上）、「上」（少し上）、「同」（同じ）、「下」（少し下）、「下下」（かなり下）のいずれであるかを、協力者の主観により判定してもらった。「上上」と「上」の区別、「下下」と「下」の区別が不明の場合は、それぞれ「上(上)」「下(下)」とした。協力者と別の職場であるなど、協力者と職階関係がない場合は「無関係」と入力してある。

「入社年関係」は、協力者を基準にしての情報を、たとえば21年先輩であ

れば「先21年」、16年後輩であれば「後16年」のように入力してある。年数が不明の場合は「先」「後」とだけ入力してある。協力者と別の職場の人物など、先輩後輩関係にない場合は「無関係」と入力してある。『女・職』では、データ収集後に全体の分布を勘案し、「先先」（＋10年以上）、「先」（＋１～＋９年）、「同」（＋0.9～－0.9年）、「後」（－１～－９年）、「後後」（－10年以上）などとカテゴリカルな情報としたが、今回は生に近い情報とした。

「つきあい年関係」は、あらかじめフェイスシートに「～１年」「２～４年」「５～９年」「10～19年」「20年～」という５つのカテゴリーを用意し、協力者に判定してもらった。

「接触量関係」は、あらかじめフェイスシートに「多多」（かなり接触する）、「多」（やや接触する）、「普通」、「少」（あまり接触しない）、「少少」（めったに接触しない）の５つのカテゴリーを用意し、協力者に主観的に判定してもらった。

「会話量関係」も、同様に、「多多」（かなり会話する）、「多」（やや会話する）、「普通」、「少」（あまり会話しない）、「少少」（めったに会話しない）の中から、協力者に主観的に判定してもらった。

「親疎関係」も、「親親」（かなり親しい）、「親」（やや親しい）、「普通」、「疎」（あまり親しくない）、「疎疎」（親しくない）の中から、協力者に主観的に判定してもらった。

以上は会話の＜参加者＞に関する情報であったが、会話の＜状況＞に関する項目として、「場面１」「場面２」を付加した。「場面１」は「朝」「会議」「休憩」の別、「場面２」はもう少し具体的な場面情報（雑談の場面か客との応対の場面かなど）を入力してある。

このほかに、＜データ管理＞に関する情報として、「行番号」（＝レコード番号）、「協力者コード」を設けた。

以上、やや込み入って分かりにくい面もあったが、サンプルとして、13レコード目から25レコード目までの13レコード分を示すと次のようである。紙幅の制約でここでは３段に分けて示したが、実際は全て横につながっているイメージで見ていただきたい。（付録のデータは各項目が「,」で区切られた

テキストファイル形式になっている)。

データベースのサンプル

行番号	発話	場面1	場面2	協力者コード	発話者コード	発話者性	年齢層
13	とりあえず向こう、10時から開けるんですよね↑	朝	打合せ	協力者01	01D	男	30代
14	そー、処方箋ないから。	朝	打合せ	協力者01	01A	男	40代
15	えへ、締め出しくらってた↑、向こうでも。	朝	打合せ	協力者01	01A	男	40代
16	早かったからまだあいてない。	朝	打合せ	協力者01	01D	男	30代
17	うん。	朝	打合せ	協力者01	01A	男	40代
18	だったら日曜日のときー、直接こっちに来ちゃったほうがいいですかねー。	朝	打合せ	協力者01	01D	男	30代
19	だー、荷物の関係なんだよね↑	朝	打合せ	協力者01	01A	男	40代
20	だからー。	朝	打合せ	協力者01	01A	男	40代
21	白衣なんかー、★置いてきてるんでしょ↑	朝	打合せ	協力者01	01A	男	40代
22	→白衣、←だから、前の日にー、カバン中に詰めてくればー、うちから来たほうがね。	朝	打合せ	協力者01	01D	男	30代
23	でも、田原町でしょ↑	朝	打合せ	協力者01	01A	男	40代
24	えー。	朝	打合せ	協力者01	01D	男	30代
25	バスだったらさー、こっちまで来るバスあるんだけどー。	朝	打合せ	協力者01	01A	男	40代

出身	最長居住地	職業	職種	役職	職場規模（全体）	職場規模（男性）	勤続年数	職場関係1
千葉県	千葉県	薬剤師	*	(なし)	*	*	*	同僚
東京都	東京都	薬局の経営者	*	(なし)	3	2	10〜19年	*
東京都	東京都	薬局の経営者	*	(なし)	3	2	10〜19年	*
千葉県	千葉県	薬剤師	*	(なし)	*	*	*	同僚
東京都	東京都	薬局の経営者	*	(なし)	3	2	10〜19年	*
千葉県	千葉県	薬剤師	*	(なし)	*	*	*	同僚
千葉県	千葉県	薬剤師	*	(なし)	*	*	*	同僚
東京都	東京都	薬局の経営者	*	(なし)	3	2	10〜19年	*
千葉県	千葉県	薬剤師	*	(なし)	*	*	*	同僚
東京都	東京都	薬局の経営者	*	(なし)	3	2	10〜19年	*
千葉県	千葉県	薬剤師	*	(なし)	*	*	*	同僚
東京都	東京都	薬局の経営者	*	(なし)	3	2	10〜19年	*

職場関係2	職階関係	先輩後輩関係	ツキアイ年関係	接触量関係	会話量関係	親疎関係
*	下	後15年	〜1年	多	多	普通
*	*	*	*	*	*	*
*	*	*	*	*	*	*
*	下	後15年	〜1年	多	多	普通
*	*	*	*	*	*	*
*	下	後15年	〜1年	多	多	普通
*	*	*	*	*	*	*
*	下	後15年	〜1年	多	多	普通
*	*	*	*	*	*	*
*	下	後15年	〜1年	多	多	普通
*	*	*	*	*	*	*
*	下	後15年	〜1年	多	多	普通
*	*	*	*	*	*	*

6 文字化にあたって考えたこと

a 発話の考え方

　得られた録音資料を分析考察するにあたっては、音声を機械にかけて定量的、音質的、音韻的に扱ういわば動的・立体的方法と、文字化して語彙的、文法的、談話分析的に扱ういわば静的・平面的方法とが考えられたが、ここでは後者の方法をとった。

　文字化するにあたっては、発話の単位を以下のように考えた。
(1)意味のまとまりがある　(2)ポーズがある　(3)他者のさえぎりがない。
　したがって、同一話者の発話でも、(1)(2)の場合は発話が切れることになる。また、さえぎりがあり、話者が交替した場合は意味のまとまりがなくても、切れることになる。

b 文字化する発話

　録音資料には、協力者の会話とは無関係に成立している他の話者の別会話が含まれているものがあるが、それらは文字化していない。

c 文字化の手順

　録音されたものを、まずアルバイターにおこしてもらい、それぞれの分担者が、聞き直して完成した。さらに、1人が全部通して聞いて、伸ばす音の長さ、イントネーションなどの表記をそろえるようにした。

d 文字化の原則

　録音資料の文字化に際しては、国立国語研究所（1995）、宇佐美（1996）などを参考にしながら以下のような原則を立てた。

1　できるだけ音に忠実な表記をする。
2　「私」「毎年」など読み方が複数考えられるものは平仮名で表記する。
　　数字など（　）の中に発音を示すものもある。
　　　例：40（しじゅう）
　　また、「てか（＝というか）」のように、文字担当者の注記を示すものもある。なお、漢字の用い方は、原則として常用漢字表内のもので、公用文の書き方に準じる。

3　長音の表記について。
　　・語尾を長くのばした発音は長音記号「ー」で示す。
　　　例：いいなー。(詠嘆調に語尾をのばす)
　　　　　そーそーそー。(同意をあらわすような調子)
　　　　　はーい。(応答詞をのばして発音している)
　　・「一応」「いちお」「いちよ」「いちよう」、「先生」「せんせー」など、複数の表記があるものは、原則として、漢字表記のものが通常の発音でなされたものを示し、他はその表記に近い発音がなされたことを示す。ただし、平仮名が連続しすぎて意味がとりにくい場合などは、漢字表記とし、「一応（いちお）」などど、発音を（　）内に示したものもある。
4　イントネーションについて
　　・上昇は「↑」、疑問下降は「↓」で示す。
　　・終助詞「わ」が下降イントネーションを伴う場合、「↓」で示す。
5　発話の途中で、次の話者の発話が始まった場合、次の話者の発話が始まった時点を「★」で示す。また、前の話者の発話に重なった部分は始まりを「→」、終わりを「←」で示す。
　　　例：飛行機で★、はい。　　　　　　　　　　　　　　　［13G］
　　　　　→飛行機で帰る。←　　　　　　　　　　　　　　　［13I］
6　発話途中の聞き手のあいづちは、{　}に入れて示す。
　　　例：ただね、{えー　[名字]}とうとう、けっきょくー、だからね、
　　　　　　今日は、してない、出して、プリントアウトしてないの。
　　　　　　　　　　　　　　　　　　　　　　　　　　　　［06・会議］
　　ただし、ひとつの発話が終了した後のあいづち的発話は、独立した一発話として扱った。
　　　例：元気でるの、いろいろ出てるんですけど。　　　　　［01D］
　　　　　：うん。　　　　　　　　　　　　　　　　　　　［01H］
7　相手のさえぎり、あるいは話者の自発的意志によって、発話が完結せず、言いかけで終わった場合、＜言いさし＞とする。また、発話途中で

ことばや表現につまって、発話が完結しなかった場合、＜言いよどみ＞とする。＜言いさし＞と＜言いよどみ＞の区別は、文字化担当者の判断による。
8 　発話の途中や終了時点で、発話者が笑った場合、発話内や、発話末に＜笑い＞とする。発話終了時の、話者を含む複数の笑いは発話末に＜笑い　複＞とする。
　　　例：ああああーい、＜笑いながら＞コード、わかったー↑
　　　例：だから、ほかのもんが頼めなくなっちゃってー。＜笑い　複数＞
9 　発話がとぎれたときは、その長さ、場面の状況などに応じて、＜間　3秒＞、＜沈黙　3秒以上＞、＜発話なし＞（話者が場所を移動したりしてとぎれているような場合）とする。
10 　発話中に出てくる個人名、企業名などは伏せた。ただし、伏せた内容が姓の場合は［名字］、企業名の場合は［会社名］のようにして、文脈をとるのに支障のないようにした。仮に「田中先生」と発話されていたとしたら、［名字］先生として「田中」を伏せたということである。
11 　聞き取り不明の箇所は「＃」で示す。
e 　文字化上の制約
　　データベース「桐」上で処理しているため、あいづちや、重なり（初めからのも、途中からのもある）など、発話の同時性を示すことができていない。

7 　収録論文について

　職場の男性の話しことばの録音資料の収集、整理を分担したメンバーがそれぞれの興味に基づいて書いた12編を以下に掲げる。多くは『女・職』の結果と対比させるために、同じテーマで書いているが、今回新しい切り口で書いているものもある。
　第2章「男性のことばの文末」（遠藤）は、『女・職』で尾崎が「女性専用の

文末形式のいま」として、女性の文末表現に焦点を当てた報告をしているが、それの男性版として、男性の文末表現全般をみたものである。

第3章「職場の男性の疑問表現」（中島）は、同著者が『女・職』で行った女性の疑問表現の調査の男性版で、職場の男性の疑問表現を場面差、性差、世代差の観点から分析している。

第4章「職場の男性の敬語」（遠藤）は、同著者が『女・職』で女性中心に見た職場で使用される敬語の調査の男性版で、男性が使用する敬語を語のレベルで観察している。

第5章「『です／ます』表現の使われ方」（笹）は、会議の中で男性の使う「です／ます」に注目して、文中と文末に表れる「です／ます」表現の種類、出現数、使われ方をみている。

第6章「新しい丁寧語『（っ）す』」（尾崎）は、最近若い男性に使われるようになった「暑いっすね」「暑いすね」のような、「です」の「で」の部分を促音化・縮約化する表現に着目して、「（っ）す」となりやすい表現・なりにくい表現のちがい、使用の性差、世代差を分析している。

第7章「職場で使われる『呼称』」（小林）は、同著者の『女・職』での自称詞・対称詞使用の性差の観察から「呼称」全体に広げて、話者間の関係と呼称選択の状況、談話内での働きによる使用の状況を考察している。

第8章「『おれ』と『ぼく』」（桜井）は、職場の男性の自称詞「おれ・ぼく」の使用を、職場別、場面別、年代別、話し相手別に観察している。

第9章「『から』と『ので』の使用にみる職場の男性の言語行動」（谷部）は、同著者の『女・職』での女性の「から」と「ので」の使い分けの調査を男性の談話で追検証し、また、「から／ので」使用から職場の男性の言語行動の特徴を考察している。

第10章「自然言語データの相互的視点による『笑い』の分析」（早川）は、同著者の『女・職』での「笑い」の分析を引き継ぎながら、新たな方向にも広げ、談話中の「笑い」の出現率をみ、笑い手・受け手の視点からの分析を行っている。

第11章「発話の『重なり』にみられる日本語談話進行の特徴」（本田）は、同

著者の『女・職』で行った発話の「重なり」の分析の男性版であるが、ここにきて男性・女性の話者交替を合わせてみられるようになり、日本語の談話進行の特徴へと論を広げている。

第12章「職場における相互理解の談話構造」(杉本)は、コミュニケーションの観点から、相互理解のための談話構造の特徴を明らかにし、職場での場面の違いと談話構造の関係を考察している。

第13章「男性の働き方とことばの多様性」(高崎)は、同著者が『女・職』で行った「女性の働き方とことばの多様性」の男性版で、いわゆる男性らしいことばや、男性らしくないことばの使われ方をみている。

以上今回の男性中心の資料に基づく考察と、前回の『女・職』の考察を通じて、1993年以来の職場の自然談話調査の結果次のようなことが明らかになったと思う。

1．文末の表現・疑問表現で、従来、女性専用形式、男性専用形式とされてきた言語形式がほとんど使われなくなり、性差は極めて小さくなっている。

2．今回の職場の調査では、尊敬語は男性のほうにより多く使用されているが、敬語の使用は性差ではなく、職場内での役割によるものと考えられる。

3．若い男性による、文末の「です」を「(っ)す」と表現する新しい丁寧語が表れている。

4．笑いには談話を協調的に展開する機能があり、笑いは聞き手が、談話に参加する有力な手段である。

5．談話の話者交替は、力の差を示すものではない。

6．職場の呼称としては「名字＋さん」が最も多く、男女ともに使う。「あなた」「あんた」などは男女ともに使用例があるが、「おまえ」は男性専用と言える。「きみ」はほとんど使われない。

7．男性の「おれ」と「ぼく」の使い分けは、職場環境によるものが大きい。

8．「ので」と「から」には待遇表現的な使い分けがみられ、とくに「ので」

の使用については年代差が大きく、高年代の話者の使用が少ない。
9．職場での談話において、会話をしている相手から否定や反論をされた場合に、それに対して反論するよりも確認の質問をする場合が多い。
10．職場では、性に無関係なことば遣いが、男性女性とも、会議・雑談を問わず圧倒的に多い。表現の幅や、切り替えの程度では男性は女性より小さい。

2度の調査で得た談話資料に基づく研究項目としては、以上の論文で論じたもの以外にもまだまだ、多くが考えられる。使用語彙の面からみた職場での語彙の特性も明らかにする必要があるし、職場でのコミュニケーションがどのように行われているかを、職種別、職場別、役割別などでみることもできよう。その際、説得活動や批判・反論を効果的に遂行するためにどのような方策が採られているかの考察も興味がある。今後もこの資料を活用しながら研究を続けたいとは今回参加したメンバーが誰しも考えているところである。

以上の論文は、データの最終整理と並行して作成したため、この本に添付されたデータと、若干のズレが出ることがあるかもしれない。

また、各論文中での検索処理は、それぞれの筆者の規定する条件のもとに行っている。そのため、同じ文字列の検索でも、処理の条件や方法により、結果が異なることがあることを付け加えておく。

【参考文献】
宇佐美まゆみ（1996）「言い切られていない発話の"politeness"」昭和女子大学研究奨励
　　　　　　　補助金による報告書
国立国語研究所（1995）『テレビ放送の語彙調査Ｉ』秀英出版

第2章　男性のことばの文末

遠藤　織枝

1　はじめに

　『女・職』で尾崎は、女性の終助詞の使用を中心に観察して、文末のことばが脱性差化していると報告している。本稿では、男性の話しことばの文末の表現を観察しながら、男性専用とされる語の現在の男性の使用の実態をみようとしている。尾崎は「だよ」「だわ」にかぎってみているが、ここでは、話しことばの特徴が顕著に表れる雑談の中での文末に使われている語をすべて検索して、男性の発話が日常どのような終わり方をしているかをみることにする。比較のために、女性の雑談中の文末の様相もみている。

2　方　法

　談話資料の中の「場面2」の「雑談」だけを選び出し、男性と女性のそれぞれの発話を選ぶ。この中の＜笑い＞とする談話参加の笑いを示すだけのもの─発話のないもの─のレコードと、文末が聞き取れていないもの、また、複数が同時に話して性別にできないものを除いた、男性3033レコード、女性1233レコードを対象とする。これらの文末の語を検索して、文法的に似たものを集め、品詞を中心としたグループに分けてその頻度数を出す。さらに、各グループ内での語の使用の偏りや、特徴について考察する。

3　文末の語の分類と頻度

　文末の語を以下のように分けてその頻度をみる。
①終助詞のグループ
　例1　こー、放射状になってるんですよね。　　　　　　［13A・20m］

例2　ええ、また来週になってきて<u>さー</u>。　　　　[02A・50m]

の「ね」「さー」のほか、「よ」「の」「か」などの終助詞のグループ。

②助動詞のグループ

例3　メールもらった<u>みたい</u>。　　　　　　　　[21C・30m]

例4　さー、準備しよ<u>う</u>。　　　　　　　　　　[21C・30m]

の「みたい」「う」、そのほか「ます」「らしい」「たい」などの助動詞のグループ。

③動詞のグループ

例5　で、向こう処方箋ないから、やっぱり10時だと<u>思う</u>。　[01A・40m]

のような動詞が基本形や命令形のままで使われているもの。

④形容動詞のグループ

例6　発売前でなきゃ<u>だめ</u>。　　　　　　　　　[03A・30m]

のように形容動詞がそのままで使われているもの。

⑤形容詞のグループ

例7　うん、<u>おいしい</u>。　　　　　　　　　　　[12F・30m]

のように形容詞がそのまま使われているもの。

⑥副詞のグループ

例8　いや、てか（＝というか）、自動車なんだよー、<u>もう</u>。　[12H・30m]

のような、文末に副詞が用いられているもの。

⑦名詞のグループ

例9　お風呂だよ、<u>お風呂</u>。　　　　　　　　　[14A・30m]

のような、文末に名詞が用いられているもの。

⑧応答詞、感嘆詞、あいさつなどのグループ。

例10　…帰りの電車だよ、<u>うん</u>。　　　　　　　[07A・30m]

のような、応答詞や感嘆詞で文が終わっているもの。このグループのもの

は文末というよりも「はーい。」「ほー。」など、感嘆詞や応答詞のみで文になっているものが多い。

⑨接続詞のグループ

　例11　後ろで寝てました、だから。　　　　　　　　　　　［12C・20m］

のような、接続詞で文が終わっているもの。この種のものには、言いさしで終わっているものが多い。

⑩終助詞以外の助詞のグループ

　例12　200分の50ちゅったよ、［社名］、てんちゃく（店着）見て。

［03A・30m］

　例13　どうゆう守備、誰がどうゆう守備につくんだよ、問題はー。

［07G・30m］

のような、終助詞以外の助詞で終わっているもの。これらは言いさしで終わっているものである。

　どの文末もそうだが、「…ですけど。」「…ですけどー。」「…ですけど↑」のように話し方の違いがあるが、ここではそれらの区別はせず、「ですけど」としてまとめてみていく。談話の流れを見るためにはこれらの情報は不可欠だが、今回はどのような語を用いるかを中心にみているので、その違いは問わないで進める。ただし、「はい。」「はーい。」などは別の語として整理している。

　このように分類した①から⑩までのグループの各頻度数と、文末の語全体に占める比率を表に示す。

表1　文末の語の分布と比率

	①	②	③	④	⑤	⑥	⑦	⑧	⑨	⑩	計
男	1062	359	104	35	37	43	340	473	10	580	3043
%	34.9	11.8	3.4	1.2	1.2	1.4	11.2	15.5	0.3	19.1	100.0
女	407	153	38	27	18	39	161	179	1	226	1249
%	32.6	12.2	3.0	2.2	1.5	3.1	12.9	14.3	0.1	18.1	100.0

文末の語が①の終助詞になっているものが最も多く、約3分の1を占めている。これは女性の場合も同じで、比率も男女が接近している。2番目は⑩の

終助詞以外の助詞で終わるもので、文としては言いさしで終わるもので、この比率も男女の数値は近似である。3番目は⑧の応答詞・感嘆詞・あいさつ語で終わっているもので、これも、男女の順位が同じで比率も近い。すなわち、上位3位までは男女の順位は同じで比率の数値も接近している。

　ここで、以下品詞ごとにみていく。

4　終助詞

　今回の検索で得た終助詞を整理して表に示し、その主なものについてみていく。

表2　終助詞の分布

	男性		女性	
か	137	13.1%	55	14.0%
かしら	0	0	2	0.5
さ	49	4.7	11	2.8
ぞ	2	0.2	0	0
っけ	30	2.9	10	2.6
な	133	12.7	29	7.4
にゃー	0	0	2	0.5
ね	321	30.7	143	36.5
の	100	9.6	77	19.6
もん	18	1.7	3	0.8
や	5	0.5	2	0.5
よ	247	23.6	55	14.0
わ	4	0.4	3	0.8
計	1046	100.1	392	100.0

4.1　「か」

　例14　強力ですか、普通のですか。　　　　　　　　　　［01C・50m］
　例15　もう一つありますよね、東京バナナとなんだっけか。　［13I・50f］

「か」の前接の語のスタイルには、例14のような敬体のものと、例15のような常体のものとがある。

- 36 -

前接の語が敬体か常体かを調べてみると、男性も女性も7割以上が敬体を受けていることがわかる。

表3　「か」の前接語のスタイル

	計	敬体		常体	
男性	137	100	73.0	37	27.0
女性	55	42	76.4	13	23.6

4.2 「よ」

例16　今日来ると思うよ。　　　　　　　　　　　　　　　　[01G・70m]

のように、文末に使われている「よ」は男性で246例、女性で55例ある。「よ」はその前に「だ」を伴う「だよ」がよく使われる。名詞や副詞、たとえば「そう」「日曜日」に続く場合、男性は「そうだよ」「日曜日だよ」と「だ」を挿入し、女性では「そうよ」「日曜日よ」と副詞や名詞に直接「よ」がつくとされる。活用語では男性が「活用語・終止形＋よ」に対して女性は「活用語・終止形＋わ＋よ」と「わ」を挿入するとされてきた[1]。また、「のよ」は女性専用とされてきた。これらに着目しながら「よ」の用法のいくつかについて検索して表にする。

表4　「よ」に前接する語／語形

	よ 合計		① 終止形＋よ		終止形＋わ＋よ		② 副詞＋だ＋よ ＊		副詞＋よ		③ だ＋よ		④ の＋よ	
男性	247	100.0%	15	6.1%	0	0.0%	2	0.8%	0	0.0%	51	20.6%	5	2.0%
女性	55	100.0	7	12.7	0	0.0	2	3.6	0	0.0	15	27.8	0	0.0

＊ ③の「だ＋よ」に含まれるが、副詞からの接続のしかたをみるために、とりだした。

①は例16のような「活用語・終止形＋よ」の例で、男性に15例あり、男性の「よ」全体の6.1%である。女性は7例で女性の「よ」全体の12.7%を占めていて比率では女性のほうが高い。つまり、男性専用とされた形式への女性の進出が進んでいることを示している。また、③の「だよ」の男性は247例中

の51例で20.6％、女性は55例中15例27.3％で、こちらも女性の比率の方が高い。
　④の「のよ」の使用例は

　　例17　そうすると、現地から直接来るから、安い<u>のよ</u>。　　　［02A・50m］

など、5例あるが、すべて男性の発話で、女性のものは1例もない。女性が使うとされた形式への男性の進出が目立つ例である。
　②の副詞に直接「よ」がつく例や、「活用語・終止形＋わ＋よ」の形の使用例は1例もなく、女性専用形式が衰退していることがわかる。

4.3　「な」

　　例18　そんなにいかないよ<u>な</u>。　　　　　　　　　　　　　　［10C・60m］
　　例19　仙台についたら、食べられる<u>かな</u>。　　　　　　　　　［08A・40m］

感動、禁止の意味で使われる終助詞だが、「くださいな」のように命令を和らげる用法以外は男性が主に使うとされている[2]。
　終助詞「な」は男性が133例、女性が29例、終助詞全体に占める割合は男性が12.3％に対して女性は7.0％で、女性のほうが使われる率が低い。
　「な」「かな」は男性専用とされてきたが、女性の使用例も多い。女性の「な」の29例のうち、「かな」は15例で、「(だ)なー」という女性の使用例もみられる。

4.4　男性／女性専用とされる終助詞

　　例20　早く帰んなきゃいけないんだ<u>わ</u>。　　　　　　　　　　［06A・40m］
　　例21　はー、＜間　2秒＞おいしいです<u>わ</u>。　　　　　　　　［14B・30f］

のように使われる「わ」は女性専用とされるが、今回の女性の発話では2例のみであった。男性は「違うわ↓」と下がりイントネーションのものが1例、例20のような下がりイントネーションとは認められない「わ」の使用が2例

- 38 -

あった。女性の2例も「わ↑」と上昇するものではないので、今回採集した「わ」の男女各2例は同じ性質のものと思われる。もはや、女性専用とは言えなくなっているのではないだろうか。

　　例22　すごい<u>ぞ</u>。　　　　　　　　　　　　　　　　　　［04E・40m］

「ぞ」は男性専用終助詞とされるが、例22のような例が1例あったのみで、男性の使用も減ってきていることがわかる。もうひとつ、男性専用といわれてきた「ぜ」は1例も使われていなかった。

　　例23　［名字（14C）］さんだけでいいの<u>かしら</u>。　　　　［14E・40f］
　　例24　リード買った<u>にゃー</u>。　　　　　　　　　　　　　［21D・30f］

例23は女性専用とされる「かしら」の女性の使用例である。例24は「買ったね」、「買ったよ」、「買ったの」などの意味で使われる若者の新しい言い方で、2例あるが、いずれも女性が使っている。

ほかには以下のような終助詞が用いられていた。

　　例25　あれ、早、早めんじゃないかと思って<u>さ</u>。　　　　　［10C・60m］
　　例26　だけども受注には響きますよ<u>ねー</u>。　　　　　　　　［03A・30m］
　　例27　あの、［愛称］がくれた<u>の</u>。　　　　　　　　　　　［06D・40m］
　　例28　持ってる人いないです<u>もん</u>。　　　　　　　　　　　［04A・20m］
　　例29　74番じゃなかった<u>っけ</u>。　　　　　　　　　　　　　［04D・30f］
　　例30　ぜんぜんわかってねー<u>や</u>。　　　　　　　　　　　　［09M・30m］

使用の頻度で性差がみられるのは「の」、「な」、「よ」で、「の」は女性に多く、「な」と「よ」は男性に多かった。

5　助動詞

文末に用いられる助動詞には以下のようなものがあり、その頻度を整理し

て表にする。

表5　助動詞の分布

	男性		女性	
う	5	1.3	2	1.2
た（たろ・たら）	101	27.0	34	20.0
だ（で・だろ）	67	18.0	27	15.9
です（でしょ）	88	23.6	24	14.1
ます（ません）	29	7.8	9	5.3
ない	53	14.2	38	22.3
たい	1	0.3	1	0.6
そうな	0	0	1	0.6
ように	3	0.8	0	0
みたい（みたいな）	6	1.6	7	4.1
らしい	1	0.3	6	3.5
れる	0	0	1	0.6
ねん	1	0.3	1	0.6
や（やろ・やん）	2	0.5	2	1.2
へん	0	0	1	0.6
ん	0	0	1	0.6
じゃん	16	4.3	15	8.8
計	373	100.0	170	100.0

例31　とったやつは落ちちゃった。　　　　　　　　　　　　　[06D・40m]

例32　みんな喜ぶだ。　　　　　　　　　　　　　　　　　　　[12A・50m]

例33　ぜんぜん日本に入ってきてない。　　　　　　　　　　　[04A・20m]

例34　ぼくー、ロシア語です。　　　　　　　　　　　　　　　[09K・20m]

例35　いや、前から来てないでしょー[*1]。　　　　　　　　　　[13B・70m]

例36　今日やったのはあったかもわかりません[*2]。　　　　　　[13D・70m]

例37　メールもらったみたい。　　　　　　　　　　　　　　　[21C・30m]

例38　思わないらしい。　　　　　　　　　　　　　　　　　　[12D・20m]

例39　あたりまえやろー[*3]。　　　　　　　　　　　　　　　　[21D・30f]

例40　もうええっちゅうねん[*3]。　　　　　　　　　　　　　　[21C・30m]

例41　チャーシューをのっけた、★チャーシューのように。　　[16C・20m]

例42　なんか、やっぱさみしいじゃん[*4]。　　　　　　　　　　[21B・20f]

　　　[*1]「聞こう」などの「う」は意思を表す助動詞とするが、「でしょー」の場合は、「でしょ」と「ー」を分けずに1語とした。

*² 「ません」も本来なら「ませ」と「ん」を分けるべきだが、「ませ」で終える形の使用はないから、「ません」を1語として処理した。
*³ 関西地方のことばの品詞の認定は大阪府箕面市在住の小谷野哲夫氏の判断による。
*⁴ 「じゃん」は『日本国語大辞典』第2版(小学館2001)では連語の扱いになっているが、ここでは助動詞に準じると考えている。

男性が最も多く使う助動詞は「た」で、次は「です」「だ」「ない」と続く。女性は「ない」「た」「だ」「です」の順である。それぞれ上位の4語で、75〜80％を占めている。

例32と例34・例35のように「です」「でしょ」の敬体と常体の「だ」との対立がみられるが、男性が助動詞全体の28％を敬体で終えているのに対して、女性は、18.9％を敬体で終えている。職場での雑談で、男性は敬体を女性より多く使うことを示している。

文末だから「です」「ます」の基本形を観察してきたが、過去形になると、「でした」「ました」で使われ、この際は文末は「た」で数えているので、「た」の前も見る必要が出てくる。そこで、「でしたね」、「ますよ」など、他の助動詞や終助詞に前接して用いられた「です・ます・ございます」を敬体とし、それ以外を常体として、男女別に検索してみる。

表6 文末の終助詞、接続助詞の前の助動詞のスタイル

		計	敬体		常体	
か	男性	69	44	63.8%	25	36.2%
	女性	55	42	76.4	13	23.6
ね	男性	321	100	31.1	221	68.8
	女性	143	34	23.8	109	76.2
よ	男性	247	124	50.2	123	49.8
	女性	55	13	23.6	42	76.4
から	男性	50	10	20.0	40	80.0
	女性	10	0	0	10	100.0
けど	男性	25	9	36.0	16	64.0
	女性	25	9	36.0	16	64.0
し	男性	26	3	11.5	23	88.5
	女性	5	0	0	5	100.0

男性で敬体が多い順に「か」「よ」「けど」と続き、女性は「か」「けど」「ね」

の順である。「か」は女性のほうが敬体接続が多いが、それ以外は男性の方が多い。

ここに挙げた6語の終助詞全部の前接のスタイルをみると、男性は敬体39.3%対常体60.7%であるのに対して、女性は33.4%対66.6%で、男性の敬体使用の方がやや多くなっている。

6　形容詞・形容動詞

俗語、若者ことば、流行語がいくつかあるので、それらの使われ方をみる。

6.1　「やばい」

この語を使っているのは[03D・30f][04C・20f][20D・40m]の話者で、男性1人と女性2人である。

6.2　「おかまちっく」

「おかま」[3]に「ちっく」という接尾語と結合させた造語を使っているのは[04D・30f]の女性である。

6.3　「ぽい」の新しい用法

「ぽい」は本来名詞や動詞の連用形などについて形容詞をつくる接尾語だが、形容詞につけたり、動詞の終止形につけたりする新しい用法で使っている例がある。

例43　なんで、女の子だとどう扱っていいかわかんないの、え、すごい<u>かっこいいっぽい</u>。　　　　　　　　　　　　　　　　[21B・20f]

例44　あー、その都度なんかー、<u>コピーしてるっぽい</u>。　　[13H・20f]

と、22歳と23歳の女性が使っている。接尾語「ぽい」は文中では男性も1例使っているが、

例45　うそー、あれって、<u>職人芸っぽい</u>ところも。　　　［21C・30m］

というもので、名詞につく従来の用法を踏襲している。ただし、従来は具体的な人物である「職人」につけて「職人っぽい」は言ったであろうが「職人芸」という抽象的な概念には「ぽい」はつけなかったかもしれない。

6.4　「まじ・まじで」

例46　まじでー。　　　　　　　　　　　　　　　　　　　［21B・20f］
例47　え、まーじ。　　　　　　　　　　　　　　　　　　［21D・30f］

「本気で」の意味で若者がよく使うことばで、2例とも話者は女性である。これら、俗語であったり、流行語であったり、破格の用法であったりするが、「やばい」以外はすべて女性の使用例である。

7　応答詞

文末で使われた応答詞・感嘆詞・あいさつ語をまとめる。

表7　応答詞、感動詞

	男性	女性		男性	女性
あ（あー）	92	11	ちえっ	1	0
あら（あらら）	3	1	な	2	0
あん（あーん、あんあん）	5	0	なるほど（なーるほど）	6	4
いえ（いえいえ）	1	1	ね	13	3
イエス	0	3	ノー	0	13
いや（いやいや）	4	3	はー（はーはー）	16	2
うそ	1	1	はーん	4	1
うん（うーん、ん）	163	57	はい（はーい）	3	24
えー（え。えっ）	55	18	ふーん	22	12
おー	2	3	ほー	18	3
こりゃー	1	0	ほーん	1	0
そー（そーそー）	39	13	まー	1	0
そりゃー	2	0	おはよー、などあいさつ語	18	6
			計	473	179

このうち、肯定の応答詞について使用実態をみる。

表8　肯定の応答詞の分布

	計	はい		はー、はーはー		えー		うん		イエス	
男	187	3	1.6%	16	8.6%	55	29.4%	113	60.4%	0	
女	105	25	23.8%	2	1.9%	18	17.1%	57	54.3%	3	2.9%

　男性の応答詞の使用の多い順に「うん」「えー」「はー」になっていて、女性は「うん」「はい」「えー」の順になっている。男性の文末での「はい」は3例しかないが、男性の「はい」がいつも少ないということではない。念のため、文中の「はい」「はーい」をみると、男性が20例、女性が2例になっていて、文末とはちょうど逆の使われ方になっている。

　このほか、女性専用とされる「あら」の男性の使用の例がある。女性は[21B・20f]の1例で、男性は[06A・40m]と[18A・20m]の2例である。これも女性専用語と言われた語を男性が使うようになっている実例である。

8　その他の助詞

　例48　海外旅行と、ブランド物に、お金を使っていただい<u>て</u>。
　　　　　　　　　　　　　　　　　　　　　　　　　　　　[04A・20m]
　例49　だってー、お土産のもんってなかなか地元<u>は</u>。　　[13I・50f]
　例50　すげー心配なんだ<u>けど</u>ー。　　　　　　　　　　　[03D・30m]
　例51　あの、友達なんかがいるってゆうとき<u>に</u>。　　　　[11C・40f]
　例52　家事ができます<u>から</u>。　　　　　　　　　　　　　[02C・10m]
　例53　うん、入社して、入社して<u>から</u>。　　　　　　　　[04A・20m]
　例54　エレベーターもちょっとのぼっていかない<u>と</u>。　　[13J・40f]

　例でみるとおり、終助詞以外の助詞で文末を終えている例─助詞止めで言いさしで終わる─は男性で580例、女性で226例あるが、こうした助詞止め文の男性の談話全体に占める比は19.1%、女性の文末の語全体に対する比は18.1%である。男女とも同じぐらいの助詞止めの文末になっている。

　言いさし文の文末の助詞で多いのは男性では「て」「は」「けど」「から」「と」

- 44 -

の順、女性では「て」「は」「けど」「から」「に」の順で順位はほとんど変わらない。男女とも接続助詞で言いさす例が圧倒的に多い。

9 まとめ

　以上、文の終りにくる語とその頻度をみながら、文末の様相を観察してきた。ここでわかったことは、職場の男性は雑談でも敬体を使うことが多いこと、「あら」「のよ」「わ」の使用などから、従来女性専用といわれてきた語を使用する例があること、その一方で従来男性専用と言われた語句の使用が減ってきていることである。女性は談話数が男性の3分の1ぐらいしかなかったが、その中では、男性専用とされる「かな」「だよ」「活用語・終止形＋よ」などの使用が多いことがわかる。文末の語でみるかぎり、用語の性差は極めて少なくなっていると言えそうである。

【注】
(1)『日本文法大辞典』(松村明編　明治書院　1971)『基礎日本語文法　改訂版』(益岡隆・田窪行則　くろしお出版　1992) ほか。
(2)『大辞林第2版』(三省堂　1995)
(3)　この語は差別語と考えられるが、接尾語「～ちっく」の唯一の使用例であったのであえて引用した。

【参考文献】
尾崎喜光 (1997)「女性専用の文末形式のいま」『女性のことば・職場編』現代日本語研究会編　ひつじ書房
小林美恵子 (1995)「文末形式に見る女子高校生の会話管理」『ことば』16号　現代日本語研究会
中島悦子 (1996)「文末の言語形式―疑問表現における丁寧度の要因―」『ことば』17号　現代日本語研究会

第3章　職場の男性の疑問表現

中島　悦子

1　はじめに

　『女・職』で中島は職場の女性の疑問表現の実態を調査分析した。本稿では、『男・職』談話資料をもとに職場の男性の疑問表現の実態を調査分析する。必要に応じて『女・職』談話資料との比較もする（以下『女・職』談話資料は『女・職』資料、『男・職』談話資料は『男・職』資料と略す）。

　分析対象とする疑問表現は、談話資料中「他者への問いかけ」で発話された上昇イントネーション（↑）がマークされているものの中から、「いらっしゃいませ↑」のような疑問表現とは認定できないものを除いた1672例である。この1672例の疑問表現を、前稿に基づき、次の観点から分析する。

　1．職場の男性の疑問表現の分類と出現実態
　2．職場の男性の疑問表現の場面差・性差・世代差

　1.において、疑問表現の分類は基本的には前稿を踏まえるものだが、『男・職』資料においては若干の修正を加え、分類の枠組みを次のように設定した。
　（A）いわゆる男性も女性も使うとされる疑問表現（「α・β」群とする）
　（B）いわゆる女性が主として使うとされる疑問表現（「α」群とする）
　（C）いわゆる男性が主として使うとされる疑問表現（「β」群とする）
　これら3つの群に分類される疑問形式は松村（1971）や益岡他（1989）を参照し、それに中島の内省を加えて行った。
　2.において、疑問表現の使用される場面が雑談の場面（「雑談」とする）なのか、会議、打合せ、相談、応対等の場面（「雑談以外」とする）なのかという場面差について、また発話者が男なのか女なのかという性差について、さらに発話者の年齢が「若年」世代（0～30代）か「中高年」世代（40～70代）かという世代差について検証する。なお、前稿で分析した相手との関係（年齢の上下関係、親疎関係、職階関係等）については、『男・職』資料では相手

との関係が協力者から見たもので、対話者同士のものではないという点で、分析からはずした。

2　職場の男性の疑問表現の分類と出現実態

表1　疑問表現の出現数

疑問形式（総数：1672）	数	対総数比(%)	疑問形式（総数：1672）	数	対総数比(%)
(1)名詞(＋助詞)↑	331	19.8	(29)〜ですよね／でしたよね↑	35	2.1
(2)動詞(形容詞)普通体↑	123	7.3	(30)〜ますか↑	19	1.1
(3)〜な↑	21	1.3	(31)〜ます／ました↑	42	2.5
(4)〜(ん)だな↑	4	0.2	(32)〜ますね／ましたね↑	2	0.1
(5)〜よな↑	12	0.7	(33)〜ますよね／ましたよね↑	9	0.5
(6)〜だよな↑	7	0.4	(34)〜ません／ませんでした↑	5	0.3
(7)〜かね↑	6	0.35	(35)〜もんやね↑	2	0.1
(8)〜(の)かな↑	24	1.4	(36)〜だろ(ー)↑	16	0.9
(9)〜か↑	16	0.9	(37)〜だろーな↑	1	0.05
(10)〜(だ)よ↑	9	0.5	(38)〜う・よう↑	1	0.05
(11)〜(ん)だ／だった↑	9	0.5	(39)〜う・ようか↑	3	0.2
(12)〜だね↑	8	0.5	(40)〜(ん)でしょ(ー)↑	103	6.2
(13)〜よね↑	21	1.25	(41)〜じゃないんでしょ↑	2	0.1
(14)〜だよね↑	24	1.4	(42)〜でしょーか／ましょーか↑	8	0.5
(15)〜っけ↑	38	2.3	(43)〜でしょーね↑	3	0.2
(16)〜っけか↑	1	0.05	(44)〜じゃん↑	11	0.7
(17)〜て↑	11	0.6	(45)〜(ん)じゃない↑	28	1.7
(18)〜ね↑	155	9.3	(46)〜じゃないんだな↑	1	0.05
(19)名詞＋ね↑	16	0.9	(47)〜じゃないかな↑	2	0.1
(20)〜の↑	128	7.7	(48)〜じゃなかった↑	2	0.1
(21)〜のね↑	13	0.77	(49)〜(ん)じゃないね↑	1	0.05
(22)〜ない↑	14	0.8	(50)〜じゃないの↑	21	1.3
(23)〜ないの↑	2	0.1	(51)〜(ん)じゃないすか↑	2	0.1
(24)〜(ん)すか↑	3	0.2	(52)〜(ん)じゃない(ん)ですか↑	32	1.9
(25)〜(ん)ですか↑	144	8.6	(53)応答詞疑問形式	92	5.5
(26)〜(ん)ですかね↑	4	0.2	(54)省略疑問形式	9	0.5
(27)〜です／でした↑	6	0.35	(55)不明	5	0.3
(28)〜ですね／でしたね↑	65	3.9	総　数	1672	100.0

表1は『男・職』資料中の疑問形式とその出現数および対総数比（総数1672例に対する比率）を示したものである。疑問表現の分類は前稿を踏まえるものだが、表1の疑問形式の中から以下にそれを示す。

(A)「α・β」群に属する疑問表現
　いわゆる男性も女性も使うとされる「α・β」群には、「名詞＋（助詞）↑」「動詞（形容詞）普通体↑」「ない↑」「(ん)ですか↑」「ですね↑」「ます↑」「ますか↑」を入れた。例えば、松村（1971）では、「ですね」は男も女も使うとしている。

(B)「α」群に属する疑問表現
　いわゆる女性が主として使うとされる「α」群には、「名詞＋ね↑」「よね↑」「ですよね↑」「ますよね↑」「(な)の↑」「のね↑」「ないの↑」「(ん)でしょ↑」「(ん)じゃない↑」「じゃないの↑」が入る。例えば、松村（1971）には、名詞に直接つく「ね」、「よ」につく「ね」（「よね」）および「の」は女性が使うとある。「ですよね↑」「ますよね↑」については『女・職』資料での女性の多用、男性の少用という実態から「α」群としておく。また、前稿では「α・β」群とした「(ん)でしょ↑」「(ん)じゃない↑」についても『女・職』資料での女性の多用、男性の少用という実態から、「α」群とする。

(C)「β」群に属する疑問表現
　いわゆる男性が主として使うとされる「β」群には、「な↑」「(ん)だな↑」「よな↑」「(ん)だよな↑」「か↑」「かね↑」「ですかね↑」「かな↑」「ね↑」「だね↑」「(ん)だよね↑」「だろ↑」「だろーな↑」「じゃないんだな↑」が入る。松村（1971）では、「な」（「だな」「よな」）および活用語につく「ね」や「だ」につく「ね」（「だね」）、「か」につく「な」「ね」（「かな」「かね」）は男性が使うとしている。また益岡他（1989）では普通体につく「か」は男性的表現としている。同書の「普通体」とは、「天候が回復した」のような述語の基本的な形式をいうが、本稿における「普通体」もこれに従う。

3　職場の男性の疑問表現の場面差・性差・世代差
3.1　「α・β」群に属する疑問表現

「α・β」群に属する「名詞（＋助詞）↑」「動詞（形容詞）普通体↑」「ない↑」「(ん)ですか↑」「ですね↑」「ます↑」「ますか↑」の用例を挙げると、次のようなものである。

例1　えっと、ベネチア↑　　　　　　　　　　　　　　[09A・40m・雑]
　　　ベネチア。　　　　　　　　　　　　　　　　　[09M・30m・雑]
　　　あ、テレビでやってたー↑　　　　　　　　　　[09A・40m・雑]
　　　やってましたよ。　　　　　　　　　　　　　　[09M・30m・雑]

例2　それ、銀座の本店ですかー↑　　　　　　　　　[03A・30m・打]
　　　本店さんで、ええ、＃＃＃＃＃＃＃＃＃。　　　[03C・30f・打]

例3　[名字]さんが[名字(06J)]さんのうち（家）に行くのはだいじょうぶですね↑　　　　　　　　　　　　　　　　　　　　[06D・40m・雑]
　　　うん、だいじょうぶですね。　　　　　　　　　[06J・不明f・雑]

例4　[名字(08A)]さんパン食べます↑　　　　　　　[08G・20f・雑]
　　　いやいや、ぼくはごはん、ごはんでいいです。　[08A・40m・雑]

例5　えー↑、どうですか、順調にいってますか↑〈間 15秒〉
　　　　　　　　　　　　　　　　　　　　　　　　　[05A・50m・打]

例6　も、もらったことない↑　　　　　　　　　　　[15C・30m・雑]

「名詞↑」「動詞普通体↑」は、例1の「ベネチア↑」「ベネチア。」、「テレビでやってた↑」「やってましたよ。」という問いかけと応答に示されるように丁寧度が最も低い。職場では避けられるのではないかという予想に反して、使用頻度は「名詞↑」が331例、19.8％と第1位、「動詞普通体↑」が123例、7.3％と第5位にあり、疑問表現中上位を占める。

表2-1（次ページ）は「α・β」群の場面差・性差・世代差の出現数と比率を示したものである。説明を加えると、性差の比率においては、男は「男性」例数1301に対する比率、女は「女性」例数350に対する比率、不明は「性

不明」例数21に対する比率である。場面差の比率では、雑談は「雑談」例数802に対する比率、雑談以外は「雑談以外」例数867に対する比率、不明は「場面不明」例数3に対する比率である。世代差の比率では、若年は「若年」世代例数760に対する比率、中高年は「中高年」世代例数880に対する比率、不明は「世代不明」例数32に対する比率である。なお、計は総数1672に対する比率である。

表2-1 「α・β」群疑問表現—場面差・性差・世代差

	場面	発話者性	発話者世代
名詞(+助)↑	雑談 203(25.3) 雑談以外 128(14.7)	男 230(17.8) 女 94(26.9) 不明 7(33.3)	若年0〜30代 150(19.7) 中高年40〜70代 171(19.4) 不明 10(31.2)
計	331(19.8)	331(19.8)	331(19.8)
動詞(形容詞) 普通体↑	雑談 53(6.6) 雑談以外 70(8.1)	男 87(6.7) 女 33(9.4) 不明 3(14.2)	若年0〜30代 56(7.3) 中高年40〜70代 63(7.1) 不明 4(12.5)
計	123(7.3)	123(7.3)	123(7.3)
ない↑	雑談 9(1.1) 雑談以外 4(0.5) 不明 1(33.3)	男 11(0.8) 女 3(0.8)	若年0〜30代 9(1.2) 中高年40〜70代 4(0.4) 不明 1(3.1)
計	14(0.8)	14(0.8)	14(0.8)
(ん)ですか↑	雑談 58(7.2) 雑談以外 86(9.9)	男 103(7.9) 女 35(10.0) 不明 6(28.5)	若年0〜30代 98(12.9) 中高年40〜70代 38(4.3) 不明 8(25.0)
計	144(8.6)	144(8.6)	144(8.6)
ですね↑ (でしたね↑)	雑談 12(1.5) 雑談以外 53(6.1)	男 62(4.7) 女 3(0.8)	若年0〜30代 28(3.7) 中高年40〜70代 37(4.2)
計	65(3.9)	65(3.9)	65(3.9)
ます↑ (ました↑)	雑談 19(2.4) 雑談以外 23(2.6)	男 30(2.3) 女 11(3.1) 不明 1(4.7)	若年0〜30代 22(2.9) 中高年40〜70代 18(2.0) 不明 2(6.2)
計	42(2.5)	42(2.5)	42(2.5)
ますか↑	雑談 2(0.2) 雑談以外 17(1.9)	男 14(1.1) 女 5(1.4)	若年0〜30代 11(1.4) 中高年40〜70代 8(0.9)
計	19(1.1)	19(1.1)	19(1.1)

表2-1によると、「名詞↑」「動詞普通体↑」は「雑談」だけでなく、会議や打合せ、客との応対などの「雑談以外」でも少なくない。両形式共「若年・中高年」の差がなく、男性にも女性にも多用されている。こうした傾向は『女・

『職』資料でも顕著であった。職場において「名詞↑」「動詞普通体↑」が場面差、性差、世代差なく使われている疑問表現であることがうかがわれる。

　他方、丁寧な「ですか↑」(144、8.6%)、「ですね↑」(65、3.9%)、「ます↑」(42、2.5%)、「ますか↑」(19、1.1%)の出現率は、『女・職』資料の「ですか↑」(81、6.9%)、「ですね↑」(9、0.8%)、「ます↑」(18、1.5%)、「ますか↑」(11、0.9%)より高くなっている。これらの丁寧な疑問表現が、『女・職』資料より『男・職』資料の方に多い、という事実は職場では男性のほうが丁寧な表現を用いてコミュニケーション活動を行っているということである。「ですか↑」「ですね↑」「ます↑」「ますか↑」は、その丁寧な表現のゆえか「雑談以外」に多い。また「ですね↑」を除いては男女の使用差はほとんどない。世代差では「ですね↑」「ます↑」「ますか↑」はその差はないが、「ですか↑」は若年世代のほうに多い。

　「ない↑」は『女・職』資料同様「雑談」のほうに多いが、男女の使用比率は同じで性差がない。世代差ではやや「若年」世代に多いようだ。

3.2 「α」群に属する疑問表現

　いわゆる女性に使われるとされる「α」群に入る「名詞＋ね↑」「よね↑」「ですよね↑」「ますよね↑」「(な)の↑」「のね↑」「ないの↑」の例を挙げる。

　　例7　→じー、←何組↑、B組ね↑　　　　　　　　［11D・50f・会］
　　例8　昭和22年で、今52歳ね↑　　　　　　　　　［16A・40m・打］
　　例9　代打なんか、ヒット打ってる人の方がいいよね↑、ねー。
　　　　　　　　　　　　　　　　　　　　　　　　　［07A・30m・雑］
　　例10　あの、コインロッカーに入るやつですよね↑　［12F・30m・雑］
　　例11　金額がー｛うん (18B)｝、金額数字、数字これ違いますよね↑
　　　　　　　　　　　　　　　　　　　　　　　　　［18A・20m・打］
　　例12　持ってきたのー↑　　　　　　　　　　　　［11G・50m・応対］

　　　　　持ってきてんのー↑　　　　　　　　　　［11C・40f・応対］
例13　→原付なの↑←　　　　　　　　　　　　　［12H・30m・雑］
例14　牛久って観光地なの↑　　　　　　　　　　［18B・50f・雑］
例15　鯉はやっぱり水道の水じゃ、だめなのねー↑　［10A・50m・雑］
例16　留学志願書は来てないの↑　　　　　　　　［02A・50m・打］

表2-2　「α」群疑問表現―場面差・性差・世代差―

		場　面		発話者性		発話者世代
名詞+ね↑	雑談	5(0.6)	男	11(0.9)	若年0～30代	0
	雑談以外	11(1.2)	女	5(1.4)	中高年40～70代	16(1.8)
	計	16(0.9)		16(0.9)		16(0.9)
よね↑	雑談	10(1.2)	男	19(1.5)	若年0～30代	10(1.3)
	雑談以外	11(1.2)	女	2(0.5)	中高年40～70代	11(1.3)
	計	21(1.2)		21(1.2)		21(1.2)
ですよね↑	雑談	16(2.0)	男	26(2.0)	若年0～30代	21(2.7)
(でしたよね↑)	雑談以外	19(2.2)	女	9(2.5)	中高年40～70代	14(1.6)
	計	35(2.1)		35(2.1)		35(2.1)
ますよね↑	雑談	2(0.2)	男	6(0.5)	若年0～30代	7(0.9)
(ましたよね↑)	雑談以外	7(0.8)	女	3(0.8)	中高年40～70代	2(0.2)
	計	9(0.5)		9(0.5)		9(0.5)
(な)の↑	雑談	72(9.0)	男	93(7.1)	若年0～30代	54(7.1)
	雑談以外	56(6.4)	女	35(10.0)	中高年40～70代	74(8.4)
	計	128(7.7)		128(7.7)		128(7.7)
のね↑	雑談	5(0.6)	男	11(0.8)	若年0～30代	2(0.2)
	雑談以外	8(0.9)	女	2(0.5)	中高年40～70代	11(1.2)
	計	13(0.8)		13(0.8)		13(0.8)
ないの↑	雑談	2(0.2)	男	2(0.1)	若年0～30代	0(0)
	雑談以外	0(0)	女	0(0)	中高年40～70代	2(0.2)
	計	2(0.1)		2(0.1)		2(0.1)
(ん)でしょ↑	雑談	46(5.7)	男	81(6.2)	若年0～30代	30(3.9)
	雑談以外	57(6.6)	女	22(6.3)	中高年40～70代	72(8.2)
					不明	1(3.1)
	計	103(6.2)		103(6.2)		103(6.2)
(ん)じゃない↑	雑談	13(1.6)	男	19(1.5)	若年0～30代	15(1.9)
	雑談以外	15(1.7)	女	9(2.6)	中高年40～70代	13(1.5)
	計	28(1.7)		28(1.7)		28(1.7)
じゃないの↑	雑談	13(1.6)	男	16(1.2)	若年0～30代	4(0.5)
	雑談以外	8(0.9)	女	5(1.4)	中高年40～70代	17(1.9)
	計	21(1.3)		21(1.3)		21(1.3)

　『女・職』資料でも女性の使用率が非常に低かった「かしらね↑」「わね↑」

「わよね↑」「のよね↑」という、いわゆる女性が専用に使うとされる疑問形式は、『男・職』資料ではまったく出現していない。

「名詞＋ね↑」「(な)の↑」「のね↑」「ないの↑」は前稿でも取り上げた疑問形式である。このうち「(な)の↑」の出現率は128例、7.7％と全疑問形式中4位を占め、よく使われている。表2-2によると、「(な)の↑」は「雑談」だけでなく「雑談以外」にも、女性だけでなく男性にも、「若年」にも「中高年」にも使用され、場面差、性差、世代差はほとんどない。この傾向は既に『女・職』資料にも見られ、「(な)の↑」が「α」群を抜け出て、「α・β」群の疑問表現へと移行したことが明白となっている。例12における「持ってきたの↑」の男性発話、「持ってきてんの↑」の女性発話、例13における「原付なの↑」の男性発話、例14における「観光地なの↑」の女性発話の例からも、「(な)の↑」が「α・β」群であることが示される。

「ね↑」は相手に同意や確認を求めるために問いかける疑問表現である。松村(1971)によると、名詞に後接する「ね」は女性が、活用語に後接する「ね」は男性が使うとある。「名詞＋ね↑」の出現率は16例、0.9％で、『女・職』資料（9、0.8％）より高く、しかもほとんど性差なく使われている。場面では「雑談以外」のほうにやや多く、世代では「中高年」のみの使用である。この「名詞＋ね↑」は『女・職』資料においても性差、場面差がなかった。名詞についた「ね↑」の男性使用の増加（『女・職』資料では男性使用率0.3％、『男・職』資料では男性使用率0.9％）は、この形式が「α」群ではなく、「α・β」群に属する疑問表現となっていることを示している。例えば、例7の「B組ね↑」は女性発話、例8の「52歳ね↑」は男性発話であるが、発話者の性の特定がなければ男性使用か女性使用かその判別は難しい。

「のね↑」も相手への同意を問う疑問表現であるが、松村(1971)には女性しか用いないとある。しかし、『男・職』資料では例15「だめなのね↑」のように男性のほうに多く使われており、『女・職』資料（4、0.3％）よりその出現率が13例、0.8％と増加している。この形式も「α」群の疑問表現とはいえなくなっているようだ。また「雑談以外」や「中高年」世代のほうに使用が多い。

例9のような「よね↑」は男性の使用率のほうが高い。例10、例11のような「ですよね↑」「ますよね↑」は性差なく使用されている。「よね↑」「ですよね↑」「ますよね↑」は「α」群の疑問表現より「α・β」群の疑問表現のほうに分類すべきものかもしれない。「よね↑」は場面差や世代差がない。「ですよね↑」「ますよね↑」は「雑談以外」の場面、「若年」世代のほうに使用される傾向がある。

例16のような「ないの↑」は2例、0.1%と少ないが、「雑談」場面、「中高年」世代、男性の使用である。『女・職』資料（5、0.4%）では、「雑談」場面、「若年」世代、女性の使用であったことから、「ないの↑」が女性にも男性にも、若年にも中高年にもと、性差や世代差がなく使われていることが知られ、これも「α・β」群の疑問表現に属すと見てよいのではないか。

さらに、「α」群に属すと考えられる疑問表現には「(ん)でしょ↑」「(ん)じゃない↑」「(ん)じゃないの↑」がある。

例17　でも、あの電報って後でもらえるんでしょ↑、★###。
　　　　　　　　　　　　　　　　　　　　　　　　　[10F・20f・相談]
　　　→そりゃもらえるからね。←　　　　　　　　　[10G・20f・相談]

例18　深大寺でしょ↑　　　　　　　　　　　　　　　[10C・60m・雑]
　　　あの、深大寺ってゆうお寺あるじゃない↑　　　　[10C・60m・雑]
　　　その中ですよ。　　　　　　　　　　　　　　　[10C・60m・雑]
　　　あそこ滝みたいのあるよね↑　　　　　　　　　[10D・60m・雑]

例19　なんかー、出すのを★持ってきたわけじゃないんだな↑
　　　　　　　　　　　　　　　　　　　　　　　　　[11G・50m・応対]
　　　→持ってきたんじゃないの↑←　　　　　　　　[11C・40f・応対]

例20　だからもう道楽でやってたんじゃないの↑　　　[10C・60m・雑]

例17「あの電報って後でもらえるんでしょ↑」、例18「深大寺ってゆうお寺あるじゃない↑」は、発話者自身が認知・予測したことに対して相手に同意や確認を間接的に求め、問う表現である。相手の応答も例17「そりゃもらえるからね」、例18「あそこ滝みたいのあるよね↑」というように発話者への同

- 55 -

意や確認の表現となることが多い。

　「(ん)でしょ↑」は103例、6.2％と全疑問表現中6位である。『女・職』資料でも78例、6.6％あり、職場ではよく使われる疑問表現であるようだ。表2－2によると、「雑談」にも使われているが、「雑談以外」のほうにやや多く、また「若年」世代よりも「中高年」世代のほうに多い。男女の使用率の差はない。「(ん)でしょ↑」は『女・職』資料では「若年」世代の女性に「雑談」で多用されたが、『男・職』資料では「中高年」世代の男女に「雑談以外」で多用されている。職場において「(ん)でしょ↑」が場面、性、世代の差がなくなってきており、「α・β」群の疑問表現として使われていることが知られる。

　「(ん)じゃない↑」は28例、1.7％とその出現率は12位である。性差では女性の比率のほうがやや高いが、男性の使用も少なくない。「雑談」「雑談以外」の両場面に、「若年」「中高年」の両世代に同程度の比率で使われ、場面差、世代差がない。『女・職』資料では、出現率は2.0％と『男・職』資料とほぼ等しい比率であったが、性差では女性のほうに、場面差では「雑談」のほうに、世代差では「若年」世代のほうに多かった。『男・職』資料では、「(ん)じゃない↑」が女性だけでなく、男性にも使われ、また「雑談以外」の場面にも進出し、「中高年」世代にも支持されてきていることがわかる。この形式も「α・β」群の疑問表現となっているようだ。

　例19「持ってきたわけじゃないんだな↑［11G・50m］」「持ってきたんじゃないの↑［11C・40f］」にあるように、「じゃないんだな↑」は男性に、「(ん)じゃないの↑」は女性に、と使い分けられるとされる。ところが、例20の「(ん)じゃないの↑」は男性発話である。「(ん)じゃないの↑」の出現率は21例、1.3％とかなりあり、表2－2によると、「雑談」場面、「中高年」のほうに多いが、男女の比率の差はない。『女・職』資料でもその出現率（14、1.2％）はほぼ『男・職』資料と同じであったが、「雑談」場面での「中高年」の女性の使用が多かった。『男・職』資料では「(ん)じゃないの↑」が女性だけでなく男性に多く使われていることから、この形式が「α」群から「α・β」群の疑問表現へと移行したことがうかがわれる。

以上、「α」群の疑問表現とした「(な)の↑」「名詞＋ね↑」「のね↑」「よね↑」「ですよね↑」「ますよね↑」「ないの↑」「(ん)でしょ↑」「(ん)じゃない↑」「(ん)じゃないの↑」がすべて「α」群に属す疑問表現とはいえなくなっており、「α・β」群の疑問表現のほうに移行したことが明らかになった。

3.3 「β」群に属する疑問表現

いわゆる男性が使うとされる「β」群の疑問表現には、「な↑」「(ん)だな↑」「よな↑」「(ん)だよな↑」「か↑」「かね↑」「ですかね↑」「かな↑」「ね↑」「だね↑」「(ん)だよね↑」「だろ↑」「だろーな↑」「じゃないんだな↑」が抽出された。

例21　あー戻ったなー↑　　　　　　　　　　　[01B・40f・休相談]
例22　オーストラリアとかニュージーランドって、そうゆうのはないんだな↑　　　　　　　　　　　　　　　　　[18J・50m・雑]
例23　後ろで寝られるよな↑、うん。〈間 1秒〉　[12H・30m・雑]
　　　いいよな↑〈間 5秒〉　　　　　　　　　[12H・30m・雑]
例24　いや理科だってそうだよなー↑　　　　　[20A・50m・雑]
例25　これ見ながら、書くか↑、これ見ながら。〈笑い〉[10D・60m・相談]
例26　うーん、今どうなのかねー↑　　　　　　[15C・30m・打]
　　　どうなんですかねー↑　　　　　　　　　[15A・20m・打]
例27　あー、じゃー、そのサイズの融通性とかを考えてくださいとか、
　　　そうゆう話だったのかな↑　　　　　　　[03A・30m・打]
例28　終わっちゃったのかなー↑　　　　　　　[13C・30f・雑]
例29　なんか、みずみずしい匂いするね↑〈間 1秒〉[12F・30m・雑]
例30　ま、まだ、こだわってんだね↑　　　　　[18J・50m・雑]
例31　すげー、ポンプだよねー↑　　　　　　　[10C・60m・雑]

表2-3 「β」群疑問表現―場面差・性差・世代差―

		場　面		発話者性		発話者世代	
な↑	雑談	14(1.7)	男	20(1.5)	若年0～30代	9(1.2)
	雑談以外	7(0.8)	女	1(0.2)	中高年40～70代	12(1.3)
	計	21(1.3)		21(1.3)		21(1.3)
(ん)だな↑	雑談	2(0.2)	男	4(0.3)	中高年40～70代	2(0.2)
	雑談以外	2(0.2)	女	0(0)	若年0～30代	2(0.2)
	計	4(0.2)		4(0.2)		4(0.2)
よな↑	雑談	7(0.8)	男	12(0.9)	若年0～30代	5(0.7)
	雑談以外	5(0.6)	女	0(0)	中高年40～70代	7(0.8)
	計	12(0.7)		12(0.7)		12(0.7)
(ん)だよな↑	雑談	4(0.5)	男	7(0.5)	若年0～30代	1(0.1)
	雑談以外	3(0.3)	女	0(0)	中高年40～70代	6(0.7)
	計	7(0.4)		7(0.4)		7(0.4)
か↑	雑談	7(0.9)	男	15(1.2)	若年0～30代	5(0.7)
	雑談以外	9(1.0)	女	1(0.2)	中高年40～70代	11(1.3)
	計	16(0.9)		16(0.9)		16(0.9)
かね↑	雑談	1(0.1)	男	6(0.5)	若年0～30代	2(0.3)
	雑談以外	5(0.6)	女	0(0)	中高年40～70代	4(0.5)
	計	6(0.35)		6(0.35)		6(0.35)
ですかね↑	雑談	2(0.2)	男	3(0.2)	若年0～30代	4(0.5)
	雑談以外	2(0.2)	女	1(0.2)	中高年40～70代	0(0)
	計	4(0.2)		4(0.2)		4(0.2)
かな↑	雑談	10(1.2)	男	20(1.5)	若年0～30代	13(1.7)
	雑談以外	14(1.6)	女	4(1.1)	中高年40～70代	11(1.3)
	計	24(1.4)		24(1.4)		24(1.4)
ね↑	雑談	57(7.1)	男	146(11.2)	若年0～30代	42(5.5)
	雑談以外	98(11.3)	女	9(2.5)	中高年40～70代	113(12.8)
	計	155(9.3)		155(9.3)		155(9.3)
だね↑	雑談	4(0.5)	男	6(0.5)	若年0～30代	0(0)
	雑談以外	4(0.5)	女	2(0.5)	中高年40～70代	8(0.9)
	計	8(0.5)		8(0.5)		8(0.5)
(ん)だよね↑	雑談	7(0.9)	男	20(1.5)	若年0～30代	8(1.0)
	雑談以外	17(1.9)	女	4(1.1)	中高年40～70代	16(1.8)
	計	24(1.4)		24(1.4)		24(1.4)
だろ↑	雑談	14(1.7)	男	15(1.1)	若年0～30代	4(0.5)
	雑談以外	2(0.2)	女	1(0.2)	中高年40～70代	12(1.3)
	計	16(0.9)		16(0.9)		16(0.9)
だろーな↑	雑談	1(0.1)	男	1(0.1)	若年0～30代	0(0)
	雑談以外	0(0)	女	0(0)	中高年40～70代	1(0.1)
	計	1(0.05)		1(0.05)		1(0.05)
じゃないんだな↑	雑談	0(0)	男	1(0.1)	若年0～30代	0(0)
	雑談以外	1(0.1)	女	0(0)	中高年40～70代	1(0.1)
	計	1(0.05)		1(0.05)		1(0.05)

「な↑」「(ん)だな↑」「よな↑」「(ん)だよな↑」は相手に同意や確認を要求するために問いかける疑問表現である。松村（1971）では「な」「よな」は

男が使う終助詞としている。「な↑」「よな↑」「(ん) だよな↑」「(ん) だな↑」の順で使用頻度が高いが、特に「な↑」が21例、1.3％とよく使われている。場面差では、「な↑」は「雑談」のほうに多く、「よな↑」「(ん) だよな↑」「だな↑」は「雑談」と「雑談以外」の差がない。また世代差では、いずれも「中高年」世代のほうにやや多い。「な↑」は21例中女性に1例使用（例21）があるほかすべて男性の使用であり、その他の「よな↑」「(ん) だよな↑」「(ん) だな↑」は男性にしか使われていない。『女・職』資料でも「だよな↑」「だな↑」は男性に1例しかなかった。「な↑」「よな↑」「(ん) だよな↑」「(ん) だな↑」という「な」のついた疑問形式が男性に専ら使用されていることは、これらの形式が依然として「β」群の疑問表現にあることを示している。

「か」「かね」「かな」は松村 (1971)、益岡他 (1989) には男性が使うとあり、述語の普通体についた「か↑」を例25に、「かね↑」「ですかね↑」を例26に、「かな↑」の男性発話を例27、女性発話を例28に示す。表2-3に見るように、『男・職』資料では「か↑」に女性の使用が1例あるのみで、「かね↑」の女性使用はない。『女・職』資料でも「かね↑」の女性使用は1例のみであった。『男・職』資料における「か↑」「かね↑」の男性専用を見ると、これらがいまだに「β」群の疑問表現にあることがわかる。しかし、「かな↑」については男女の使用率の差はほとんどない。「女・職』資料でも「かな↑」は女性に多用されていたことから、「かな↑」は「α・β」群にあると見てよいのではないか。「ですかね↑」も男女差はないが出現数が少なすぎる。場面差では「か↑」「かね↑」「かな↑」共に「雑談以外」のほうに多く、世代差では「か↑」「かね↑」が「中高年」に、「かな↑」が「若年」にやや多い。

「ね↑」「だね↑」「(ん) だよね↑」の例を29、30、31に挙げておく。松村 (1971) では活用語につく「ね」や「だ」につく「ね」は男が使うとある。『男・職』資料では、述語の普通体や助詞等につく「ね↑」は、その出現率が155例、9.3％と全疑問表現中2位となっており、職場で多用されている。「(ん) だよね↑」の使用も少なくない。「ね↑」はそのほとんどが男性の使用だが、「だね↑」「(ん) だよね↑」は男女の使用差はあまりない。『女・職』資料で

は、「(ん) だよね↑」は女性使用のほうが多かったが、述語普通体につく「ね↑」はわずか3例しかなく、「だね↑」はなかった。述語普通体や助詞につく「ね↑」は「β」群の疑問表現と見てよいが、「だね↑」「(ん) だよね↑」は「β」群ではなく、「α・β」群の疑問表現にあると見なしてもよいようだ。

　以上、「な↑」「だな↑」「よな↑」「(ん) だよな↑」「か↑」「かね↑」「ね↑」は「β」群の疑問表現に属しているが、「かな↑」「だね↑」「(ん) だよね↑」は「α・β」群の疑問表現に移行したことが観察される。

　さらに、「β」群の疑問表現に属すと思われるものには、例33のような「だろ↑」、例34のような「だろーな↑」、例35のような「じゃないんだな↑」もある。

　　例32　ぜんぜん、変わりました↑　　　　　　　　　　　[04E・40m・雑]
　　　　　どうだろー↑　　　　　　　　　　　　　　　　　[04D・30f・雑]
　　例33　あったかい（温かい）っていえばー、まー、まーだから新鮮だよ、
　　　　　だからーフランスパンってすぐ固くなるだろ↑　　[12H・30m・雑]
　　例34　＃＃＃＃だろーな↑　　　　　　　　　　　　　[16G・60m・会雑]
　　例35　なんかー、出すのを★持ってきたわけじゃないんだな↑
　　　　　　　　　　　　　　　　　　　　　　　　　　　[11G・50m・応対]

　「だろ↑」は出現率が16例、0.9％とかなり使われており、例32の女性発話以外は、すべて男性の使用である。また「雑談」場面、「中高年」世代に多い。「だろーな↑」も「中高年」の男性に1例ある。『女・職』資料でも「だろ↑」は出現数4例すべて「中高年」の男性の使用だったことから、「だろ↑」「だろーな↑」は「β」群の疑問表現にあると見てよいようだ。

　「じゃないんだな↑」は「中高年」の男性に1例あり、『女・職』資料ではなかったことから、これも「β」群の疑問表現にあると見てよいのではないか。

　以上、「だろ↑」「だろーな↑」「じゃないんだな↑」は「β」群の疑問表現にあるといえよう。

4　おわりに

　「α」群の疑問表現に属すと見た「(な)の↑」「名詞＋ね↑」「のね↑」「よね↑」「ですよね↑」「ますよね↑」「ないの↑」「(ん)でしょ↑」「(ん)じゃない↑」「じゃないの↑」の男性使用が増加したこと、また、「β」群疑問表現とした「かな↑」「だね↑」「(ん)だよね↑」の男女使用率にほとんど差がなかったという調査結果から、「α」群に入れた疑問形式のすべて、および「β」群中の「かな↑」「(ん)だよね↑」「だね↑」の3形式が、「α・β」群の疑問表現のほうに移行したことが明白になった。ただし、「β」群の疑問表現とした「な↑」「だな↑」「よな↑」「(ん)だよな↑」「か↑」「かね↑」「ね↑」「だろ↑」「だろーな↑」「じゃないんだな↑」については、男性の専用、女性の非使用（あるいは稀使用）という調査結果から、これらはいまだに「β」群の疑問表現にあるといえよう。

　しかしながら、『女・職』資料では出現した「α」群疑問表現中の、いわゆる女性が専用に使うとされる「かしら↑」「わね↑」「わよね↑」「のよね↑」が『男・職』資料では皆無であったこと、また、「α」群疑問表現とみなした疑問形式がすべて「α・β」群疑問表現となっていること、つまり『男・職』資料では、いわゆる女性が使うとされる「α」疑問表現を男性が多用しているという実態を考えると、女性使用、男性使用という枠組みで分析すること自体が既に無意味になっているといわざるを得ない。将来この枠がはずされる方向に進んでいくのではないかと思われる。なお、男性がどういう状況で「β」群の疑問表現を使うのかということについては、紙面の都合上触れることができなかった。今後の課題としたい。

【引用・参考文献】
井出祥子編(1997)『女性語の世界』明治書院
中島悦子(1997)「疑問表現の様相」『女性のことば・職場編』現代日本語研究会編　ひつじ書房
益岡隆志・田窪行則(1989)『基礎日本語文法』くろしお出版
松村明編(1971)『日本文法大辞典』明治書店

第4章　職場の男性の敬語

遠藤　織枝

1　はじめに

　『女・職』で遠藤が主に職場の女性の敬語の実情を観察したと同じ方法で、ここでは主に男性の敬語をみる。『女・職』で述べたとおり、ここでいう敬語は最近の新しい研究方法・範囲としての待遇表現や語用論レベルのもの、また敬意表現とされる幅広い分野の中のものではなく、尊敬語、謙譲語、丁寧語、という伝統的な語のレベルのもので、品詞では動詞・助動詞に分類されるものである。
　話されている場面のあらたまりの度合いと関連づけて述べることになるが、その際、会議、打合せ（電話による打合せも含む）、報告を、フォーマルな場面、雑談をインフォーマルな場面とする。なお、用語として、「敬語形」、「ハダカ形」という語を使うことがある。たとえば、「言う」行為を「おっしゃいます・おっしゃって・言われて」などと表現するものを「敬語形」と言い、「言って・言わない・言います」などと表現するものを「ハダカ形」とするのである。「言います」の「ます」も丁寧語として敬語の助動詞ではあるが、この「ます」は「おっしゃいます・言います」とどちらにも使われて差異はないから、ここでは問題にしない。
　電話でよく使われる言い方もあるので「電」として電話での話し方に言及することもあるが、それには電話での雑談は含まない。電話での雑談は一般の「雑」に含める。

2　尊敬語

　専用形式とされる「いらっしゃる」「おっしゃる」などから、敬語的要素を付加するものとされる「れる・られる」までを対象とする。

2.1 「いらっしゃる」(「～てらっしゃる」、「いらして」も含む)

例1　いらっしゃいませー。　　　　　　　　　　　[01C・50m・応対]
例2　[名字]さんていらっしゃってますかー。　　　[03A・31m・電]
例3　年齢、誕生日を迎えて年齢が変わられている方がいらっしゃいます。
　　　　　　　　　　　　　　　　　　　　　　　[15A・25m・打]
例4　あっ、いらっしゃった。　　　　　　　　　　[11C・40f・応対]
例5　前から来てらっしゃる方ですか↑　　　　　　[13A・20m・雑]
例6　[名字]さん、こちらいらして。　　　　　　　[13H・20f・雑]

「いらっしゃる」を用いた例は38例あるが、そのうち例1のような店員のあいさつが15例ある。残りの23例の中で16例は例2、3のような動詞「いる」の尊敬形、2例が例4のような「来る」の尊敬形である。例5のような補助動詞のものはすべて「い」の脱落した「～てらっしゃる」の形で使われていた。話しことばでは「～ていらっしゃる」とは言っていないらしいことがわかる。

この語の使われる場面としては電話、応対、朝礼、打合せ、などフォーマルなものが22例、雑談のインフォーマルなもの4例である。雑談の例としては、30代男性の06C大学講師が、休憩時間中に同僚で教授である40代男性の06Aに向かって

例7　[名字]さん、もしきょう、ちらとお時間があれば、卓球場にぜひいらしてください。　　　　　　　　　　　　　　　　[06C・30m・雑]

と敬語で話しているものなどがある。しかし、同じ話者が別の年上の講師である同僚06Dには

例8　日本に何日いて、北京行くんでしたっけ↑　　[06C・30m・雑]

とハダカ形でも話している。06Cが年上の同僚にいつも敬語形で話しているわけではない。

　保険会社の営業を担当する15Aは敬語を多く用いて話しているが、どれも打

合せ中の発話で、年上の顧客に対してのものである。30代の03Aも多く用いているが、いずれも電話での打合せ中で「いる」の敬語形として使われている。17Aも3例用いているが、いずれも朝礼の中で用いている。これら敬語を多用する話者は、フォーマル場面ではハダカ形をあまり使っていない。

『女・職』では、女性の「いらっしゃる」は20代は3例、30代が11例で、20代は少なかったが、今回の男性では20代も11例、30代8例と20代のほうが多い。20代女性より20代男性の方が、敬語を使う場面で多く働いていると言えそうである。

2.2 「おっしゃる」

例9　乾かしますから、熱かったらおっしゃってくださーい。
[14A・30m・応対]

など、同じ話者の2例と、30代女性03Cの打合せ中の発話中の1例の3例である。例9は美容師である14Aが客に対して発しているものである。同じ話者が客に

例10　じゃー、熱かったら言ってくださいね、はい。　[14A・30m・応対]

とも言っているし、また、会議中でも「みなさんが言ってきたこと・・」のようにハダカ形で話している。美容師で、客を相手に丁寧に話すと考えられている人でもいつも敬語形で話しているわけではない。その例として、例9と例10が挙げられる。例9の発話の後、同じ客との応対を続けているうちに例10の発話になっている。客との心理的距離が縮まってきてハダカ形になったものと思われる。

「言う」という動詞はたくさん使われていて、「言っていただきたい」など年上の話者に向かって言う場面もあるが、敬語形では話されていない。

「おっしゃる」は『女・職』では30代女性で6例、50代女性で5例、男性で1例使われていた。それと比べると少ないが、今回は男性2例女性1例の3

例使われていた。『女・職』では12例中で男性1例であったことからみると、今回の出現数は少ないが率としては男性の使用が高くなっている。

2.3 「お～になる」

　　例11　でー、みなさんが、えーとお聞きになりたい［キャラクター名］の情
　　　　　報を、入手してまいりました。　　　　　　　　　［04A・20m・打］

など3例で、この他の2例の話者は01Aと06Hでどちらも40代男性である。例11が聞き手に対する尊敬表現であるのに対して01Aの例は「頭の薄い人はもうお帰りになりました」という、第3者に対する敬語で、最近使われなくなってきたとされる用法である。
　「お世話になる」も1例あるが、敬語使用の意識は弱いと思われる。
　『女・職』では「ごらんになる」（男性1例）「おいでになる」（女性3例）など11例使われていたが、今回はそれに比べると少ない。

2.4 「なさる」

　　例12　…私は知らん、とゆう発言を、けっこうなさってる方がいるらしい
　　　　　んですよー。　　　　　　　　　　　　　　　　　［07D・40m・会］

など男性の5例がある。話者は07D以外は15Aで、営業の打合せの際使っている。例12は相手に対する敬語ではなく、その場にいない第3者に対する敬語になっている。
　15Aは「運転をなさっていて」「相手の方が怪我なんかなさった場合」などと「なさる」をよく使うが、保険の営業の際の発話で、客に対する高い待遇のことば遣いの中で用いられている。
　『女・職』では女性4例、男性2例の使用があったが、使用例は半分になり、女性の使用がゼロになっている。

2.5 「れる・られる」

例13　政治家のお偉い先生方が入ら<u>れ</u>るらしいんで。　　　　［12C・20m・雑］
例14　先生が行か<u>れ</u>たところねー↑　　　　　　　　　　　　［02F・40m・会］
例15　…見直しをね、さ<u>れ</u>たほうがよい、よいんではないかと思います。
　　　　　　　　　　　　　　　　　　　　　　　　　　　　　［09C・40m・会］
例16　…添え手の位置、を確認さ<u>れ</u>たほうがいいと思うんですけど。
　　　　　　　　　　　　　　　　　　　　　　　　　　　　　［09D・50m・会］

などで、39例（男性35例、女性4例）あった。その中で、例14のような「行かれる」が5例と、例15、例16のような「される、〜される」が14例あった。いずれも男性の例で、男性が「いらっしゃる」よりは「行かれる」を、「なさる」よりは「される」を多く使っていることがわかる。「れる・られる」を伴って敬語形になったのは以下のものである。

　　思われる・おられる・帰られる・買われる・変わられる・聞かれる・気がつかれる・捨てられる・出される・使われる・着かれる・乗せられる・入られる・申し込まれる・求められる・やられる

『女・職』では、この種の敬語は19例で、女性が14例男性が5例であったが、今回は男性を中心とする資料なので、男性が圧倒的に多くなっている。男性が36例である。男性では40代が21例で、報告の場面で使われるものが多かった。男性が職場で相手との待遇を考えながら、話す場面が女性の場合より多いことを窺わせている。つまり、今回は男性の協力者で、その協力者の立場に左右されるが、協力者の面から『女・職』談話資料の女性協力者の場合と比べても、男性が主導権を握って、報告し説明したりする場面が多いのである。今回の女性の発話の敬語はフォーマル4例、インフォーマル2例であるが、男性の「れる・られる」敬語は、職場でのフォーマルな場面での使用は33例、インフォーマル場面では3例である。

2.6 「くださる」

例17　ちょっとお待ちください。　　　　　　　　［01D・30m・応対］
例18　で、わかんなければ聞いてください。　　　［02A・50m・打］
例19　じゃ、それはフィードバックください。　　［03A・30m・打］

のようなもので、本動詞「くださる」の例はない。

「お(ご)～ください」の例は6例で、例19のような「て」を伴わないもの1例、それ以外は例18のような「～てください」のもので、圧倒的にこの語形が多い。「～てくれる」のフォーマル場面でのハダカ形19例と比べると、敬語形は多い。

以上の尊敬語を使う話者を世代ごとにわけて、その例数を示す。

表1　尊敬語を使う人

	10代	20代		30代		40代		50代		60代		計	
	m	m	f	m	f	m	f	m	f	m	f	m	f
いらっしゃる	20F.1	04A.2 12C.2 15A.4		03A.4 06C.1 17A.3	13C.1	08A.1	11C.2	02A.1				18	4
～ていらっしゃる		13A.1 15A.1	13H.1									3	1
おっしゃる				14A.2	03C.1							2	1
お～になる						01A.1 06H.1						2	0
～てくださる		04A.1 12C.1 13A.2 17D.1 18A.4 19A.8	10F.1 14D.1 16B.1 21B.1	05F.1 05W.1 06C.1 07B.2 10E.1 14A.3 17A.1	03C.1 13C.1 13E.1 14B.2 19G.1	01A.4 07D.2 09A.3 20D.1	01B.1 14E.2	02A.4 06B.1 10A.1 10B.1 16D.2				46	13
なさる		15A.3		07A.1		07D.1				10C.1		6	0
れる・られる		12C.1 12G.1 15A.2 18A.2	13H.1 16B.3 17C.1	03A.1 05W.1 20C.1	01A.2 02F.1 06A.1 06H.1 09B.6 09C.6 09E.1 09G.1 09H.1 16A.1	13J.1	02A.1 06G.3 09D.2					36	6

- 68 -

3 謙譲語
3.1 いたす

　　例20　じゃ、そうゆうことに<u>いたし</u>ます。　　　　　［06A・40m・会］
　　例21　…私製の領収証を印刷<u>いたし</u>まして、えーと、こちらのほうが
　　　　　［数値］円。　　　　　　　　　　　　　　　　　［08A・40m・会］
　　例22　よろしくお願い<u>いたし</u>ます。　　　　　　　［15A・20m・会］

のように使われている。

　例20のような本動詞のものは6例、例21のような漢語サ変動詞「する」の謙譲形ものは5例、例22のような「お〜する」のよりレベルの高い「お〜いたす」は6例である。

　例22をあいさつ表現と考えると、「失礼いたします」との関連、「お願いします・失礼します」との関連が考えられる。以下あいさつ表現だけを比べてみる。

3.1.1　お願いします／お願いいたします

表2　お願いします／お願いいたします

	20代 m	20代 f	30代 m	30代 f	40代 m	40代 f	50代 m	50代 f	計 m	計 f
お願いします	04A.1 12C.2 12G.2 13A.1 19A.6	07F.1 13G.1 14H.1	03A.1 15D.1 17A.1 21A.1	04D.2	05B.3 05L.1 07D.1 08A.2 09A.7 09F.2 09I.1 15B.2 19H.1	11C.1	02A.2 05M.1		39	6
お願いいたします	15A.1		17A.2		06A.1 19H.1	11C.1			5	1

　11C、17A、19Hは「します」形と「いたします」形と両方使っているが、17Aは「いたします」形のほうが多い。全体では「します」形のほうがはるかに多い。

3.1.2 失礼します／失礼いたします

　　例23　はーい、どうも失礼しまーす。　　　　　［04A・20m・電］

のような「します」形は14例（男性9例、女性5例）使われているが、「いたします」形はない。
　『女・職』では「いたします」形が5例使われていたのと比べると、今回の男性中心の資料による方が、この形での使用が少ない。

3.2　「申す・申し上げる」

　　例24　あのー、人間科学科の[名字]と申します。　　［19H・40m・電］
　　例25　心よりお待ち申し上げております。　　　　［10F・20f・相談］

例25は「お待ちする」のさらにレベルの高い謙譲語であるが、プレゼントに添えるメッセージの文章を数人で相談していて述べられたもので、10Fが誰かに向かって発したものではない。

3.3　「いただく」

　　例26　お先にいただいてます。　　　　　　　　［08F・20f・雑］
　　例27　いただきまーす。　　　　　　　　　　　［08A・40m・雑］
　　例28　…夏休みをいただいてー、ちょっと一館山のほうに…。
　　　　　　　　　　　　　　　　　　　　　　　［12B・20f・朝礼］
　　例29　わたしが検討させていただいたのはこちらの内容なんですね↑
　　　　　　　　　　　　　　　　　　　　　　　［15A・20m・打］
　　例30　あ、それであのー、お電話いただきたいんですけれども。
　　　　　　　　　　　　　　　　　　　　　　　［19A・20m・電］

例26、27は「食べる」の、例28は「もらう」の謙譲語である。例27はあいさ

つ語である。「食べる」の謙譲語としての使用は3例で、いずれも女性の使用である。「もらう」の意味のものは12例（男性11例、女性1例）である。

　例29、30のような補助動詞としての使用が非常に多く、「〜ていただく」のもの63例（男性60例、女性3例）、その中には「させていただく」が多く、12例を数えている。また、「お〜いただく」のものが8例（男性6例、女性2例）ある。例29、30の形のものには敬語としての使用が規範的でないものがいくつかある。その中には

　　例31　…あのー、まーちょっとあのー、いわしていただきますと…。
　　　　　　　　　　　　　　　　　　　　　　　　　　　　　［06A・40m・会］

のように「〜していただく」というものがある。この語形は使役形「いわせる」の連用形でなく、4段動詞「いわす」の連用形の使用例である。使役形10例に対して4段動詞の「…して」は3例である。また、

　　例32　…ほとんど我々が事務的なものはやらさせていただきます。
　　　　　　　　　　　　　　　　　　　　　　　　　　　　　［15A・20m・打］

のようないわゆる「サ入れ」のもの、

　　例33　…アドバイスとゆうような形ではあのー、ご協力させていただける
　　　　　んですが。　　　　　　　　　　　　　　　　　　　　［15A・20m・打］

などがある。

　「協力させて」と使役形にすることや、「ご協力する」と謙譲形にすることは文法にかなっているが、「ご協力させる」は話し手の「協力」と、使役の主体である聞き手の動作が混同されていて、誤用である。5Aは保険の営業という仕事がら、敬語を多く使っているが、多用している中には標準的ではない用法も混じるということであろう。

　謙譲語を使う人を世代別にして表に示す。

表3　謙譲語を使う人

	20代 m	20代 f	30代 m	30代 f	40代 m	40代 f	50代 m	50代 f	計 m	計 f
いたす			17A.1		06A.2 09A.1 09B.1		05P.1		6	0
～いたす	15A.1				08A.3		08B.1		5	0
申す	04A.2 12C.1		03A.2	04D.1	08A.2 19H.1				8	1
～申し上げる			10F.1						0	1
いただく（食べる）			08F.1		14B.2				0	3
いただく（もらう）	12G.1 12I.2 15A.2	12B.1	03A.1 17A.1	04D.1	01A.2 15B.1				10	2
～ていただく	04A.7 12C.1 12G.1 12I.1 15A.3 18A.2 19A.2	10F.1 13G.1 16B.1	03A.7 15D.2 17A.2	04D.1	06A.6 08A.2 09A.3 09H.1 09E.1		09D.1		42	3
～せていただく （＝使役の意）	15A.6 19A.1		03A.1	03C.1 04D.1	06A.1 06D.1 08A.3		02A.1		14	2
お／ご～いただく	15A.2 19A.2			03C.1	08A.2				6	1

4　丁寧語

「ございます」

　　例34　冷えてるのございますけど。　　　　　　　　［01C・50m・応対］
　　例35　これ、8月分のい、えー8月分の使用実績の9月計上でございます。
　　　　　　　　　　　　　　　　　　　　　　　　　　［08A・40m・会］

そのほか、「ありがとうございます」「おはようございます」など、あいさつ語の中で用いられるものが多い。
　例34は「ある」を丁寧に言うもので他に5例（男性4例、女性1例）、例35は「だ・である」を丁寧に表現するもので10例あるが、すべて男性の使用である。これらの「ございます」を使う話者は以下のとおりである。

表4 「ございます」を使う人

	20代m	30代m	40代m	40代f	50代m	計
「ある」の丁寧	15A.2		05I.1 08A.2	11C.1	01C.1	7
「です」の丁寧	20C.1	08A.8	10A.1			10

　これら「ございます」を使う人がハダカ系でもいうかどうかを、「ある」「です」の使用を探りながらみる。01Cは「ある」の使用はない。15Aは「社内にもありました」など「ある」を3回使っている。「です」の丁寧形「ございます」を多用している08Aは「です」も8回使用している。
　15Aは「社内にもありました」などハダカ形で3例ある。05Lも3例、08Aも3例あり、ハダカ形のほうが多く使われている。
　「だ・です・である」の意味のものは20Cは「～です」を15例、08Aは8例、10Aは8例ハダカ形で使用している。10Aの「さようでございますか」は休憩時間中のものでの非常にレベルの高い敬語使用の例であるが、この発話は「まあそうだろうな」と言った後で独り言のように発せられていて、誰かに対する高い待遇を示したものではない。

5　まとめ

　以上、主に男性の使う敬語を『女・職』談話資料の女性の敬語と比較しながらみてきた。職場での敬語使用は、女性より多いものが多かった。職場における男性達が女性より敬語を多く使うということは、職場で報告をしたり、朝礼であいさつしたり、多くの人の前であらたまって話す場面が多いということでもある。20代の男性で敬語を多く使っているのは営業関係の仕事をしている人で、客との応対上の敬語が必要とされているのである。本稿では、職場の男性がどのような敬語をどのぐらい使うかを概観したにすぎない。職場の敬語といっても、その職種や地位により、また、相手との関係によって異なることを個々のケースに基づいて細かにみることが次の課題である。

【参考文献】

遠藤　織枝（1997）「職場の敬語のいま」『女性のことば・職場編』現代日本語研究会編　ひつじ書房

菊地　康人（1994）『敬語』角川書店

菊地　康人（1996）『敬語再入門』丸善株式会社

第5章 「です／ます」表現の使われ方

笹　寿美子

1　はじめに

　あらたまった場面では一般的に丁寧なことば遣いが用いられるとされ、代表的な場面として会議や儀式があげられる[1]。丁寧なことば遣いとしては敬語の使用などがまず考えられるが、本稿では「です／ます」表現に着目し、会議におけるその出現を観察する。発話に出現した「です／ます」表現の種類と出現の仕方をその位置によって分類しながら考察する。以下、発話の途中に出現するものを文中に出現、発話の終了部に出現するものを文末に出現という。

2　調査の方法－対象データと調査項目

　「場面1」「会議」の「です／ます」表現を分析の対象とした。レコードの抽出は次のように行った。

1) 全データから「です／ます」表現を含むレコードをすべて抽出する。ここでは、発話欄から「ます」「です」「ませ」「ません」「ましょう」「でしょう」「でした」「ました」「まして(助動詞「ます」の連用形＋て)」を順次とりだしていく方法をとった。
2) 上記レコードの文中に現れる「です／ます」表現をマークした後、出現場所を文中、文末に分ける。
3) 「場面1」「会議」を抽出する。

出現場所の例には以下のようなものがある。[　　]内は発話者コード・年齢層／性別の順。

　例1　その主旨はねー、結局はー、あのー、ま推薦とかね↑、そうゆうことがあるからー、生徒に不利にならないようにってゆうことから、その精神から出てると思うんですよね↑　　　　　　　[11D・50f]

例2　で、えー、最初にですねー、あの、みなさんがたにもちょっとあのー、ご連絡さしあげたんですがー、研究室会議とゆうのを定例化したらどうかと、とゆうふうに思っておりましてー、えー、ちょうど毎月（まいつき）の第3水曜日は教官会になりますのでー、教官会てゆうのは3時からですのでー、えー、2時半からとゆう形で定例化したらどうかと、ゆうふうに思うんですがー、いかがでしょうか。　［06A・40m］

例3　えー、ひとりはあまりだってゆうんで、1週間に1回だけー、えー、グループ授業てのがありましてー、そんときは討論。　［02H・50m］

例4　いえ、ないって、量の問題じゃないですよ、それは。　［07G・30m］

例5　ファインってなんですか↑、これ。　［10A・50m］

例6　［名字］さんと、［名字＋名前］さんとゆうのはもー、あれなんですよ、いとこ同士。　［10B・50m］

例7　あ、そうですか、はいはい。　［19A・20m］

　例1は文末、例2は文中と文末、例3〜7は文中の出現例である。本稿では倒置を含め例4〜7のような表現はすべて文末ではなく文中出現の表現として扱っている。

　以下の例8、9のような「〜す」という形の使用は除いた。6章で尾崎が新しい丁寧語としてとりあげているが、「です」と比べてあらたまり度に差があると思われるからである。

例8　おれはねー、ちょっと賛同できないすよー＜笑い＞。　［21F・20m］

例9　むずかしいすねー、＃＃＃＃と思うんですけどー……。　［20C・30m］

3　観察の結果
3.1　「場面1」「会議」のあらたまり度

　発話レコード中の「です／ます」使用のレコードの占める比率によってあらたまり度を見ることにする（表1）。

表1 「です／ます」表現の比率

	総数	「です／ます」表現	会議総数	「です／ます」表現
レコード数	11099	2904	3315	1084
%	100.0	26.2	100.0	32.7

当資料における総レコード数は11099レコードである。その中で「です／ます」表現を含むレコードは2904レコード、26.2%である。「場面1」「会議」のレコード数は3315レコードで、そのうち「です／ます」表現を含むレコードは1084レコード、32.7%であり、「場面1」「会議」の「です／ます」表現を使用する割合が全体中の「です／ます」表現の割合より高い。丁寧な表現をあらたまりの要件とするならば、「場面1」「会議」はその他の場面「朝」や「休憩」に比べ、場面としてのあらたまり度が高いといえる。

3.2 「です／ます」表現
3.2.1 「です／ます」表現の種類

「です／ます」表現がどのような形で用いられるかを調べた（表2）。

表2 「です／ます」表現の種類

「です／ます」表現の種類	文末に出現	文中に出現
（1）〜ます	229	77
（2）〜ました	64	24
（3）〜ません	15	21
（4）〜ましょう	11	5
（5）〜です	501	291
（6）〜でした	9	3
（7）〜でしょう／〜でしょ	37	9
（8）〜まして	2	32
（9）〜でして	0	0
（10）〜ますと	2	8
（11）〜ですと	0	0
（12）〜ましたら	1	4
（13）〜でしたら	0	3

（単位：レコード）

種類(1)〜(7)は文末表現、(8)〜(13)は文中の接続表現である。当資料にお

けるそれぞれの表現の出現率の順位をみると、文中文末とも1位「～です」2位「～ます」5位「～ません」が同じで、3、4位が文末では「～でしょう／～でしょ」、「～ました」、文中では「～まして」、「～ました」となっている。文中と文末で大きく異なっているのは「～まして」、「～でしょう／～でしょ」の出現であり、また全体的な傾向としても文末出現には(1)～(7)が、文末に(8)～(13)が多い。なお「～でして」「～ですと」については文中文末ともに該当するデータはなかった。詳細については3.2.3以降述べる。

なお表2の(1)～(13)のレコードには、例10～12のように語中語末に「ー」や「↑」があるものも含んでいる。

例10　返します↑　　　　　　　　　　　　　　　　　　[13A・20m]
例11　30単位ですよねー↑、いまねー、原則は。　　　　　[02A・50m]
例12　はい、お預かりしまーす。＜間　15秒＞　　　　　　[18A・20m]

3.2.2　「です／ます」表現の出現場所

表3　文中文末の「です／ます」表現の出現数

	レコード数	％
「です／ます」表現	1084	100.0
文末に出現	874	80.6
文末のみに出現	681	62.8
文中にも文末にも出現 *1	193	17.8
文中に出現	403	37.1
文中のみに出現	210	19.3
文中にも文末にも出現 *2	193	17.8
文中の「です／ます」表現の出現数	655例	1.6例／レコード *3

*1・*2　文中と文末に重複して「です／ます」表現が現れるレコード数で、*1と*2は同じものである。
*3　　文中の「です／ます」表現の出現数655例を「文中に出現」レコード数403で除した、1レコードあたりの文中の「です／ます」表現数。

レコード中の「です／ます」表現の出現場所は、①例1のように文末のもの、②例3～7のように文中のもの、③例2のように文中と文末の両方に現

- 78 -

れるものとがある。それらの出現レコード数を表3に示す。「場面1」「会議」で「です／ます」表現を含む1084レコードのうち874レコード、80.6％の文末に「です／ます」表現が現れる。そのうち文末にのみ出現するものは681レコード、61.5％である。文中に現れるレコードは403、37.2％になる。文末および文中に重複して現れるのは17.8％のレコードである。

3.2.3 文末に出現する場合

1) 否定の言い方

　今回採集した「です／ます」表現に「～です」は501レコード出現していて突出しているが、この中でも目立つのが「～ないです」という形で、34レコードある。これらの発話者は20名以上に上る。9レコードが言い切りのほか、「ないですか」で終わる14レコードのうち11レコードは「～じゃないですか」という形をもつ。なお、これらの中に形容詞の否定形「～くないです」の例はない。

　「～ないです」に類似する用法をもつ「～ません」は15レコードで、内訳は「すみません／すいません」5レコード、「わかりません」1レコード、それ以外の7レコードは動詞で「ので」や「から」をともなって終わっている。「～ません。」と言い切って終わっているのは、例13、14の形容詞否定の2例である。同年齢・同性にコンピュータの使い方を指導していて、操作方法を誤ったことを指摘している場面で、発言は同一人である。

　「～ません」の言い切りが少なく、また「～ないです」使用が多いのは、明らかな否定で発言が終わるのを避けたいという気持ちの現れとも見られる。

　　例13　正しくありません。＜笑い　［名字(13E)］＞　　　　［13A・20m］
　　例14　あ、正しくありません。　　　　　　　　　　　　　　［13A・20m］

2) 多用されている表現

　文末の「です」が「そうです」の形で使われているものが多い。そのうち

「そうですか」は17レコードあり、その中の14レコードが、例15のように「あ」で始まっている。

  例15 <u>ああ</u>、そうですか。   [06G・50m]

また、終助詞「ね」をともなう「そうですね」も多く、21レコードあった。

３．２．４　文中に出現する場合

1) 連体修飾

 丁寧ということを考えた場合、連体修飾の中にも「です／ます」表現が多く出現するように思われるが、今回のデータ内では以下の４レコードに現れただけである。

  例16 あとですねー、４番のＣＫなんですけどもー、あのー、ヘルメットの<u>貼ってあります名前等</u>(とう)のですねー、シールがはがれてるのがけっこうありましたんでー、そのへんのみなし、見直しをね、されたほうがよい、よいんではないかと思います。 [09C・40m]

  例17 えー、この中では広報宣伝費としまして、えー前回あの、<u>ご覧いただきました</u>、えー、[地名]<u>シティマップイラスト作成代等</u>(とう)で、えー[数値]円。   [08A・40m]

  例18 え、それでは、<u>第２番めになります</u>、99年９月の月次(げつじ)決算報告を［名字(08A)]支配人のほうからご報告いたします。
                 [08B・50m]

  例19 ‥‥社員と、あの代理店との、あのー｛区別とゆうかね　(15B)｝区別だとか、はっきりしてない部分がかなりー、社内にも<u>ありましたもので</u>ー、｛うん　(15B)｝えーまー、ま、これは会社側の意向も含めてなんですが、＃＃＃＃＃＃＃には、今がまー、いい時期とゆう、いいますか、あのー、代理店さんを＃＃＃てーいましてですね★。
                 [15A・20m]

例18は、修飾しているのか、文が切れているのかはっきりせず、判断がむずかしい。例20は形式名詞に上接した例である。また例17、18は同一人の発話であり、連体修飾の出現には偏りが見られる。

2)接続助詞「て」「と」に上接する「です/ます」表現

　「です/ます」が接続助詞「て」「と」の前に現れて、「～まして」として用いられるのは32レコード、「～ますと」として用いられるものは8レコードある。例20～22、例23～25はそれぞれの例である。「～でして」「～ですと」が用いられているレコードはない。

例20　‥‥電話の国際展示会みたいのがありまして一、そこに［社名］が出展して一、えー、年末に発売する［商品名］のー、‥‥お見せしたんですけどー、‥‥大盛況ってゆうわけじゃなかったんですけど、えー、ありました。　　　　　　　　　　　　　　　　［04A・20m］

例21　それで、だからあのー、わたしもはずれましてね、その前は［名字(06F)］さんだし、お出しになっていてー、それもはずれているのでー、ま、できればーそのー、［名字(06F)］さんのほうから、とゆうふうにおもったー、わたしは個人的には思ってるんですよね。　［06H・40m］

例22　えー、もうひとつは、へえー、貸し倒れ損失としまして、えー97年度分、売り掛け回収不能債券処理としまして、［数値］件分で、えー、これは、あの、税金をえー、当然差し引きまして、えーと、費用の分としまして［数値］円ございました。　　　　　　　［08A・40m］

例23　と、ゆうのは、あのー、まーちょっとあのー、いわしていただきますと、あのー、演習室に鍵をかけるようになりましたので｛うん　（不明・男）｝、学生が勝手に使うことってのはなくなってくるだろうと思うんですね。　　　　　　　　　　　　　　　　　　［06A・40m］

例24　小さい部屋はもー、ぼくが聞いた話によりますとー｛うん　（06B）｝、えー、なんていったかな、なんか理由があるんですよ、将来、コンピューターを入れるから｛あーあー　（06A）｝、計画があるとかですね。

- 81 -

例25　でー、えーと今のがどうなったかと<u>いいますとー</u>｛うん　(18B)｝、まー普段見ないこれ、ですけれどもー。　　　　　　　　[18A・20m]

例22のように1発話中に「損失としまして」「処理としまして」「差し引きまして」「分としまして」と重ねて用いられるものもあり、文末の「です／ます」との呼応もあってきわめて丁寧な話し方を構成している。

3) 文中での「ですね」の多用

　文中に「です／ます」表現が出現する総数は655例で、1レコード平均1.6にあたる(表2参照)。文中に複数例含んでいるのは123レコードで、1レコード中の最多は例26の15例である。

例26　でまー、この対物の<u>部分はですねー</u>、大きい事故によるのは確かに問題は<u>ないんですがー</u>｛うん(15B)｝、あのー、最近の事故ーってゆうのはあのー、やはり我々、毎日事故から、あのー、はい、社内を飛び回っている<u>ものですからー</u>、あまりないようなお話で<u>もですねー</u>｛うん(15B)｝、鮮魚を運んでいる<u>車ですとかー</u>｛うん(15B)｝、そういった車をぶつけて、ちょっととまらせてしまった<u>ときにですねー</u>、中のー、鮮魚の値段がー、やはり、かなり高額な金額になるケースが<u>多くてですねー</u>、あのー、我々もー営業のときにー、いや、今いった1000万円以上の車はない、あまり<u>ないですからねー</u>、と<u>いっていたんですがー</u>｛うん、うん(15B)｝、ある意味で、ない<u>部分のですねー</u>えー対物費用とゆうのが、かなりかかるケースが多くと<u>いいますかー</u>、その基本的にはーといいますかー、わたくしあのー、<u>お客さまがた(方)</u>にはですねー、あのーここには実際、＃＃円ぐらい、えー、<u>そうですね</u>無制限にするとー6000円違いですね｛うん、うん(15B)｝↑、はい。　　　　　　　　　　　　　　　　　　　　　　　　　　[15A・20m]

例26は営業担当者が顧客へ商品の説明を行っている場面であるが、文中15例のうち「ます形」は「～ますか」2例だけで、残り13例は「～です」に助詞などが下接した形である。「～ですね」8例、「～ですが」、「～ですから」各2例、「～ですとか」各1例である。その中で「(問題は)ないんですが」、「いっていたんですが」、「違いですね」の3例の「です／ます」は文構成上の必要な要素と考えられる。しかし、「部分はですね。」「お話でもですねー」「ときにですね」「多くてですねー」「部分のですねーえー」「お客さまがた(方)にはですねー」の6例については、「です(ね)」がなくてもまったくかまわない。以下の例にも同様の「ですね」が使われている。

例27　えー、えーと今現在、それのメールってゆう話が出ました＃＃、えーと、主要50店舗ーはみなさんのほうへ、まーリストの、リスト等をですね見て、えーと、把握されてると思うんで、いちおあのー[社名]さんに関しましてはすべてメールアドレスを把握してまして、あと店舗の担当、の方(かた)ーに関しましてはですね、えーっとまったく、情報がありませんのでー、えーっとー、その、店舗の方(かた)をですね、メールアドレスを、あのー、確認できるような＃＃＃を、していただければなあと＃＃。＜間　3秒＞　　　　　　[12G・20m]

例27では「リスト等を見て」ですむところを「‥‥リスト等をですね見て」のように「ですね」が「を」と「見て」の間に挿入されている。

　このようなフィラーに似た「ですね」の使用が、文中における「です／ます」表現の使用率を押し上げている。これは「あらたまった場」であるという意識からも使われているのであろうが、一方では冗長な印象を免れず、話が下手だという評価にもつながりかねない。

3.2.5　文末出現と文中出現に共通する現象

　ここでは「です／ます」表現が文末に出現する場合、文中に出現する場合、

どちらにもみられる現象について述べる。

1)「です／ます」表現の重複

  例28 すごく喜んで<u>おりましたですか</u>。＜笑い　複数＞ [02H・50m]
  例29 それー、<u>はいってますでしょうか</u>ねー。 [19P・?*]
  例30 あとーですねー、あの、ちょっときゅーきゅーばこ(救急箱)、ちょっと<u>見ましたんですけども</u>ー、あのチェックシートですか↑、なかったようなきい（気）が、したんですけどもー、これはチェックシートを、チェックされたほうが｛そーですね、はい（09A)｝よろしいんじゃないかと思います。 [09C・40m]

　例28の「おりましたです」のような丁寧語を重ねて用いるものが6例あった。文中、文末それぞれ3例であるが、これは、「ます」だけでは敬意が不十分として、さらに「です」を加えたものと考えられる。

2)進行役としての使用

　「です／ます」表現がどんなときに使われるのかをみてみる。注目されるのは場を進める進行役としての「です／ます」表現である。

  例31 では、始めたいと思います。＜間＞ [20C・30m]
  例32 じゃー、えーと次、お願いします。 [09A・40m]
  例33 ほかにー、ほかの方(かた)はどうでしょうか。 [06A・40m]
  例34 よろしいですか。 [09A・40m]
  例35 とりあえず、曲、ある人は持ってきてくださーい。 [21B・20f]
  例36 2月のじゅうしちんち(17日)にね、ライブの依頼がきたんです、前いった、出た場所から。 [21B・20f]

　例31～34のような定型表現ともいっていいような表現が場面の展開に使われている。
　例35、36は、『男・職』談話資料の中で「です／ます」表現の出現がもっと

も少なかった21Bのレコードであるが、使用された「です／ます」表現にはこのような「場の進行役」と思われるレコードがある。21Bはその会議場面で他の参加者と同様の丁寧度の低いことば遣いをしているが、話題の提示については「です／ます」表現を用いていた。

3)「〜ましたら」「〜でしたら」
　文末にも文中にも「〜ましたら」「〜でしたら」の出現は少ない。「〜ましたら」は文末に1レコード、文中に4レコード、「〜でしたら」は文末にはなく、文中に3レコード出現している。

　　例37　あのー代理店として｛はい（15B）｝、あのー再スタートというふうに｛はい（15B）｝、始めました｛はい（15B）｝ので、今までとちょっと又時間帯が、あの違う、あの行動も取れるようになり｛はーい（15B）｝ますので、あのー何かございましたら。　　［15A・20m］
　　例38　そうしましたら、こちらにわたくしがー、あのー同じ内容を書き込みますのでー｛はい（15B）｝、えー、いん（印）を、はい。　　［15A・20m］
　　例39　で、そーゆうこともあるんでー、あのー、できればちょっと、ぼくは入れていただきたいなと思ってるんですが、ただちょっと、これはあのー、契約係のほうに、あのー、電話して聞きましたらー、原則としては演習室にはクーラーは入れないことになってると。［06A・40m］
　　例40　どうしましょうか、あのー、もしあれでしたらー、まー、今年はとりあえず見送ってー、‥‥それでもいいですしー、あのー、どうもすぐ決まらないようでしたらー、やっぱりちょっと1年間ぐらい‥‥思うんですけども、どうでしょうか。　　［06A・40m］

　例37は文末に出現した唯一のレコードである。「言いさし」の形をとっているが、実質的には完結しており、「何かございますか」のような言い切りの表現より柔らかな感じを出したいための表現と思われる。相手も「はい、それからあともじゃー、すいませんけどお願いします。」と応じている。例38、39

は文中に出現した「～ましたら」の例で、例38では文頭の接続語句で使われており、待遇度が高い。例40は文中「～でしたら」の例である。

4 まとめ

以上、「場面1」「会議」の中の「です／ます」表現の出現をみてきた。ここでは以下のようなことがわかった。

①場面「朝」や「休憩」より「です／ます」表現が多く使われている。
②否定では「～ません」より「～ないです」が多く使われていた。
③連体修飾での「です／ます」表現使用は少なかった。
④会議の進行役として「です／ます」表現が使われている。これは記号としての使い方で、ファストフード店などにみられるマニュアル化された接遇用語と同じものであると思われる。
⑤文中でフィラーに類する働きの「ですね」が多用され、「です／ます」表現の使用率を押し上げている。

今回は「場面1」「会議」の「です／ます」表現の出現について、その種類を出現場所によってみてきたが、今後会議の性質や参加者などを考慮してさらに、みていきたい。

【注】
(1)「現代の社会生活は、様々な人々が多様な場面で触れ合う中で営まれている。話し手には、その場面の状況やあらたまりの程度に配慮した、それにふさわしいことば遣いが求められている。
　　<u>会議や儀式など公の場面はあらたまりの程度が高く</u>、家族の団らんや買い物などの日常生活の場面はあらたまりの程度が低い。<u>一般的に、あらたまりの程度の高い場合には丁寧な</u>、あらたまりの程度の低い場合にはくだけたことば遣いが選択されている。
　　例えば、日常の場面では「それ、どういう意味↑」と聞いてしまうような親しい相手に対しても、会議の場面では「それはどういう意味でしょうか」又は、「先ほどの御

意見で分からないところがあったのですが」と丁寧に言うことがある。これは、あらたまりの程度に関する配慮に基づくことば遣いである。」
(国語審議会　2000／12／08　答申等　「現代社会における敬意表現　三.ことば遣いの中の敬意表現　2敬意表現の概念　(3)敬意表現の実際　B.場面に対する配慮」より──下線は筆者)

第6章 新しい丁寧語「(っ)す」

尾崎　喜光

1　はじめに

　最近、若い男性を中心とする人々の間で、従来の「暑いですね」を「暑いっすね」と言う傾向がずいぶん見られる。「です」の「で」の部分を促音化して全体を「っす」と発音するのである。場合によっては促音の部分が1拍分の長さを持たず、ほとんど「暑いすね」のように聞こえることもある。名詞に「です」を接続する時も同様で、たとえば「夏休みですよ」ならば、「夏休みっすよ」ないしは「夏休みすよ」のようになる。こうした言い方は、若者が登場するテレビ番組でもしばしば観察され、文字スーパーではそうした発音そのままの形で表示されることも珍しくなくなった。

　この形は、「暑いです」の「です」が縮約されて生じたものと思われるが、形容詞や名詞だけでなく動詞にも直接終止形に接続する点は興味深い。従来の丁寧語の形が縮約されたのであれば、たとえば「行きますよ」であれば「行きっすよ」となるはずだが、実際はそうはならず「行くっすよ」となる。おそらく、形容詞や名詞に生じた形が、動詞の場合、直接終止形に接続したものであろう。このように、動詞にも「(っ)す」が用いられる結果、従来の「です」「ます」二系列の丁寧語が「(っ)す」に一系列化されるという点でも、この表現は興味深い。

　この新しい丁寧語の表現については、尾崎（2000）において、『女・職』談話資料で分析したデータおよび筆者がかつて大学の講義で受講生とともに作成したデータを結合して分析した結果、確かに20代を中心とする若年層の男性の間でよく用いられる表現であることが分かった。

　本稿では、今回作成したデータを分析し、そうした性差や年齢差の傾向がここでも見られるか否かを見てみることにする。また、「(っ)す」となりやすい表現・なりにくい表現の違いがあるか否かについても、直前に来る語の

品詞との関係から分析する。

2　分析方法

　「(っ)す」の使用が多いか少ないかは、「(っ)す」だけを見たのでは何とも言えない。データの全体量が多ければ「(っ)す」が観察される例数も必然的に多くなろうし、逆にそれが少なければ「(っ)す」が観察される例数も必然的に少なくなろう。つまり、データ中に何例「(っ)す」が観察されるかということ自体はあまり意味がない。それが意味を持つのは、「(っ)す」と対立する「です／ます」との対比においてである。そこで本稿でも、本来の形である「です／ます」と対比する形で、「(っ)す」の出現状況を見ていくことにする。

　ただし、「です／ます」対「っす」という形でこれらの文字列を含むレコードを検索すると、特に「です」については膨大なレコード数（1788レコード）がヒットする。これら全てが、ここで目的とする文字列であれば問題ないのであるが、たとえば次の例のように目的以外の文字列も含み得る。

　例1　職業観がプラスされて、そこですごくうちなんか有利になってるけどね。

　そうしたものを排除するためには、ヒットしたレコードをひとつひとつチェックする必要があるが、これだけ膨大な数だとその作業に困難が伴う。特に「です／ます」と対立する「っす」は、促音を伴わない「す」で現われることもありうるが、「す」を含むレコードを検索すると2847例検索される。これらをひとつひとつチェックするのは容易なことではない。

　そこで、『女・職』談話資料での分析と同様に、ここでも文字列を付加して少し絞り込んだ形で検索することにする。

　具体的には、「す」の直後に終助詞の「ね」「よ」「か」を付加し、「すね」「すよ」「すか」の文字列を含むレコードを検索する。そうして絞り込んだ上で、たとえば「すね」であれば、「ですね」「ますね」として現われ

たか、それとも「っすね」ないしは「すね」(「ですね」「ますね」「っすね」以外) として現われたか (あるいは目的とする表現とは別のものであったか) を、ひとつひとつチェックする。

3 分析結果
3.1 「〜ですね」「〜ますね」対「〜すね」

　終助詞「ね」を後接して「すね」となる文字列を検索し、それが従来の丁寧語の表現である「ですね」ないしは「ますね」であったか、それとも新しい丁寧語の表現である「すね」であったかを確認する。そしてその結果を、性別×年齢層別に集計し、「ですね」「ますね」と対比する形で、「すね」の出現頻度に性差や年齢差の傾向が見られるか否かを検討する。

　文字列「すね」を含むレコードを検索すると420例検索される。このうち、ここでの検討に該当しない「すね」は4例ある。いずれも、その場にいる他者によるあいづちが挿入されたものである。たとえば次のようなケースである。

　例2　……明細書もこの金額で―{えーそうですね　(18B)} 出るってゆうことです。

　従って、分析対象となる「すね」は、これら4例を除く416例である（なお同一レコードに該当する「ですね／ますよ」を複数個含む場合や、「すね」を複数個含む場合は、ここではそれぞれ1例とカウントする。以下でも同様）。ちなみに、該当する「すね」の含有率は、全データ11099レコードから「@＜咳払い＞」「@＜録音一時中断＞」のようなコメントのみのレコード45例を差し引いた11054レコードを母数とすると、3.8％である。

　該当する416例の「すね」を分類したところ、次のような分布であった。
　　　　「ですね」……391例（93.0％）
　　　　「ますね」…… 22例（ 5.3％）
　　　　「すね」……… 3例（ 0.7％）
「すね」となる比率は、今回のデータに見る限り非常に小さい。該当する3

例を示すと、次のとおりである。

例3　すごい<u>っすね</u>↑　　　　　　　　　　　　　　　　　　[20m]
例4　むずかし<u>いすね</u>ー、……。　　　　　　　　　　　　[30m]
例5　ドイツ語はあーべーつぇーでーまでしか知らない<u>すね</u>。　[20m]

　いずれも「ですね」を元の形とするものであり、「行くっすね」のような「ますね」を元の形とするもの（動詞に接続するもの）は無かった。
　この「すね」を、「ですね／ますね」と対比する形で、性別・年齢層別に示すと図1（男性）・図2（女性）のようであった。

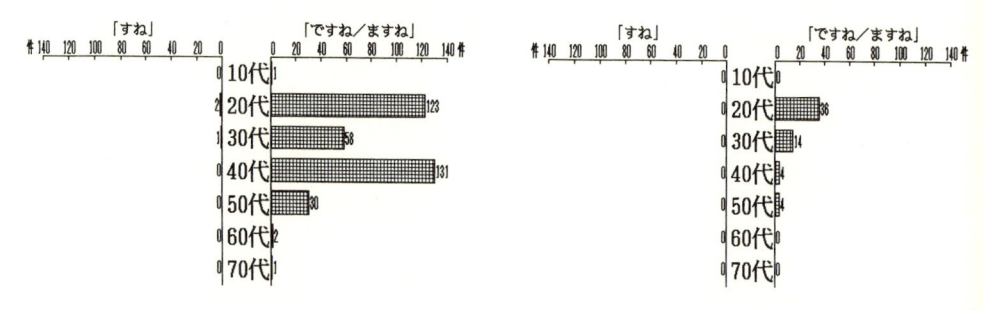

図1　「〜すね」と「〜ですね／〜ますね」
　　　の年齢層別出現数(男性)

図2　「〜すね」と「〜ですね／〜ますね」
　　　の年齢層別出現数(女性)

　「すね」の使用は全て男性によるものである。また、その男性による使用を年齢層別に見ると、20代と30代によるものである。「すね」の例数が少ないため確定的に言い難い面はあるが、「すね」は若年層の男性を中心に使われる傾向にあるようだ（10代は分析対象となる該当数がそもそも少ないため何とも言えない）。

3.2　「〜ですよ」「〜ますよ」対「〜すよ」

　終助詞「よ」を後接して「すよ」となる文字列を検索し、それが従来の丁寧語の表現である「ですよ」ないしは「ますよ」であったか、それとも新しい丁寧語の表現である「すよ」であったかを確認する。そして、3.1と同様に、

「ですよ」「ますよ」と対比する形で、「すよ」の出現頻度に性差や年齢差の傾向が見られるか否を検討する。

　文字列「すよ」を含むレコードを検索すると524例検索される。ただし、次のように同一レコードに「ですよ／ますよ」と「すよ」の両方を含むケースが２例あるため、レコード数は522となる。

　　例６　→いちんち（１日）に←10回（じゅっかい）ぐらいあたるんですよ、
　　　　　＜笑いながら＞もーしゃれ★になんないすよ。

　この524例のうち、ここでの検討に該当しない「すよ」は８例ある。その場にいる他者によるあいづちが挿入されたもの、他の人の発話の引用（つまり本人の発話とはみなせないもの）、全く該当しない文字列がそれである。最後のケースは、たとえば次のようなものである。

　　例７　出すようにってことなのー↑

　従って、分析対象となる「すよ」は、これら８例を除く516例である。該当する「すよ」の含有率は4.7％である。なお、「すよ」の直後に終助詞「ね」を伴い「すよね」となることも少なくない。分類すると次のとおりであった。

　　　「すよ」………　341例（66.1％）
　　　「すよね」……　174例（33.7％）
　　　「すよ＃」……　　1例（ 0.2％；「すよ」の直後が聞き取れないケース）

以下では、「すよ」の後に終助詞「ね」が伴う場合も伴わない場合も特に区別せず分析を進める。

　該当する516例の「すよ」を分類したところ、次のような分布であった。

　　　「ですよ」……443例（85.9％）
　　　「ますよ」……　60例（11.6％）
　　　「すよ」………　13例（ 2.5％）

問題の「すよ」となる比率は、先の「すね」よりは高いものの、2.5％にとどまる。該当する13例を示すと、次のとおりである。

　　例８　あの人がしたんすよー、あと若乃花とかもしたんすけどー。　［20m］

- 93 -

例9	読みはわかるんすよ、あれで、……。	[20m]
例10	あれのークロノグラフが出たんすよね↑、こないだ。	[20m]
例11	切り崩したんすよ。	[20m]
例12	とりあえず、あったほうがいいっすよ、そんなの＜笑い＞。	[40m]
例13	オールナイトはきついっすよ。	[20f]
例14	きょうはー、きょうひきとりないすよね、あしたですよね。	[30m]
例15	……もーしゃれ★になんないすよ。	[20m]
例16	まずいっすよ、どれが主語なんてゆわれちゃってんだもん。	[30m]
例17	やばいっすよ。	[20m]
例18	苦しいっすよー。	[20m]
例19	おれはねー、ちょっと賛同できないすよー＜笑い＞。	[20m]
例20	ほんとうみたいすよ。	[20m]

　ここでもいずれも「ですよ(ね)」を元の形とするものであり、「行くっすよ(ね)」のような「ますよ(ね)」を元の形とするもの（動詞に接続するもの）はなかった。この「すよ」を、「ですよ／ますよ」と対比する形で、性別・年齢層別に示すと図3（男性）・図4（女性）のようであった。

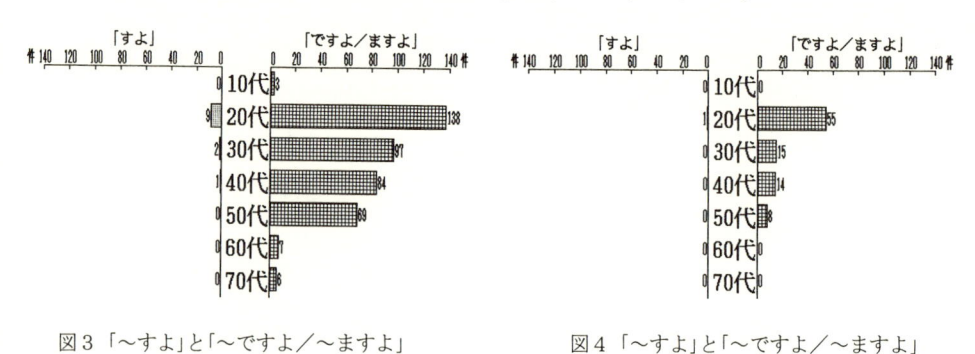

図3　「〜すよ」と「〜ですよ／〜ますよ」
　　　の年齢層別出現数(男性)

図4　「〜すよ」と「〜ですよ／〜ますよ」
　　　の年齢層別出現数(女性)

　「すよ」の使用はほとんど男性によるものである。また、その男性による使用を年齢層別に見ると20代が中心である（20代の男性の使用率は6.1％）。「すよ」は若年層の男性を中心に使われる傾向にあるようだ。

3.3 「～ですか」「～ますか」対「～すか」

最後に、終助詞「か」を後接して「すか」となる文字列を検索し、それが従来の丁寧語の表現である「ですか」ないしは「ますか」であったか、それとも新しい丁寧語の表現である「すか」であったかを確認する。そして、3.1と同様に、「ですか」「ますか」と対比する形で、「すか」の出現頻度に性差や年齢差の傾向が見られるか否を検討する。

文字列「すか」を含む例を検索すると525検索される。このうち、ここでの検討に該当しない「すか」は78例ある。最も多いケースは、接続助詞「から」を含む文字列で76例ある（「ですから」51例、「ますから」22例、サ行五段動詞＋「から」3例）。このほか、他者によるあいづちが挿入されたもの、他の人の発話の引用が各1例ある。

従って、分析対象となる「すか」は、これら78例を除く447例である。該当する「すか」の含有率は4.0％である。なお、「すか」の直後に終助詞「ね」を伴い「すかね」となることも、比率は少ないがある。分類すると次のとおりであった。

　　「すか」………　420例（94.0％）
　　「すかね」……　 27例（ 6.0％）

以下では、「すか」の後に終助詞「ね」が伴う場合も伴わない場合も特に区別せず分析を進める。

該当する447例の「すか」を分類したところ、次のような分布であった。

　　「ですか」……　394例（88.1％）
　　「ますか」……　 35例（ 7.8％）
　　「すか」………　 18例（ 4.0％）

問題の「すか」となる比率は、やはり全体としては少ないものの、先の「すね」「すよ」よりは高く4.0％となる。該当する18例を示すと、次のとおりである。

　　例21　あったかい（温かい）んすか。　　　　　　　　　　　　　［20m］

例22	どれくらいかかるん<u>すか</u>↑	[30f]
例23	あ、そーなん<u>すか</u>。	[30m]
例24	でも、この今のー、なんてん<u>すか</u>、……。	[20m]
例25	やっぱりー、中のほうで協力してやんなくちゃいけないん<u>すか</u>ね。	[40m]
例26	え、6歳ぐらいしか違わないんじゃないん<u>すか</u>。	[20m]
例27	→＃＃←＃スープ出てたん<u>すか</u>。	[30m]
例28	2時間ぐらいで組めたん<u>すか</u>。	[30m]
例29	この番号でいい<u>すか</u>↑	[40m]
例30	棚見たほうほいい<u>っすか</u>ね。	[20m]
例31	そういうことでいんじゃない<u>すか</u>↑	[50m]
例32	じゃっ、デジタルアルバムって＃＃＃だめじゃない<u>すか</u>。	[20m]
例33	行けんじゃない<u>すか</u>自宅でー、……。	[20m]
例34	バターと替えられるんじゃない<u>すか</u>↑	[20m]
例35	で、そのー、東京バナナって<笑い>なん<u>すか</u>↑	[20m]
例36	→オッケー<u>すか</u>←。<間　3秒>	[20m]
例37	オッ、オッケー<u>すか</u>ー↑<間　1秒>	[20m]
例38	できることが前提<u>すか</u>ねー↑	[30m]

　ここでもいずれも「ですか(ね)」を元の形とするものであり、「行くっすか(ね)」のような「ますか(ね)」を元の形とするもの（動詞に接続するもの）はなかった。

　この「すか」を、「ですか／ますか」と対比する形で、性別・年齢層別に示すと男性は図5、女性は図6（次ページ）のようであった。

　ここでも「すか」の使用はほとんど男性によるものである。また、その男性による使用を年齢層別に見ると、やはり20代が中心である（20代の男性の使用率は8.9%）。「すか」も若年層の男性を中心に使われる傾向にあるようだ。

図5 「〜すか」と「〜ですか／〜ますか」の年齢層別出現数(男性)

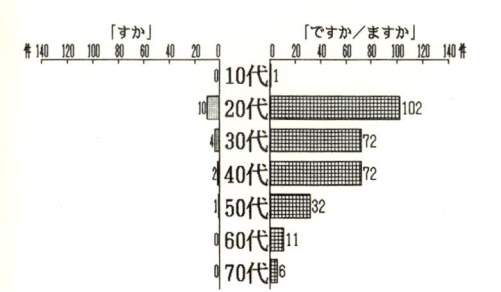

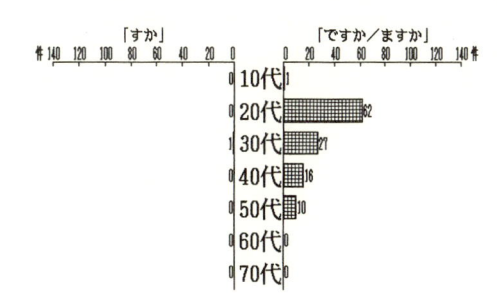

年代	すか	ですか／ますか
10代	0	1
20代	10	102
30代	4	72
40代	4	72
50代	1	32
60代	0	11
70代	0	6

図6 「〜すか」と「〜ですか／〜ますか」の年齢層別出現数(女性)

年代	すか	ですか／ますか
10代	0	1
20代	1	82
30代	1	27
40代	0	17
50代	0	7
60代	0	2
70代	0	2

4　まとめ

　新しい形式である「す」が使用されるか、それとも従来の形式である「です／ます」が使用されるかを、後接する三種の助詞（「よ」「ね」「か」）に分けて分析した。その結果、全体としては「す」の使用率は少なく「です／ます」の使用率が多いこと、しかし「す」が使用される場合は、性別で見るとほとんどが「男性」であり、その男性を年齢層別に見ると20代を中心とする「若年層」であることが分かった。特に「すか」については、20代の男性における使用率は1割に近かった（もう一つ若い世代である10代は分析対象となる該当数がそもそも少ないため何とも言えない）。今回のデータからも、新しい丁寧語「す」は、若年層の男性を中心に使われる表現と言えそうだ。
　また、「す」が使われた場合、いずれも「です」を元の形とするものであり、「行くっすよ」のような「ます」を元の形とするもの（動詞に接続するもの）は観察されなかった（準体助詞「の」(「ん」)を介して名詞化すれば「読みはわかるんすよ」のように「す」が接続することはある）。日常においては「行くっすよ」という形もあるように観察するが、今回作成したデータについて今回の方法で分析する限りにおいては、そうした形は観察されなかった。『女・職』を含むデータを分析した尾崎（2000）でも、こうした傾向が見られた。ちなみに、『女・職』で該当するデータを示すと、次の7例であ

った。

例39　あ、でもあれーまたうまい<u>す</u>よね。　　　　　　　　　　[30m]
例40　あれ、いい<u>す</u>よ、けっこう。　　　　　　　　　　　　[30m]
例41　よくない<u>す</u>よね。　　　　　　　　　　　　　　　　　[30m]
例42　でも、いーんじゃない<u>すか</u>↑、きれーになったほうが。　[30f]
例43　で、要はね、んーと、あの番号がわかるといいわけ、じゃないん<u>すか</u>↑　　　　　　　　　　　　　　　　　　　　　　　　　[40m]
例44　読めるじゃない<u>すか</u>、自分で＜笑い＞。　　　　　　　[40f]
例45　いいんじゃないん<u>すか</u>、そのねー、おいしいんだよね、半熟っぽい卵がね。　　　　　　　　　　　　　　　　　　　　　　　[40f]

ここでは40代女性の使用例も観察された。

　名詞や形容詞の場合は、「です」の「で」をすなおに弱化させるだけで新しい形「す」が得られる。これに対し、動詞の場合は、連用形ではなく終止形に「す」を接続させる（つまり「行きっす」ではなく「行くっす」とする）というように、木に竹を接ぐような操作が必要となる。成立の順序も、語の作りから考えると、おそらくまず名詞や形容詞において「す」が生まれ、その後動詞にも適用されたという可能性が高そうだ。もしそうであれば、名詞や形容詞の場合に比べ、動詞の場合に「す」の使用率が小さくなることは十分考えられる。今回の結果は、それを反映したものであるのかもしれない。

【参考文献】

尾崎喜光（2000）「話し言葉の用例探し」『日本語学』19-6

第7章　職場で使われる「呼称」

小林　美恵子

1　はじめに

　本稿で対象として考察するのは『男・職』談話資料・『女・職』談話資料に現れた「その場にいる人を指して呼ぶ語」である（以下『男・職』『女・職』とすることがあるが、すべて「談話資料」の意である）。これらについて(1)話者と呼称によって指された相手との関係による呼称選択の状況、(2)場面・話者による使用の状況、(3)談話内での働きによる使用の状況の三点にわたって考察する。

　「その場にいる人を指して呼ぶ語」とは、対称代名詞「あなた」「あんた」「きみ」「おまえ」、「名字」または「名字の一部」およびそれに敬称（「さん」「ちゃん」「くん」など）をつけたもの、「名前」または「名前の一部」およびそれに敬称をつけたもの、いわゆるニックネーム、さらに「先生」「課長」のような役職名、および「名字＋役職名」「役職名＋敬称」などである。これらの語について、①相手に直接呼びかけ、相手を指示した用例、②文脈の中で相手に言及した用例、および「名字」以下については、③複数対者のいる場で、その中の一人に言及する三人称的な用例をも含めて考察した。小林(1997)ではすでに『女・職』の対称詞について概観したが、今回の調査対象にはいわゆる「対称詞」にとどまらない範囲の用法も含まれる。それゆえに、新たに『女・職』資料をも考察の対象として用例等の数値を検索・計量しなおした。小林(1997)との数値の差は特に注記しない場合は、そのような対象の差によるものである。また、「あなたがた」「［名字］さんたち」のように指示された人を含む複数を指す例についても「あなた」「［名字］さん」として対象に含めた。本稿では以下、これらを総称して「呼称」と呼ぶことにする。

　なお、このような「呼称」には他に「お客さま」「奥さん」「おじさん」のように社会的立場や親族呼称を援用する呼び方や「お宅」「そちら（さま）」

などの言い方もある。『男・職』には食堂のウェイターが客に「お客さま」と呼びかけた例が3例見られる。また、『女・職』には「お客さま」のほかに「お母さま」「［名前］さま」が見られるが、いずれもその場にいない人を他称として呼んだものである。以上については、今回の調査の対象とはしなかった。

2 データの概要

　分析対象としたデータは以下の通りである。
(1) 母集団としたレコード
　・『男・職』11054レコード（総レコード11099より「場面転換などの説明のみ」「笑いのみ」「咳払い」など45レコードを除いたもの）うち男性発話8071、女性発話2739、不明・多数発話244。
　・『女・職』11233レコード（総レコード11421より「笑いのみ」「くしゃみ」など188を除いたもの）うち男性発話2329、女性発話8746、不明・多数発話158
(2) 対称代名詞を含むレコード
　・『男・職』27レコード（「あなた」7　「あんた」3　「きみ」1　「おまえ」16）
　・『女・職』31レコード（「あなた」17　「あんた」4　「きみ」1　「おまえ」9[1]）
　対称代名詞の出現例数の全レコード数比は『男・職』0.244%、『女・職』0.276%である。一般的な自然談話における対称代名詞の平均的な出現率については過去に計数した報告を見ないが、職場内における談話で各職場30分程度（『男・職』『女・職』談話資料全体では20時間強となる）という、場や時間の制約はあるにせよ、およそ40近い職場の383人にわたる発話者の談話の中で現れた数字ということからすれば、多めに見積もっても0.3%というあたりが、対称代名詞の出現率と言ってよいのではないだろうか。
(3) 対称代名詞以外の呼称を含むレコード
　・『男・職』247レコード261例（「名字＋さん」167、「名字＋役職名」22、「名字＋くん」16、「役職名」13、「名字＋ちゃん」8、「名前＋ちゃん」6、「名字」5など）

・『女・職』157レコード158例(「名字+さん」70、「名字+役職名」40、「役職名」23、「名字+ちゃん」13、「名前+さん」5、「名字」4など)[2]

　対称代名詞以外の呼称出現例数の全レコード比は『男・職』2.36％、『女・職』1.41％である。全レコード数は『女・職』が多く、対称代名詞の出現数・率も『女・職』が多いが、対称代名詞以外の呼称、対称代名詞をも含む呼称全体では『男・職』のほうが多いことになる。ただし、これは女性より男性のほうがよく人に呼びかけたり、名指しの指示をするということではない。

　これらの呼称の発話者の性別が明らかなものについて、各資料の男女別出現数をそれぞれの性別発話レコード数比で見ると次の通りである。

『男・職』
　　男性発話例数　201／男性発話レコード数8071＝0.02494…2.49％
　　女性発話例数　 83／女性発話レコード数2739＝0.03026…3.03％
『女・職』
　　女性発話例数　149／女性発話レコード数8746＝0.17036…1.70％
　　男性発話例数　 36／男性発話レコード数2329＝0.15457…1.55％[3]

　どちらの資料でも女性の呼称の使用率は男性のそれより高く、『男・職』と『女・職』の呼称出現例数の差は発話者の性差に基づくものではないと言える。

　以下、表1『男・職』呼称の使用状況・表2『女・職』呼称の使用状況・表3『男・職』使用者別呼称概観・表4『女・職』使用者別呼称概観に基づいて、呼称の使用状況を概観する。

3　話者と相手の関係による呼称の選択

　まず、話者が呼称で示す相手を、自分との関係においてどのように捉え、それをどのような呼称に反映しているかという点をみる。ここで、選ばれる呼称を決定するのは、発話者自身の性別・年齢・地位などと、相手のそれとの関係、また談話の内容や、行われる状況が改まったものか、くだけたものかなどということである[4]。それらを以下のとおり整理し、表1・表2[5]の①、④〜⑧の項目にまとめた。

表1 『男・職』呼称の使用状況

呼称	あなた 男	あなた 女	あんた 男	あんた 女	きみ 男	きみ 女	おまえ 男	おまえ 女	名字さん 男	名字さん 女	名字さん 不明	名字くん 男	名字くん 女	名字ちゃん 男	名字ちゃん 女	名字ちゃん 不明	名字 男	名字 女	名前さん 男	名前さん 女	名前くん 男	名前くん 女	名前ちゃん 男	名前ちゃん 女	名前 男	名前 女	ニックネーム 男	ニックネーム 女	名字役職名 男	名字役職名 女	名字役職名 不明	役職名 男	役職名さん 男	役職名さん 女	その他 男	その他 女	不明 男	不明 女
①発話者性	7	0	1	2	1	0	16	0	115	50	2	14	3	4	3	1	5	0	0	1	1	1	3	3	1	0	0	6	18	3	1	13	0	1	1	7	2	0
②出現コード（話者数）	4		1	2	1		9		40	14	1	8	1	4	2	1	4			1	1	1	3	1	1			2	8	2	1	8		1	1	1	2	
③出現コード（職場数）	4		1	2	1		5		17	9	1	6	1	3	1	1	2			1	1	1	2	1	1			1	6	2	1	6		1	1	1	2	
④場面																																						
「雑談」を含まない	2			2			7		43	20	1	10	3	2	2		5			1		1		3	1			5	17	2	1	13		1	1	1	1	
「雑談」を含む	5		1		1		9		72	30	1	4		2	3					1	1	1	3	3	1			1	1	1						7	1	
⑤文体																																						
敬体	1						1		52	22		2	1	4	3		1						1	1					14	2		10		1				
常体	5		1	2	1		15		48	23	1	12	2			1	4			1	1	1	2	3	1			6	3	1	1	3		1	1	6	1	
呼びかけのみ									10	5																												
不明	1								5		2																										2	
⑥発話者年代																																						
10代以下																																						
20代	1			1			8		34	20		4		2	2							1	3	3	1			5		2		2				7	1	
30代	3						8		20	13		6	3	1			3			1								1	2			1		1				
40代	3			1			4		31	8		3			2		1												12	1		6			1			
50代			1				3		29	4		3	1	2			1				1								3			4				1	1	
60代以上							1		1	5		1																	3									
不明						1					2				1															1								
⑦相手性																																						
男	2		1	2	1		16		76	20	2	13	3	4	2	1	5			1	1		1	3	1			1	17	3		10		1	1	7	2	
女	5								36	28		1			1							1	2					5	1			3				7		
複数・不明									3	2		1																		1								
⑧相手年代																																						
上	1			2			2		47	18		5	2	1	2		1			1		1		3				5	9	3		7		1	1	7		
同							1		4						1		1												1			3						
下	6		1		1		13		58	30		12	3	2	1	1	3				1		2	3	1			1	8		1	3		1	1		1	
複数・不明									6	2	2	1																										
⑨機能																																						
呼びかけ	1						8		50	9		5	2	3	2	1	1						1	1				3	3	1		5		1		4		
呼びかけ・提題			1				2		13	4		1	1																1	1		4				1		
助詞を伴う提題	1			1					6	9		4																				3						
必須格として	2		1	1	1		3		41	28		4	1	1	3		4			1	1	1	2	1	1			3	13	1	1	4			1			
引用中に含まれる	3						3		4			1																	1			1						

— 102 —

表2 『女・職』呼称の使用状況

呼称		あなた 男	あなた 女	あんた 男	あんた 女	きみ 男	きみ 女	おまえ 男	おまえ 女	名字さん 男	名字さん 女	不明	名字くん 男	名字くん 女	名字ちゃん 男	名字ちゃん 女	名字 男	名字 女	名前さん 男	名前さん 女	名前くん 男	名前くん 女	名前ちゃん 男	名前ちゃん 女	名前 男	名前 女	ニックネーム 男	ニックネーム 女	名字役職名 男	名字役職名 女	不明	役職名 男	役職名 女	不明	役職名さん 男	役職名さん 女	その他 男	その他 女	不明 男	不明 女
①	発話者例数	0	16	0	5	0	1	9	0	13	56	1	0	1	0	13	2	2	0	5	0	0	0	1	0	0	0	0	11	28	1	1	3	19	1	0	0	0	1	0	0
②	出現コード(話者)数		10		4		1	4		10	25	1		1		5	2	2		5				1					6	13	1	1	2	8	1				1		
③	出現コード(職場)数		7		4		1	4		9	14	1		1		3	2	2		4				1					2	6	1	1	1	6	1				1		
④	場面																																								
	「雑談」を含まない		6		3			3		8	38			1			1	1		1									8	25	1		2	11					1		
	「雑談」を含む		10		2		1	6		5	18	1				13	1	2		4				1					3	3		1	1	8							
⑤	文体																																								
	敬体		3		1			1		4	20	1								2									8	17		3	3	14					1		
	常体		13		4		1	6		3	34			1		13	1	2		3				1					1	8	1	1		5	1						
	呼びかけのみ							2		5	1							1											2	2				1							
	不明									1	1																														
⑥	発話者年代																																								
	10代以下																												1	1				1							
	20代		5					1		3	22	1		1		11	1	1		1				1					1	3											
	30代		3		4			6		3	12					2		1		3									1	12			3	5							
	40代		4		1		1	1		2	20			1			1	1		1			1						2	13			3	5							
	50代		4					1		3	2							1											6	11											
	60代以上									2																															
	不明							1			1																		1					1							
⑦	相手性																																								
	男		3		2			2		2	21					1		2											4	12		1	1	10	1				1		
	女		10		2		1	6		7	25	1		1		11	1	1		5				1					5	7	1		1	8	1						
	複数・不明		3		1			1		4	10					1	1												2	9			2	1							
⑧	相手年代																																								
	上		5		1			1		3	18	1		1			1			1									4	14				18							
	同		2							2	7					5		1																							
	下		6		3			7		4	20	1				7	2			4			1						5	4			4	1							
	複数・不明		3		1			1		4	11					1													2	10	1		2	1					1		
⑨	機能																																								
	呼びかけ		6		3			3		6	18	1				5	2	1		2				1					3	8	1	1	1	8	1				1		
	呼びかけ・提題							2			9					3													1	3				3							
	助詞を伴う提題		3		2			1		1	4					1		2		2									1	3				1							
	必須格として		4		1			2		5	21			1		3		1											5	16			2	6							
	引用中に含まれる		2		1			1		1	3																			1											
	判断不能																												1												

- 103 -

3.1　①発話者性別発話数と⑥発話者年代

　職場では女性によっても男性によっても「［名字］さん」がもっともよく使われている。ついで「［名字］先生」「［名字］課長」などの「［名字］役職名」、さらに名字なしで役職名を呼ぶ例が多く見られる。これらは、『男・職』では女性より男性に、『女・職』では逆に男性より女性に使用例が多く見られるが、これは発話者の性差によるというよりは母集団の大小によって現れた偏りと見るべきであろう。

　対称代名詞「あなた」が『男・職』では男性のみに、『女・職』では女性のみに用いられているのも同様である。

　「あんた」は『女・職』では女性のみに用いられていたが、『男・職』では1例男性にも用いられた例があり、女性専用語というわけではなさそうである。

　「きみ」の『女・職』使用例は、ある俳優のせりふを想定して言った引用例である。目前の相手を直接指しているものとしては『男・職』の1例のみであり、使用率はきわめて低い。

　「おまえ」は『男・職』でも『女・職』でも男性にのみ用いられており、少なくとも職場という環境では男性専用語であると断じてよいと思われる。

　他に『男・職』では男性による「［名字］くん」14例、『女・職』では女性による「［名字］ちゃん」13例などが目立つが、これらも男女どちらにも使用例がある。「［名字］」（呼び捨て）や「［名前］ちゃん」なども男女ともに使用例があるが、「［名前］さん」は女性のみ（『女・職』5例・『男・職』1例）、「［名前］くん」（『男・職』1例）は男性にのみ現れている。

　これらの発話者の年代については、用例数の少ないものについては別として、多用される「［名字］さん」「［名字］役職名」「役職名」などに使用年代の偏りは特に見られないようである。対称代名詞についても比較的用例の多い「あなた」「あんた」「おまえ」などはどの年代にも用いられている。

3.2　④場面

　『男・職』『女・職』の「場面2」項目に従い、「雑談」を含むものと含まないものに分けた。「『雑談』を含まないもの」には会議の他に打合せや客・学生などとの応対やあいさつなどが含まれ、主に仕事が話題になっている。また仕事中に挿入された仕事以外の話題についてはデータベースでは原則的に「雑談」と区分している。「［名字］さん」や、「あなた」「おまえ」「あんた」などの対称代名詞は話題・場面が仕事、雑談に関わりなく用いられているが、「［名字］役職名」「役職名」などは雑談にも皆無ではないものの、『男・職』『女・職』ともに、どちらかというと仕事の場面でよく用いられている。「［名字］くん」も同様だが、「［名字］ちゃん」は逆に雑談の場で用いられた例が多い。

3.3　⑤文体

　「敬体」は項目中に「です」「ます」やその活用形、「いただく」「くださる」等の敬語などを含むもの、「常体」は「だ（＋終助詞）」や、体言や感動詞などで言い切っているものとした。ただし、いわゆる美化語の「お」は敬体に含めていない。どちらにも当てはまらないものとして「○○さん」と呼びかけただけの文、また語尾が不明瞭であったり、発話中断で全体の敬語レベルが判断できないものも若干見られる。呼称を含む発話には「ございます」「いらっしゃる」などの敬語レベルを持つ文は見られなかった。

　『男・職』『女・職』ともに、「［名字］さん」はその発話が敬体であるか常体であるかにかかわらず用いられていると言ってよい。また、「［名字］役職名」「役職名」は常体よりは敬体とともに用いられる傾向にあり、前項「場面」で「雑談」を含まない場面で比較的多く用いられていたことと合わせ、職場内でも比較的あらたまった場面でのあらたまった会話に用いられるていることが察せられる。

　それ以外の呼称は、どちらかというと常体とともに用いられている。これは、

一つには仕事、雑談にかかわらず、職場の多くの談話が、文体的には常体で行われていることによると考えられる。実際に全発話のうち「です」「ます」やその活用形、「いらっしゃる」「おっしゃる」「なさる」「くださる」「お〜なる」「お〜する」などの敬語動詞・補助動詞やその活用形を含むレコードは『男・職』3002、『女・職』2596でそれぞれ全レコードの27.13％、23.11％であった。呼称を含む例では『男・職』288中112例38.89％、『女・職』189中74例39.15％が敬体で、敬体の率はむしろ高い。これは、役職名を含む呼称の存在とともに、この場合の呼称が、同じ場にいる人を指す語であるということから、他の一般的な発話レコードに比較して、いわゆる敬語などが現れる可能性が高いことにもよるだろう。

なお、これらの呼称と敬体の使用の関係において、発話者の男女差による違いは特に見られない。

また、対称代名詞を含む発話中、敬体であるものはきわめて少なく、特に『男・職』では発話中の引用文（常体）に「おまえ」を含む1例と、一般人称として「あなたは日本人です」（20代・男→30代・男　英語の訳文を述べた発話）と述べた1例のみである。

3.4　⑦相手性と⑧相手年代

表1・表2からは、ほとんどの呼称は発話の相手が男性であるか女性であるかということに関係なく用いられると言えよう。全般的には『男・職』では男性を呼んだものが、『女・職』では女性を呼んだものが多いが、これはそれぞれ男性どうし、女性どうしの談話が多いという資料の性格にもよるのであろう。その中で「おまえ」「［名字］くん」などはどちらかというと男性に、『女・職』の「［名字］ちゃん」は女性に呼びかけられているが、これらについてもそれぞれ反対の性に呼びかけた例がないわけではない。「［名前］さん」だけは、どちらの資料でも女性に対してのみ用いられている。

相手の年齢については、話者との間の年齢の上下で見た。[6]『男・職』『女・職』対称代名詞58例中37例は年長者から年下に、3例は同年齢の相手に向かっ

て使われている。12例が年長の相手に対する発話の中に現れたものだが、このうち6例は、引用文中に含まれていたり、一般的な人称として、先にあげた「あなたは日本人です」のように用いたものである。残り6例のうち1例は同僚でもある商店経営者夫妻の間で妻から夫に呼びかけられたものであり、これを含んで5例については年長とは言っても2〜3歳の差の相手、1例のみが23歳の女性が同僚の30代男性に呼びかけた「あんた」である。したがって、対称代名詞は全般的には、年齢的に同位以下の相手に用いられることが多いと言ってよいのではないだろうか。

対称代名詞以外の呼称のうち、「［名字］さん」「［名字］役職名」「役職名」では年長の相手に対した例も多く見られる。特に単独で「先生」「課長」などと呼びかけた例のほとんどは年長者に対するものである。「［名字］さん」「［名字］役職名」「役職名」を除いた呼称では『男・職』で年長者に対して22例、年少者に対して28例、『女・職』で年長者に対して2例、年少者に対しては15例と、やはり、どちらかと言えば年少者に対する呼びかけが多い。

4　場面・話者による使用の状況

「おまえ」以外のすべての呼称は男女どちらにも使用され、年代についても、もちろん相手との関係や発話の場によって選択されることはあるが、ある年代の者には絶対に使えない呼称というものがあるわけではない。しかし、実際の使用状況をみると、すべての呼称がすべての発話者、職場で偏りなく使われるわけではない。表1・表2の②はそれぞれの呼称の異なり発話者数、③はその呼称が発話された職場の数を示したものである。

もっとも一般的に使われる「［名字］さん」でも、③によれば『男・職』では21職場中17、『女・職』では19職場中14の出現で、まったく発話されない職場もある。表3・表4は②③をさらに具体的に示したものである。以下、特徴的な呼称の現れ方が見られる職場・発話者個人について述べていく。

表3 『男・職』使用者別呼称概観

発話者コード	発話者性	年齢	発話レコード数	あなた	あんた	きみ	おまえ	名字さん	名字くん	名字ちゃん	名字	名前さん	名前くん	名前ちゃん	名前	ニックネーム	名字役職名	役職名	役職名さん	その他	不明	職場・職種（職種については主な話者について代表的なものがある場合のみあげた）
01B	f	42	72			1																薬局
02A	m	54	253	3				10	2								1	4				大学・事務
02F	m	47	11															1				
04A	m	29	186					2	1													
04D	f	38	140					2	1													
04E	m	40	40					1														
05A	m	52	146					10														会社・技術職
05B	m	45	18					1														下水道工事現場など
06A	m	45	237					2									8	3				大学・教員
06B	m	59	45					1														
06C	m	34	45					4														
06D	m	42	89					4														
06F	m	35	5															1				
06G	m	50	16					2														
06H	m	40	8					3														
06I	m	61	13														2					
07A	m	34	151				2		1		2											デザイン事務所
07B	m	31	44				1				1		1	1								デザイナー・営業など
07D	m	40	81				4				1						3	1				
07G	m	37	85				3	1														
07H	m	33	28																			
08A	m	42	183					3										1				会社・事務
08B	m	52	29														1					
08G	f	26	62					6														
09A	m	46	192					6														自動車製造会社・技術職
09I	m	42	2													1						
09L	m	28	37	1																		
09M	m	30	113			1	1	1														
09O	不明	不明	27						1													
10D	m	63	52					1	1													会社・技術職
10E	m	30	44					1														
10F	f	23	43	1																		
11A	m	48	164					3														高校・教員
11B	m	51	69														1					
11C	f	47	238							1							1					
11F	m	64	26														1					
11G	m	52	14			1	2															
11H	m	53	21					3														
12A	m	51	47								1											会社・経営者
12B	f	25	28																			
12C	m	22	174					7									1			1		
12D	m	27	43					2	1													
12F	m	39	67					1	3													
12G	m	29	50					4														
12I	m	23	52					1														
13C	f	30	32					1														研究機関
13D	m	73	61		1																	
13E	m	32	89				3															
13H	m	23	123					2														
14A	m	33	243	2				5														美容院
14B	f	30	135					10														
14D	f	23	59					8														
14E	f	48	58					5														
14J	f	21	74													1						
15A	m	25	161					8														保険代理店・営業
15B	f	45	69					1														
15C	m	35	95					2	1													
16A	m	48	241					2														保険代理店・営業
16B	f	22	68					1														
16D	m	50	71							1												
16E	m	52	74							1												
16F	m	52	98		1		2			1												
16G	m	60	77				1														1	
17A	m	32	132					3														会社・電話案内業務
17B	m	40	34					3												1		
17C	f	24	27					1														
17D	m	28	106					1														
17E	m	30	23					1														
17J	不明	不明	7					2														
18A	m	25	269					7														大学図書館
18B	f	54	93					4														
18E	f	60	24					4														
19A	m	27	318					5									1					大学図書館
19B	f	45	102					5														
19C	f	60	5					1														
20A	m	56	74					1														高校・教員
20C	m	34	70			1																
20D	m	42	83					1														
20E	m	40	44					1														
20F	f	16	5													2						
20G	m	不明	28															1				
21A	m	30	139	1							1											音楽バンド
21B	f	22	372						2		3	5							7			ミュージシャン
21C	m	30	99						1													
21D	f	30	116																			
21F	m	28	27					1														
合計				7	3	1	16	167	17	8	5	1	1	6	1	6	22	13	1	8	2	

- 108 -

表4 『女・職』使用者別呼称概観

発話者コード	発話者性	年齢	発話レコード数	あなた	あんた	きみ	おまえ	名字さん	名字くん	名字ちゃん	名字	名前さん	名前くん	名前ちゃん	名前	ニックネーム	名字役職名	役職名	役職名さん	その他	不明	職場・職種（職種については主な話者について代表的なものがある場合のみあげた）
01A	f	28	218					1														イベント企画会社
01C	m	32	69				6	1														
01D	m	45	30																				
03A	f	34	337					3														編集企画会社
03B	m	42	69					2														
03H	f	23	89					2														
04A	f	55	349	2													5					大学・教員
04B	f	45	65		1												3	1				
04D	f	61	47					1									5					
04F	m	45	39														2	2				
04G	f	54	58														3					
04I	f	51	18														2					
04K	f	45	7														1					
04L	f	33	102	1															3			
05A	f	41	412	3			6															翻訳事務所
05E	m	24	4				1															
05G	m	52	42				2															
06A	f	43	10			1		1				1					5	3				出版社・書籍編集
06B	m	65	26					1														
06I	f	25	35					1														
07A	f	43	3	1				1														大学・教員
07E	f	39	38					2														
08?	?	?	35			1											1	1				小学校・教員
08A	f	52	356					2									1					
08B	f	44	8														1					
08C	f	41	13														1					
08L	f	9	5																			
08M	f	48	46														8					
09A	f	37	307		2												1					高校・教員
09C	m	18	11														1					
09F	m	55	70			1			1								1					
09G	m	42	55														1					
09H	m	35	3																			
09Q	f	35	55					1									1					
09T	f	16	3														1					
09?	m		2														1					
10A	f	42	480				7				1			1			1	1				市役所・一般事務
10E	f	26	118					1														
10F	m	54	16					1														
10G	f	24	23					1														
11A	f	25	354					1														会社・営業
11H	f	22	104					2	1													
12A	f	54	146	1														1				国家公務員・一般事務
12E	m	27	51						1													
13A	f	24	453					5									3					会社・経理事務 端末入力
13B	f	22	232	2				5	3													
13C	f	22	158	3				3	3													
13D	f	21	70							1												
14A	f	32	3					1														大学・事務
14H	f	28	235					4														
14I	m	28	52					1														
15A	f	33	435	1	1													1				会社・社員教育 講座企画
15B	f	52	83																			
15C	f	35	74						1													
15D	f	28	133															1				
16A	f	35	263					1	1	1										1		出版社・雑誌編集
16B	f	31	263					1														
16D	m	31	34					2														
16E	m	34	112							1												
16I	?	?	10					1														
17B	f	36	73																			出版社・雑誌編集
17J	f	28	47					1														
18A	f	42	219					3														国立研究所・研究補助
19A	f	41	165					3														国立研究所・研究補助
19B	f	31	183					3														
合計				16	5	1	9	70	1	13	4	5	0	1	0	1	40	23	0	1	0	

- 109 -

4.1 「学校」の呼称

　表4『女・職』では04、08、09の三職場で「［名字］さん」よりは役職名を含む呼称が圧倒的に多く用いられている。04は大学、08は小学校、09は高校と、それぞれ学校が職場で、ここで用いられる役職名はすべて「先生」である。

　表3『男・職』ではそれほど顕著ではないが、役職名による呼称が比較的多出している職場のうち02・06（大学）、11・20（高校）はやはり学校である。

　これらの職場で「先生」と呼びかけるのは学生・生徒・児童の場合もあるが、多くは同僚どうしの呼びかけである。

　なお、このような場での対称代名詞の使用については小林（1997）で論及したとおり、『女・職』04A大学教員（女・50代）から院生（女・30代）への「あなた」2例、09A高校教員（女・30代）から生徒（男・10代）への「あんた」2例、09A高校教員（男・50代）から生徒（男・10代）への「おまえ」1例などが、いずれも指導場面での相手への問いかけや批判の文脈で常体とともに用いられていた。『男・職』では11G高校教員（男・50代）から生徒（男・10代）への「おまえ」1例の他に、02A大学事務職員（男・50代）が学生（男・20代）に「［名字］さん」、学生（男・19歳）に「［名字］くん」「あなた」と呼びかけている。前者は留学について問い合わせにきた学生への対応の中で、後者は顔見知りの学生と雑談しながら郷里の料理などにも言及する談話の中で用いられており、学生に必要な洋書を海外の出版社から直接取り寄せるよう助言する中で、次のように言っている。

　　例1　そりゃーあなた、あなたにとってはだって、飯の種になる可能性があるんだから。　　　　　　　　　　　　　　　　　　　［02A・50m→10m］

　この02Aは同僚の大学事務職員との打合せでは「［名字］さん」「あなた」を、大学教員との会議では「［名字］先生」「先生」をと、相手によってはっきり使い分けている。また、これにともなう文末は「です／ます」が主であるが、相手や呼称にかかわらず、常体で言い切っている例も少なくない。

　「先生」については相手による使い分け以外に場面や置かれた立場による使

い分けも存在するようだ。06Aの話者による「［名字］先生」「先生」はすべて研究室の会議で司会者として他の出席者に対して用いられているが、他の出席者どうしは「［名字］さん」を用いている場合が多い。また同じ06Aの昼食時の雑談ではこの発話者の呼称使用はないのだが、他の同僚発話者はすべて「［名字］さん」で呼び合っているところから、会議中に06Aの用いる「先生」は会議の司会者というあらたまった立場の影響かと考えられる。なお、会議中の06Aの発話に2例「［名字］さん」が現れるが、これは特定の一人に対しての発話なので、会議中は「先生」を使うという意識からの逸脱なのか、この個人に対しては「先生」と呼ばないという選択の結果なのかは不明である。

4．2　特徴的な呼称の現れる職場

『男・職』では職場07に「おまえ」の出現数が多いとともに、「名字」の呼び捨て、「名前」を含む呼称なども目立つ。役職名も4例現れているが、これはすべて「課長」で、07D（男・40歳）から07C（男・44歳）という特定の関係で会議の場に用いられている。また職場16でも7人の話者のうち2人が「おまえ」を用い、他に対称代名詞、「［名字］ちゃん」「名字」の呼び捨てなどが行われている。これらは会議や打合せなどの仕事の場面でも、雑談でも特に区別なく用いられている。また、07でも16でもこれらの語を用いている話者は「［名字］さん」は用いない傾向にある。職場07はデザイン事務所である。20代後半から40代前半の男性デザイナー及び営業社員7名がおもな発話者で、20代の女性社員1名が加わっている。また職場16は保険代理店で、20代の女性、30代の男性1名を除くと40代の終わりから60歳までの男性5人がおもな発話者である。いずれの場合も年代の比較的近い男性どうしの発話で先にあげた呼称は用いられている。学校とか、接客などがある職場、女性が半数程度いる職場、おもな発話者どうしの年齢幅が広い職場などに比べると、仲間内の遠慮のない関係があるということかとも考えられる。

「おまえ」と対になる自称詞は通常「おれ」と考えられるが、『男・職』の自称詞「おれ」は79レコードに出現し、うち16に現れたものが14例（男性13例・

不明1例)、07が12例（男性11例・多数話者1例）で職場ごとの出現数としてはもっとも多かった。これらの職場で男性に用いられた「おれ」以外の自称は07Gの「ぼく」1例のみである。また、この2つの職場の敬体の発話の出現率は07が493レコード中77で15.62％、16が681レコード中71で10.43％と、『男・職』全体の比率（27.04％）に比べ低いことがわかる。

『女・職』では「おまえ」の使用は9例、うち6例は01C（男・30代）から同僚01A（女・20代）に用いられたものである。『男・職』『女・職』を通じて、他に女性に向かって呼びかけた「おまえ」は見られず、特定の話者から相手に繰り返し用いられている点からみても、この語の選択が、2人の個人的な関係もしくは職場の独特な雰囲気などによるものと考えられることを、すでに小林（1997）で述べた。

『男・職』では職場21でも呼称が特徴的な現れ方をしている。この職場では21B（女・20代）を中心に話題が展開している。この話者の用いる呼称は「［名字の一部］ちゃん」「［名前の一部］ちゃん」「ニックネーム」「その他」であるが、この「その他」は「［名前の一部］にい（筆者注―「兄」のことか）」6例と「［名字］どん」1例というものであり、呼称全体がいわゆる愛称的なものとなっていることがわかる。この職場の他の話者も、数は少ないが、それぞれ21Bと同じような呼称を用い、この職場では「［名字］さん」や役職名を含む呼称は一切現れない。この職場はある音楽バンドである。特に仕事の打合せに関する話題が提供される発話などでは「です」「ます」なども用いられているが、このような敬体の発話は全発話823レコード中34、4.1％にすぎず、全体に雑談と仕事関係の話の境界のはっきりしない語り口で談話が進行している。職場・職階意識に縛られない芸術家集団の一員としての自由業的な意識が、このような呼称の使用につながっているとも考えられる。

『女・職』では職場13に比較的多様な呼称が現れ、特に「［名字］ちゃん」「［名字の一部］ちゃん」の使用が目立つ。ここでは会社で経理事務や端末入力業務を行う20代前半の女性たち4人の間でこのような呼びかけが行われている。1例ではあるが、「名字」の呼び捨ても見られる。ただ、この職場では、13A（女・20代）から上司2人（男・40代及び男・50歳ぐらい）には「［名字］

次長」という役職名の呼びかけが行われており、この話者の中で相手による使い分けが行われていることがわかる。

『女・職』では他に06A、10A、16Aの話者が比較的多様な呼称を用いている。06A（女・40代）は編集者で、1例ずつある「［名字］」（呼び捨て）と「きみ」は引用として用いられており、「［名字］さん」は電話で相手の在不在を確認したもの。他はすべて執筆者に対するもので「先生」と呼んでいる。10A（女・42歳）は地方公務員であるが、年齢の比較的近い38歳の男性同僚には「［名字］さん」、20代の女性同僚2人にはそれぞれ「［名前］さん」「［名前］ちゃん」、上司には「課長」と使い分けている。また16A（女・34歳）は雑誌の編集長であるが、副編集長2人のうち16B（女・31歳）には「［名前］さん」、16E（女・34歳）には「［名字］さん」、同僚の16D（男・31歳）には「［名字の一部］ちゃん」と呼び分ける。16Eも16Bを「［名前］さん」と呼ぶが、16Dは16Bを「［名字］さん」と呼んでおり、16Bの「［名前］さん」が必ずしも職場の固定化した愛称などではないことを示している。

5　談話内での働きによる使用の状況

日本語における対称代名詞にはいわゆる上位者に対しては使えないという待遇的な制約があり、ある種の使いにくさを持つ。実際に『男・職』『女・職』でも「［名字］さん」や「役職名」を含む呼称以外は年齢・地位などで上位のものにはあまり使われていないことはすでに記した。

自然談話に、対称代名詞に比して「［名字］さん」や役職名の出現が多いということは、「あなた」や「おまえ」などでは呼べない関係をこれらの語で代替して呼んでいる面があるのではないか。ただ、そうは言っても実際に対称代名詞が出現してもいるわけだし、すべての対称代名詞が「［名字］さん」や役職名を含む呼称で代替できるのではないだろう。それぞれの呼称がどのような機能で使われているのかを見ることにより、対称代名詞の担う働き、その他の呼称が代替しうる機能の一端を探ってみたい。

5.1 呼称の機能の分類

　小林（2001）は対称代名詞が使われる文脈が要求する対称代名詞の指示機能として、次の4つを考えた。（それぞれの例については5.2 例2以下に示す）
　　a　注意喚起・話題の展開、転換としての発話標識として用いる。
　　b　発話の相手を提題として取り立てる。
　　c　文法的な必須格として用いる。
　　d　引用として用いる。
この機能は対称代名詞以外の呼称でも同様に考えることができる。
　表1・表2の⑨は出現した呼称を、a～dを参考に分類した数である。aは表中では注意喚起・発話標識としてもっとも一般的な形として「呼びかけ」とした。また、bの提題の役目をするものの中には、髙橋（2001）が指摘したとおり、文頭またはそのごく近くで提題助詞などを伴わず、呼びかけのように用いられながら、同時に後続の述部の提題となっているものがある。機能としては注意喚起と提題を同時に果たすものである。これをa「呼びかけ」やb「提題助詞を伴う一般的な提題」とは別に「呼びかけ・提題」とした。表1・表2の呼称のうち、もっとも出現数の多い対称代名詞、「［名字］さん」、「［役職名］さん」「役職名」（以下「役職名を含む呼称」とする）についてにまとめ直したものが表5である。

表5　呼称の機能別出現

呼称＼資料＼機能	対称代名詞 男・職 例	対称代名詞 男・職 %	対称代名詞 女・職 例	対称代名詞 女・職 %	［名字］さん 男・職 例	［名字］さん 男・職 %	［名字］さん 女・職 例	［名字］さん 女・職 %	「役職名」を含む呼称 男・職 例	「役職名」を含む呼称 男・職 %	「役職名」を含む呼称 女・職 例	「役職名」を含む呼称 女・職 %
呼びかけ	9	33.3	12	38.7	59	36.0	25	36.2	9	25.0	22	35.5
呼びかけ・提題	3	11.1	3	9.7	17	10.4	9	13.0	7	19.4	5	8.1
助詞を伴う提題	2	7.4	5	16.1	15	9.1	5	7.2	4	11.1	5	8.1
必須格として	7	25.9	7	22.6	69	42.1	26	37.7	15	41.7	29	46.8
引用中に含まれる	6	22.2	4	12.9	4	2.4	4	5.8	1	2.8	1	1.6
合計	27	100.	31	100.	164	100.	69	100.	36	100.	62	100.

5.2 「呼びかけ」と「提題」

「呼びかけ」は通常、その話題の文脈から独立して、相手の注意を喚起する働きを持つ。文頭に立つほかに、文中に挿入されたり、文末の区切りとして、呼びかけが用いられる場合もある。大勢の中から誰かを指示して呼ぶ場合などには、これを省略することはできないが、多数者の中から「あなた」というような語で1人を特定することはしにくいから、その場合には対称代名詞が用いられることはあまりないと考えられる。それ以外の場合にも文脈の意味に直接的には関与しないわけだから、基本的に省略可能であるはずだ。しかし、それにもかかわらずこれらがあえて使われるところに対称代名詞本来の用法が現れたと見ることができる。実際に、出現した対称代名詞、「[名字]さん」、「役職名を含む呼称」それぞれに対する「呼びかけ」の比率に大きな差はなく、対称代名詞の回避は起こっていないと考えられる。

「呼びかけ・提題」「助詞を伴う提題」としての呼称も、提題として、後続する文の述語に対する主語となるわけだから、省略すると意味が取りにくくなる。(ただし疑問文や命令文の形がはっきりしているものはもちろんこの限りではないが) したがって仮に対称代名詞を使わないとすれば、何らかの他の言い方をもって代替されるはずである。しかし、表5からは実際にそのようなことが起こっているとは読みとれない。

「呼びかけ」や「提題」に用いられる対称代名詞は相手に対する批判や非難、命令、強い判断を伝えるなどの文脈での念押し的な指示であることが多いと、すでに小林(1997)(2000)(2001)等で指摘したが、『男・職』でも、以下のような例が見られる。

例2　<u>おまえ</u>、そこまで杓子定規に考える必要はなにもねーよー。
　　　　　　　　　　　　　　　　　　　　　　[07D・40m→30m・同僚]

例3　<u>あんた</u>自分が決めた日だからねー。　[16F・50m→50m・同僚]

例4　見してとか、<u>あんたも</u>笑ったじゃん。　[10F・20f→30m・同僚]

学校教師から学生・生徒に対する対称代名詞の多くはこのような例と言える。
　また、「男性」のコード07に多出する「おまえ」などについては、

　　例5　<u>おまえ</u>、それいいなー。　　　　　　［07B・30m→30m・同僚］
　　例6　打線すごいよー、<u>おまえ</u>。　　　　　　［07G・30m→30m・同僚］

のように、単に感想などを述べたものもあり、この場合の「おまえ」は、相手と隔てのない親しみの表出として用いられているようだ。ポライトネス理論（Ｂ＆Ｌ1987）でいうPPS（ポジティブ・ポライトネス・ストラテジー）にあたるものである。
　これらのいずれも、相手を他から取り立てて「自分は相手に批判・命令をできる」「自分は相手に強い親しみを持ち、相手からもそれを受け入れられる」とする意図を持った呼称であり、このような意図を表するために対称代名詞の使用は意味を持ち、敢えて回避されないと見ることができる。

5.3　「文法的な必須格」および「引用中に含まれる」呼称

　「文法的な必須格」としての対称代名詞の割合は、「［名字］さん」や「役職名を含む」呼称に比べると低い。一つには、複数の対者がいる場で、その一人に言及したり呼びかけたりするときに対称代名詞は用いにくいから、そのような場合の呼称として「［名字］さん」などが用いられたため、このような結果が出たと考えられよう。なお、そのような中で、少数ではあるが文法的な必須格として用いられている対称代名詞としては『男・職』では次のようなものが見られる。

　　例7　受付したあとの処理は<u>あなた</u>がするんだよ。［02A・50m→40f・同僚］
　　例8　それは<u>おまえ</u>の逃げじゃないか。　　　　［07D・40m→30m・同僚］
　　例9　ぶちこんでるわけ、わたしは<u>あんた</u>にゆわれたとおりに。
　　　　　　　　　　　　　　　　　　　　　　　［01B・40f→40m・夫／同僚］

『男・職』7例のうち3例は、相手への命令、非難、また相手に言われたとおりに自分はしているのだという主張にともなって用いられており、特に例9などは、「必須格」とは言っても「わたし」「あんた」の省略が可能とも考えられる例である。このような例で敢えて回避せずに用いられるという対称代名詞の性質は前項「呼びかけ」「提題」の場合と一致している。

「引用に含まれる呼称」については「必須格として用いられる」とは反対に使用の比率が、「［名字］さん」や「役職名を含む呼称」より高い。小林(2001)ですでに論及したとおり、引用文に含まれる呼称は必ずしも眼前の相手を指すのでなく、むしろそうでない場合のほうが多いゆえに、相手を強く取り立てて侵犯する可能性がある対称代名詞であっても比較的使いやすいということがこの結果からも証明されると言ってよいだろう。

呼称の機能については紙数も尽き、十分な分析には至らなかったが、今後の課題としたい。

6　まとめ

以下に『男・職』談話資料・『女・職』談話資料に現れる呼称を概観する。
発話者と相手による呼称の使い分けには次のような傾向が見られる。
「おまえ」以外の呼称は、発話者の性にかかわらず用いられる。「おまえ」については職場では男性専用語とみてよい。「［名字］役職名」「役職名」は年長の相手に仕事に関係する談話で用いられる傾向がある。発話の相手の性別の偏りは見られない。「［名字］さん」は相手の年齢や性別にかかわらず用いられる。出現数も多く、職場ではもっとも一般的な呼称と言ってよい。「［名字］さん・役職名」「役職名」以外の呼称には、どちらかというと年下の相手に対して、常体とともに用いられる傾向がある。また、「おまえ」も含め、発話者の年代による使用の偏りについては特に顕著な傾向は見られない。
「［名字］さん」以外の呼称では、その発話者のいる場（職種・職場の構成メンバー・メンバーの個性などから醸し出される雰囲気など）が呼称選択の一つの基準になっているように見受けられる。ある職場では上司に「役職名」、

年少者には「［名前］ちゃん」「［名字］ちゃん」を用いるが、別の職場ではお互いに「［名字］さん」のみで呼び合う。学校での「先生」や学生・生徒に対する対称代名詞「あなた」「あんた」「おまえ」の使用の傾向もそうだし、「おまえ」で呼び合う職場、ニックネームで呼び合う職場などもある。これらはその職場にいる個人の待遇意識だけで選択されているのではないと考える。

　もっとも一般的に多用される呼称は「［名字］さん」「［名字］役職名」「役職名」であるが、これらに比して出現数は少ないものの、対称代名詞の用いられ方は特徴的と言えよう。対称代名詞は使いにくいものとして一般的には回避され、「［名字］さん」などで代替されると考えられるが、少ないながら使用されている例については、むしろ相手を強く取り立てる「呼びかけ」や「提題」として、文脈的にも強制や批判とともに用いられている。このような働きをすること自体が対称代名詞の使いにくさにつながっているとも考えられるのだが、自然談話において出現する対称代名詞を見ると、発話者は相手に強く訴えようとする場合、敢えて対称代名詞の使いにくさを逆手にとって用いていると言えよう。このような傾向は自然談話を実際に分析してこそわかることである。

【注】

(1)「女・職」「おまえ」については「おまえね、おまえね」と繰り返した1レコードがあるが、このような単純な繰り返しや、言い損なうなどして、中断したものを再度発話するという例については1例と数えた。これについては対称代名詞以外の呼称でも同様とし、レコード数と例数を区別している。1レコード中に同じ語が2度以上現れてもそれぞれの用法が異なる場合、例数としては複数で数える。後出例1のようなものである。なお小林(1997)では『女・職』の「おまえ」を8例としたが、これについては後に「おっまえ」と表記された1例を発見・追加してある。

(2) このデータの「名字」「名前」にはいずれも「名字の一部」「名前の一部」をそれぞれ含むものとする。

(3) 各資料の男性・女性発話例数は対称代名詞使用レコード数と対称代名詞以外の呼称使用例数を合計したものである。『男・職』『女・職』ともに4例ずつ発話者の性別が不明なものがあり、これについては計数から省いた。

(4) 発話者と相手や場について客観的に捉えられる関係のほかに、発話者が相手に対して持つ親疎の意識などについても当然呼称に反映されるだろうが、これを自然談話資料の話者と相手に関するデータから判断するのは難しい。むしろ、用いられた呼称の使われ方や使われる状況などから逆に話者と相手の親疎などの関係は判断しうるものと考えられる。
(5) 表中「不明」としたものは「［名字］＃＃＃」などの形で、「＃＃＃」が聞き取れないため、呼称そのものが不明確であったものである。
(6) 公開資料では、発話者の年齢は「年齢層」として示されており、年齢の上下を見ることはできないが、本調査は、データ整備の途上で年齢が示されている段階で行った。それゆえ、このような記述となった。

【参考文献】
小林美恵子(1997)「自称・対称は中性化するか」『女性のことば・職場編』現代日本語研究会編 ひつじ書房
小林美恵子(2000)「対称詞の諸相－TVドラマ『ビューティフル・ライフ』にみる－」『ことば』21号 現代日本語研究会
小林美恵子(2001)「排他的指示機能からみた対称詞」『ことば』22号 現代日本語研究会
髙橋圭子(2001)「会話における対称詞の機能」社会言語科学会第8回研究大会予稿集
Brown P. & Levinson, S.(1987) *Politeness:Some univirsals in language usage* Cambridge University Press

第8章 「おれ」と「ぼく」

桜井　隆

1　はじめに

　男性の発話で目立つのは自称詞「おれ」と「ぼく」である。遠藤（2001）などでは女性が「ぼく」を使う例も報告されているが、それは学校で女子生徒・学生が使う例であり、職場において女性が「おれ」「ぼく」を使うということは述べていない。また、学校においても、尾崎（2000）の示すように、「おれ」と「ぼく」の使用は圧倒的に男性に偏っている。
　本稿では、職場における男性の発話の中で、「おれ」と「ぼく」がどのように使われているかを明らかにしたい。また、職場での使用が望ましいとされる「わたし」との対比についても触れる。

2　「おれ」の使用例

　まず、『男・職』談話資料から「おれ」が使われている発話をすべて拾い上げ、発話者、場面、その発話が向けられた相手を確認した。下の表1にまとめる。
　ただし、ここでは次の3種類の発話は除外してある。
① 引用…発話者本来のことばではない。
② 独り言…その場にいる人に向けて発せられたことばではない。
③ 電話の会話…データからは、発話の向けられた相手が特定できない。

表1　　　　　　　　　　　　　　　　＊1発話内の使用数
　　　　　　　　　　　　　　　　　　＊＊「です／ます」との共起

	発話者	場面	＊	発話の相手	＊＊	発話者の役職など
400	01A44m	打合せ	1	30f		
1235	03A31m	雑談	1	27f		

1504	04A29m	雑談	1	26f		
1922	05C49m	雑談	1	52m	○	所長
1946	05A52m	打合せ	1	46?		所長
2076	05A52m	打合せ	1	49m・38m		所長
2162	05A52m	打合せ	1	38m		所長
2217	05G38m	打合せ	1	52m		課長
2748	07A34m	打合せ	1	31m		係長
2811	07A34m	打合せ	1	26f		係長
2849	07A34m	雑談	1	31m・28m		係長
2864	07E28m	雑談	2	34m・31m		
2865	07A34m	雑談	1	31m・28m		係長
2869	07E28m	雑談	1	34m		
2895	多数	打合せ	1	37m		
2933	07A34m	雑談	1	37m・33m		係長
2940	07A34m	雑談	1	37m・33m		係長
3033	07G37m	雑談	1	34m・33m		係長
3130	07C44m	会議	1	40m		最年長
3136	07C44m	会議	1	40m		最年長
3854	09K27m	雑談	1	46m・30m・28m	○	最年少
3858	09K27m	雑談	1	46m・30m・28m	○	最年少
3902	09M30m	雑談	1	28m		
3903	09M30m	雑談	1	28m		
3942	09M30m	雑談	1	46m・28m・27m		
4605	10E30?m	相談	1	23f・23?f・63m		
5256	11H53m	打合せ	1	48m		最年長
5257	11H53m	打合せ	1	48m		最年長
5278	11H53m	打合せ	2	48m		最年長
5592	12H34m	雑談	1	29m・?		室長
5607	12H34m	雑談	1	29m・?		室長
5648	12F39m	雑談	1	22m・34m		取締役部長
5748	12H34m	雑談	1	29m・39m		室長
7128	14A33m	相談	1	30f		店長
7165	14A33m	相談	1	48f・30f		店長
7248	14A33m	相談	1	30f		店長
7831	16A28m	打合せ	1	22f		店主
7990	16G60m	打合せ	1	48m		社長
8013	16G60m	打合せ	1	48m		社長
8021	16G60m	打合せ	1	48m		社長
8109	16G60m	雑談	1	48m		社長
8178	16F52m	打合せ	1	50m		取締役
8196	16F52m	打合せ	1	50m		取締役
8317	16F52m	打合せ	1	50m		取締役
8334	16E52m	打合せ	1	50m・48m・52m		社長
8337	16E52m	打合せ	1	50m・48m・52m		社長
8353	16F52m	打合せ	1	52m・48m		取締役

8403	16E52m	打合せ	1	50m	社長
8446	16E52m	打合せ	1	50m	社長
8504	17B40m	打合せ	1	32m	チームリーダー
8717	17A32m	雑談	1	28m	スーパーバイザー
10134	20A56m	打合せ	1	全員	
10136	20A56m	打合せ	1	全員	
10170	20A56m	打合せ	1	全員	
10174	20A56m	打合せ	1	全員	
10177	20A56m	打合せ	1	全員	
10207	20C34m	雑談	2	56m・52?m・42m	
10231	20A56m	雑談	1	52?m・42m・34m	
10241	20B52?m	雑談	1	56m・42m・34m	
10245	20B52?m	雑談	1	56m・42m・34m	
10296	21C30m	雑談	1	22f	
10409	21A30m	雑談	1	22f	
10572	21C30m	雑談	1	22f・30f	
10809	21A30m	打合せ	1	22f・30f	
10877	21A30m	打合せ	1	22f	
10968	21A30m	打合せ	1	22f・28m	
10990	21F28m	雑談	1	22f	
11031	21F28m	雑談	1	22f・30m	
11034	21F28m	雑談	1	22f	
11036	21F28m	雑談	1	22f・30m	

3 「ぼく」の使用例

次に、「ぼく」の使用についても、同じように表2にまとめた。

表2

* 1発話内の使用数

	発話者	場面	*	発話の相手	発話者の役職など
426	01A44m	雑談	1	30f	
527	02A54m	打合せ	1	40f・40-49f	
581	02A54m	打合せ	1	40f	
779	02A54m	雑談	1	19m	
809	02A54m	雑談	1	19m	
890	02E67m	会議	1	全員	
1612	04A29m	雑談	1	38f	
1828	04A29m	打合せ	1	38f	
2174	05A52m	打合せ	1	38m	所長
2241	06I61m	会議	1	全員	
2264	06I61m	会議	1	全員	
2274	06G54m	会議	1	全員	

2284	06H40m	会議	1	全員	
2315	06A45m	会議	1	全員	
2324	06B59m	会議	1	全員	
2331	06B59m	会議	2	全員	
2340	06B59m	会議	1	全員	
2353	06E40m	会議	1	全員	
2354	06B59m	会議	1	全員	
2363	06A45m	会議	1	全員	
2364	06E40m	会議	1	全員	
2369	06A45m	会議	1	全員	
2371	06E40m	会議	1	全員	
2376	06B59m	会議	1	全員	
2396	06B59m	会議	1	全員	
2404	06D42m	雑談	1	45m・34m	
2457	06C34m	雑談	1	45m・42m	
2461	06A45m	雑談	1	42m・34m	
2463	06C34m	雑談	1	45m・42m	
2464	06c34m	雑談	1	45m・42m	
2475	06A45m	雑談	1	34m・42m	
2476	06D42m	雑談	1	45m・34m	
2540	06A45m	雑談	1	42m	
2563	06D42m	雑談	1	45m・34m	
2577	06D42m	雑談	1	45m・34m	
2605	06A45m	雑談	1	42m・34m	
3190	07G37m	会議	1	40m	係長
3402	08A42m	雑談	1	26f	支配人
3586	09A46m	報告	1	全員	
3659	09A46m	雑談	1	全員	
3835	09K27m	雑談	1	46m	最年少
3852	09K27m	雑談	1	46m	最年少
3853	09K27m	雑談	1	46m・30m・28m	最年少
3888	09L28m	雑談	1	30m	
3958	09M30m	雑談	1	28m	
3969	09M28m	雑談	1	46m	
4106	10A59m	雑談	1	58m	
4110	10A59m	打合せ	1	58m	
4112	10B58m	打合せ	1	59m	
4117	10B58m	雑談	1	59m	
4152	10B58m	雑談	1	59m	
4169	10A59m	雑談	1	58m	
4188	10B58m	打合せ	1	59m	
4193	10B58m	打合せ	1	59m	
4379	10A59m	雑談	1	61m	
4806	11A48m	会議	1	全員	
4840	11A48m	会議	1	全員	

4859	11A48m	会議	1	全員	
4877	11A48m	雑談	1	47f	
4913	11A48m	雑談	1	47f	
4944	11A48m	雑談	1	47f	
4964	11A48m	雑談	1	64m	
4969	11A48m	雑談	1	64m・47f	
5023	11A48m	雑談	1	47f	
5031	11A48m	雑談	1	47f	
5080	11A48m	雑談	1	64m・47f	
5146	11B51m	打合せ	1	53m	
5149	11A48m	打合せ	1	51m・53m	
5258	11A48m	打合せ	1	53m	
5262	11A48m	応対	1	53m	
5274	11B51m	打合せ	1	不明	
5280	11B51m	打合せ	1	53m	
5327	12C22m	雑談	1	39m	最年少
5331	12C22m	雑談	1	39m	最年少
5776	12C22m	雑談	1	39m	最年少
5817	12C22m	接待	1	?m（ウエイター）	最年少
5868	12C22m	雑談	3	51m・22m	最年少
6030	13A27m	雑談	1	74m	男性で最年少
6115	13A27m	雑談	1	73m	男性で最年少
6116	13D73m	雑談	1	27m	非常勤職員
6149	13D73m	打合せ	1	23f	非常勤職員
6254	13A27m	雑談	1	23f	男性で最年少
7418	15A25m	雑談	1	45-50m	最年少
7613	15A25m	雑談	1	35m	最年少
7616	15A25m	雑談	1	35m	最年少
7909	16A48m	打合せ	1	22f	社長
8045	16A48m	雑談	1	60m	社長
8066	16A48m	雑談	1	60m	社長
8537	17A32m	雑談	1	40m	
8583	17A32m	会議	1	30?m	
8712	17D28m	雑談	1	32m	
8769	17A32m	雑談	1	28m	
8775	17A32m	雑談	1	28m	
8800	17A32m	雑談	1	28m	
8971	18A25m	雑談	2	60f・54f・50?m・48m	
9408	19A27m	応対	1	20?m	最年少
9479	19A27m	打合せ	1	38?m	最年少
9656	19A27m	雑談	1	45f	最年少
9784	19A27m	雑談	1	20?m・45f・60?f	最年少
9815	19A27m	雑談	1	45f	最年少

4 「おれ」と「ぼく」
4.1 職場別使用数

　表1・2の発話者の枠の最初の2桁の数字は、調査の行われた職場を示す資料番号であるが、その番号が飛んでいるところもあれば、同じ資料番号が続くところもある。つまり、職場によって「おれ」「ぼく」の使用頻度に著しい偏りが見られる、ということである。職場別の使用数を下に示す（表3）。

　なお、「使用例数」は談話資料の中の各職場に現れた「おれ」「ぼく」使用の延べ数。「使用者数」は、それぞれの自称詞を使用した話者の数である。

表3

	職場	おれ使用例数	おれ使用者数	ぼく使用例数	ぼく使用者数	わたし使用例数	わたくし使用例数
01	薬局	1	1	1	1	1	0
02	大学A	0	0	5	2	3	0
03	会社A	1	1	0	0	0	0
04	会社B	1	1	0	0	0	2
05	会社C	5	3	1	1	4	0
06	大学B	0	0	27	8	9	3
07	デザイン事務所	12	4	1	1	0	0
08	会社D	0	0	1	1	4	0
09	自動車	5	2	8	4	1	0
10	会社E	1	1	9	2	2	0
11	高校A	3	1	17	2	2	0
12	会社F	4	2	5	1	2	0
13	研究機関	0	0	5	2	1	0
14	美容室	3	1	0	0	0	0
15	保険代理店A	0	0	3	1	1	5
16	保険代理店B	14	4	3	1	1	0
17	会社G	2	2	6	2	0	0
18	大学C	0	0	1	1	12	0
19	大学D	0	0	5	1	0	0
20	高校B	9	3	0	0	1	0
21	ミュージシャン	10	3	0	0	0	0

4.2 職場別：「おれ」の使用例数

「おれ」の使用例数によって職場を分類すれば表4のようになる。

表4

使用例数	職　場
皆無　0	大学・研究機関・会社
少数　1～3	会社
中位　4～9	高校
多数　10以上	デザイン事務所・保険代理店・ミュージシャン

4.3 職場別：「ぼく」の使用例数

また「ぼく」の使用例数によって職場を分類すれば表5のようになる。

表5

使用例数	職　場
皆無　0	会社・美容室・ミュージシャン
少数　1～3	デザイン事務所・保険代理店
中位　4～9	会社・大学
多数　10以上	大学・高校

まず気がつくのは、「おれ」を全く使わず「ぼく」（および「わたし」）のみの職場があるということである。特に大学という職場はここに4つも調査例があるが、一つも「おれ」が現れない。これは著しい特徴である。また研究機関も大学に準じて考えることができよう。一方、「ぼく」を全く使わず、「おれ」のみの職場もある。美容室とミュージシャンがそれである。また、デザイン事務所でも、「おれ」12例に対し「ぼく」1例であり、ほとんど「おれ」のみの使用と考えてもよかろう。いずれも広義の芸術性を求める職種であり、インフォーマリティを好む職場と言えようか。

高校はAとBで対照的な様相を示しているが、高校Aは普通高校、高校Bは職業高校のである。同じ高校といっても、両者には様々な点で違いがある。その反映かもしれない。

会社では「おれ」を使うところと使わないところがあるが、会社の業務内容あるいは社風による違いということであろうか。

また会社A・Bでは、そもそも自称詞の使用が全体的に少ない。自称詞を

多用する職場とほとんど使わない職場というものがあるのかもしれない。

4.4 場面と「おれ」「ぼく」の使い分け

表6

場面	おれ	ぼく
雑談	32	57
打合せ	32	16
会議	2	22
その他	4	5

「ぼく」の使用が「雑談」で多く、「打合せ」では少ない。これは予想外の現象であった。フォーマルな語感のある「ぼく」は、個人的な地を出して話のできる「雑談」の場面よりも、仕事の「打合せ」でこそ多用されると考えていたからである。

「会議」では「ぼく」の使用数が多く、「おれ」はほとんど使われない。「おれ」という自称詞はフォーマルな場面にはふさわしくない、ということが広く認識されていると言えよう。

なお、表には算入しなかったが、独り言で「おれ」を使う例が5例(1132、1549、3833、8932、9129)あった。しかし「ぼく」を使う独り言はなかった。

4.5 年代別「おれ」「ぼく」の使用例数

表7

世代	おれ	ぼく
20代	10	25
30代	28	10
40代	5	36
50代	22	24
60代	4	3
70代	0	2

ここでの「使用例数」は資料に表れた延べ数を単純に数えただけである。

表1の発話者の年代に注意して表1を仔細に見れば、30代の「おれ」の使用28例のうち[07A・34m]が6例、[21A・30m]が4例など、特定の個人が「おれ」を多用することによって、全体の使用例数を押し上げている。また、この2人とも、「おれ」のみを使う職場に属している。

「ぼく」についても同様のことが言える。40代の使用36例中14例は[11A・48m]のもの、50代の「ぼく」24例のうち6例は[06B・59m]一人の使用である。また。この二人とも学校の教師である。

「おれ」「ぼく」のいずれを使用するかの決定は、発話者の年齢もさることながら、個人的なことばのくせに加えて、職場の言語習慣がかなり重要な要素となっていると言えよう。ただ、特定の個人の口癖がその職場の言語習慣を決定づけたのか、既存の言語習慣が個人の言語使用を規定することになったのかは、にわかには断定できない。

4.6 話し相手別「おれ」の使用数

「おれ」の使用については、(ほとんど)「おれ」のみを使う職場(03・07・14・20・21)とそうでない職場に分けてまとめた。

表8

	職場数	使用総数	年下への発話	年上への発話	「です/ます」との共起	年上・年下両方への発話
「おれ」のみの職場	5	35	24	5	0	6
それ以外の職場	16	38	31	4	3	3

まず気がつくのは、「『おれ』のみの職場」は5つしかないのに、その使用総数は全体のほぼ半分を占めていることである。

一般的に「おれ」は年下に対して使われるが、「『おれ』のみの職場」では年上の者に対して使われることもある。「それ以外の職場」でも年上に対して「おれ」が使われることがあるが、この場合4例中3例で「です／ます」が文末に現れる(発話コードは表1参照)。「おれ」のもつ尊大な語感を、文末の丁寧表現で中和していると言えよう。

4.7 話し相手別「ぼく」の使用数

ここでは、(ほとんど)「ぼく」のみを用する職場(02・06・10・11・13・19)とそれ以外の職場に分けてまとめた。

表9

	職場数	使用総数	全員への発話	年下への発話	年上への発話	年上・年下両方への発話	同年への発話	不明
「ぼく」のみの職場	6	71	21	19	21	7	2	1
それ以外の職場	15	26	2	7	15	2	0	0

　ここで特徴的なのは、「『ぼく』のみの職場」は職場数が6しかないのに使用総数全体の三分の二を占めていることである。

　「ぼく」は、会議においてその場にいる全員に向けて発していると思われることばの中に用いられる。これは「ぼく」という自称詞がフォーマルな語感を有していることの証左となろう。「おれ」にはこうした用例は見られなかった。

　「『ぼく』のみの職場」では、「ぼく」は年上に対しても年下に対しても使われているが、「それ以外の職場」では年下の者が年上の者に対して使うことが多い。

　また、「それ以外の職場」では、会議中に全員に向けて発せられる発話が著しく少ない。それらの職場では数人で議論をするという機会が少ないのであろうか。またここでは、発話相手の年齢の上下によって「ぼく」の使用頻度が大きく異なる。

5　「ぼく」と学校—調査の反省点

　小林は『女・職』(p.25)で「『ぼく』の使用はこの年代（桜井注：60代）の教育従事者の特徴的な傾向ともいえそうだ」としている。しかし今回の談話資料で得られた多数のデータから判断すると、「ぼく」を多用するのは特定の年代の教師の傾向ではなく、教師全般の特徴と言えるのではないかと思われる。今回の談話資料から明らかなように、大学・高校では突出して「ぼく」を多く使っている（但し、職業高校では「おれ」を多用しているので、学校の使用言語をもう少し詳細に調査する必要はあろう）。

　学校は—当然といえば当然であるが—社会人でない若者が大勢いると

いう点で、極めて異色の職場である。また、高校なら教員の全員が大卒以上、大学の教員ではほぼ全員が大学院修了という、高学歴の点でも異色である。こうした特殊性が、学校特有のことば遣いを生み出しているのであろう。

　談話資料のデータは、21の職場のうち6つが学校（高校・大学）のものである。この共同研究の参加者にとって調査のしやすい場所であるので、そのようなことになった。しかし学校は「職場」として特殊である。職場のバラエティを広げれば、もう少し違った分析結果が出る可能性は否定できない。

6　その他
6.1　「わたし」の使用

　1952（昭和27）年に国語審議会が出した「これからの敬語」には「わたし」について次のように述べている（必要な部分だけを引用する）。
　（1）　自分をさすことば
　　　①「わたし」を標準の形とする。
　　　③「ぼく」は男子学生の用語であるが、社会人となれば、あらためて「わたし」を使うように、教育上、注意する。

　談話資料で現実の「わたし」の用例の少なさと使用の偏りを見れば、この通りになっていないことは一目瞭然である。ここで得たデータは比較的学歴の高い者の発話であるので、他の職場では「わたし」の出現数はもっと少なくなるかもしれない。

　ただ、「わたし」は丁寧な感じを与えるだけでなく、「おれ」「ぼく」のように尊大：謙譲という対立した語をもたないので、年齢の上下という概念からは自由な自称詞であるのかもしれない。

6.2 「わたくし」の使用

フォーマリティの高い自称詞である「わたくし」の使用例も見られるが、この発話者はすべて男性で、女性による使用は皆無である。一般に女性の方が丁寧なことば遣いをするとされているが、「丁寧さ」と「フォーマリティ」は別のものであるようだ。あるいは、女性が丁寧なことば遣いをするということ自体が、そもそも根拠のない思い込みなのであろうか。

6.3 女性の「ぼく」「おれ」

最後に付け加えるが、女性が「ぼく」という語を使ったのは、下のような引用の1例だけである。

> 例1　なんか、極真空手って書いてある人がいてー、で、その人、「はじめまして」っつったら、「あ、ぼくはぼくです」、こうやるわけ。
> [21B・22f]

また、女性による「おれ」の使用例は皆無であった。

【参考文献】
遠藤織枝(2001)「女の子の『ボク・オレ』はおかしくない」『女とことば』遠藤織枝編　明石書店
尾崎喜光(2000)「学校の中での中学生の呼称」『女とことば』遠藤織枝編　明石書店
小林美恵子(1997)「自称・対称は中性化するか？」『女性のことば・職場編』現代日本語研究会編　ひつじ書房

第9章 「から」と「ので」の使用にみる
職場の男性の言語行動

谷部　弘子

1　はじめに

　『女・職』で谷部は、文体の丁寧さとのかかわりという観点から、接続助詞「から」と「ので」の自然談話における使用の実態を見、両形式が現れる場面と言語環境について分析・考察した。あつかった資料は、女性協力者19名の談話（以下、『女・職』談話資料とする）であり、同一話者が職場内の「あらたまった場面」と「くつろいだ場面」という二つの異なる場面で、いわゆる原因・理由をあらわす「から」と「ので」[1]をどのように使い分けているのか、を調査した。その結果、話しことばにおいては、「場面や発話相手によって、現われ方に一定の傾向が見られるということ」(p.153)、具体的には以下の2点が明らかになった。
　(1)　職場外の相手との、かなりあらたまった場面では、「ので」が多用され、非常にくつろいだ場面では「から」が多用される。
　(2)　「ので」は、全般に丁寧な文脈の中で選択されており、場面、相手、接続形式とも「から」に比べて狭い範囲で使用されている。
　上記の調査結果をふまえ、「から」と「ので」の使い分けを先行句と後続句との関係だけではなく、待遇表現の面からとらえることが、これまで以上に必要なのではないか、という指摘をおこなった。本稿では、男性協力者20名[2]の談話を対象として前稿調査の追検証をおこなうとともに、職場における男性の言語行動の特徴に焦点をあてた考察をすすめる。

2　調査の概要——対象データと調査項目について——

　本調査で対象とする男性協力者20名の属性および各人の談話資料のレコー

ド数は表1の通りである。表1には、後節で比較の対象とする女性協力者19名についても、同様の情報をあわせて掲載した。協力者を年代別にみると、20代5名、30代5名、40代6名で男女同数であるが、50代のみ異なり、男性4名、女性3名である。人数では男性のほうが多いが、各協力者の発話のレコード数は、女性のほうが総計で1764レコード、平均で約100レコードうわまわっている。

表1　男女協力者の属性およびレコード数

男性協力者				女性協力者			
仮名	年齢層	職業（業種）	レコード数	仮名	年齢層	職業（業種）	レコード数
20A	50代	高校教員	74	12A	50代	公務員（事務）	146
10A	50代	会社員（技術職）	193	08A	50代	小学校教員	356
05A	50代	会社員（技術職）	146	04A	50代	大学教員	349
02A	50代	大学職員	253	19A	40代	公務員（研究補助）	165
16A	40代	保険代理店主(営業)	241	18A	40代	公務員（研究補助）	219
11A	40代	高校教員	164	10A	40代	公務員（事務）	480
09A	40代	会社員（技術職）	192	07A	40代	大学助手	159
08A	40代	会社員（事務）	183	06A	40代	会社員（編集）	384
06A	40代	大学教員	237	05A	40代	会社役員	417
01A	40代	薬局経営者	217	17A	30代	会社員（編集）	327
21A	30代	ミュージシャン	139	16A	30代	会社員（編集）	263
17A	30代	会社員(電話案内業務)	132	15A	30代	会社員（企画）	435
14A	30代	美容師	243	09A	30代	高校教員	307
07A	30代	会社員（営業）	151	03A	30代	会社員（編集）	337
03A	30代	会社員（営業）	319	14H	20代	公務員（大学事務）	235
19A	20代	大学職員（図書館員）	318	13A	20代	会社員（事務）	453
18A	20代	大学職員（図書館員）	170	11A	20代	会社員（営業）	354
15A	20代	会社員（営業）	161	02A	20代	会社員（事務）	164
13A	20代	アルバイタ	285	01A	20代	会社員（事務）	218
04A	20代	会社員（営業）	186				
レコード数計			4004	レコード数計			5768
平均レコード数			200.2	平均レコード数			303.6

　本調査では、以下の手順により、男性協力者の「から」および「ので／んで」

をふくむ発話を抽出した。

(1) 全データから各協力者（01A〜11A、13A〜21A）のレコードを検索抽出する。
(2) 各協力者のレコードから「から」という文字列をふくむレコード、および「ので／んで」という文字列をふくむレコードを検索抽出する。
(3)「から」をふくむレコードから、接続助詞以外の「から」を排除する。
　　例：「…15日から…」「だから、これを↑」「ですからあのー…」「それからあのー…」「…わからんけどもー」など
(4)「ので／んで」をふくむレコードから、接続助詞以外の「ので／んで」を排除する。
　　例：「あと、こちらのですねー」「きれいなのはきれいなので分けてー」「…に来たもので…」「飲んで…」「…あるんですよ」「なんでー…」など

　検索して得られる単位は発話レコード数であるが、1レコードの中には複数の「から」または「ので／んで」をふくむ場合もあり、その場合は用例ごとに採集する。したがって、次節以降の調査結果に示す数値は延ベレコード数である。なお、原因・理由をあらわす「ので」には、「ので」「んで」の2形式が現れるが、以後とくに注釈のない場合は、「ので」で代表させる。
　主な調査項目は以下の3点である。

(1)「から」「ので」の場面別出現状況
(2)「から」「ので」の接続形式別出現状況
(3)「から」「ので」の年代別出現状況

　母数となるレコード数が異なるため、各協力者の出現数の多寡を比較することは意味をもたない。ここでは現れた「から」「ので」の分布状況に着目する。

3 調査の結果と考察
3．1 「から」「ので」の場面別出現状況

　表2は、男性協力者20名の「から」「ので」の場面別出現状況である。場面の設定については、前稿と同様、「場面2」の項目（第1章参照）を利用し、以下の二つにわけて分析した。

　　［I］あらたまった場面(会議・打合せなど)　　　（「場面［I］」とする）
　　［II］くつろいだ場面(休憩時や昼食時等の雑談)　（「場面［II］」とする）

表2　男性協力者の「から」「ので」場面別出現状況

男性協力者		から			ので			レコード数		
仮名	年齢層	[I]	[II]	計	[I]	[II]	計	[I]	[II]	計
20A	50代	5	0	5	0	0	0	45	29	74
10A	50代	1	3	4	1	0	1	55	138	193
05A	50代	0	11	11	0	0	0	125	21	146
02A	50代	10	5	15	5	0	5	152	101	253
16A	40代	12	7	19	6	0	6	178	63	241
11A	40代	2	8	10	2	1	3	48	116	164
09A	40代	4	2	6	12	0	12	144	48	192
08A	40代	2	0	2	1	1	2	103	80	183
06A	40代	2	6	8	13	1	14	135	102	237
01A	40代	14	1	15	4	0	4	191	26	217
21A	30代	5	3	8	0	0	0	74	65	139
17A	30代	1	4	5	7	0	7	59	73	132
14A	30代	15	1	16	5	1	6	199	44	243
07A	30代	3	6	9	0	0	0	68	83	151
03A	30代	5	7	12	31	1	32	176	143	319
19A	20代	3	3	6	14	0	14	238	80	318
18A	20代	3	4	7	7	2	9	67	103	170
15A	20代	8	1	9	16	2	18	138	23	161
13A	20代	1	8	9	3	4	7	127	158	285
04A	20代	0	5	5	5	0	5	68	118	186
男性計		96	85	181	132	13	145	2390	1614	4004
	(％)	53.0	47.0	100	91.0	9.0	100			
出現率	(％)	4.0	5.3	4.5	5.5	0.8	3.6			
女性計		132	115	247	109	7	116	2808	2960	5768
	(％)	53.4	46.6	100	94.0	6.0	100			
出現率	(％)	4.7	3.9	4.3	3.9	0.2	2.0			

場面別に出現数を比較してみると、(1)「から」181例は、場面による大きなかたよりは見られない、(2)「ので」145例は、132例（91.0%）までが場面[I]に現れている、ことがわかる。

『女・職』談話資料でも、「から」は場面[I] 132例（53.4%）、場面[II] 115例（46.6%）と大きなかたよりが見られなかったのに対して、「ので」は116例中109例（94.0%）が場面[I]つまり「あらたまった場面」に現れており、上記2点についての男女差は見られない。ただし、今回の男性資料では、場面[I]と場面[II]のレコード数に開きがあるため、出現数を各々の場面のレコード数に対する比率（出現率）にして比較して見たところ、「から」の出現率は女性4.3%、男性4.5%でほぼ同じであるのに対して、「ので」は女性2.0%、男性3.6%と男性のほうが高い比率となった。

「ので」の使用については、男女にかかわらず、場面別という観点が有効にはたらくことは言えそうである。しかし、上記の場面分類（[I][II]）は、職場の中でのさまざまな場面を「場面2」の項目によって機械的に処理し、大きく二つにわけたにすぎない。実際には、仕事の話か雑談かという談話内容に規定されている側面が強く、とくに[I]の場面は、職場の規模や職種を反映して、あらたまりの程度にもかなりの差がある。したがって、ある言語形式を選択する要因として場面を考えるなら、談話の相手との年齢関係や職階関係、親疎関係など場面を構成する要素をさらに詳細にみていく必要がある。

ここでは、「ので」の大半が職場内の「あらたまった場面」に現れるという実態が明らかになったところで、「ので」の少数派、すなわち「くつろいだ場面」に現れた用例について、談話の相手に関する情報をみてみよう。場面[II]に現れた「ので」は13例であるが、うち1例は、性格診断のようなyes-no questionを読み上げている発話であったので、その1例を除いた12例の相手情報（一部）を表3にあげた。

職場における言語行動を規定する要素として特徴的なのは、職階であろう。上の12例について談話相手との「職階関係」を見てみると、「無」（職場外の顧客）が1例、「上」「上上」（上司）が7例であった。12例中9例までが、「職

階関係」または「年齢関係」において「上」または「上上」の相手との談話であることがわかる。さらに各例の文体を見てみると、12例中4例は「から」「ので」を含む発話のレコード内に丁寧体が現れている（例1～4）。残る8例も当該レコードの前後の発話を見ると、06Aの発話（2）を除く7例は、例5、6のように、相手に対して丁寧体を用いている。つまり、場面［Ⅱ］の「ので」は、1例を除いて、基本的に丁寧体を用いる相手との発話に現れているのである。

表3　場面［Ⅱ］「ので」発話の相手情報

	発話者	相手	職場関係	年齢関係	職階関係	親疎関係	接触量
1	11A・40m	11C・47f	同僚	同	同	普通	多
2	06A・40m	06C・34m	同僚	下	同	親親	多
3	08A・40m	08B・52m	同僚	上	上上	親	多多
4	03A・30m	03B・27f	同僚	同	同	親	多
5	13A・20m	13B・74m	同僚	上上	上	普通	普通
6	13A・20m	13B・74m	同僚	上上	上	普通	普通
7	13A・20m	13C・30ca f	同僚	同	上上	普通	普通
8	13A・20m	13I・50ca f	同僚	上上	同	普通	普通
9	15A・20m	15B・45-50ca m	顧客	上上	無	親	少少
10	15A・20m	15C・35m	同僚	上	上上	親	多多
11	18A・20m	18E・60ca f	同僚	上上	上上	親親	多多
12	18A・20m	複数	同僚	上上	上上	親～親親	多多

例1　ぼくはテニスコートの、真ん前の部屋だった<u>んで</u>ー、…すごくいい条件<u>で</u>したね。　　　　　　　　　　　　　　　　　　　　［11A］

例2　あ、はい、あのーやっており<u>ましたんで</u>。　　　　　　　　　［13A］

例3　＃＃＃、あのー高校の時の先生がー、＃＃に来てくれた<u>んで</u>ー、＜笑い＞一緒に飯食い行った<u>んです</u>よー…。　　　　　　　　　　［15A］

例4　…分科会のOBがー、あの結婚した<u>んで</u>ー、お祝いって品川で飲んでた<u>んです</u>よ、…。　　　　　　　　　　　　　　　　　　　　［18A］

例5　1：今あのー、［名字］くんがー、やってくれて<u>ます</u>、自分の家にー、

　　　　　ある分でー。　　　　　　　　　　　　　　　　　　[08A]
　　　2:　それー、やめた時にー、今度はそうゆう機能が、うちのパソコン
　　　　　でー、取り入れられない<u>んでー</u>、だから、ここで使えるように。
　　　　　　　　　　　　　　　　　　　　　　　　　　　　　[08A]
　　　3:　あー。　　　　　　　　　　　　　　　　　　　　　[08B]
　　　4:　じゃー、[名字]にー、ゆっとい、ゆっといてよ。　　　[08B]
　　　5:　いや、ポラロイドとか、ゆってませんでした↑　　　　[08A]
例6　1:　どうも [名字 (15A)] <u>です</u>。どうも、お待たせいたしましたー、
　　　　　ひゃーすごい降り<u>です</u>ねー。　　　　　　　　　　[15A]
　　　2:　そこまで上がっちゃっていいよ。　　　　　　　　　[15B]
　　　3:　あ、でも、ぼく、ちょっと濡れ、濡れてしまっている<u>んで</u>。[15A]

　「普通」または「親」の関係にある相手との雑談場面とはいっても、職階や年齢への配慮が丁寧体を選ばせているのであろう。「くつろいだ場面」に現れる「ので」の以上のような丁寧体との関係は、「ので」が職場内の比較的「あらたまった場面」に現れるという事実に反する例ではなく、むしろ側面から支持する例であるといえる。なお、「くつろいだ場面」の「ので」はいずれも「んで」の形で現れている。

3.2　「から」「ので」の接続形式別出現状況

　つぎに、「から」「ので」がどのような文体の中で使われているか、を見てみよう。3.1で、場面 [II] に現れた「ので」について見たように、発話相手に対して協力者がどのような文体を用いて話しているかは、実は1レコードだけでは判断がつかないのであるが、ここでは、「から」「ので」の先行句および後続句との接続形式、つまり、「から」「ので」の前後が「です／ます」をともなっているか否かを1レコードの中でのみ機械的に処理した（[A] 〜 [F] の6区分：表4参照）。

表4　男性協力者の「から」「ので」接続形式別出現状況

男性協力者 仮名	年齢層	後続句/先行句	から [A] 非です/ます・非です/ます	から [A] 非です/ます・です/ます	から [B] です/ます・非です/ます	から [B] です/ます・です/ます	から [C] 非です/ます・です/ます	から [C] です/ます・です/ます	から [D] 非です/ます・です/ます	から [D] です/ます・です/ます	から [E] 非です/ます・から中止	から [E] です/ます・から中止	から [F] 非です/ます・から中止	から [F] です/ます・から中止	不明	計	ので [A] 非です/ます・非です/ます	ので [A] 非です/ます・です/ます	ので [B] 非です/ます・です/ます	ので [B] です/ます・です/ます	ので [C] 非です/ます・です/ます	ので [C] です/ます・です/ます	ので [D] 非です/ます・です/ます	ので [D] です/ます・です/ます	ので [E] 非です/ます・ので中止	ので [E] です/ます・ので中止	ので [F] 非です/ます・ので中止	ので [F] です/ます・ので中止	計
20A	50代		5(1)	0	0	0	0	0	0	0	0	0	0	0		5	0	0	0	0	0	0	0	0	0	0	0	0	0
10A	50代		0	1	0	0	0	0	0	0	4	0	0	0		4	1	0	0	0	0	0	0	0	0	0	0	0	1
05A	50代		6	0	0	0	0	0	0	0	5	0	0	0		11	0	0	0	0	0	0	0	0	0	0	0	0	0
02A	50代		6	2(1)	0	0	0	2	0	0	5	0	0	2		15	2(1)	0	0	0	1	0	0	2	0	0	0	0	5
11A	40代		3	0	0	0	0	0	0	0	4	0	0	3		10	0	0	0	0	1	0	0	2	0	0	0	0	3
09A	40代		3(1)	0	0	0	0	2(1)	0	0	2	2	0	1		6	0	1	2	0	2(1)	0	4	3	0	1	0	1	12
08A	40代		0	1	0	0	0	0	0	1	0	0	0	0		2	1	0	0	0	0	0	1	0	0	0	0	0	2
06A	40代		2(1)	1(1)	0	2	0	2	0	1	5	0	0	1		8	1(1)	3	2	0	2	0	7	1	0	1	0	1	14
16A	40代		3	3	0	0	0	1(1)	0	0	15	0	1(1)	0		19	3	1	0	0	1(1)	0	0	2	0	0	0	0	6
01A	40代		3	1	0	0	0	0	1	0	9(1)	0	2	0		15	1	0	0	0	1	0	0	2	0	0	0	1	4
21A	30代		4	0	0	0	0	0	0	0	4	0	0	0		8	0	0	0	0	0	0	0	0	0	0	0	0	0
17A	30代		0	1	0	0	0	0	0	1	3	0	0	0		5	1	0	0	0	0	0	4	1	0	0	0	1	7
14A	30代		6	3(1)	1	0	2	0	2	1	6	0	1	1		16	3(1)	0	1	0	1	0	1	1	0	0	0	0	6
07A	30代		5	0	0	0	0	0	0	0	4	0	0	0		9	0	0	0	0	0	0	0	0	0	0	0	0	0
03A	30代		4(1)	7	1	0	1	11	1	2	5	0	1	5		12	7	0	0	1	11	0	2	11	0	1	0	1	32
19A	20代		0	1	0	0	0	1	3	1	1	0	5	1		6	1	0	1	0	1	0	1	7	0	4	0	4	14
18A	20代		0	0	0	0	0	4	3	0	2(1)	1	1	0		7	0	0	1	0	4	0	2	1	0	1	0	1	9
15A	20代		0	0	0	1	0	1	0	0	2	2	4(1)	2		9	0	0	1	0	1	0	7	2	0	7	0	7	18
13A	20代		0	1	0	0	0	0	2	0	2	2	2	0		9	1	0	0	0	0	0	0	5	0	1	0	1	7
04A	20代		0	0	0	0	0	1	1	0	4	0	0	0	1	5	0	0	0	0	2	0	0	2	0	1	0	1	5
男性計			50(4)	22(3)	5	6	5	28(2)	10	10	82(2)	6	23(2)	1	181	22(3)	6	6	0	28(2)	0	29	42	0	18	145
(%)			27.6	15.2	2.8	4.1	5.5	19.3	5.5	20.0	45.3	12.7	4.1	0.6	100	15.2	4.1	19.3	20.0	29.0	12.4	100
女性計			68(8)	5(1)	0	0	26	45	20	26(1)	111(2)	18	22(1)	22	247	5(1)	0	45	26(1)	18	22	116
(%)			27.5	4.3	0	0	10.5	38.8	8.1	22.4	45.0	15.5	8.9	19.0	100	4.3	0	38.8	22.4	15.5	19.0	100

( )内は引用文の内数

- 140 -

自然談話という資料の性格上、1レコードの中には述部が現れないものも多いが、「…それは東急を使ったらもっとかかりますから一、東海道で。」のようなものは、先行句「です／ます」、後続句「非です／ます」（[B]）として処理している。したがって、後続句が「非です／ます」ということは、述部が普通体であることをかならずしも意味しない。また、話しことばには、倒置や言いさしも多いが、前稿同様1レコード内に後続句が現れていないものを「から中止」「ので中止」としている（「〜からね」「〜んでね」などを含む）。意味的な後続部分が数レコード前あるいは後に現れる場合もあるが、文字化資料だけでは談話の意図が十分につかめない部分も多く正確な認定が困難なため、あくまで1レコード内で判断して区分した。

　接続形式別出現状況で特徴的なことは、以下の2点である。

　　(1)「から」「ので」いずれも、もっとも出現数が多いのは、「非です／ます」先行句の「中止」形である。

　　(2) [C] [D] [F] を基本的に丁寧体発話と考えると、「から」は181例中43例（23.7％）であるのに対し、「ので」は145例中75例（51.7％）が相当する。

　「から」「ので」で文を中止するタイプは、話しことばにおける「から」「ので」の用法のひとつの特徴と言える。この中には、主節部分を明示あるいは暗示しない終助詞的な用法[3]が多い（例7、8）。

例7　はい、一回にはたくさんつける必要ないですから、はい。[01A・40m]
例8　あ、でもあのー、携帯電話でも構いませんのでー。　　　[15A・20m]

　この「から中止」「ので中止」（[E] [F]）について『女・職』談話資料と比較してみると、「から」では、男性181例中105例（58.0％）、女性247例中133例(53.9％)、「ので」では男性145例中60例（41.4％）、女性116例中40例（34.5％）と、女性のほうがやや低い割合で同様の傾向が見られる。『女・職』談話資料では、「ので」のもっとも出現数の多い形式は「非です／ます-ので-です／ます」形式であり、(1)の「非です／ます」先行句の「ので中止」は116例中18

例（15.5％）にとどまる。

　(2)の点は、「ので」の半数が「丁寧体」発話の中に現れる、ということである。3.1で述べた結果、つまり、「ので」が主として「あらたまった場面」で使われる、ということと関係する。この傾向は、男性よりも女性のほうがより顕著である。『女・職』談話資料では、[C][D][F]の合計出現数が、「から」247例中68例（27.5％）であるのに対し、「ので」は116例中93例（80.2％）を占める。

　一方で、「から」は男女とも[A][E]の出現数が高く（男性181例中132例（72.9％）、女性247例中179例（72.5％））、主として普通体発話の中で使われていることがわかる。場面別では「から」出現総数の半数近くを占めた「あらたまった場面」での発話が、かならずしも丁寧さを必要とする相手に向けられているものではないことを示唆する。

　文法的にいえば、「から」節は「ので」節よりも独立性が高く（三上1955、南1993他）、日本語教育の場でも初級段階では、後続句が丁寧体のとき、「から」の場合は先行句にも「です／ます」が入ることが可能であるが、「ので」の場合は入らないという説明がなされることが多い[4]。しかし、実際には「です／ます-ので-です／ます」形式も少なくない（例9、10）。今回の資料では、「です／ます」後続句（[C][D]）57例中29例で先行句にも「です／ます」が現れている。さらに、「非です／ます-ので」中止の場合、42例中29例は例6で示したように丁寧体発話の中で使われている。例11、12は同一人物の発話であるが、例11に比べ例12のほうが丁寧さが低いと感じられるのは、このような実際の使用状況を反映しているものと考える。例11は雑談場面でも年齢、職階が上位の相手に対する発話であり、例12は逆にコンピュータの操作方法の相談と説明の場面ではあるが、相手は親しい同室の同僚である。

　例9　11月24日、[ホテル名]で、ありますんで行ってきます。

[08A・40m・打]

　例10　えーと、継続して受け入れてますのでー、あのー、いちばん最新のものまである、と思うんですがー。　　　　　　　　[19A・20m・電]

例11　いやー、ぼくは初めてなんでー。　　　　　［13A・20m・雑］
例12　読んでも多分わかんないから。　　　　　［13A・20m・相談と説明］

　前稿でも見たように、「から」と「ので」は丁寧体・普通体と結びつくことによって、待遇関係を階層的に示し得る表現となっている。

3.3　年代別出現状況と言語行動の幅

　表2・表4は協力者を年代順に並べているが、年代によって現れ方に相違が見られる。表5および図1・2は、「から」「ので」の場面別出現数および出現率を、『女・職』談話資料とあわせて年代別に見たものである。

表5　「から」「ので」の年代別出現状況・出現率

性別	年齢層	から [I] 出現数	から [I] 出現率(%)	から [II] 出現数	から [II] 出現率(%)	から 計 出現数	から 計 出現率(%)	ので [I] 出現数	ので [I] 出現率(%)	ので [II] 出現数	ので [II] 出現率(%)	ので 計 出現数	ので 計 出現率(%)	レコード数 [I]	レコード数 [II]	レコード数 計
男性	50代	16	4.16	19	5.79	35	4.91	6	1.56	0	0	6	0.84	385	328	713
	40代	36	4.51	24	5.52	60	4.86	38	4.76	3	0.69	41	3.32	799	435	1234
	30代	29	5.03	21	5.15	50	5.08	43	7.47	2	0.25	45	4.57	576	408	984
	20代	15	2.35	21	4.36	36	3.21	45	7.05	8	1.66	53	4.73	638	482	1120
	計	96	4	85	5.14	181	4.47	132	5.5	13	0.79	145	3.58	2398	1653	4051
女性	50代	37	6.04	14	5.88	51	5.99	1	0.16	0	0	1	0.12	613	238	851
	40代	57	6.29	37	4.03	94	5.15	42	4.64	5	0.54	47	2.58	906	918	1824
	30代	22	3.23	40	4.05	62	3.71	37	5.43	1	0.1	38	2.28	681	988	1669
	20代	16	2.63	24	2.94	40	2.81	29	4.77	1	0.12	30	2.21	608	816	1424
	計	132	4.7	115	3.89	247	4.28	109	3.88	7	0.24	116	2.01	2808	2960	5768

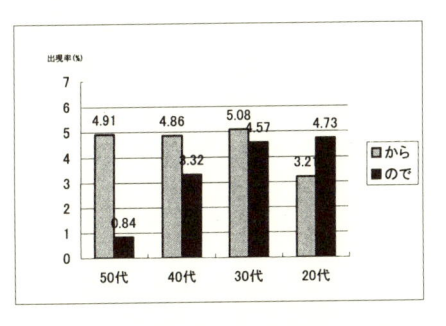

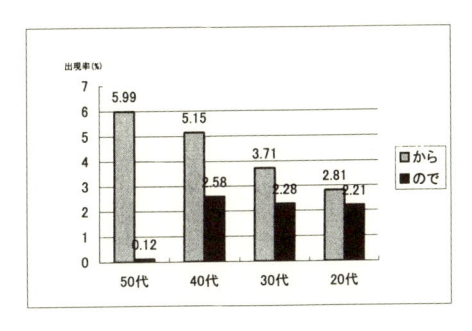

図1　「から」「ので」の年代別出現率（男性）　　　図2　「から」「ので」の年代別出現率（女性）

年代別に出現率を比較してみると、50代では「から」が「ので」を大きくうわまわり、年代が下がるにつれて「から」と「ので」の出現率の差は縮まる傾向がみられる。50代では、男女とも「ので」の使用が極端にすくなく、20代男性では、逆に「ので」が「から」をうわまわっている。「ので」は、各年代で男性のほうが女性よりも出現率が高く、とくに30代男女、20代男女でその差が顕著にみられる。前節でみたように、「ので」が「あらたまった場面」、基本的に丁寧体を用いる相手との発話によく現れていることと考えあわせれば、職場においては男性のほうが丁寧な言語行動をとっている、ということが言える。さらに、3.2の［表4］を見ると、50代男性の「から」は大部分が［A］［E］形式である（例13）。一方で、20代男性は［A］形式の「から」は皆無であるのに対して、［C］［D］［F］形式（例14～16）の出現数は「から」「ので」とも各年代を通じてもっとも多い。つまり、50代男性は総じて普通体と結びついた形で、逆に20代男性は丁寧体と結びついた形で「から」「ので」を使用しており、両者とも「から」「ので」の使い分けに関しては言語行動の幅が狭い、ということが言える。言い換えれば、職場において若年層の男性がもっとも、丁寧さを必要とする、あるいは、要求される場に身をおいている、ということが言えるのではないだろうか。

例13　ねっ、A3だとー、はみ出ちゃうから、そうゆう意味で、うん。
　　　　　　　　　　　　　　　　　　　　　　　　［02A・50m・打］
例14　で、しょうがないからクリップで止めていちんちじゅう（1日中）やってたんです。　　　　　　　　　　　　［18A・20m・雑］
例15　……本体価格を単価んとこ書いていきますからー、このとおりに、入力すれば、とりあえずはだいじょうぶです。　［18A・20m・打］
例16　きょう32とかいってましたからね、最初。　　［18A・20m・雑］

　男女を通じてもっとも頻繁に「ので」が用いられたのは、［03A・30m］の場面［I］である。03Aの場面［I］にふくまれるのは、主に取引先との電話による打合せと営業内容に関する社内の打合せ場面である。同一人物の談話

に、「ので」「んで」「から」がどのような場面、どのような形で現れているか、以下に、例として一部引用する。

例17
1: あのー、ファックスにもあのー、ご明記しましたように、ちょっと、先週お届けした分についてはいったん廃棄していただいてー。
2: いちおあの、今日の午前中着の予定でですねー。
3: あの、お店のほうにはー、あのー、特典ステッカー、あのー、同数届きますのでー、そちらのほうで運用していただければと、思いますのでー。

例18
1: それだと、結局その時でしか、取れないんでー、うーん。
2: でー、前作↑、もバック来てーるぐらいだからー。
3: うーんとね、まちょっと、一番売った店が、ちょっとCD撤退しちゃったんでー、2号店がー。
4: えーとですね、けっこうすごかったんですよ。
（6レコード略）
5: みんなえぬわん（N1）で、バックですからね↑、ええ。

　例17、18は異なる取引先との電話による打合せ場面である。例17では、「ご明記する」「お届けする」「〜ていただく」など他の敬語形式と共存する形で「〜ますので」が使われている。それに対して、例18では談話全体としては丁寧体を維持しながら、普通体や縮約形（「〜ちゃった」）、俗語（「すごい」）が混在し、その中で、「んで」「から」「〜ですから」が併用されている。このような言語表現の違いから相手との心理的距離をうかがいしることが可能であり、逆にこのような相手との心理的距離の違いが「から」「ので」の使用にも反映されている、と言える。03Aにはまた、場面［II］で7例の「から」が見られるが、7例とも［A］または［E］形式（「非です／ます」接続）（例19・20）であり、20代・30代の層の中では幅の広い言語行動を見せてい

- 145 -

る。

例19　うん、ワゴンセールスやってた<u>から</u>さー、あー。
例20　原の引退試合↑、見損なっちゃった<u>から</u>なー。

なお、03Aと同じ30代男性では、二人の協力者の発話に「ので」が皆無であった。一人はミュージシャン（21A）であり、もう一人は営業職の会社員（07A）である。07Aは30代の営業係長で、［場面Ⅰ］の68レコード中64レコードが部下との打合せ場面の発話である。

4　おわりに

以上、協力者の発話に限り、「から」「ので」の出現状況について、場面、接続形式、年代の三つの観点から考察した。結果をまとめると、以下のような傾向が見られた。

(1)「ので」は「あらたまった場面」に大きくかたよって現れ、「から」は場面によるかたよりはみられなかった。この点に関し、男女の差はみられなかったが、「ので」の出現率は男性のほうが高い。

(2)「ので」の約半数は、丁寧体と結びついた形で現れている。この丁寧体に接続する「ので」の使用は女性のほうが多い。

(3)「ので」は男女とも50代協力者の使用がきわめて少なく、逆に20代、30代、とくに男性の出現率が高かった。

男性協力者の調査結果は、基本的には『女・職』の結果を支持するものであったが、「ので」の使用に関しては、20代、30代の男女で出現の様相に違いが見られた。井出（1993）は、井出他（1985）等の調査結果から「女性が男性より丁寧な言語表現を使用するのは、地位の差としての性差によるものではなく、役割の差によるということ」がわかった、としている。たしかに、職場における各年代層の男女の働き方、あたえられた役割の違いが言語表現に影響をあたえていることが、今回の調査結果からも示唆される。「ので」と

丁寧体の出現の様相を見ると、単に「女性が男性より丁寧な言語表現を使用する」というより、丁寧さを表す言語形式に男女で相違が見られるということではないか。これについては、個々の談話について場面を構成する要素をさらに検討する必要があり、今後の課題としたい。

【注】
(1)「から」と「ので」は、事態の因果関係をあらわす用法のほか、「きっかけ」(森田1990)「判断・発言の理由や根拠を表す用法」(益岡1997)、「『条件提示』用法」(白川1995)などがいわれているが、ここでは区別せず、いわゆる原因・理由をあらわす接続助詞として一括してあつかう。

(2) 今回の調査では男性協力者21名の談話資料を得たが、50代・12Aの資料は、12A自身の発話が極端に少なく(47レコード)、「から」「ので」を含む発話も得られなかったため、分析の対象からはずした。

(3) 白川(1995)は、対話場面で多く用いられる「理由をあらわさない『カラ』」の談話機能について詳細な記述をおこない、その中でこのような終助詞的用法に言及し、「聞き手が何かをする参考になるような情報として提示していると解釈できる点では今までの例と共通しているので、接続助詞の用法の延長線上に位置づけることは可能である」としている。今回は、談話機能の分析を目的とはしていないが、自然談話の中では同様の機能をもつ「ので」も少なくない。また、これら「から中止」「ので中止」の多用は、今回分析の対象から排除した、文冒頭に現れる「ですから」「だから」「んで」にもつながるものであり、今後さらに質的に分析していく必要があると考えている。

(4) 例えば、筑波ランゲージグループ(1992)『SITUATIONAL FUNCTIONAL JAPANESE VOLUME TWO : NOTES』(凡人社)では、以下のような例をあげ、違いを説明している。(p.228)

{S1} から、{S2}
1. 熱がありましたから、授業を休みました。
2. 時間がないから、いそぎましょう。
3. あしたは休みだから、映画に行きます。

{S1 [plain]} ので、{S2}
1. 熱があったので、授業を休みました。

2. 時間がないので、いそぎましょう。

3. あしたは休みなので、映画に行きます。

【参考文献】

井出祥子（1993）「世界の女性語・日本の女性語―女性語研究の新展開をもとめて―」『日本語学』5月臨時増刊号 pp.4-12

井出祥子他（1985）『女性の敬語の言語形式と機能』文部省科学研究費成果報告書

現代日本語研究会編（1997）『女性のことば・職場編』ひつじ書房

白川博之（1995）「理由を表さない『カラ』」『複文の研究（上）』くろしお出版 pp.189-219

益岡隆志（1997）『新日本語文法選書2 複文』くろしお出版

三上章（1955）（1972復刊）『現代語法新説』くろしお出版

南不二男（1993）『現代日本語文法の輪郭』大修館書店

森田良行（1990）『基礎日本語辞典』第2版（初版1989） 角川書店

谷部弘子（1997）「第6章『のっけちゃうからね』から『申しておりますので』まで」『女性のことば・職場編』現代日本語研究会編 ひつじ書房 pp.139-154

第10章 自然言語データの相互的視点による「笑い」の分析

早川　治子

1　はじめに

「笑い」（以下「」をはずす）の研究にはウィット、ユーモアという視点からの研究も多いがその範疇に入らない笑いも多い。例えば、

　　＜笑いながら＞ごめんなさい、はい。　　［19E］

という発話における笑いの意味はユーモアであろうか、またはウィットであろうか。一方その生起因に関する研究も古くからある。ホッブスらの「優越理論」、ショーペンハウエルらの「ズレ理論」、フロイトらの「エネルギー排出論」、ベルグソンの「社会的矯正」、多々あるが、それらが納得しにくいのは、ひとつの笑いが一義的なものでなく、様々な意味を持って発せられる点にもあるが、その待遇表現としての意味に視点が向けられなかったことにある。[1]

『女・職』で早川は、笑いを待遇表現として扱い、その意味、談話展開上の機能について論じ、笑いには談話を協調的に展開する機能があるとした。[2]

本稿の主たる目的もまたデータに出現した笑いを対象としてその待遇表現としての機能を探ることにある。とくに本稿では①話し手・聞き手の視点による笑いの分類と、その出現率を見ること、②笑いの連続と笑い手の交代の様相を見ること、③聞き手の笑いとしてのあいづち笑いの性差を見ることを行いたい。

2　笑いの「相互性」、「同時性」、「随意性」

笑いは文字による文章には存在せず、談話しかも相互的な談話に存在する

ことが多い。スピーチ、講義のような非相互的場面にも存在するが、スピーカー(話し手)は聴衆(聞き手)に向かって笑いかけたり、聴衆もスピーカーの話に反応して笑ったりし、笑いは笑い手、受け手間でやりとりされる。

談話の参加者はしばしば同時に笑うことができる。通常、談話の参加者(話し手・聞き手)は交代しながら談話線上に交互に現れ、両者が同時に現れるのは一種の破格と見なされるが、笑いは複数笑いの形で一人の話し手とともにその場にいる聞き手も談話に参加することが可能であるし、あいづち笑いの形で、話者の談話線上に聞き手が笑い手として登場することができる。また話し手も笑いながら発話することができる。『男・職』談話資料で、複数話者の笑い(189例)、あいづち笑い(142例)、笑いながら(144例)の発話の総計475例は、笑い総数773例の61.4%に上った。

笑いには「義務的」つまり笑わなければならない場面というのは考えにくく、笑っても笑わなくてもかまわない、つまり「オプショナル」、「随意的」な場面はかなり多い。しかしながら、笑うのが好ましい、または笑わないのが好ましい、つまり「優先的」である場面は存在する。

このような笑いの相互性、同時性、随意性を踏まえて、以下分析を行う。

3 笑いの形態
3.1 笑いの形態と笑い手

まず笑いのデータ内の談話者の情報を見、それが話し手、聞き手、笑い手とどのように関連しているかを確認する。本稿では発話・発言のある者を「話し手」と呼び、発話・発言のない者でその場にいる者を「聞き手」と呼ぶ。笑いは今回は発話と考えない。つまり笑いのみで談話に参加している者は「聞き手」と呼ぶ。「笑い手」というのは笑った者であり、話し手である場合も聞き手である場合もある。

『男・職』談話資料において笑いの形態の表示は、次ページの表に示すように、発話内に①＜笑い＞(例1、例2)、②＜笑いながら＞(例2)、③＜笑い (発話者符号)＞(例3)、④＜笑い 複数＞(例4)、⑤@＜笑い＞(例

5）、⑥@＜笑い　複数＞（例6）の6種として入力されている。(3)

	発　　話	発話者
例1	お前、それいいなー。①＜笑い＞	01A
例2	②＜笑いながら＞いやいやいや、見なかったことにします。①＜笑い＞	01E
例3	それでー、台北（たいほく）のほうにですねー、［学校名］大学とゆうのは、台湾の台北（たいほく）市のど真ん中にありましてですねー、③＜笑い　（不明・男）＞いたって便利なんですがー③＜笑い　（不明・男）＞、あんまり環境はよくないと。	02H
例4	実はそこの周りはすごいいいんですけどもー、悪いことしに行こうと思うとすぐ近くにいろいろあるとかですね。④＜笑い　複数＞	02H
例5	⑤@＜笑い＞	09K
例6	⑥@＜笑い　複数＞	18複数

　例1、例2の①＜笑い＞と②＜笑いながら＞は発話者列に名前のある者の笑いである。つまり話し手、聞き手の視点から見ると①と②は話し手の笑いであるが、例3の③＜笑い（発話者符号）＞はその行の発話者ではない聞き手の挿入笑い、つまりあいづち的な笑いである。例3においては02Hの笑いではなく、「不明・男」の笑いである。例4の④＜笑い　複数＞はその場にいた複数話者の笑いであるが、話し手を含むか、聞き手のみか、聞き手であっても聞き手すべてか、そのうち数名かはこの談話資料上は決定できないが、聞き手が笑っていることは確実であるので今回は聞き手の笑いとした。⑤@＜笑い＞⑥@＜笑い　複数＞は発話を伴わずに笑いのみが起こるものであり、その場合は@マークとともに入力されているが、これは聞き手の笑いである。
　また例2、例3に見るように笑いは1レコード内に2例以上起こることもあり、笑いの例数とレコード数とは一致しないこともある。

笑いの話し手と聞き手の関係を整理すると以下のようである。

表1　笑いと話し手、聞き手

入力形態	話し手の笑い （発話を伴う笑い）	聞き手の笑い （発話を伴わない笑い）
	＜笑い＞ ＜笑いながら＞	＜笑い（発話者符号）＞ ＜笑い　複数＞ ＠＜笑い＞ ＠＜笑い　複数＞

　＜笑い＞＜笑いながら＞は発話に付加された話し手の笑い、＜笑い（発話者符号）＞、＜笑い　複数＞、＠＜笑い＞、＠＜笑い　複数＞は発話を伴わない聞き手の笑いということになる。

3.2　笑いの形態と出現率

　『男・職』談話資料においてこの6種の笑いは数量的にどのように出現しているのだろうか。その出現状況を表2に示す。

表2　「笑い」の入力形態別出現率

発話の有無	話し手の笑い （発話を伴う笑い）		聞き手の笑い （発話を伴わない笑い）			笑い総数
笑い手	話し手	話し手	聞き手	聞き手	聞き手	
笑いの種類	＜笑い＞	＜笑いながら＞	あいづち ＜笑い＞	＜笑い 複数＞	＠＜笑い＞／ ＠＜笑い　複数＞	
例数	272 (35.19%)	144 (18.63%)	142 (18.37%)	189 (24.45%)	26 (3.36%)	773[4] (100.00%)
例数小計	416例 (53.81%)		357例 (46.18%)			

　これを話し手と聞き手の視点から見ると、＜笑い＞（272例：35.19%）と＜笑いながら＞（144例：18.63%）は発話のある笑いであるが、それ以外は

- 152 -

発話のない聞き手がかかわる笑いである。その比率は話し手の笑い計416例、53.81％に対して聞き手の笑い357例、45.18％である。笑いにおいては話し手のみならず聞き手が半数近く談話に関与しているということになる。換言すれば、笑いは聞き手が発話せずに談話に関与する強力な手法と言えよう。

4 笑いの連続の分析
4.1 笑いの連続と非連続

　笑いの場面による多寡は、『女・職』談話資料において、「雑談」場面に多いことが確かめられている。[5]『男・職』談話資料においても、笑いは「雑談」場面に多く、「雑談以外」[6]の場面に少ない。その比率を表3、表4に示す。

表3　『女・職』場面別笑いの比率

	笑いレコード数	レコード総数	笑い／レコード総数
雑　談	663	6520	10.17%
雑談以外	222	4901	4.53%
計	885	11421	7.75%

表4　『男・職』場面別笑いの比率

	笑いレコード数	レコード総数	笑い／レコード総数
雑　談	442	4960	8.91%
雑談以外	288	6124	4.70%
計	730	11084[7]	6.59%

　両データにおいて笑いの発生を線上的に見ると連続して笑いの発生している場所と単発的にしか発生していない場所があることに気づく。以下笑いの連続・非連続に注目して見る。図1に示すのは資料01の会議場面の部分であるが、笑いが単発的に起こっている部分もあれば、連続的に起こっている部分もある。1レコードを○で表し、笑いの発生したレコードは●で表した。

談話の流れ　→
○ ○ ○ ○ ○ ○ ○ ○ ○ ● ○ ○ ○ ○ ○ ○ ○ ○ ○ ○ ○
→
○ ○ ○ ○ ○ ○ ● ○ ○ ○ ○ ○ ○ ○ ○ ○ ○ ○ ○ ○ ○
→
○ ○ ○ ● ○ ○ ○ ○ ○ ○ ● ● ● ○ ○ ○ ○ ○ ○ ○ ○

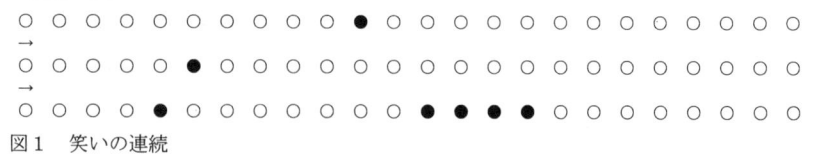

図1　笑いの連続

　これは笑いやすい場面があることを示すとともに、笑いが起こりにくい場面があることも示す。
　談話の流れの中の笑いの連続を数量的に見ると表5のようになる。

表5　笑いの連続回数

笑い回数	1回のみ	2回	3回	4回	5回	6回	計
例数	417	104	36	6	2	1	
単発・連続別累積例数	417例	356例					773例
累積例数の比率	53.94%	46.05%					100%

　1回のみのもの、つまり非連続のものが417例であるが、連続したものは、2回が104例、3回が36例、4回が6例、5回が2例、6回が1例であり、累積した笑い例数は356例となり、笑いの延べ例数773例のうち、356例、46.05%が連続して起こったことになる。『男・職』談話資料において笑いの半数近くが連続して起こったことになる。

4.2　笑いの連続と場面差

　このような笑いの連続の場面差を調べると以下のようである。

表6　場面による笑いの連続と非連続

	非連続な笑いレコード数	レコード総数に対する比率	連続的な笑いレコード数	レコード総数に対する比率	笑いレコード総数	レコード総数に対する比率	レコード総数
雑談	237	4.78%	205	4.13%	442	8.9%	4960
雑談以外	180	2.94%	108	1.76%	288	4.7%	6124
計	417	3.76%	313	2.82%	730	6.6%	11084

　相対的に「雑談」場面では非連続・連続の笑いの出現にあまり差がない

- 154 -

(4.78％：4.13％)が、「雑談以外」の場面では非連続・連続の差が大きく(2.94％：1.76％)、また、連続的に笑いが起こらないことが確認される。

「雑談以外」の場面では笑いが少ないだけでなく、連続して笑わないのである。

5 笑い手・受け手の視点による分析
5．1 会議場面の笑い手と受け手

笑いが連続していることはリラックスした場面、緊張度の低い場面であると一般的に解釈されるが、「雑談以外」の笑いの連続場面の例をみると笑いが連続していることが必ずしも緊張度が低いことを意味しない。例7は19Eの連続した発話である。

例7　エー（A）ってなんだっけー↑＜笑い＞　　　　　　　［19E］
　　　あ、わかった、あの、教科書です。＜笑い＞　　　　　［19E］
　　　＜笑いながら＞ごめんなさい、はい。　　　　　　　　［19E］

この場合は笑いが3回連続して起こっているが、話者のみが笑い、他の話者は笑っていない。

また以下の例でも聞き手はあいづち笑いを連続して入れているが、話し手は笑っていない。

例8　それでー、台北（たいほく）のほうにですねー、［学校名］大学とゆうのは、台湾の台北（たいほく）市のど真ん中にありましてですねー、＜笑い（不明・男）＞いたって便利なんですがー＜笑い（不明・男）＞、あんまり環境はよくないと。　　　　　　　　［19A］

つまり19Aは笑いの受け手としては笑いにかかわっているが、笑い手としてはかかわっていない。

上記の例から笑いの連続・非連続以外に、笑い手・受け手という立場も、その場面への参加形態を決定する要因であると考えられる。このような視点

に立って会議場面における司会者の笑いを例にとり、それぞれの「雑談」場面での笑いと比較する。

　まず会議場面における司会者の笑いの例として資料12と資料6を見る。図式化するために**話者の交代ごと**に1発話とし、一番上の段には主に笑っている者の発話、次の段は笑いごとに笑いの方向を矢印で記した。第3段はその他の発話者を示した。笑いの受け手の決定は発話の列に笑いが挿入されている場合、つまり発話に聞き手の笑いが挿入されている場合はその発話者を相手とし、例えば

　　例9　そうですけどね。だってそれまで書いてたんだからねー、それまで、
　　　　　な、何十年も書けたのにさー、＜笑い　（06A）＞急に風が吹いて紙が
　　　　　飛ぶってことはありえないんだけどね。＜笑い　複数＞　　　　[06B]

の受け手は06Bとし、あいづち笑い手は（　）で囲み、複数笑いは"複"とした。3．1で述べたように、複数笑いの場合は話し手06Bを含む場合、聞き手のみの場合、聞き手においても聞き手全員、聞き手のうち数名のみの場合と考えられるが、聞き手が笑っていることは決定できるため、聞き手の笑いとした。例9は

(06A)	複
↓	↓
06B	

となる。また例10の

　　例10　じゃあ以上で朝礼を＜笑い＞終わります。　　　　　　　　　　　[12B]

のような会議場面での話し手の笑いは、これも3．1で述べたように相手が一人の場合、または発話中に相手が指名されている場合以外は、受け手を発話者以外の参加者全員と考え、

| 12B |
| ↓ |
| |

とした。

　資料12の朝礼場面の笑いのやりとりを見ると図2のようである。

12B		12B		12B		12B		12B		12B
		↓↓↓↓								↓
	12C		12I		12C		12E		12A	12E	

図2　資料12の朝礼場面の笑い手と笑い受け手

これは資料12の朝礼場面すべてであるが、12Bが朝礼の責任者として司会をしている。12Bの発話において、1回の発話の中に4例の笑いが起こっているものもあり、合計して5例の笑いが12Bの6発話中に発せられている。

同じく会議場面の例として資料06の図3を見る。06Aの発話を第1段に、それ以外の者を第3段に記したが、06A以外の者同士の間に、笑いの交換があった場合は便宜的に第1行に＊を付して記した。"・・・"は省略を表す。

06A	複		複		06A		06A		06A		06A #1			
↓	↓		↓		↑						↓↓		‥‥‥	
	06B	06I	06B	06B	06I		06I		06I		06I		06I	06H

06A	06A			06A	06A			複		*(06X)				
↑				↑				↓		↓				
複			06B	複			06F	06B	06I	06B	06I	06B	06I	06B

(06A)	(06A)	複	06A		06A			06A			06A	06A	
↓↓	#2↓	↓		‥‥‥	↓			↓			↓	↓	
06I		06B			06E		06G		06G				06B

(06A)			06A	06A	06A	
↓		‥‥‥	↑	↓		
06B	06B		06B	複		06D

図3：資料06の会議場面の笑い手と受け手

これは研究室会議の場面で、司会者06Aは40代の大学教員であるが、登場人物は06A、06B、06E、06F、06G、06H、06I、06Mの8名で、親・疎の関係の者が入り混じっている。06Aは、以下の例11のように笑いを自分の発話に加えている。

例11　あのー、＜笑い＞あのー、調書がなんか新しいスタイルになるらしいんですね↑｛ほー（06B）｝、その選考調書が、｛ほーほー（06B）｝で、そのー選考調書を取りにきてくれとゆうふうにいわれましたのでー、あのー、そうゆうことー、ちょっと［名字　（06F）］先生に、い

- 157 -

ちおうお伝えしておきます。　　　　　　　　　　　　　　　［06A］

(図3の#1部分)

また例12のように06Bの発話にあいづち笑いを加えている。

例12　そうですけどね、だってそれまで書いてたんだからねー、それまで、な、何十年も書けたのにさー、＜笑い（06A）＞急に風が吹いて紙が飛ぶってことはありえないんだけどね。＜笑い　複数＞　　［06B］

(図3の#2部分)

例に見るとおり、06Aは自分の発話に笑いを付加したり、06Bの発話にあいづち笑いを加えたりして、協調的に談話を進めている。この場面の笑い手、受け手の笑いの方向を表7に示す。

表7　ファイル06の笑い手、聞き手と笑いの方向

話し手	笑いの方向	聞き手	笑い例数
06A・45m	→	全員	8
	←	複数話者	3
06B・59m	←	06A・45m	2
	←	複数話者	2
06I・61m	→	06B・59m	1
	←	06A・45m	2
	←	不明	1

06Aが笑い手として登場しているか、笑いの受け手として登場しているかに注目して表7を見ると、06Aは笑い手として計12回(話し手として8回、06Bと06Iのあいづち手として4回)登場するが、笑いの受け手としては3回しか登場しない。ところが06Bはあいづち笑いの受け手として2回、複数笑いの受け手として2回計4回登場している。06Iは笑い手として1回、あいづち笑いの受け手として3回登場している。06Aは頻繁に笑いでコミュニケーションを円滑に進めようと場面に働きかけているが、06I、06Bは主に受け手として登場し、笑いによる働きかけは少ない。また06Iの笑い手としての笑いは06Bの発話を受けて発言しているときに使用されている。

このような視点で前述の図2資料12の朝礼場面を見直すと表8のようになる。

表8　資料12の朝礼場面

話し手	笑いの方向	聞き手	笑い例数
12B・25f	→	全員	5

笑いは12Bから一方的に出ているだけであり、よりその偏りが鮮明である。会議場面では笑い手、受け手の関係が固定していると言えよう。

5.2　「雑談」場面の笑い手と受け手

「雑談以外」の場面に比べ、同じ資料06でも「雑談」場面の関係は流動的である。

表9　資料06「雑談」場面の笑い手受け手

話し手	笑いの方向	聞き手	笑い例数
06A・45m	→	全員	15
	←	06D・42m	1
	←	複数話者	3
06C・34m	→	全員	1
	←	06A・45m	1
	←	複数話者	1
06D・42m	→	全員	8
	←	06A・45m	1
	←	複数話者	7
06J・*f	→	全員	1
	←	06A・45m	1
	←	複数話者	1

06Aが笑い手として登場する回数は多いが、登場人物4人とも笑い手、受け手として登場しており役割は固定していない。

しかし同じ「雑談」場面でも資料12では笑いが偏り、12Bが話し手として2回、あいづち手として2回計4回笑い、12Aは話し手として1回笑っているのみである。

表10　資料12「雑談」場面の役割

話し手	笑いの方向	聞き手	笑い例数
12B・25f	→	全員	2
12A・51m	→	全員	1
	←	12B・25f	2

5.3 資料18の笑い手と受け手

次に資料18の18Aの笑いを見る。これは18Aが18Bにパソコン入力について説明している場面で、A、B 2者の会話である。18Aは以下の例のようにコンピュータの操作に失敗したり、うまくいかない言い訳をしたりしている。

例13 そうするとー｛うん（18B）｝、今度はここに1個納入金額ってゆう
　　　欄が1個、できてます。で、ここにー、1305円と入れます。するとー、
　　　あれ↑消えちゃったよ。＜笑い（18B）＞　　　　　　　　　　　[18A]
例14 あたしてっきりいやーまー、＜笑い（18B）＞確かめなかったわたし
　　　が悪いんですけどー。＜笑い＞確かめなかったわた、わたしが悪いん
　　　ですけど、できてないじゃん。　　　　　　　　　　　　　　　[18A]

資料18で登場人物の役割を見ると表11のようになる。

表11　資料18の「雑談以外」の場面の笑い手と受け手

話し手	笑いの方向	聞き手	笑い例数
18A・25m	→	18B・54f	9
	←	18B・54f	3
18B・54f	→←	複数話者18A＋18B	2

これは雑談場面ではないが、会議場面のときほど18A、18Bの役割は固定しておらず、18Aは笑い手として9回登場し、主に自分の失敗に対して言い訳をしているが、18Bの笑いの受け手ともなっている。18Bも18Aに対するあいづち手として3回登場し、複数笑いの笑い手・受け手としては2回登場している。18Bのあいづち笑い3回はいずれも18Aの失敗を笑ったもので、つまり18Aは失敗を笑われているのである。18A・18B間の年齢差は30歳近いが、2人は互いに「親親」の関係であることが影響していると考えられる。

次に18Aの「雑談」場面を表12に示す。

表12　資料18の「雑談」場面の笑い手と受け手

話し手	笑いの方向	聞き手	笑い例数
18A・25m	→	全員	29
	←	18B・54f	1
	←	複数話者	4
18B・54f	←	18A・25m	2
	←	18E・60f	1
	←	複数話者	5
18C・48m	←	複数話者	1
18E・60f	→	全員	4
	←	複数話者	3
18J・50m	→	全員	1
	←	複数話者	2

　18Aはやはり笑い手として29回も登場するが、全体の登場人物の役割を見るとばらつきがあり、年齢に関係なく笑い手、受け手として出ている。これらの参加者はすべて18Aと「親」か「親親」の関係にある人たちである。
　以上の結果から言えることは場面の参加形態により笑い手と受け手の役割は固定している傾向が見られるが、参加者の関係、場面の種類によってその役割は流動的である。

6　あいづち笑いの性差

　最後にあいづち笑いと話し手の笑いの出現の性別比率を表13に示す。

表13　あいづち笑いと話し手の笑いの性差

性別	あいづち笑いレコード数	レコード総数に対する比率	話し手の笑い〈笑い〉レコード数	〈笑いながら〉レコード数	小計	レコード総数に対する比率	レコード総数
男性から	71	0.88%	181	109	290	3.6%	8085
女性から	60	2.19%	81	33	114	4.2%	2745
不　明	3	1.18%	6	0	6	2.4%	254
計	134	1.21%	268	142	410	3.7%	11084

　男性から出るあいづち笑いは総レコード数の0.88%であるのに比べて、女性は2.19%あいづち笑いを使用していて、男性の2.5倍近い。『男・職』談話

資料では、あいづち笑いは女性のほうがよく使用すると言える。あいづち笑いは発話・発言を行わずに聞き手として談話に参加するものである。この傾向はこのデータにおいては女性のほうに強い。

あいづち笑いを話し手の笑いと比較してみると、話し手の笑いにおいても女性の方が0.6ポイント多く笑うが、その差はあいづち笑いほどではない。『男・職』談話資料においては、あいづち笑い＝聞き手の笑いは女性のほうが、より多く使用していると言える。

次にあいづち笑いの場面による性別を見る。

表14　あいづち笑いの場面と性別の相関

	性別	あいづち笑いレコード数	あいづち笑いの笑いレコード総数に対する比率	笑いレコード総数
雑　談	男	45	14.20%	317
	女	26	21.85%	119
	＊	2	33.33%	6
雑談以外	男	26	13.20%	197
	女	34	41.46%	82
	不明	1	11.11%	9
計		134	18.36%	11084

男性は場面による差があまりない（雑談14.2%：雑談以外13.2%）が、「女性」は「雑談以外」の場面で「雑談」の２倍近く使用する（雑談21.85%：雑談以外41.46%）。『男・職』談話資料においては女性は「雑談以外」、つまり会議のような場面で聞き手としての笑いを挿入しながら場面に参加していると言える。この傾向は、男性の協力者による『男・職』談話資料のみの特徴か、女性の談話全体の傾向かが今後の研究課題である。[8]

7　まとめ

以上のように話し手、聞き手、笑い手、笑い受け手の相互的視点から笑いの交換を分析するとその待遇的側面が見えてくる。今回の分析で以下、『男・職』談話資料において明らかになった点を列挙する。

笑いの形から話し手、聞き手の笑いを分類することにより、笑いの半数近くが聞き手の笑いであり、聞き手が笑いによって談話に参加していることが分かる。つまり笑いは談話に聞き手が参加し、談話を展開する有力な手段である。

　笑いの連続・非連続の傾向を探ると、笑いの半数近くが連続して出現し、「雑談以外」の場面で笑いが非連続である傾向が強いことが分かる。

　笑い手、受け手の立場の「雑談」と「雑談以外」の場面での役割りを探ると、会議の場面では笑い手、受け手の役割が、話者の立場によって固定する傾向があり、「雑談」場面では役割が流動的である。しかしながら個々の場面により、参加者によりバリエーションがある。

　また、あいづち笑いにおいて、女性があいづち笑いを多く使用し、とくに「雑談以外」の場面で男性より聞き手の笑い＝あいづち笑いを使用して談話に参加していることがわかる。

　以上のような傾向が『男・職』談話資料のみにおける特徴か、談話全体の傾向かは今後の研究課題としたい。

【注】
(1) 新渡戸稲造は『Ｂｕｓｈｉｄｏ』の中で、日本人の笑いを「ヴェール（覆い隠すもの）」、「乱された心のバランスを回復しようとする努力を隠す幕」としているし、小泉八雲も『日本瞥見記』において「作法」であり、「話が相手の人に不快にひびく」時に発せられるものであるとしている。
(2) この分類仮説の改訂および詳述は早川（2000）に、その数量的証明は早川（2001）に、より規模の大きい形で行った。一方、「笑い」を一括して扱い、その数量的傾向・差異を実証的に探ることは早川（2000）で試みた。Ａ：バランスの笑い、Ｂ：仲間づくりの笑い、Ｃ：ごまかしの笑いと早川（1997）で名付けたものが、その後はＡ，Ｂを入れ替え、Ａ：仲間作りの笑い、Ｂ：バランスの笑いとし、Ｃは名称を変えて、覆い隠す笑いとした。
(3) 調査の概要で示すように文字化によるデータにあっては、それぞれの笑いの音色、長さ、声の大きさ等の表示は不可能である。また笑いの認定においても個人差があるの

で、一般的に聞き取れ、決定できる範囲でテープ起こし者およびテープ確認を行った共同研究者の判断にまかせた。このような制約の中で読み取れることを分析することを心がけた。

(4) 一レコード内に笑いが重複した場合、その個々を例と呼び、重複を考慮しなかった場合はレコードと呼んでいる。この場合、一つのレコード内の重複した笑い(例)も数えたため他のレコード総数と一致しない。

(5) 早川(1997)

(6) 『男・職』の場面は「場面2」の項目でその内容により「打合せ」「シャンプー中の応答」「休憩時雑談」「スタッフルームでの雑談」「研究室会議」と具体的に細分化されている。「会議」の場面でも途中から「雑談」に移ることもあり、「朝」の場面でも途中から会議のような「打合せ」に移ることもあるからである。この混在を修正するため、「場面2」の内容に基づき、「雑談」と「雑談以外」に分類した。分類の基準としては「場面2」に「雑談(レストランでの食事)」のように「雑談」ということばが含まれていれば「雑談」、「客との応対」のように含まれていなければ「雑談以外」と機械的に分類した。

(7) レコード総数11099から場面に対するコメント「@<話切れる>」等を除いたもの。

(8) 『男・職』談話資料では、あいづち笑いは相手の発話に挿入されているため、自動的に検索可能であるが、『女・職』談話資料では挿入されずに一行をとっている。両者の入力形態が異なるため今回は両発話資料の比較は割愛した。

【参考文献】

Frank, M. G. & Ekman, P. (1993) "Not All Smiles are Created Equal: the difference between Enjoyment and Nonenjoyment Smiles." In *Humor* 6-1. pp. 9-26

橋本良明(1994)「笑いのコミュニケーション」『言語』23. No. 12. pp. 42-48.

早川治子(1995)「日本人の笑いの談話機能」『言語と文化』No. 7. 文教大学 pp. 99 -110.

早川治子(1996)「日本人の笑いの談話機能-2-」『言語と文化』No. 9. 文教大学 pp. 97 -109.

早川治子(1997)「笑いの意図と談話展開機能」『女性のことば・職場編』ひつじ書房 pp. 175-195.

早川治子(1999)「自然データにおける笑いの数量的基礎分析」『言語と文化』No. 12. 文教大学 pp. 38-64.

早川治子(2000)「相互行為としての「笑い」」『文学部紀要』No. 14-1. 文教大学 pp. 23-43.

早川治子(2001)「「笑い」の分類に基づく数量的分析」『文学部紀要』No. 14-2. 文教大学 pp. 1-24.

Hooff, J. A. R. A. M. van (1972) "A Comparative Approach to the Phylogeny of Laughter and Smiling." In R. A. Hinde (Ed.), *Non-verbal communication*, pp. 209-241. Cambridge University Press.

Jefferson, G. (1979) "A Technique for Inviting Laughter and Its Subsequent Acceptance Declination." In Psathas, G. (Ed.), *Everyday Language*, Irving Press, Pp. 79-96.

Jefferson, G. (1984) "On the Organization of Laughter in Talk about Troubles." Atkinson, J. M and Heritage, J. (Eds.). In *Structures of Social Action*. pp. 346-369, Cambridge University Press.

Jefferson, G., Sacks, H. and Schegloff, E. (1986) "Notes on Laughter in the Pursuit of Intimacy." In G. Button and J. Lee. (Eds.). *Talk and Social Organization*. pp. 154- 205. Multilingual Matters.

Petronio, S. (1984) "Communication Strategies to Reduce Embarrassment Differences between Men and Women." *The Western Journal of Speech Communication*. 48 (Winter). pp. 28-38.

Shenkein, J. N. (1972) "Towards the Analysis of Natural Conversation and the Sense of heheh." *Semiotica*. 7. pp. 344-377.

第11章　発話の「重なり」にみられる日本語談話進行の特徴

本田　明子

1　はじめに

　複数の話者による自然談話では、つねにひとりの話者が主導権を握って話し続けるのではなく、話者の交替が頻繁におこって自然な談話の流れができていく。この話者の交替(turn-taking)[1]に関し、ある規則がみられることがSacks他（1974）で指摘され、turn-takingについてのさまざまな研究がおこなわれてきた。

　こうしたturn-takingに関する研究では、実験的におこなわれた談話や、テレビの対談、討論番組等が分析の対象とされることが多い。しかし、これらの談話はあらかじめ一定のテーマが与えられていたり、討論に参加するのだという意識をもって臨んでいたりすることが予想される。そのため、turn-takingに際しても、問いかけ等、相手にturnを譲るための言語行動が多くなることがありうるのではないだろうか。

　本調査『男・職』談話資料は、実験的な意図で設定されたのではない自然談話である。本田（1997）では、自然な談話におけるturn-takingの特徴のひとつとして発話の「重なり」(overlap)（以下「　」はずす）の現象をとりあげたが、本稿では「男性のことば」と「女性のことば」における差異も含め、自然談話にみられる発話の重なりについて考察したい。

2　研究の対象
2.1　重なりの定義

　『女・職』で本田は、「ある一時点において、複数の話者が音声を発しているとき、その時点で発話の重なりがおこったという。重なりはあくまでも、複数の話者の発した音声が物理的に重なった現象を示すものとし、質的なも

のは問わない」と定義した。本稿でも基本的にこの定義に従う。

『男・職』談話資料では、例1のように、発話の途中で他の話者の重なりが始まった時点に★印を挿入し、前の話者の発話に重なった部分の始まりを→、終わりを←で示している。

例1　・白衣なんかー、★置いてきてるんでしょ↑　　　　　　　[01A・朝]
　　　・→白衣、←だから、前の日にー、カバン中に詰めてくればー、うちから来たほうがね。　　　　　　　　　　　　　　　[01D・朝]

この例1では、01Aが、「白衣なんかー」と発話を始めたのに対し、01Dが「白衣」と話し始め、01Aの話が終わった時点で「だから」以降を発話したことを示している。以下、前稿にならい、先に始まっていた発話（例1では01Aの発話）を、「重なられた発話」とよび、あとから始まった発話（例1では01Dの発話）を「重なった発話」とよぶ。

2.2　あいづちの扱い

2.1の定義によれば、発話の途中の聞き手のあいづちも重なりとなる。本研究の談話資料では、あいづちを例2のように表示している。

例2　で、それに合わせて行くとラッシュに入るから{うーん(13H)}、ちょっとずらして{うーん(13H)}、遅く行っちゃまずいじゃないですか、＜笑い＞だから早めに。　　　　　　　　　　　　　　　　[13A・休]

{うーん(13H)}は、13Aの発話の聞き手である13Hのあいづちをあらわしている。本稿では、あいづちも重なりの一部として、考察の対象には含めるが、集計の際にはあいづちを除いた「★」と「→＊＊＊←」の記号で示された重なりのみを対象とする。

3 重なりの事例
3.1 『男・職』談話資料にみられる重なりの出現数

『女・職』談話資料で、発話中に1箇所以上「重ならせた」箇所を含むレコード（★印を1つ以上含むレコード）は、全11,421レコード中1,389レコード、「重なった」箇所を含むレコード（→＊＊＊←）は1,438であった。

それに対し、『男・職』談話資料で、発話中に1箇所以上「重ならせた」箇所を含むレコードは、全11,099レコード中593レコード、「重なった」箇所を含むレコードは597レコードである[2]。レコード総数に差はあるが、『女・職』談話資料と『男・職』談話資料には、重なりの出現数に相当の違いがあることがわかる。『男・職』談話資料の場面別に重なりの数を示したのが、表1である。重なりは便宜上、1箇所以上「★」を含むレコード数であらわした。

表1　各資料の重なりの出現数

資料コード	場面 朝	場面 会議	場面 休憩	計（レコード数）
01	9	7	19	35
02	1	7	8	16
03	3	5	7	15
04	6	6	14	26
05	6	／	2	8
06	0	11	7	18
07	8	21	1	36
08	7	6	11	18
09	1	8	21	30
10	8	7	8	23
11	8	34	23	65
12	15	11	49	75
13	4	16	16	36
14	4	0	17	21
15	8	20	2	30
16	11	10	28	49
17	4	5	1	10
18	6	8	2	16
19	3	7	1	11
20	1	3	9	13
21	11	19	12	42
計	124	211	258	593

（表中の／は、その場面について談話資料が欠けていることを示す）

表1に示したように、資料06「朝」、資料14「会議」の場面には重なりはみられない。資料06「朝」は、協力者06Aの大学における講義の場面であり、協力者の独話である。当然ながら重なりは現れない。資料14の「会議」は、協力者が中心となって、話者が順次問題点を述べるもので、意見の交換はおこなわれていない。この場面には重なりがみられない。

　『男・職』談話資料と『女・職』談話資料では、なぜこのように重なりの数に違いがみられるのだろうか。次項以下では、重なりの種類を考察しながら、『男・職』談話資料と『女・職』談話資料の違いを探ってみる。

3.2　重なりの種類

　『女・職』では、談話資料中にみられる重なりを、以下の6つのタイプに分類した。それぞれのタイプを『男・職』談話資料に現れた例とともに示す。

① 現時点の話し手の終末部に、倒置（あるいは付加）的な部分があり、次の話し手が、発話が完結したものと思い、話し始めたためにおこる重なり（以下、「付加」とする）

　例3　・でもこれは、ちゅう、ある意味じゃ中間的なもんだと思ってるからねー↑★1学期とか。　　　　　　　　　　　［11C・会］
　　　　・→いや、1年の←場合は両方足してあるからー、{うん（11C）}だからそれもあるから、{うん（11C）}＃＃＃＃。　　［11D・会］

② 話し手の言おうとすることを予想して、同時に言う重なり（以下、「先取り」）

　例4　・とりあえず、★消してー。　　　　　　　　　　［01A・休］
　　　　・→消してー←、マイドキュメントの★＃＃＃＃。　　［01B・休］

③ 話し手の働きかけ（質問等）に対して、相手の反応が遅れ、現時点の話し手がことばを続け、次の話者の発話と重なって生じた重なり（以下、「遅れ」）

例5 　・え、けど、ツアーで行ったんですよね↑　　　『女・職』[02C・休]
　　　・あのー、★飛行機とー。　　　　　　　　　　『女・職』[02C・休]
　　　・→ううん。←　　　　　　　　　　　　　　　『女・職』[02A・休]

④　話し手の発話の途中で、聞き手の側に言いたいことができ、発話の終了を待たずに言ったためおこった重なり（以下、「早すぎ」）

例6 　・［名字］先生て、でも内科じゃなくて外科★系じゃないの。
　　　　　　　　　　　　　　　　　　　　　　　　　　　　　　[01K・会]
　　　・→うん、外科なの、←うん、内臓外科。　　　　　　　　[01G・会]

⑤　発話者を無視して言いたいことを言ったためおこった重なり（以下、「割り込み」）

例7 　・えーと★ねー、前のやつーをー、探してー。　　　　　　[04C・朝]
　　　・→処理、できたー↑←　　　　　　　　　　　　　　　　[04A・朝]

⑤は、④とは異なり、発話者の発話とは、一見、無関係なことを述べたり、新たな話題を導入したり、相手に反する意見を述べたりする場合をいう。

⑥　複数の話者が同時に話し始めて生じた重なり（以下、「同時発話」）

例8 　・★うん。　　　　　　　　　　　　　　　　　　　　　　[01A・休]
　　　・→今の←表示はね↑　　　　　　　　　　　　　　　　　[01B・休]

　本調査でも、基本的にはこの分類に則って、分類していくことにしたが、③の「遅れ」については、『男・職』談話資料には例がみられなかった。これは『女・職』談話資料での分類が細分化しすぎていたためであると思われる。『女・職』談話資料は『男・職』談話資料に比べて、重なりの出現数自体が多く、細かく分類することが可能であったが、重なりの全体数が少ない『男・職』談話資料では細かい分類は必要ない。そこで、一部分類を見直すことにした。
　まず、それぞれについて重なりがおこった原因を考えてみる。①「付加」

は、上述の例3でみると、聞き手は現時点の話し手の「（略）ある意味じゃ中間的なもんだと思ってるからねー↑」で発話が終了するものと考え、次の発話を開始した。ところが、話し手は発話を終了せず、「1学期とか」と付け加えたため、この付加部分（「1学期とか」）と、次の話者である聞き手の発話の先頭部分、「いや、1年の（略）」とが重なることになった。これは聞き手が、話し手の発話が終了し、turnの交替がおこることを予測したが、その予測が誤っていたためにおこった重なりといえるだろう。

③「遅れ」は、上の例5では話し手が質問をして、聞き手にturnを譲ったにもかかわらず、聞き手の反応が遅れたため、話し手が発話を続けたところ、聞き手の遅れた反応が重なったためにおこった重なりである。これも、turn交替時期の予測誤りといえるのではないだろうか。

また、④「早すぎ」は、話し手の発話が終了していないが、その発話への反応を急ぐあまり、おこった重なりである。例6のように話し手の質問に対する答えという形で現れることが多い。つまり、話し手は問いかけによってturnの交替を意図しているのだが、聞き手の性急な反応によって、その交替が話し手の意図した時期におこなわれなかったということができる。

この①「付加」③「遅れ」④「早すぎ」は、いずれも聞き手の側に話し手のturnを奪おうという意図があったためにおこったものではない。おもに聞き手の側がturnの交替時期を誤ったためにおこった重なりである。そこで、これらの重なりを「turn交替予測の誤り」として、ひとつにまとめることにする。この「turn交替予測の誤り」と⑤「割り込み」との大きな違いは、⑤「割り込み」では、話し手の側には、turnを交替する意図がないが、聞き手の側にturnを自分のものにしようという積極的な意志があり、交替時期ではないのにもかかわらず、自分の発話を始め、結果的にturnの交替がおこったという点である。

以上の理由で本稿での重なりの分類は、「turn交替予測の誤り」（以下「turn交替誤り」）「先取り」「割り込み」「同時発話」という4分類とした。

3.3 『男・職』談話資料にみられる重なりの種類

表2 重なりの種類

	turn交替誤り	先取り	割り込み	同時発話	不明[3]	計
『男・職』談話資料	236	68	144	101	45	594
(%)	39.7	11.4	24.3	17.0	7.6	100
『女・職』談話資料	678	62	119	187	6	1052
(%)	64.4	5.9	11.3	17.8	0.6	100

　前項の分類によって、『男・職』談話資料と『女・職』談話資料にみられる重なりを分類すると、表2のようになる。

　『男・職』談話資料にみられる重なりは、「turn交替誤り」がもっとも多く、次いで「割り込み」、「同時発話」「先取り」となっているが、『女・職』談話資料では「turn交替誤り」、「同時発話」、「割り込み」、「先取り」となっている。また、出現比率にも違いがみられ、『男・職』談話資料では「turn交替誤り」と「割り込み」にそれほど大きな差がないのに対し、『女・職』談話資料では「turn交替誤り」が64.4％と過半数を占めており、「先取り」「割り込み」の比率は『男・職』談話資料のほぼ半数である。そのなかで、「同時発話」だけが両資料にほぼ同じ比率で現れている。

　『女・職』では談話の参加者の人数によって、現れる重なりの種類に違いがあることを示したが[4]、『男・職』談話資料は対話場面の重なりが総数で79レコードと少なく、参加者の人数によって重なりの種類に差があるかどうか確認できなかった。

　それでは『男・職』談話資料と『女・職』談話資料で、なぜこのような違いが現れたのだろうか。次項では、『男・職』談話資料の中で特に重なりの多かった2場面を取りあげ、考察してみる。

3.4 重なりの種類の場面差

　『男・職』談話資料の中で、重なりを含むレコード数がもっとも多かったの

は、資料12の「休憩」で48レコード、次が資料11の「会議」、34レコードであった。この両場面の重なりの種類を表3に示す。

表3　重なりの種類の場面差

資料コード	場面	turn交替誤り	先取り	割り込み	同時発話	不明	計
11	会議	8	1	17	8	0	34
12	休憩	20	2	9	7	10	48

　この両場面は、比較的、発話総数も多く、活発なやりとりが展開されている場面だという点が共通している。しかし、資料11の「会議」は、高校教員の協力者が参加している教科会議の模様で、学生の成績のつけ方について各教員の意見が食い違い激しいやりとりがなされている場面であるのに対し、資料12の「休憩」は、昼食をとりながら、仕事には直接関係しないようなさまざまな話題を取りあげ、ごく日常的な雑談が交わされている。

　表3からわかるように、「会議」の場面では「割り込み」が多く、「休憩」場面は「turn交替誤り」が多い。前者は『男・職』談話資料の重なりの出現状況によく似ており、後者は『女・職』談話資料のそれに似ているといえるだろう。この差異はどこから生じているのだろうか。

　「会議」場面では学生の成績のつけ方について、各話者の見解が食い違い、それぞれが自分の立場を訴える発話が続く。特に学生にとって、非常に重大な問題である成績のつけ方をめぐる問題であるだけに、教員である話者達は熱心に論じている。そのため、自分の主張を通そうとする意識が強く、相手の発話を途中でさえぎって割り込んだり、発話を無視して自分の意見を主張する「割り込み」の例が多い。一方、「休憩」場面は特に利害関係のない話題についての純粋な雑談であり、各話者の意見などは述べられていない。その結果、どうしてもturnをとりたいという積極的な「割り込み」は見られず、「turn交替誤り」が多くなっている。

　このように話者間の対立、意見の主張がみられる場面において、「割り込み」が多くなり、対立のない場面において「turn交替誤り」が多くなることは、考えうる結果といえるだろう。

とすると、「割り込み」の比率が高い『男・職』談話資料は対立や主張が多くみられる談話資料であり、『女・職』談話資料はそういった形が少ない談話資料であると考えられるのではないだろうか。

4 「重なり」の談話進行上の役割
4.1 「協調型」と「自己主張型」

　『女・職』では、水谷(1984)などで述べられた「共話[5]」という概念に基づいて、談話にみられる重なりの種類から、日本語の談話には「協調型」と「自己主張型」という傾向があると考察した。この考え方をもちいると『男・職』談話資料は「自己主張型」のものが多く、『女・職』談話資料は「協調型」が多いといえそうである。

　金(2000)は、同じように水谷の「共話」と「対話」という概念をもちい、日本語と韓国語のturn-takingに関する対照研究をおこなったものである。これによると、韓国語のturn-takingシステムには「『問い→答える』という明確な役割を果たす対話的姿勢」、日本語のそれには「流れを共同で形成していく共話的姿勢」がみられるということだ。

　この日本語の「共話」的な談話進行の特徴は、話し手聞き手の区別が明確ではないということであり、そのため、2人の話者が同時に発話するという重なりが頻繁におこりうるということである。こうした点を考慮して、日本語の談話における重なりについて、どのような場合におこり、どのように許容されるのか、また、どのような場合の重なりは円滑な談話進行の妨げになるのかといった点をさらに明らかにしていく必要があるものと思われる。

4.2 あいづちと重なり

　重なりのなかで、もっとも頻度が高く、もっとも顕著なものはあいづちである。先に述べたように、本談話資料ではあいづちと重なりを区別して表記している。だが、重なりとして記述されているレコードの中にも、結果とし

て、話者の交替がおこらず、あいづちのようになっている発話も含まれている。『男・職』談話資料の593の重なりの中で、233がそのような発話である。これは、重ねられた方の話者が、重ねられても発話をやめず、そのまま話し続けたため、turnの交替が起こらなかったということを意味している。だが、そのために会話の円滑さが損なわれているかというと決してそうではない例も多い。それは、例9のような形でおこなわれている。

例9　・これは、ぜん、ぜん、★関係ない、うん。　　　　　　［01A・休］
　　　・→関係ない。←　　　　　　　　　　　　　　　　　　　［01B・休］
　　　・じゃ、オッケーにしてもいいやー。　　　　　　　　　　［01A・休］

　例9では、話者01Aが言おうとしたことを01Bが先取りして重なっているが、01Aは自分の重なってきた01Bの発話を聞きながら自分の発話を続け、01Bに対して「うん」と答えている。このように同時に2人の話者の発言が成立しながら円滑に会話が進んでいくのが「共話的な談話進行」である。したがって、turnの交替を生じない重なりが多いというのは、共話的な談話進行の特徴のひとつといえるのではないだろうか。

4.3　日本語における話者交替規則

　以上述べてきたように、日本語の談話進行上、「重なり」は、偶然におこりうるが、避けるべき事態ではなく、談話を円滑に進行するための積極的な役割を担うものである。本研究では、対照する他言語の資料がないため、結論づけることはできないが、前述の金（2000）や、あいづちの頻度の研究などから、「重なり」を許容する、あるいは積極的にもちいる、さらには話者交替のおこらない談話進行は、日本語の談話進行上の特徴なのではないかと予測される。Sacks他（1974）によって、turn-takingの規則[6]が提示されて以来、日本語の談話においてもこの規則が援用できるものとしてturn-takingの研究がなされてきた。しかし、本研究にもみられるように、日本語の談話進行

においては同時に二人の話者が存在する「重なり」は必ずしも例外的なものではなく、話者が交替しなくても談話が円滑に進んでいくことがあり得る。

したがって、これからの日本語の談話研究においては、turn-taking、すなわち話者の交替が前提とされる規則とは異なる、「話者の交替がおこらなくてもよい」談話規則を考えてみる必要があるのではないだろうか。少なくとも第2言語として日本語を習得する日本語学習者に対しては、日本語の談話進行の特徴として「重なりを許容する規則」を提示する必要があるようである。今後の課題としていきたい。

【注】

(1) ここで、turnとは「ひとりの話者が話し始めてからポーズや他の話者の発話によって話しやめるまでのまとまり」をいうが、これは談話資料の「発話」と一致する。

(2) 重なられたレコード数と重なったレコード数に差がみられるのは、1発話中に複数の重なられた箇所がある場合と、1つの重なられた箇所に、複数の話者の重なりがおこった場合があるため。

(3) 「不明」とは、談話の録音状態が悪く、文字化できなかったため、重なった発話、あるいは重なられた発話の内容がわからず、判断できないものをいう。

(4) 談話の参加者が2人(対話)の場合と、3人以上(会話)の場合に分けて考察したところ、対話では会話よりも「早すぎ」「先取り」が多くなり、会話は対話よりも「割り込み」「同時発話」が多いという傾向がみられた。

(5) 水谷(1984)によれば「共話」とは、「話し手と聞き手の区別のない」話し方であり、「聞き手は頻繁にあいづちを打ち、時には話し手のことばを補ったりすることによって、話の流れを作る作業に参加する」ような談話。

(6) turn-taking規則

  1) 規則1

    最初のTRP (transition relevance place=話者交替適切箇所)で

      a. 必ずではないが、現在の話し手は次の話し手を選び、発話をやめる。

      b. 現在の話し手が次の話し手を選ばない場合、他の会話の参加者が次の話し手として自分自身を選ぶ。その時、最初に発話を始めた者がturnを得る。

c. もし現在の話し手が次の話し手を選ばず、bの条件下でも、だれも自己選択しなかった場合、現在の話し手は、必ずではないが話し続ける。
2) 規則2
現在の話し手が話し続けた場合、次のTRPで規則1に戻り繰り返され、話者が実際にかわるまで続く。

【参考文献】

金　志宣(2000)「turn及びturn-takingのカテゴリー化の試みー韓・日の対照会話分析ー」
『日本語教育』105号

小室郁子(1995)「"Discussion"におけるturn-takingー実態の把握と指導の重要性ー」
『日本語教育』85号

ポリー・ザトラウスキー(1993)『日本語の談話の構造分析ー勧誘のストラテジーの考察ー』
くろしお出版

本田明子(1997)「発話の「重なり」と談話進行」『女性のことば・職場編』現代日本語研究会編　ひつじ書房

水谷信子(1984)「日本語教育と話しことばの実態ーあいづちの分析ー」
『金田一春彦博士古希記念論文集　第二巻　言語学編』三省堂

Sacks, H., Schegloff, E. & Jefferson, G. (1974) "A simplest systematic for the organization of turn-taking in conversation" *Language*, 50(4)

第12章 職場における相互理解の談話構造

杉本　明子

1　はじめに

　職場において、我々は様々な人々とコミュニケーションしながら、人間関係を築き仕事を遂行している。職場でのコミュニケーションは円滑に進んでいくことが望ましいが、実際はいつも円滑に進むとは限らず、相手の言っていることが理解できなかったり、自分の期待とは異なる反応を相手が示すことがある。このように、コミュニケーションをする中で問題に行き当たった時、会話者は問題点を明確化したり、発話の反復、言い換え、説明などを行うことにより、お互いの認識のずれを修復しようとする (Clark & Shaffer, 1989)。このような相互理解のための言語行動はコミュニケーションを維持・発展させるための基礎をなしていると考えられ (Nystrand, 1986)、職場での相互理解の言語行動の特徴を明らかにすることは、職場のコミュニケーションの特徴を理解する上で重要であると言えるだろう。本稿は、職場における相互理解のための言語行動の特徴を明らかにする第一歩として、相互理解の談話構造にはどのようなものがあり、どのような特徴を持っているのかについて明らかにすることを目的とした。なお、本稿においては、「相互理解の談話構造」とは、コミュニケーション過程で会話をしている相手の発話が十分に理解できなかったり、相手との認識のずれに気づいた時に、共通理解に至るために会話者が行う一連の会話の構造であると定義する。

　会話分析の研究分野においては、事例に基づき、電話での会話の開始 (Schegloff, 1979, 1986)、お世辞と返答 (Pomerantz, 1978)、勧誘や提案の拒否 (Davidson, 1990) などの会話の典型的な構造や特徴に関する質的研究が行われてきたが、数量的な分析にはあまり焦点が当てられてこなかった (Psathas, 1995)。それに対して、コミュニケーションの分野では、議論などの談話の構造分析において量的な側面にも焦点を当てた研究が行われてきた。

その分析方法は、主に、(1) 談話の構成要素の頻度によって全体の特徴を表す方法、(2) 構成要素間の関係を示す指標を用い、その頻度によって全体の談話の特徴を表す方法、(3) 談話の展開を分類し、その頻度によって全体の特徴を表す方法、の3つである (鈴木, 2000)。しかし、第1の方法では、構成要素の頻度がわかっても談話の展開を明らかにすることはできないし、第2の方法では、特定の構成要素の関係が明らかになっても、話者交替や発話機能も含めた談話構造の特徴を抽出することはできない。また、第3の方法のように、談話展開を類型化するだけでは、具体的にどのように談話が展開したのかに関する詳細な情報は得られない。

　本稿では、単に談話の構成要素の分析や全体の談話展開の類型化を行うのではなく、相互理解に関わる発話の機能や話者交替による発話の結びつき方を含めた談話の展開を検討し、典型的な談話構造をモデル化して、談話構造の特徴と発話機能の関係を明らかにすることを目指した。また、典型的な相互理解の談話構造の出現頻度について調べるとともに、職場での場面の違いと談話構造の関係性についても量的に検討した。

2　分析方法

　全談話データから相互理解の談話を抽出するためには、会話の流れや発話の意味を理解する必要があるため、相互理解の談話はコンピュータで機械的に検索することができない。また、相互理解の談話を抽出した後に質的に分析したり、典型的な談話構造をモデル化するのもすべて手作業で行わなければならず、多くの時間と労力を必要とする。故に、本稿では、分析対象とするデータを全データの半分に相当する1から5291レコードに限定した。

　分析の手順は次の通りである。まず、対象データから、相互理解の談話 (複数の発話からなる) を抽出した。オープン形式の議論[1]における相互理解の談話では多くの発話が複雑に関係しているので今回の分析からは除外し、客観的事実や社会的習慣など明確な解を持つ問題を話題とする相互理解の談話のみを分析対象とした。そのような相互理解の談話は、全部で136例あった。

次に、各々の談話における個々の発話の機能を特定し、発話がどのように展開するかを図式化した。類似した発話の機能と発話展開を持つ談話を一緒にしてグループ分けを行い、同一グループ内の談話の共通の特徴と談話構造を特定した。再度、各々の談話が、特定されたどの談話構造を持っているかを吟味し、談話をグループ分けした。この作業を繰り返した結果、最終的に4つの典型的な談話構造が認められた。106例は4タイプの談話構造のいずれかのグループに割り当てられたが、残りの30例はその4タイプ以外の談話構造を持っているが少数であるために新たな典型的タイプとしてのグループ分けをすることが難しいものか、発話が十分に聞き取れなかったために談話構造を特定できないものであった。本稿では、4タイプの談話構造のグループに割り当てられた106例を分析した。

3 結果と考察

前述の手順により談話を分析した結果、最終的に特定された4つの典型的な相互理解の談話構造は、「応答を理解するための談話」の構造、「質問を理解するための談話」の構造、「説明・主張を理解するための談話」の構造、「否定・反論に対応するための談話」の構造であった。以下、これら4つのタイプの談話の特徴、出現頻度、談話構造と場面の関係性について述べる。

3.1 相手の応答を理解するための談話：
質問1－応答1－質問2－応答2

相手から情報を得るために質問し、それに対する応答を得ることによって円滑にコミュニケーションが進んでいく。しかし、その応答が聞き取りにくかったり、十分に理解できなかったり、自分の理解が正しいかどうか自信がもてない場合には、再度その応答に対して質問をすることにより、相手の応答に対する自分の理解を確かなものにしようとする言語行動がしばしば見られる。本データにおいても、このような相互理解の談話が見られた。

話し手の発話を理解するための聞き手の言語行動として「反復要求」「確認要求」「説明要求」があることが指摘されている（堀口，1997）が、本データにおいても、相手の応答を理解するための質問の機能に同様のものが認められた。

3.1.1 反復要求

相手の応答がはっきりと聞き取れない場合、再度言って欲しいという要求を表す反応をすることがあるが、ここではこの言語行動を「反復要求」と呼ぶことにする。

例1　［1］　明日は何台だよ↑、おまえのほう。　　　　［07G・30m・休］
　　　［2］　8台。　　　　　　　　　　　　　　　　　［07H・30m・休］
　　　［3］　えっ↑　　　　　　　　　　　　　　　　　［07G・30m・休］
　　　［4］　8台。　　　　　　　　　　　　　　　　　［07H・30m・休］

この例では、相手の最初の応答がはっきりと聞き取れなかったために、「えっ↑」という反応を示すことによって、相手からもう一度答えを引き出すことに成功している（[1]〜[4]などの括弧付き数字は、例中の「発話番号」を表す。以下同様）。

3.1.2 確認要求

相手からの応答に対する聞き取りや理解が適切にできているかを知りたい場合や、相手の応答に従って本当に行動してよいのかを確かめたい場合には、相手の応答に対して確認することがあるが、この言語行動を「確認要求」と呼ぶことにする。

例2　［1］　お名前はなんてゆうのー↑　　　　　　　　［02A・50m・休］
　　　［2］　［名字（02K）］ー。　　　　　　　　　　［02K・20m・休］

	[3]	［名字（02K）］さん↑	[02A・50m・休]
	[4]	はい。	[02K・20m・休]
例3	[1]	［名字（08A）］さんパン食べます↑	[08G・20f・休]
	[2]	いやいや、ぼくはごはん、ごはんでいいです。	[08A・40m・休]
	[3]	いいですか↑	[08G・20f・休]
	[4]	はい。	[08A・40m・休]

　例2では、[3]「[名字02K]さん↑」と相手からの情報を繰り返すことによって確認し、例3では、[3]「いいですか↑」というように相手の応答の一部を繰り返すことによって確かめている。このように、相手からの情報やその一部を繰り返すことによって確認する以外に、言い換えたり、要約したりすることによって確認することもある。

3.1.3　明確化要求

　相手の応答を明確に聞き取ることはできたとしても、語句の意味や文脈などが明瞭でなかったり、自分が望むほどには十分な説明が得られない場合がある。このような場合に、相手の応答をさらに明確化することを要求する言語行動を「明確化要求」と呼ぶことにする。

例4	[1]	あとあの、お客さんにはどうなったー↑	[03B・20f・休]
	[2]	あ、あした、あした現金★で。	[03A・30m・休]
	[3]	→降りるってー←。	[03B・20f・休]
	[4]	うん。	[03A・30m・休]
例5	[1]	先生、あと何年でしたっけ↑	[06A・40m・会]
	[2]	あと２年。	[06I・60m・会]
	[3]	今年入れて２年↑	[06A・40m・会]
	[4]	今年入れて２年。	[06I・60m・会]

　これらの例では、相手の応答を明確化するために、補足して質問している。

例4では、[2]「あした現金で。」という相手の応答に対して、現金が降りるのかどうかを明確化するための質問[3]をしている。例5では、[2]「あと2年」という応答に対して、今年を入れて2年なのかどうかを明確化しようとしている[3]。

3.1.4 相手の応答を理解するための談話構造

上述の例にみられるように、相手の応答を理解するための基本的な談話構造は次の通りである。

```
A：質問1    →   B：応答1    →    A：質問2           →    B：応答2
(情報要求)       (情報提供)       (応答1の反復・確認・明確化要求)   (情報提供)
```

このような構造をもつ会話は33例見られ、そのうち、質問2が「反復要求」である場合は2例、「確認要求」は25例、「明確化要求」は6例であった。各々の会話の質問1、応答1、質問2、応答2のタイプを表1に示す。

表1 「相手の応答を理解するための談話」における質問・応答のタイプ

	質問1のタイプ	応答1のタイプ	質問2のタイプ	応答2のタイプ
確認要求	how・wh疑問文　9 yes・no疑問文　16	対応する情報　9 yes　　　　　　3 (訂正つき　　1) no　　　　　　13 (別の提案を含む　6)	how・wh疑問文　1 yes・no疑問文　8 ⎫ 　　　　　　　　　⎬ 24 yes・no疑問文　16 ⎭	言い換え　　1 yes　　　　14 状況説明　　3 言い換え　　1 繰り返し　　1 提案の理由　1 なし　　　　4
反復要求	how・wh疑問文　2 yes・no疑問文　0	対応する情報　2	聞き返し　　　2	繰り返し　　2
明確化要求	how・wh疑問文　4 yes・no疑問文　2	対応する情報　2 間接的説明　　2 yes　　　　　　1 no　　　　　　1	how・wh疑問文　0 yes・no疑問文　4 ⎫ 　　　　　　　　　⎬ 6 yes・no疑問文　2 ⎭	yes　　　　　1 no　　　　　1 状況説明　　2 明確化　　　1 なし　　　　1

「お名前はなんてゆうのー↑」というように名前、時、場所、手段などを尋ねる質問のタイプを「how・wh疑問文」、「Bさんパン食べます↑」のように肯定か否定かで答える質問のタイプを「yes・no疑問文」とした。また、応答において肯定表現を含む場合は「yes」、否定表現を含む場合は「no」とした。

「反復要求」と「明確化要求」は例が少なかったために質問・応答の関係の特徴を特定するのが難しいが、「確認要求」に関しては、質問・応答の展開に次のような特徴が見られた。まず、質問1では「yes・no疑問文」が16例あったが、「yes・no疑問文」である場合の応答1は「no」が13例あったのに対して、「yes」は3例、しかもそのうち1つは訂正つきであった。このことから、確認の質問（質問2）は肯定的な応答よりも否定的な応答に対しておこなわれる傾向があることが示唆された。これは相手の応答が質問者の期待に反していたためにもう一度確認したいという心理が働いたからかもしれない。この点に関しては、今後心理学的に研究していくことが必要だろう。

また、「確認要求」の質問1では「how・wh疑問文」は9例あったが、質問2では1つを除いて24例すべて「yes・no疑問文」であった。しかも、応答2は、応答1の言い換え、繰り返しや状況説明などを除き、すべて「yes」であった。これは、前述の例2のように、最初に「お名前はなんてゆうのー↑」というような「how・wh疑問文」に対して応答が得られると、次にその応答を確認するために「［名字（O2K）］さん↑」というような「yes・no疑問文」で質問し、「はい」という答えにいたるというような展開、すなわち、話題の焦点を絞っていく談話展開であることを示している。また応答2がすべて「yes」であったということは、確認要求の質問2では、相手の応答が肯定になるように質問を作成し直していることを示唆している。これは、前述の例3においても見られる。

以上の分析結果より、会話者は、相手の応答に対する自分の理解を確かなものにしようとしているだけでなく、相手に同調（tuning）しながら円滑に会話を進めていこうとしていることが示唆された。ヒギンズ（Higgins, 1992）が指摘しているように、会話者が意味を共有するために、相手の態度や知識を考慮してコミュニケーションを調整している表れかもしれない。

3.2 相手の質問を理解するための談話：
質問1－質問2－応答1－応答2

相手から質問された場合には適切に応答することが期待されているが、相手の質問がよく聞き取れなかったり、十分に理解できない場合には、その期待に応えることが難しくなる。そこで、相手の質問に答える前に、相手の質問自体を明確にするために逆に質問するということが行われることがある。本談話資料においても、そのように相手の質問を理解するために質問をする例が14例見られた。そのうち、「反復要求」の機能を持つ質問は4例、「明確化要求」の質問は10例あったが、「確認要求」の質問は見られなかった。

3.2.1 反復要求

相手の質問がよく聞き取れなかった場合に、もう一度質問をして適切に応答できた談話として以下のような例があった。

例6　[1]　10時、だって半でしょー↑出んの。　　　　［07B・30m・朝］
　　　[2]　なに↑　　　　　　　　　　　　　　　　　　［07A・30m・朝］
　　　[3]　10時半でしょ↑、出るの。　　　　　　　　　［07B・30m・朝］
　　　[4]　そー。　　　　　　　　　　　　　　　　　　［07A・30m・朝］
例7　[1]　おいくつぐらいなんですか↑　　　　　　　　　［01K・***・会］
　　　[2]　うん↑　　　　　　　　　　　　　　　　　　［01G・70m・会］
　　　[3]　まだ★お若いんですか↑　　　　　　　　　　　［01K・***・会］
　　　[4]　→もう50ぐらいじゃない←、45か50ぐらい。　［01G・70m・会］

例6では、[2]「なに↑」と聞き返すことによって、相手が最初の質問を反復し[3]、[4]「そー。」と応えることができている。例7では、[2]「うん↑」と反応することにより、相手が最初の質問[1]「おいくつぐらいなんですか↑」を[3]「まだお若いんですか↑」と言い換えて質問し、それに対して年齢について応答することができている[4]。これらの例から、最初の質問がわからな

い場合に、質問の反復を要求する反応を行うことにより、相手が最初の質問を繰り返したり、言い換えたりしてくれ、適切に応答することができるということがわかる。

3.2.2 明確化要求

相手の質問がいったい何のことを言っているのかよくわからない場合に、その質問をより明確化することを要求する質問を逆におこなっている会話例として以下のようなものがあった。

例8 [1] きょうはー、きょうひきとりないすよね、あしたですよね。
[07B・30m・朝]
　　　[2] なにが↑ [07A・30m・朝]
　　　[3] 色稿。 [07B・30m・朝]
　　　[4] そうだよ。 [07A・30m・朝]

例9 [1] わたしのほうがやり直してもいいですか↑ [11C・40f・会]
　　　[2] ＜笑いながら＞やり直す↑ [11B・50m・会]
　　　[3] ちょっとこれじゃーかわいそうだと思う、[クラス名]ってそんなにすごく悪かったわけじゃないからー。もう少しね、6点とか8とかに合わせて、5とか8とかに合わせていいってことであれば、もうちょっと★つけようがあるけどもー、わたしはすごく無理して6.5までに押さえようと思ってやっのでー、こうゆう結果なんですよねー↑ [11C・40f・会]
　　　[4] →そうすればすごく助かります。← [11B・50m・会]

例8では、[1]「きょうはー、きょうひきとりないすよね、あしたですよね。」という質問が何について述べているのか明確でないので、07Aが[2]「なにが↑」と聞き返しており、[3]「色稿。」という07Bの応答で質問の対象が明確になったところで、[4]「そうだよ。」と最初の質問に答えることができている。例9では、[1]「わたしのほうがやり直してもいいですか↑」という質問

において、やり直すとはどういうことがよくわからないので、11Bは[2]「やり直す↑」と聞き返している。これに対して、11Cはクラスの採点方法についてやり直す理由と方法について説明し[3]、これを理解した11Bは採点方法をやり直してもらえれば[4]「すごく助かります。」と答えている。

3.2.3 相手の質問を理解するための談話構造

上述の例にみられるように、相手の質問を理解するための談話構造は次の通りである。

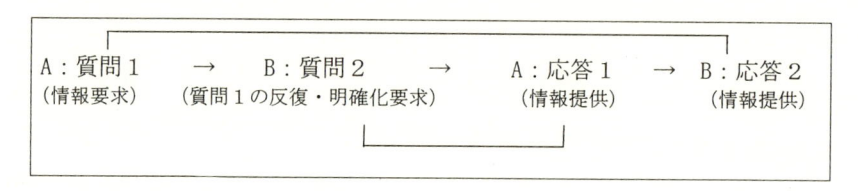

```
A:質問1      →    B:質問2               →    A:応答1      →    B:応答2
(情報要求)       (質問1の反復・明確化要求)      (情報提供)        (情報提供)
```

この談話構造の特徴は、質問1に対して応答2が対応していることである。前述の例6では質問1「10時、だって半でしょー↑出んの。」に対して応答2「そう。」、例7では質問1「おいくつぐらいなんですか↑」に対して応答2「もう50ぐらいじゃない、45か50ぐらい。」、例8では質問1「きょうはー、きょうひきとりないすよね、あしたですよね。」に対して応答2「そうだよ。」、例9では質問1「わたしのほうがやり直してもいいですか↑」に対して応答2「そうすればすごく助かります。」というように、質問2と応答1がなくても会話が成り立っている。この談話構造では、質問2と応答1は単に質問1を明確化するために挿入されているだけである。シェグロフ(Schegloff, 1972)は、ある発話ペアの中に埋め込まれた別の発話ペアを挿入発話連続(inserted sequences)と呼んでいるが、この談話構造における質問2と応答1は挿入発話連続に相当するものであると考えられる。

この談話構造をもつ14例すべてにおいて、質問1と応答2の対応関係が認められた。このことより、主質問(質問1)と主応答(応答2)は、挿入質問(質問2)と挿入応答(応答1)を間に挟みこんでいるにもかかわらず、

標準的な隣接ペア（Sacks, 1967）と同様な関係を築いているということが示唆された。

3.3 相手の説明・主張を理解するための談話：
説明・主張－質問－応答－納得

相手の説明や主張が聞き取りにくい場合や十分に理解できない場合にも、その説明や主張に対して質問することによって、相手の発話に対する理解を確かなものにしようとする言語行動が見られた。

3.3.1 反復要求

相手の説明がよく聞き取れなかった場合には、質問や応答が聞き取れなかった場合と同様に、もう一度繰り返すことを要求する反応が見られた。本談話資料においては、説明に対する反復要求は5例見られたが、主張に対する反復要求の例は認められなかった。

例10　[1]　★［地名（「ひかり」で始まる）］。　　　　　［08F・20f・休］
　　　［2]　→ひかりー←、えっ↑　　　　　　　　　　　［08A・40m・休］
　　　[3]　［地名（「ひかり」で始まる）］。　　　　　　［08F・20f・休］
　　　[4]　［地名（「ひかり」で始まる）］か。　　　　　［08A・40m・休］
例11　[1]　話戻るけどさー。　　　　　　　　　　　　　［10C・60m・休］
　　　[2]　えっ↑　　　　　　　　　　　　　　　　　　［10A・50m・休］
　　　[3]　話戻るけどな↑、きょう病院行ってさー。　　　［10C・60m・休］

例10では、相手が「ひかり」で始まる地名を言った[1]が聞き取れなかったので、聞き取れた部分の「ひかりー」と言ってから「えっ↑」と聞き返す[2]ことにより、相手からもう一度地名についての情報を得る[3]ことができている。例11においても、同様に聞き返すことによって、相手にもう一度発話を繰り返してもらっている。

3.3.2 確認要求

相手の説明や主張をもう一度確認したい場合に、確認を要求する言語行動が見られた。説明に対して確認する例は7例、主張に対しては4例、合計11の確認要求の例が認められた。

例12　[1]　広島の牡蠣はおっきいんだよねー。　　　　　　［08F・20f・休］
　　　［2]　そうなの↑大きさが違うの↑　　　　　　　　［08G・20f・休］
　　　［3]　うん、確か違うんだよ。松島の牡蠣の方がちっちゃいん
　　　　　　じゃないかなー。　　　　　　　　　　　　　［08F・20f・休］
　　　［4]　ふーん。　　　　　　　　　　　　　　　　　［08G・20f・休］
例13　[1]　1.3キロだっけなー。　　　　　　　　　　　　［10C・60m・休］
　　　［2]　1.3キロ。　　　　　　　　　　　　　　　　　［10A・50m・休］
　　　［3]　1300メートル掘った。　　　　　　　　　　　［10C・60m・休］
　　　［4]　ほー。　　　　　　　　　　　　　　　　　　［10A・50m・休］

例12では、広島の牡蠣が大きいという相手の説明[1]に対して、[2]「そうなの↑大きさが違うの↑」と確認しており、相手から[3]「うん、確かに違うんだよ。」という応答を得ている。例13では、相手からの情報[2]「1.3キロ。」を繰り返すことによって、相手から[3]「1300メートル」という言い換えによる確認を得ている。

3.3.3 明確化要求

相手の説明や主張が聞き取れたとしても、語句の意味がよくわからない、相手の指している物や事が特定できない、相手がどうしてそのような説明や主張をするのか理由や事情がわからないという場合がある。このような場合に、相手の説明や主張を明確化することを要求する反応が見られた。本データにおいては、説明に対して明確化することを要求する例は18例、主張に対しては5例認められ、明確化要求は合計23例見られた。

例14　[1]　見本出さなきゃ、見本。　　　　　　　　　　[07E・20m・朝]
　　　　[2]　え、見本てー↑　　　　　　　　　　　　　　[07A・30m・朝]
　　　　[3]　製本見本。　　　　　　　　　　　　　　　　[07E・20m・朝]
　　　　[4]　あ、全部文字が入ってるやつ↑　　　　　　　[07A・30m・朝]
　　　　[5]　いや、こいつの。　　　　　　　　　　　　　[07E・20m・朝]
　　　　[6]　あー、あー。　　　　　　　　　　　　　　　[07A・30m・朝]
例15　[1]　これを、バッヂオのー、ＵＲＬにすればー。　[01A・40m・休]
　　　　[2]　なんで、ＵＲＬになるの↑　　　　　　　　　[01B・40f・休]
　　　　[3]　え、えー、<笑い>あのー、ＵＲＬってゆう拡張子がー、
　　　　　　　そのー、要するに、えっ、リンクのー、ファイル名の拡張
　　　　　　　子なわけよ。　　　　　　　　　　　　　　[01A・40m・休]
　　　　[4]　はーはーはー。　　　　　　　　　　　　　　[01B・40f・休]
例16　[1]　きょう、呼ばれて来たんですけど。　　　　　[11I・10m・朝]
　　　　[2]　呼ばれてるー↑なんのことで↑　　　　　　　[11C・40f・朝]
　　　　[3]　提出物のー。　　　　　　　　　　　　　　　[11I・10m・朝]
　　　　[4]　提出物ー↑出すようにってことなのー↑　　　[11C・40f・朝]
　　　　[5]　あした成績会議があるからそれまでに‥(聞き取れない)‥。
　　　　　　　　　　　　　　　　　　　　　　　　　　　[11I・10m・朝]
　　　　[6]　出してないんだねー、やるべきものをー、つまり。
　　　　　　　　　　　　　　　　　　　　　　　　　　　[11C・40f・朝]

　例14では、07Eが言った「見本」が何を指しているのかわからないので、07Aは[2]「え、見本てー↑」と質問している。それに対して07Eは[3]「製本見本。」と答えているが、07Aはまだどの見本なのか特定できないために更に明確化することを要求する質問[4]をしている。07Eが[5]「いや、こいつの。」とはっきりと特定することにより、07Aはようやくどの見本を指しているのかがわかり納得するに至っている[6]。例15では、01Aが次に取るべきコンピュータの操作について主張しているが、01Bは何をするべきかという01Aの主張自体は理解できても、なぜそのような操作をするのかについては理解できないので、

その理由について質問している[2]。これに対して、01Aがその理由について説明する[3]と、01Bは納得している[4]。例16では、生徒11Iが呼ばれてきたことを説明する[1]と、教師11Cはなぜ呼ばれたのかについて事情を明確にするための質問[2][4]をしている。生徒11Iがそれらの質問に答える[3][5]と、教師11Cは呼ばれた事情を明確化してまとめている[6]。

3.3.4 要求の変化

相手の質問・主張に対する質問の機能が、例えば確認要求をしてから明確化要求をするというように、ある要求から別の要求へと変化しながら話が展開している例も見られた。

例17　[1]　だって、頼まれなきゃやんないわ、実費はかかるんだもん。
　　　　　　　　　　　　　　　　　　　　　　　　　　　　　[03A・30m・休]
　　　　[2]　実費は★かかるの↑　　　　　　　　　　　　　　[03B・20f・休]
　　　　[3]　→実費は←かかんの。　　　　　　　　　　　　　[03A・30m・休]
　　　　[4]　いくらぐらい↑　　　　　　　　　　　　　　　　[03B・20f・休]
　　　　[5]　いや、定価。　　　　　　　　　　　　　　　　　[03A・30m・休]
　　　　[6]　定価っていくらなの↑　　　　　　　　　　　　　[03B・20f・休]
　　　　[7]　6500円とか、6000円。　　　　　　　　　　　　　[03A・30m・休]
　　　　[8]　そんなもん↑　　　　　　　　　　　　　　　　　[03B・20f・休]
例18　[1]　でも最近、90ワットかなー。　　　　　　　　　　[10C・60m・休]
　　　　[2]　うん↑　　　　　　　　　　　　　　　　　　　　[10A・50m・休]
　　　　[3]　90ワットかなー。　　　　　　　　　　　　　　　[10C・60m・休]
　　　　[4]　90ワット↑　　　　　　　　　　　　　　　　　　[10A・50m・休]
　　　　[5]　全部。　　　　　　　　　　　　　　　　　　　　[10C・60m・休]
　　　　[6]　モーターのー、モーターの容量、90ワット↑　　　[10A・50m・休]
　　　　[7]　そーそー90ワット。　　　　　　　　　　　　　　[10C・60m・休]

例17では、03Aが[1]「実費はかかるんだもん。」と言ったことに対して、

03Bはまず[2]「実費はかかるの↑」と確認している。03Aから確認の応答[3]を得ると、03Bは[4]「いくらぐらい↑」と今度は実費をより明確化するための質問をし、03Aが[5]「定価。」と答えると、さらに定価とはいくらなのかを明確化するための質問[6]をしている。すなわち、03Aの説明に対して、最初は確認要求の質問[2]をし、次に明確化要求の質問[4][6]をしているということがわかる。例18では、10Cの説明に対して10Aが聞き返した[2]ために、10Cはもう一度[3]「90ワットかなー。」と繰り返すが、10Aはさらに90ワットに関する確認の質問[4][6]をしている。この会話例では、10Aが最初は反復要求の質問[2]をし、次に確認要求の質問[4][6]をしている。

本談話資料において、反復要求から確認要求へと変化する談話展開は1例、確認要求から明確化要求への変化する談話展開は3例見られた。

3.3.5 相手の説明・主張を理解するための談話構造

上述の例にみられるように、相手の説明・主張を理解するための基本的な談話構造は次の通りである。

```
A：説明・主張 → B：質問      →   A：応答  →  （B：納得・受諾・コメント）
              （反復・確認・明確化要求）   （情報提供）
```

相手の説明・主張を理解するために質問をし、それに対して応答を得るというように話が展開していくが、応答の後の反応はさまざまである。例えば、応答の後に、「ふーん。」(例12)、「ほー。」(例13)、「あー、あー。」(例14)、「はーはーはー。」(例15)というように納得を表す反応が伴う場合や、相手の応答を繰り返す（例10）ことによって受諾することを示唆する反応を示す場合がある。また、「出してないんだねー、やるべきものをー、つまり。」（例16）というように相手の応答を要約したり、「そんなもん↑」（例17）というように相手の応答に対してコメントを述べる場合がある。このような明確な反応がなく、応答の後にすぐに関連した話題が展開したり、他の話題に移ってい

く場合もある。

　前述したように、相手の応答を理解するための談話構造においては話題の焦点化や相手への同調、質問を理解するための談話構造においては挿入発話前後の質問と応答の対応関係など、構成要素の間に制約や特徴的な関係性が見られた。しかし、説明・主張を理解するための談話構造においては、それほど明確な制約や関係性は見出されなかった。たしかに、質問の後には応答がくるという必然性はあるが、「B：質問」と「A：応答」の間には隣接ペアとしての関係以上のものは特になく、説明・主張を理解するための談話構造の特徴とは言えない。「A：応答」と「B：納得・受諾・コメント」の関係や元の発話連続への復帰の仕方に関してもさまざまなケースがあり、特徴的な制約は認められなかった。説明・主張を理解するための談話構造は、むしろ、構成要素の間にさまざまな関係性や展開パターンが存在しうる柔軟さがあるという点が特徴と言えるかもしれない。

3.4　相手の否定・反論に対応するための談話

　これまで、相手の質問、応答、説明、主張などが理解できない場合に見られる言語行動の特徴について論じてきた。相手の発話が理解できないということは相手の理解と自分の理解にギャップがあることを意味するので、前述の言語行動はそのギャップを埋めるための相互理解の言語行動と見なすことができる。しかし、相手と自分の認識のギャップをなくすための相互理解の言語行動はこれらの場合以外にも見られる。例えば、自分の説明や主張に対して相手が否定的な反応をしたり、反論したりする場合である。相手が否定や反論をするということは、自分と相手の既有知識や認識が異なっているということを意味するので、それに対応するための言語行動をとらなければならなくなる。

　本談話資料においても、自分の説明や主張を相手が否定したり反論した場合に、それに対応しようとする言語行動が16例見られた。相手の否定・反論に対応するための言語行動とそれに続く発話の連鎖には、次の4つのタイプ

が認められた。

3.4.1 説明・主張－否定・反論－質問－応答の発話連鎖

　会話をしている相手から自分の説明や主張に対して否定や反論をされた場合に、相手の否定的な発話に対して質問し、相手がそれに対して応答するという発話連鎖は10例見られた。

例19　[1]　それまー、なるたけ早くー、ねー。そうゆう体制にー。
　　　　　　　　　　　　　　　　　　　　　　　　　　[05A・50m・休]
　　　[2]　いやもーやってますよ。　　　　　　　　　[05C・40m・休]
　　　[3]　あ、もーやってんの↑　　　　　　　　　　[05A・50m・休]
　　　[4]　ええ、今月の1日から。いや、先月の31、30日か、頃から
　　　　　やってんですよ。　　　　　　　　　　　　[05C・40m・休]
例20　[1]　200分の30はやばい。　　　　　　　　　　[03D・30f・休]
　　　[2]　あー、[社名]200分の50ちゅったよ。　　　[03A・30m・休]
　　　[3]　えっ↑　　　　　　　　　　　　　　　　　[03D・30f・休]
　　　[4]　200分の50ちゅったよ、[社名]、店着見て。[03A・30m・休]

　例19では、05Aが「なるたけ早くー、ねー。そうゆう体制に」するようにと主張している[1]が、その主張の前提・論拠となる『現時点ではそうゆう体制になっていない』という事実を05Cは[2]「いやもーやってますよ」と否定している。これに対して、05Aは[3]「あ、もーやってんの↑」と確認要求の質問をし、05Cはそれに対して実際にやっているということを具体的に説明している[4]。例20では、03Dは[1]「200分の30はやばい。」というように『200分の30』に対して評価をしているが、03Aはその論拠となる『200分の30』という事実を否定して[2]「200分の50ちゅったよ。」と言っている。これに対して、03Dは[3]「えっ↑」と聞き返したので、03Aはもう一度発話を繰り返している[4]。

　本談話資料に見られる「否定・反論－質問－応答」の発話連鎖では、説明

に対する否定・反論は4例、主張に対する否定・反論は6例であった。また、否定・反論に対する質問の機能としては、反復要求が1例、確認要求が9例あった。つまり、これらの例では、自分の説明や主張に対して否定的な反応をされた場合には、聞き返したり、確認の質問をしているわけである。確認の質問に対して、相手は自分の主張に添うように肯定・否定をしたり、説明をしたり、主張を繰り返すという応答例が見られた。質問に対する応答後の継続の仕方としては、否定・反論をされた人が納得・受諾の反応を示す場合、自分の主張を繰り返す場合、再度確認の質問をする場合、特に反応が見られずに話題が展開する場合など様々なパターンが見られた。

3.4.2 説明・主張－否定・反論－反論－納得の発話連鎖

会話をしている相手から自分の説明や主張に対して否定や反論をされた場合に、相手の否定や反論に対して逆に反論し、相手がそれに対して納得・受諾するという発話連鎖が2例見られた。

例21 [1]　→うちらみたいな、←ほんとにあのー、田舎の方に行くとー、
　　　　　★大型。　　　　　　　　　　　　　　　　　　[08A・40m・休]
　　　[2]　田舎じゃ←ないですよー。　　　　　　　　　[08f・20f・休]
　　　[3]　田舎だよ、うちらぐらい。大型、[店名1]でもあるしー、
　　　　　[店名4]でもあるしー、大型店。今、すーごい[店名4]
　　　　　なんかでも、日本でも数えるほどおっきい[店名4]。
　　　　　　　　　　　　　　　　　　　　　　　　　　　[08A・40m・休]
　　　[4]　へえー。　　　　　　　　　　　　　　　　[08f・20f・休]

この例では、08Aの説明の中の「田舎」という部分について08fが否定している[2]。これに対して、08Aは「田舎だよ。」と反論し、その根拠として田舎に建てられるということで有名なスーパーマーケットの例を挙げ[3]、08fは[4]「へえー。」と納得している。

本談話資料における「否定・反論－反論－納得」の発話連鎖では、説明に

対する否定・反論と、主張に対する否定・反論が各々1例ずつ見られた。否定・反論の論拠は、2例両方において挙げられていなかった。それに対する再反論の論拠は、1例においてのみに挙げられていた。これらの例では、相手の説明や主張に対して否定・反論をしたにもかかわらず、相手から反論されるとすぐに納得している。これは、最初に否定・反論をする時に論拠が挙げられていない、すなわち、それほど確かな根拠に基づいて否定や反論をしていないということに関係しているのかもしれない。また、社会的な関係を良好に保つために社交辞令として否定をする場合もあり、そのような場合には相手の反論を受け入れやすいからかもしれない。否定・反論の論拠の有無や心理・社会的な側面と納得の関係について、今後さらにデータを収集し分析していく必要があるだろう。

3.4.3 説明・主張－反論－反論－確認の発話連鎖

会話をしている相手から自分の主張に対して反論をされた場合に、その反論に対して逆に反論し、相手がそれに対して確認をするという発話連鎖が3例見られた。

例22 （02Aと02Bは資料のコピーの大きさについて話している。）
　　［1］　B4にっていったじゃない。　　　　　　　　　　［02A・50m・朝］
　　［2］　B4、はいんない、‥（聞き取れない）‥。　　　［02B・40f・朝］
　　［3］　いいよっ。　　　　　　　　　　　　　　　　　［02A・50m・朝］
　　［4］　ぎりぎりで。　　　　　　　　　　　　　　　　［02B・40f・朝］
　　［5］　要するにー、会議の形式はみんなB4とB5だからー、B4かB5
　　　　　にしてほしいってことで、B4にとお願いしたんですよ。ねっ、
　　　　　A3だとー、はみ出ちゃうから、そうゆう意味で、うん。
　　　　　　　　　　　　　　　　　　　　　　　　　　　［02A・50m・朝］
　　［6］　‥（聞き取れない）‥。もうしわけございません。
　　　　　　　　　　　　　　　　　　　　　　　　　　　［02B・40f・朝］

例23　(08Aと08Bはデジタルカメラについて話している。)
　　　［1］　じゃー、［名字］にー、ゆっとい、ゆっといてよ。
　　　　　　　　　　　　　　　　　　　　　　　　　　［08B・50m・朝］
　　　［2］　いや、ポラロイドとか、ゆってませんでした↑　［08A・40m・朝］
　　　［3］　いや、あいつはー、結局デジカメにしたいとかなんかゆってた。
　　　　　　　　　　　　　　　　　　　　　　　　　　［08B・50m・朝］
　　　［4］　あー、デジカメにしたいとー↑あー。　　　［08A・40m・朝］
　　　［5］　ま、ポラロイドを使っても、あれはいいんだけれど。今、
　　　　　　安いやつがあるんだから。　　　　　　　　［08B・50m・朝］

　例22では、02AがB4サイズでコピーを取るように指示したということを主張する［1］と、02Bが［2］「B4、はいんない」というようにコピーのサイズの不適切さを指摘することによって02Aへ反論している。それに対して、02Aは［3］「いいよ。」と反論すると、02Bは［4］「ぎりぎりで。」と確認している。例23では、08Bがデジタルカメラについて言っておくように指示する［1］と、08Aが［2］「いや、ポラロイドとか、ゆってませんでした↑」と反論する。それに対して、08Bは［3］「いや、あいつはー、結局デジカメにしたいとかなんかゆってた。」と再反論し、08Aは［4］「あー、デジカメにしたいとー↑」と確認の質問をしている。

　本談話資料に見られる「反論－反論－確認」の発話連鎖では、3例すべてが主張に対する反論であった。また、その最初の反論においては、3例すべてにおいて論拠となるデータ（事実）が述べられていた。それに対する再反論の根拠も、3例すべてにおいて確認の後に述べられていた。例えば例22では、B4でコピーをとるようにという主張の論拠として、［5］「会議の形式はみんなB4とB5だから」、「A3だとー、はみ出ちゃうから」を挙げている。これらの例では、相手の主張に対して反論をした後に、相手からまた反論されると、それに対して確認をとり、その応答として相手が主張の根拠について述べている。

3.4.4 説明・主張－反論－反論－反論の発話連鎖

会話をしている相手から自分の主張に対して反論をされた場合に、相手の反論に対して逆に反論し、相手がそれに対してまた反論をするという発話連鎖が１例見られた。

例24 （ある場所で1.3キロ掘って温泉が出てきたという話をした後に、どのようにして温泉が掘りあてられたのかについて話している。）
 [1] ほー、だけどその、鉱脈が流れてるってのは、じゃー、ちゃんとわかってたんだねー↑、じゃーねー↑お、温水が流れてるって。　　　　　　　　　　　　　　　[10A・50m・休]
 [2] なんか、穴掘って‥（聞き取れない）‥。　　[10C・60m・休]
 [3] だって、いきなりは掘らないよ。　　　　　　[10A・50m・休]
 [4] わかってりゃ、他の人がやってるよ。　　　　[10C・60m・休]
 [5] 趣味でやったわけ↑、＜笑いながら＞1300メートルも＜笑い＞。
　　　　　　　　　　　　　　　　　　　　　　　　[10A・50m・休]
 [6] ‥‥（聞き取れない）‥‥。だからもう道楽でやってたんじゃないの↑　　　　　　　　　　　　　　　　[10C・60m・休]
 [7] あー。　　　　　　　　　　　　　　　　　　[10A・50m・休]

この例では、温泉がその場所に流れているというのはあらかじめわかっていたという推測を10Aがしたのに対し、10Cはその考えを否定して穴を掘っていたらでてきたという推測をする。それに対して、10Aは［3］「だって、いきなりは掘らないよ。」と反論し、これに対して、10Cも［4］「わかってりゃ、他の人がやってるよ。」とさらに反論している。前者の反論は、『温泉があるかないかわからない状況では1.3キロも掘らない』という常識に基づいた推論であり、後者の反論は、『もしそこに温泉があるとわかっていれば他の人がとっくに掘っているはずだ』という常識に基づいた推論である。それに対して、10Aは10Cの推測が仮に正しいとすると［5］「趣味でやったわけ↑、＜笑いながら＞1300メートルも＜笑い＞。」と言い、10Cの推測は現実的にありえないと

- 199 -

暗にほのめかして反論している。それに対して、10Cはさらに「道楽でやって」いたと解釈することにより、自分の主張が正当であることを言い張っている[6]。これに対して、10Aは[7]「あー。」と10Cの主張を受け入れるような反応をしている。

この例より、意見が違う場合、知っている事実や常識に基づいた推論によって自分の主張を支持したり、相手の主張を批判することがあるということがわかる。この発話連鎖は、議論の形態と同様のものであるといえる。しかし、この例のように、話者が客観的な事実に基づかない推論のみによって主張している場合は、意見が対立したままであったり、結論がうやむやになる可能性もある。

3.4.5 相手の否定・反論に対応するための談話構造

図1は、前述の相手の否定・反論に続く発話連鎖を整理して図式化したものである。

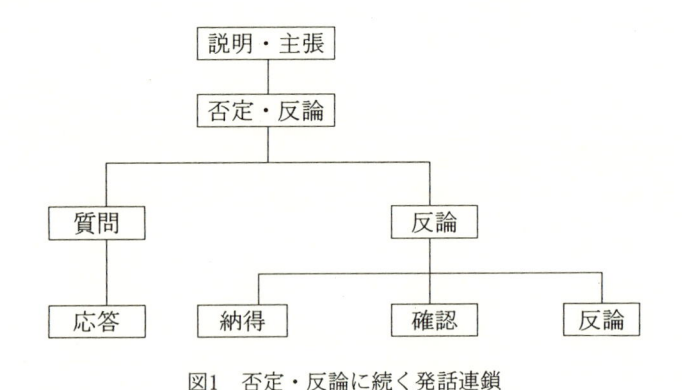

```
            説明・主張
            否定・反論
         ┌─────┴─────┐
        質問          反論
         │       ┌────┼────┐
        応答    納得  確認  反論
```

図1　否定・反論に続く発話連鎖

前述した通り、本談話資料においては、否定・反論に続く発話連鎖として、「質問ー応答」が10例であるのに対して、「反論ー納得」は2例、「反論ー確認」は3例、そして、「反論ー反論」は1例しか見られなかった。嶋崎(1988)は、日本ではタテ社会の影響がいまなお残存しており、タテ社会の中で人間関係

を重んじるために角の立つの議論は回避されると指摘しているが、本談話資料においても正面きっての議論はさける傾向が表れていると言えるかもしれない。すなわち、会話をしている相手から否定や反論をされた場合に、それに対して反論をするよりも確認の質問をする場合が多く、質問によって暗に『本当にそうなのか』と疑問を呈しているように思われる。また、相手の否定的な意見に対して反論した場でも、相手が再反論をして議論になることはあまりなく、すぐに納得したり確認したりする傾向があるように思われる。今後より多くのデータを収集・分析することにより、否定・反論に対応する談話の構造に日本社会特有の特徴があるのかどうか、もしあるのであればどのような特徴的な談話構造が存在するのかについて明らかにしていくことが重要であろう。

3.5 談話構造の出現頻度と場面の関係

以上4つの相互理解の談話構造、すなわち、「応答を理解するための談話」「質問を理解するための談話」「説明・主張を理解するための談話」「否定・反論に対応するための談話」の構造について論述してきたが、これらの構造を持つ会話の出現頻度に違いはあるのだろうか。また、場面の違いによりこれらの会話が生じる頻度に偏りはあるのだろうか。4つのタイプの相互理解の会話が、「朝」、「休憩」、「会議」の3つの各々の場面において生起した数と全場面において生起した数（各場面の合計）は表2に示す通りである。

表2 相互理解の会話の場面ごとの生起数

	朝	休憩	会議	合計
応答を理解するための談話	10 (80.30)	14 (42.42)	9 (27.27)	33
質問を理解するための談話	4 (28.57)	3 (21.43)	7 (50.00)	14
説明・主張を理解するための談話	8 (18.60)	21 (48.84)	14 (32.56)	43
否定・反論に対応するための談話	2 (12.50)	10 (62.50)	4 (25.00)	16
合計	24	48	34	106

（注）括弧内の数値は、談話のタイプごとの各場面の％

まず、職場の全場面を対象とした場合に、4つの各々の相互理解の談話構造を持つ会話が出現する頻度に違いがあるかどうかを調べるために、χ^2検定を行った。その結果、談話構造のタイプによる会話数の違いは統計的に有意であり、「説明・主張を理解するための談話」が多く、「質問を理解するための談話」と「否定・反論に対応するための談話」が少ないということが明らかになった（$\chi^2_{(3)} = 21.92$, $p < .0001$）。

次に、「朝」「休憩」「会議」の場面の違いにより、4つの相互理解の談話構造を持つ会話が出現する頻度に違いがあるかどうかを調べるために、χ^2検定を行った。その結果、場面の違いによる会話数の偏りは統計的に有意ではなかった（$\chi^2_{(6)} = 7.00$, $p > .10$）。この結果より、これらの談話構造をもつ会話が生じる頻度は、場面によって顕著な違いが認められないということが示された。これは単純に各場面ごとの生起数を対象として検定した結果であるが、実際には、今回分析対象とした5291レコードのうち、朝は1534レコード、休憩は2217レコード、会議は1540レコードを占めており、各場面の総会話数が異なっている。そこで、各場面の総会話数の差異の影響を排除するために、会話数比率（各場面の総会話数に対する各タイプの相互理解の会話の場面ごとの生起数）の場面間の差を検定した結果、この差も統計的に有意ではなかった。

統計的に有意な結果は得られなかったものの、表を見ると「質問を理解するための談話」は会議場面で多いが休憩場面で少なく、逆に、「否定・反論に対応するための談話」は休憩場面の方が会議場面よりも多い傾向があるようにも見られる。もし、本当にこのような傾向があるとすると、会議場面では休憩場面よりも相手の質問をより確実に理解しようとしている表れかもしれないし、また、休憩場面では会議よりも相手の発話に対して否定や反論がしやすいからかもしれない。今後、より多くの会話のサンプルを収集・分析することにより、会話のタイプと場面との関係性をより明確にしていくことが重要であろう。

4　全体的考察

　本稿では、相互理解の談話構造にはどのようなものがあり、どのような特徴を持っているのかについて明らかにすることを目的として、談話データを質的に分析するとともに、談話構造の出現頻度と場面の関係性について量的に分析した。その結果、主に次のことが明らかになった。

(1) 4つの典型的な相互理解の談話構造、すなわち、「応答を理解するための談話」「質問を理解するための談話」「説明・主張を理解するための談話」「否定・反論に対応するための談話」の構造が認められた。

(2) 「応答を理解するための談話」は、「質問1－応答1－質問2－応答2」という構造を持ち、質問2の機能には、「反復要求」「確認要求」「明確化要求」が見られた。この談話においては、会話者は、話題を焦点化しながら理解を深めようとしているだけでなく、相手に同調しながら円滑に会話を進めていこうとしている傾向が認められた。

(3) 「質問を理解するための談話」は、「質問1－質問2－応答1－応答2」という構造から成り、質問2の機能には、「反復要求」と「明確化要求」が見られた。主質問（質問1）と主応答（応答2）は、挿入質問（質問2）と挿入応答（応答1）が間にあるにもかかわらず、標準的な隣接ペアと同様な対応関係を築いているということが示唆された。

(4) 「説明・主張を理解するための談話」は、「説明・主張－質問－応答－（納得・受諾・コメント）」という構造からなり、構成要素の間には特別な制約や特徴的な関係性は見出されなかった。質問の機能には、「反復要求」「確認要求」「明確化要求」が見られたが、ある要求から別の要求へと変化しながら話が展開している例も見られた。

(5) 「否定・反論に対応するための談話」の発話連鎖には、「説明・主張－否定・反論－質問－応答」、「説明・主張－否定・反論－反論－納得」、「説明・主張－反論－反論－確認」、「説明・主張－反論－反論－反論」の4つのタイプが認められた。会話をしている相手から否定や反論をされた場合に、それに対して反論をするよりも確認の質問をする場合が多く、

また、相手の否定的な意見に対して反論した場でも、さらに相手が再反論をして議論になることはあまりなく、すぐに納得したり確認したりする傾向が見られた。
(6) 職場の全場面を対象とした場合には、「説明・主張を理解するための談話」の出現頻度の方が、「質問を理解するための談話」や「否定・反論に対応するための談話」の出現頻度よりも多かった。しかしながら、朝、休憩、会議の場面の違いにより、4つのタイプの談話構造を持つ会話が生じる頻度に顕著な偏りは認められなかった。

対話者間の知識や認識の相違を解消するためのコミュニケーションをモデル化することを試みた先行研究は、実験データに基づいて比較的単純な対話のサイクルや特徴を提示してきた（e.g., 石崎・伝, 1996；渡辺・荒木・堂下, 1996）が、本稿では自然談話を分析することによって、より複雑で多様な相互理解のコミュニケーションの構造や特徴を見出すことができた。本稿では、主に4つの典型的な相互理解の談話構造について考察したが、これら4つの談話構造を持つ個々の会話を詳細に見ていけば、さらに多様な特徴や展開が存在することが見出されるだろう。また、対話状況が多様になれば、より多様で複雑な相互理解の談話構造も見出されるだろう。今後、さらに多くのデータの分析に基づいて、より客観的で洗練された談話構造を特定するとともに、相互理解のコミュニケーション過程を詳細に分析していく必要があるだろう。また、認知心理学の分野では、コミュニケーションのタイプの違いが会話者の理解や学習に影響を及ぼすことが指摘されている（Sugimoto, 1999）が、今後、相互理解のコミュニケーションの構造と理解の関係性についても明らかにしていくことが重要であろう。

【注】
(1)「大学の演習室にクーラーを設置すべきか」という問題に関する議論のように、明確な解を持たない(Open-ended)議論。

【引用文献】

石崎雅人・伝康晴（1996）「コミュニケーションによる誤解の解消」『音声言語情報処理』
　　　　Vol.96, No.104, pp.13-18.
嶋崎隆（1988）『対話の哲学－議論、レトリック、弁証法』みづち書房
鈴木志のぶ（2000）「議論の構造分析の一方法の提案」『Proceedings of the 1st Tokyo
　　　　Conference on Argumentation』pp.170-176.
堀口純子（1997）『日本語教育と会話分析』くろしお出版
渡辺太郎・荒木雅弘・堂下修司（1996）「対話システムにおける知識の相違および認識誤り
　　　　の解消」『言語理解とコミュニケーション』Vol.96, No.419, pp.47-52.
Clark, H. H., & Schaffer, E. F. (1989) Contributing to discourse. *Cognitive Science*,
　　　　Vol.13, pp.259-294.
Davidson, J. A. (1990) Modifications of invitations, offers and rejections. In G.
　　　　Psathas(Ed.), *Interaction competence*. Washington, DC: University
　　　　Press of America.
Higgins, E. T. (1992) Achieving 'Shared reality' in the communication game. *Journal
　　　　of Language & Social Psychology*, Vol.11, pp.107-131.
Nystrand, M. (1986) *The structure of written communication: Studies in reciprocity
　　　　between writers and readers*. London: Academic Press.
Pomerantz, A. (1978) Compliment responses: Notes on the co-operation of multiple
　　　　constraints. In J. Schenkein (Ed.), *Studies in the organization of
　　　　conversational interaction* (pp.79-112). New York: Academic Press.
Psathas, G. (1995) *Conversation analysis: The study of talk-in-interaction*.
　　　　California: Sage Publications.
Sacks, H. (1967) Mimeo lecture notes.
Schegloff, E. A. (1972) Notes on a conversational practice: formulating place. In
　　　　Sudnow, D. (ed.), *Studies in social interaction* (pp.75-119). New York:
　　　　Free Press.
Schegloff, E. A. (1979) Identification and recognition in telephone conversation
　　　　openings. In G. Psathas(Ed.), *Everyday language: Studies in
　　　　ethnomethodology*. New York: Irvington.
Schegloff, E. A. (1986) The routine as achievement. *Human Studies*, Vol.9, No.2-3,
　　　　pp.111-151.
Sugimoto, A. (1999) *The effects of different styles of interaction on the learning
　　　　of evolutionary theories*. Ann Arbor, MI: A Bell & Howell Company.

第13章　男性の働き方とことばの多様性

高崎　みどり

1　はじめに

　本研究では、『男・職』談話資料を
　　1．各職場における男性の言語使用の実態
　　2．職場における各男性の言語表現の幅
という2つの観点から分析する。
　この2つの観点からの分析は、先行の『女・職』で高崎が行った分析「女性の働き方とことばの多様性」（以下〔女性〕と略記）を引き継ぐものである。そこで行った分類の項目や判定の基準などについての不備や揺れは自覚しているが、比較のために、今回、ほぼ同様の方法で行うこととした。
　2つの観点について、もう少し説明を加える。
　「1．各職場における男性の言語使用の実態」は、女性の使うことばを5層に分けて考察した高崎（1996）を基に、談話資料中の男性の発話を、
　　A．女性専用とされる言語形式・表現、すなわち男性がほとんど使わない
　　　とされる言語形式・表現
　　B．女性が多用するとされる言語形式・表現、すなわち男性が普通あまり
　　　使わないとされる言語形式・表現
　　N．性に無関係に使用される言語形式・表現
　　C．男性が多用するとされる言語形式・表現、すなわち女性が普通あまり
　　　使わないとされる言語形式・表現
　　D．男性専用とされる言語形式・表現、すなわち女性がほとんど使わない
　　　とされる言語形式・表現
の5つの層に分類した。それを各職場別、そして会議・雑談といった場面別にみて、パーセンテージ化し、またグラフ化もした。
　この観点は、職場ごとに、いわゆる男性らしいことばや、男性らしくない

ことばが、どれくらいの割合いで使われているのかを見るものである。
　「2．職場における各男性の言語表現の幅」は、協力者の男性の発話から、
　　1．説明　2．感想　3．丁寧　4．ぞんざい　5．男性稀使用　6．男性専用
　　7．形式的　8．親近的
の8種類の表現を抜き出して、それらの程度によって、3・2・1・0の4段階に点数化し、グラフ化して示した。
　この観点は、1人ずつの男性の表現の幅の広さを見ようというものである。以下、これら2つの観点からの分析を順に示す。

2　各職場における男性の言語使用の実態
2．1　方法
2．1．1　対象とした職場

　対象とした職場は、以下に示す18種で、それぞれが打合せや雑談や応対など3種類の場面を持っているものである。必要に応じて、協力者の仕事の内容を（　）内に示した。
　01薬局（経営）　02大学（事務）　03会社（営業）　04会社（営業）
　05会社（技術）　06大学（教育）　07会社（営業）　08会社（事務）
　09会社（技術）　11高校（教育）　12会社（経営）　13研究機関（研究補助）
　14美容院（美容師）　15会社（営業）　16会社（営業）　17会社（電話案内業務）
　18大学図書館（図書管理）　19大学図書館（図書管理）
なお、「10会社（技術）」および「20高校（教育）」「21フリー（ミュージシャン）」の3種は場面が2種類しかとれなかったので対象から除外してある。

2．1．2　分類項目

　先の〔女性〕に基づき、男性話者の特徴がつかみ易いように、以下のA～Dのように分類項目を設定した。すなわち
　A．女性専用とされる言語形式・表現、すなわち男性がほとんど使わない

とされる言語形式・表現
については、〔女性〕と同じく、後の文献リストにあげたような先行研究で、「女性用」または「女性専用」とされた終助詞の用法、人称詞、感動詞などが入る。今回の資料中の男性発話では、「あら」「あたし」などが見出された。
　B．女性が多用するとされる言語形式・表現、すなわち男性が普通あまり
　　使わないとされる言語形式・表現
については、同様に、先行研究で「女性が好む」「女性に使用が偏る」「女性に多い」とされたものに、内省を加えて拾っていった。今回談話資料中の男性発話では、「でしょ」「らしいの」「してよ」「ですもん」「でしたっけ↑」や、「お」のつく「おまつり」「おままごと」などの他、言いさし表現などが見出された。
　ここでこのB層について一言したい。先行研究では「女性が多用する」とされる表現ではあるが、今回の男性の資料でも、男性が少なからず使用している。また、女性が使用する場合も"女らしさ"を意識して、というよりも、結果として婉曲や美化などの効果をねらって、という面が強いように思われる。こうした使用実態を考えると、B層を他の規定のしかた、（例えば、婉曲・強調・和らげ・言いさし・流行語使用など）をした方が適切なように思われる。が、ともかくここでは、先の〔女性〕と比較するために、同一の規定をしておくことにしたい。すべて、比較作業が終わったあと、あらためて、"女性語""女性多用語"といった枠組みの洗い直しを始めたいと考えている。
　N．性に無関係に使用される言語形式・表現
これはA・B・C・Dいずれにも入らないもので、性に無関係に使用される言語形式・表現である。
　C．男性が多用するとされる言語形式・表現、すなわち女性が普通あまり
　　使わないとされる言語形式・表現
については、同様に「女性が避ける」「女性は口にしないのが常」とされたものに内省を加えた。今回談話資料中の男性発話では「～さ」「～なー」という終助詞や「だよね」などにおける「だ」の挿入、「やつ」「でっかい」などの俗語、また、投げ出し表現などを見出した。

ここで、このＣ層についてもちょっと付け加えたい。先行研究では、上述したように「女性が普通あまり使わない」とされることば遣いだが、〔女性〕では、実際、女性もかなり使用しており、職場あるいは場面によって、Ｎ層の使用率に近いか、それを上回る場合さえあった。つまりここに属することばの、全部ではないが、少なくとも一部は、Ｎ層、つまり性に無関係に使われることば、あるいは単に"くだけたことば遣い"というような捉え方をする方が適切ではないか、と思われるのである。しかしながら、これもともかく、〔女性〕と比較するために、今回も同様に設定し、拾っていくことにした。
　Ｄ．男性専用とされる言語形式・表現、すなわち女性がほとんど使わない
　　とされる言語形式・表現
については同様に「男性のみが使用」とされるもので、今回は「〜ぞ」という終助詞や「ほー」という感動詞、その他「いらねー」「いねー」「おれ」「ぼく」「おまえ」などが見いだされた。

2．1．3　発話の分類方法

　本書の第１章でも解説があるが、今回の発話資料は、「朝」「休憩」「会議」３つの異なる場面「場面１」と、それをさらに細かくした「応対」「雑談」といった「場面２」がある。これらの分類を組み合わせて大きく「雑談」と「会議」に分け、「会議」には、純粋の会議・打合せであるものと、それ以外の応対や講義・朝礼などの仕事上の会話の、２種類の場面の会話を入れた。つまり、「雑談」１場面、「会議」２場面（「会議・打合せ」と「その他仕事上の会話」。ただ、煩雑なため、以後はこれらを区別せず両方とも、雑談以外の会話というほどの意味で、一括して「会議」と呼んである）の合計３場面が対象となる。それら３つの場面のおのおのから、平均的になるよう、男性の発話をいくつかおきにとり、10レコードになるまでとっていく。３場面で合計30レコードを１つの職場からとり、18の職場で、540の発話レコードを対象とすることになる。聞き取り不能や、短いあいづちのみのレコードはとらない。男性の発話であればとるので、発話者が１人である場合もあるが、複数の男

性の発話が含まれている場合もある。

　そして、対象となる発話を文節に区切り、その各文節がA〜Dの5層のどの要素を含むかで、各文節にA・B・N・C・Dのラベルを貼る。

　たとえば、[01　薬局]の3場面のうちの「雑談」の場面を例にとる。「／」は文節の区切り、[　]内は各文節に貼ったラベルを示す。

例1　5枚。　　　　　　　　　　　　　　　　　　　　　　　　[C]
例2　ディーシーエフ（DCF）って／何の／略でしたっけ。　　[CNC]
例3　ギ、☆カフェイン、／フリー。　　　　　　　　　　　　　[NC]
例4　まだ／[名字（01G）さん]／出来てねえんだけどさ。　　[NND]
例5　うん↑　　　　　　　　　　　　　　　　　　　　　　　　[C]
例6　ばりばりですね。　　　　　　　　　　　　　　　　　　　[N]
例7　うん、／外科なの／うん／内臓外科。　　　　　　　　　[CBCC]
例8　あの、／バーコードに／なってる／人↑　　　　　　　　[NNCC]
例9　いつも／なんか／ぐちゅぐちゅ／ぐちゅぐちゅ／鼻／すすってる／
　　　人。　　　　　　　　　　　　　　　　　　　　　[NBNNCCC]
例10　そー／そー／そー。　　　　　　　　　　　　　　　　　[CCC]

　たとえば、例2「ディーシーエフ（DCF）って／何の／略でしたっけ」は、3文節で「ディーシーエフ（DCF）って」は「って」がくずれであるとして[C]、「何の」は[N]で、「略でしたっけ」は最終文末にくずした言い方「っけ」があるので[C]とし、この発話全体を100とすると、Nが33％、Cが66％をしめるとする。これを例1から例10までの10の発話で繰り返し、各発話の％を算出。それを合計して上記の10の発話全部で1000‰のうち、Aが何‰、Bが何‰と計算すると、Aが0，Bが39‰、Nが341‰、Cが583‰、Dが33‰というように数字上はなる。千分率というのはわかりにくいので、四捨五入してからこれを百分率に直して、結局、[01　薬局]の職場では、雑談の場合、A層のことばは0、B層のことばは4％、N層が34％、C層が58％、D層が3％という割合で出ている、という結果になる。

　以下、同様にして、18の職場の3つの場面ごとにその作業を繰り返し、上

- 211 -

記のような最終パーセンテージを出して、わかりやすいように、グラフ化したのが、グラフ1である（グラフ1参照）。

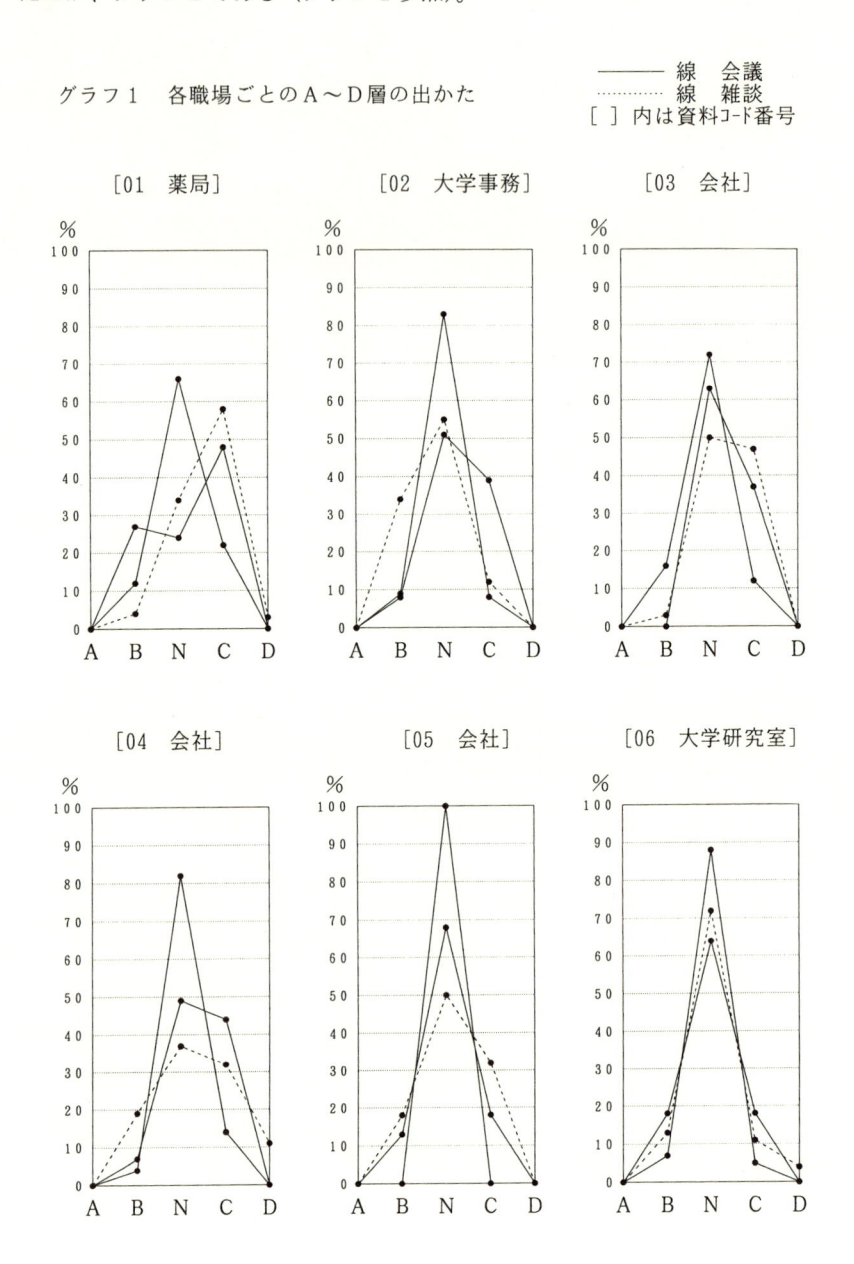

グラフ1　各職場ごとのA～D層の出かた

―――― 線　会議
………… 線　雑談
[ ] 内は資料コード番号

[01　薬局]　　　[02　大学事務]　　　[03　会社]

[04　会社]　　　[05　会社]　　　[06　大学研究室]

[07 会社]　　　　　[08 会社]　　　　　[09 会社]

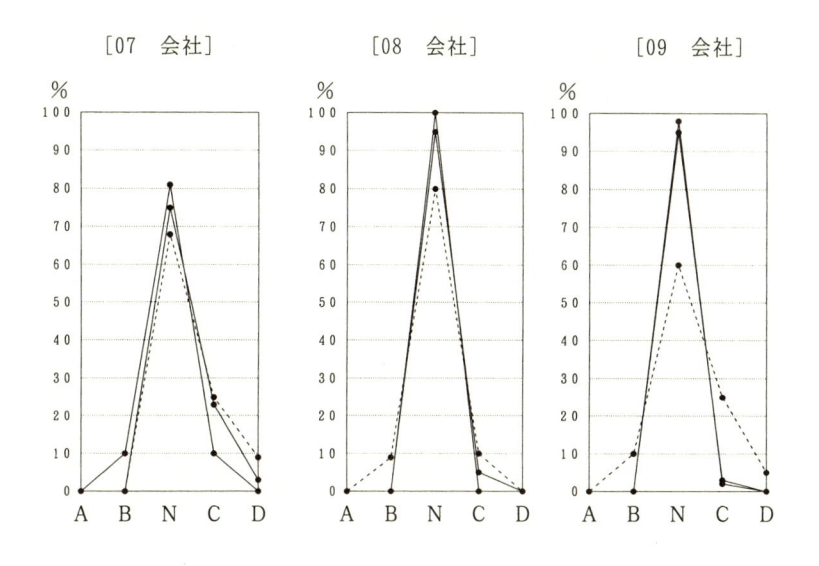

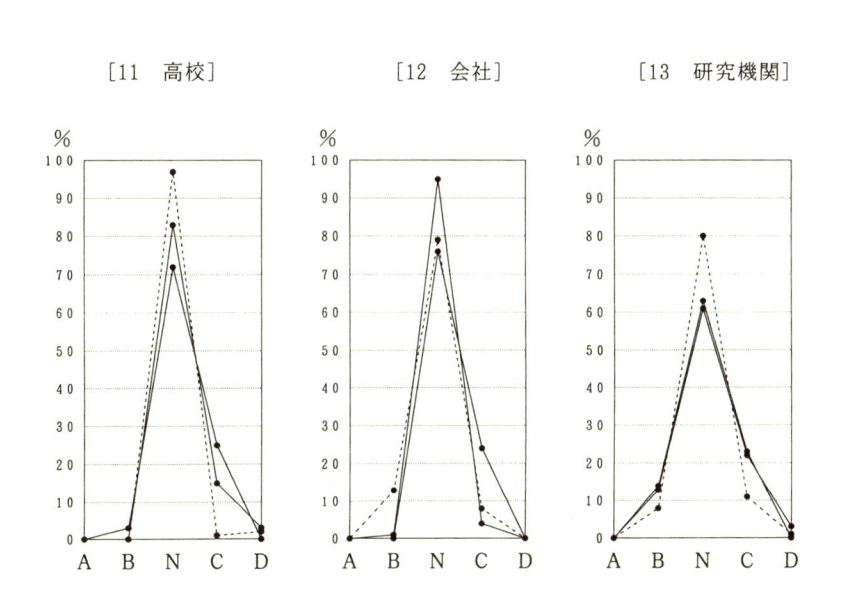

[11 高校]　　　　　[12 会社]　　　　　[13 研究機関]

[14 美容院]　　　　[15 会社]　　　　[16 会社]

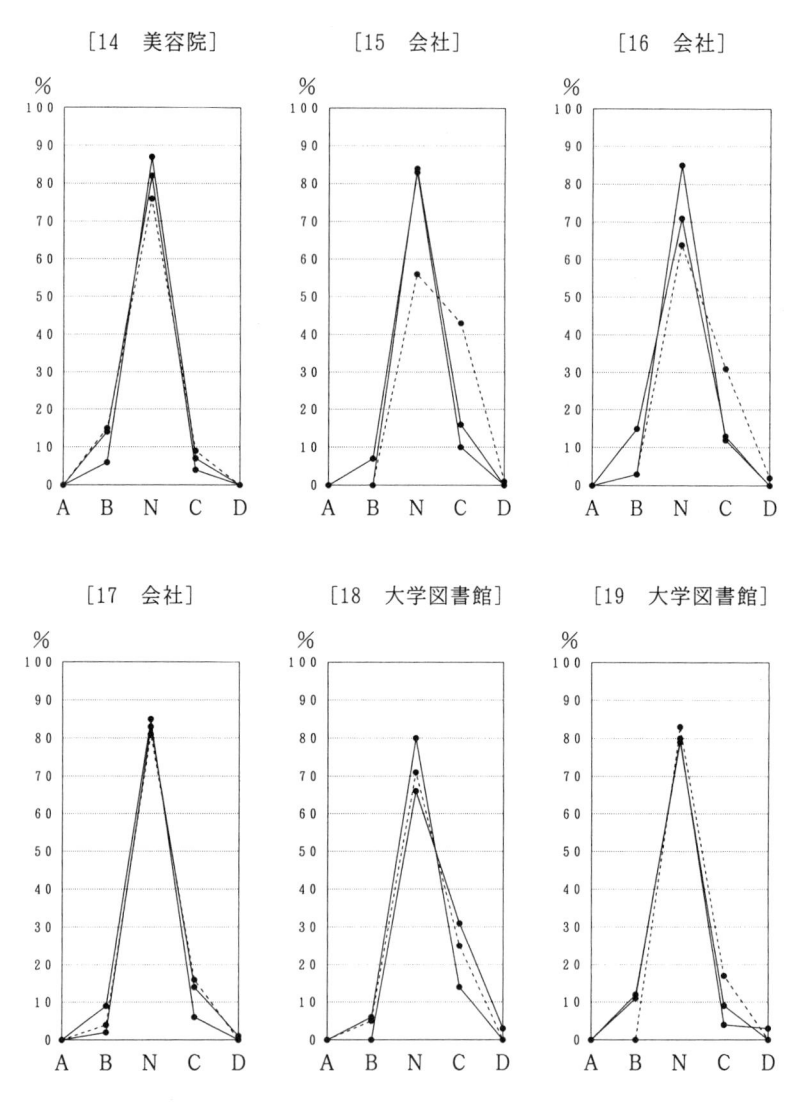

[17 会社]　　　　[18 大学図書館]　　[19 大学図書館]

（注）［10 会社］［20 高校］［21 フリー］は、場面が2種類しかないので対象とせず、グラフもない。

なお、比較のために、〔女性〕で同じようにして作成したグラフも載せる。

参考1　『女性のことば・職場編』で示したデータ

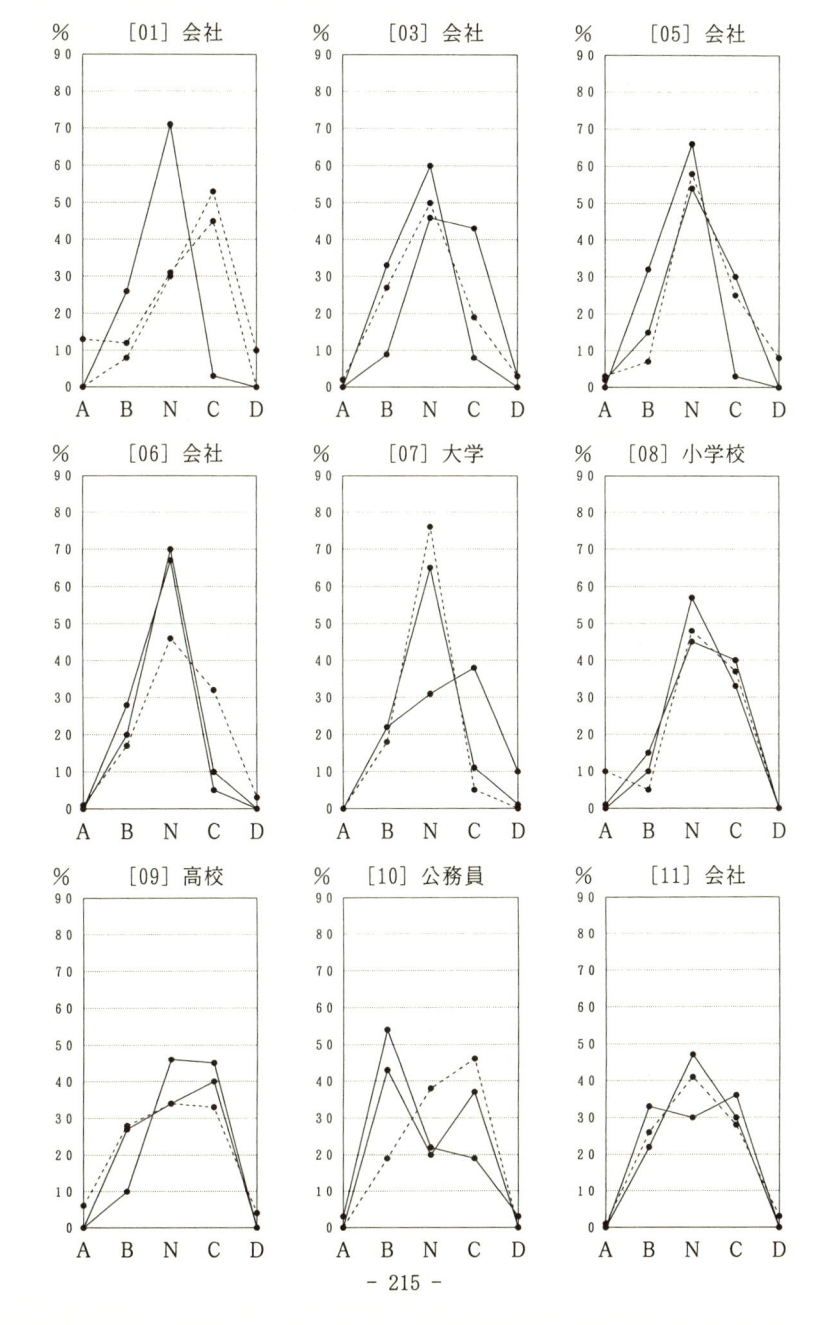

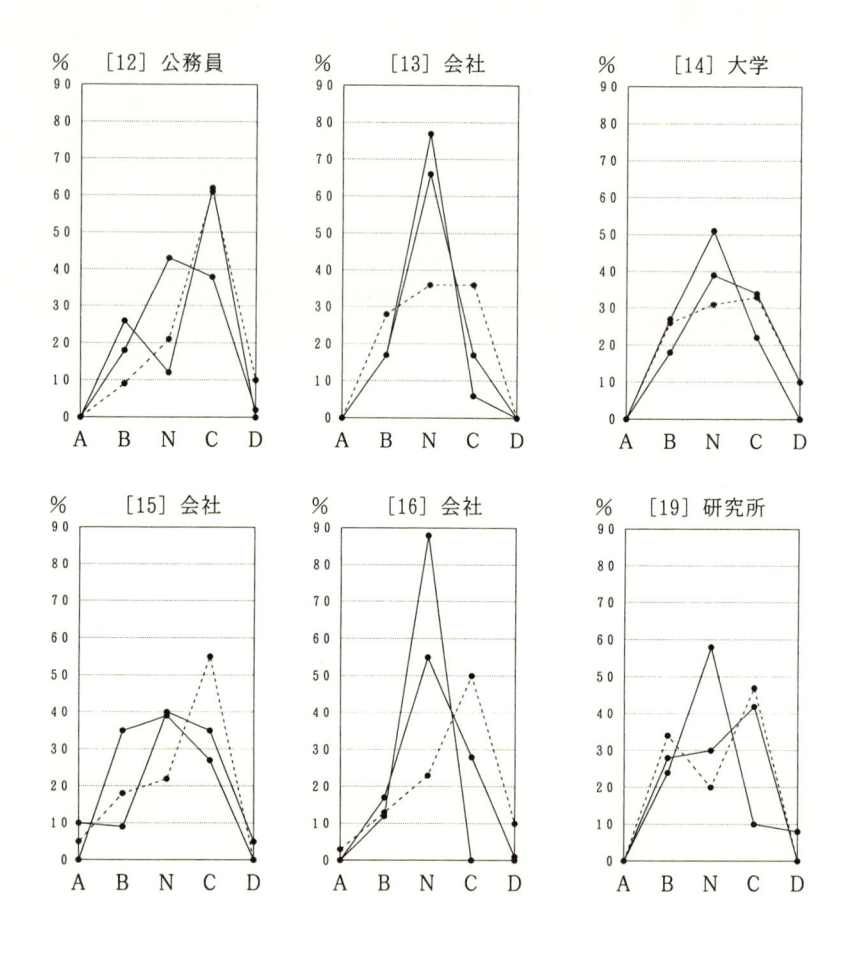

(注)
- ［02　会社］［17　会社］［18　研究所］は、場面が2種類以下なので、対象とせず、グラフもない。
- 『女性のことば・職場編』とは、グラフの順序が異なっている。データそのものは同一である。ただし、［04　大学］は「会議」のみの3場面であったので、ここにはのせなかった。

2.2 分析

　グラフは、点線が1本、実線が2本それぞれ引かれている。点線は「雑談」で、実線は「会議」を示す。「雑談」は、主として休憩時の会話からとった10の発話のうち、A・B・N・C・Dがそれぞれ何パーセントを占めているかを、前節で述べたような方法で数えて示したものである。「会議」の実線2本は、雑談以外の仕事中の会話から、それぞれ10発話ずつをとって同様に数えて示したものである。前述したように、この「会議」は、打合せや会議の場合が1本、もう1本は主として「朝」の場面で、朝礼や接客、電話などさまざまな種類が含まれるが、講義や指導など、「朝」以外からとったものもある。この2本を、前の〔女性〕とそろえるために、「会議」と名づけて、グラフを作ってある。
　参考1のところに示した、〔女性〕のデータのグラフと比較して見てみると、次のようなことがわかる。

1）グラフ1の男性のグラフの形は、全体的に似た形のものが多く、鋭角であるものが多い。〔女性〕はいろいろな形があり、比較すると、男性よりは、鈍角のものが多い。

2）男性は……線と──線がほぼ重なるようなグラフが多い、即ち雑談と仕事の場での発話が同じようなことばの構成状況である。〔女性〕は、ほとんどのグラフでそれがずれている。

3）Nの頂点が、男性は高いものが多く、ほとんどの線で70％を越しているが、〔女性〕はそれらに比べて低く、ほとんどの線が、70％を越えていない。つまり、性に無関係な層のことばへの集中度は、男性の方が高い。

4）男性のグラフで、N以外の層が頂点となる線が見られるのは、〔01 薬局〕の1職場のみである。〔女性〕は、10の職場でそれが見られる。なお、そのN以外の、頂点に来る層は、男性・女性ともC層であることがほとんどである、という点で共通している。

5）男性のグラフは、B層がきわめて少ない。〔女性〕では、各職場で割合

いは異なるものの、すべての職場で、男性よりはＢ層のことばが使われているといえる。

　６）〔女性〕では、大学・高校や研究所、公務員と、会社の一部で、ＣやＢの使われ方が比較的多く、特色を見せていたが、男性のグラフではそれほどの特色は見られない。薬局・大学・会社の一部で、Ｃの使われ方がやや多いくらいである。

以上が〔女性〕と比較した場合だが、以下は、グラフ１だけをもう少し細かく検討した時に見られることを挙げていく。

　７）上記の２）３）で指摘したように、雑談の線と会議（仕事中の会話）の線はＮを頂点として接近した線を描くが、よく見るとだいたいにおいて、雑談のＮの高さは、それ以外の仕事中の会話の高さより低い。すなわち、その分、雑談では、少ないながらもＢ層、すなわち男性が普通あまり使わないとされる言語形式・表現と、Ｃ層、すなわち男性が多用するとされる言語形式・表現が用いられている、ということが言える。

　８）すべての職場で、Ａ層、すなわち女性専用とされる言語形式・表現は非常に少ないか、まったくないか、である。Ｄ層、すなわち男性専用とされる言語形式・表現は少ないか、まったくないか、であるが、Ａ層よりはやや使われていると言える。

　９）[01 薬局]においては、雑談と、仕事中の発話のうちの片方（応対とパソコン操作の説明）で、Ｎ層よりもＣ層の方がずっと多くなっている。これは全体のなかでは例外と言えるほどのＣ層の多さである。

　10）[04 会社]においては、雑談と、仕事中の発話のうちの片方（会議）で、Ｎ層とＣ層の割合いがかなり接近している。

　11）[05 会社]と[08 会社]においては、仕事中の発話のうちの片方（05では作業の前の朝礼、08では報告）で、10発話のすべてがＮ層で話されている。これは全体のなかでは例外と言えるほどの集中ぶりである。

以上である。

2.3 この節のまとめ

　職場における男性のことばは、ほとんどの職場で性に無関係な層のことばが多用されている。そして、職場によって、あるいは場面によって、Ｃ層（男性が多用する言語形式・表現）と、Ｂ層（男性があまり使わない言語形式・表現）とが、あまり多くはないが使われる。ただ、先の「2.1.2分類項目」のＣ層の説明のところで述べたように、〔女性〕の場合は、女性が"男性多用"のＣ層を使っているので、いわば名称と矛盾する、ということが見られたわけであるが、それではこの男性のＢ層使用についてはどうだろうか。同じように"女性多用"とは言いにくいほど、男性がＢ層を使っているか、というと、グラフを見てもわかるように、そうは言えない。つまり、Ｂ層のことばは、まだ、「性に無関係に使われる」とも、単に「丁寧なことば」である、ともいえないわけである。

　Ｄ層（男性専用の言語形式・表現）とＡ層（男性がほとんど使わない言語形式・表現）は極めて少ない。

　また、Ｎ層の多用は、女性よりも甚だしい。男性の場合、Ｎ層の多用は、会議などの仕事の場面と、雑談のように仕事を離れた場面とで、それほど大きな差が見られない。

　即ち、職場の男性のことばは、いわゆる女性語もほとんど使用せず、また、いわゆる男性らしいことばもあまり使用せずに、性に無関係なことばを圧倒的に多く使用している。そして、職場ごとで、場面ごとで、切り替わることの少ない使い方をされていると考えられる。

3　1人の男性の表現の幅

　前章では、各職場におけるＡ・Ｂ・Ｎ・Ｃ・Ｄ各層の出方を見た。対象とした発話は、各職場３つの場面で登場する男性の、いくつかおきにとった10発話ずつであった。発話者の男性の数は、1人の場合も複数の場合もあった。

　ここでは、前章とは違って、1人の男性の言語表現を、場面に関係なく対

象として、職場においてどれくらいの表現の幅を持っているかを見る。

3.1 方法

前章の18に［10 会社］［20 高校］［21 フリー］を加えた21の職場の各協力者の男性（各資料中［A］として示されている男性）21人の、すべての発話を対象とする。それらの中から、次の8種の言語表現と認定できるものをさがす。その8種とは、
　　1.説明　2.感想　3.丁寧　4.ぞんざい　5.男性稀使用　6.男性専用
　　7.形式的　8.親近的
である。一見ばらばらに見えるが、1と2が客観的かどうかを、3と4で丁寧かどうか、5と6でいわゆる"男性的ことば遣い"かどうか、7と8で形式的かどうか、という4つの面を見てみたかったためこのようにした。他にも職場でのことばのやりとりということで見たかった表現はあるが、〔女性〕と比較するために、この8種とした。その内容を説明すると、

1. 説明──構造として、［題目＋題述］を具え、言いよどみや言いさし、空白補充などが、少なく、言語形式が比較的整っているもの。
2. 感想──語彙自体が喜怒哀楽や驚き、非難などの感情を意味しており、強調のための副詞類や感嘆詞が付随しているもの。
3. 丁寧──丁寧な言い方や美化語的な言い方を選択したものや、敬語の要素がきちんと入ったもの。
4. ぞんざい──俗語や卑語などや、くずれがはいったもの。
5. 男性稀使用──ほぼ前章のA層（女性専用とされる言語形式・表現）に入るものを中心とする。
6. 男性専用──ほぼ前章のD層（男性専用とされる言語形式・表現）に該当するもの。
7. 形式的──場にふさわしい、型にはまった、決まり切った言い方。個性がなく、役割重視。臨時的付加や、言いよどみ、［笑い］の伴わないもの。
8. 親近的──発話内容がプライベートなこと、冗談や冷やかし、聞き手と

の共通の話題などであり、言語形式も非形式的で、流行語的な言い方などを取り入れて、型にはまらない、個性的なもの。＜笑い＞を伴うことが多い。

以上の分け方は〔女性〕と同じだが、「3．丁寧」「4．ぞんざい」「5．性稀使用」については、一部、説明のしかたを変えた。ただし、認定する語彙や表現は変わっていない。

これらの項目に、その程度の強弱で段階を設け、0・1・2・3の4段階に点数化する。協力者の発話のうち、1〜8の各項目に該当するものを選んでいき、そのうち、最も高い点数の発話を1つ選ぶ。その項目、たとえば「1．説明」に該当する発話が、いくつあっても、そのうちで最も高得点のもの1つだけをとる。該当発話が1つしかなければ、その発話の点数が、その協力者の、「説明」の点数になる。

4段階は0が該当発話なし、1点がその項目に具備されるべき内容（上述）を一部具える、2点が同様に半分程度具える、3点がほぼすべてを具える、である。また、非常に程度が強くても、3点が限度となる。同一の点数になる発話がいくつか出てくるが、その場合はレコード番号の最も若いものをとる。資料03の協力者〔03A　会社員（営業）〕の発話を例にとって説明してみる。

協力者03Aの発話のうち、各項目で最も点数の高かった発話は次のとおりである。

1．説明

　例11　あの、お店のほうにはー、あのー、特典ステッカー、あのー、同数届きますのでー、そちらのほうで運用していただければと、思いますのでー。（2点）

例11は、情報としては過不足なく、文構造としてもねじれもなく整っているが、「あのー」や言いさしがあって、明瞭さをいくぶん損なっていると考えて2点とした。他に03Aについてはこれ以上の得点のつく発話がなかったので、この2点が03Aの「説明」の表現についての得点となる。

2．感想

例12　ま、ジャイアンツはねー、そのぐらいノーテンキさがないとだめだよねー。（2点）

例12は、感想が「だめ」という比較的強いことばが、「だよねー」という相手へのもちかけでやや緩和されていると見て2点。他に、この03Aの発話の中には、これ以上高い点のつく発話は見いだせなかったので、これが、03Aの「感想」の得点となる。

3．丁寧

例13　きのうちょっとあの、ファックスのほうを流させていただいたんですがー。（2点）

謝罪の場面だが、「のほう」「させていただいた」といった、話者には婉曲とへりくだりのつもりがあるにしても、正確な敬語とはいえない、いわば流行の言い方を機械的に使っており、丁寧さが損なわれていると考えた。他に03Aについてはこれ以上の得点のつく発話はなかった。

4．ぞんざい

例14　やべー、やべー、知らねーよ。（3点）

「やばい」という俗語をさらにくずして繰り返して、「ねーよ」と重ねているところから、かなりぞんざいであると認定。

5．男性稀使用

例15　だから、購入者特典でー、なか入れるっていうふうにするとー、ま、200くらいはぽーんと入っちゃうのね↑（1点）

これは文末を上昇させて、相手に同調を求める「ね」で、「のね」という形

では、女性が使用することが多いとされる。しかし、「のよね」とか、さらに「あら」「あたし」などの使用と比べるとそれほど女性専用度が高くない、とみて、1点にしてある。他にはこれ以上の得点のつく発話はなかった。

6．男性専用

　例16　おれ、長嶋、もう終わりだとかゆうと、最後、消化試合とかも、すげー、盛り上がるんだけどなー。（3点）

男性専用の「おれ」とか、「すげー」というくずれ、「なー」という終わりかたなどを含めて発話全体が男性専用度が高い。

7．形式的

　例17　はーい　失礼しまーす。（2点）

電話でよく使われる形式的なあいさつの決まり文句であるが、「はい」「ます」を延ばしているところに個性があって、形式性をやや損なっている。

8．親近性

　例18　〈笑いながら〉→さんざん←ゆってるよー。（2点）

休憩時の雑談の中で、相手をからかっていて、笑いも伴っており、相手を冷やかしてもよいくらいの人間関係を表している、ということで、親近性を具えている、と判断した。
　以上のように、8種類の表現について各協力者の一番高い得点をとって、それをグラフにした（グラフ2参照）。

グラフ2　1人の男性の表現の幅の職種による差異

① [04A]会社員 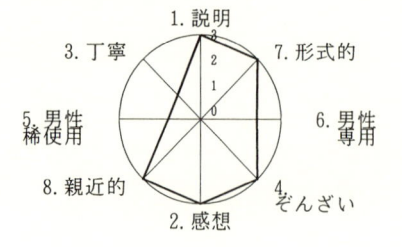
② [03A]会社員 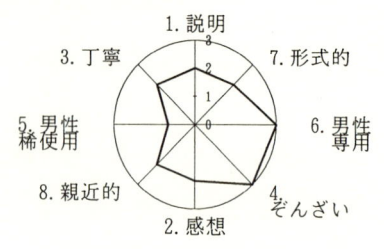
③ [17A]会社員 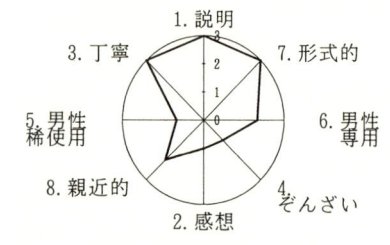
④ [18A]会社員 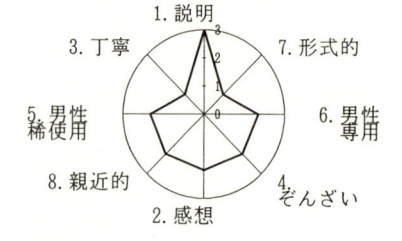
⑤ [08A]会社員 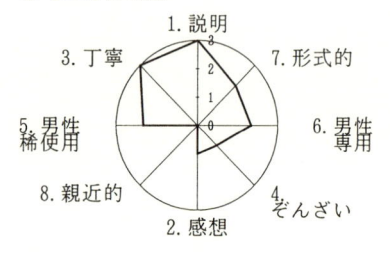
⑥ [09A]会社員 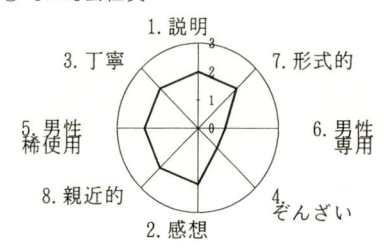
⑦ [15A]会社員 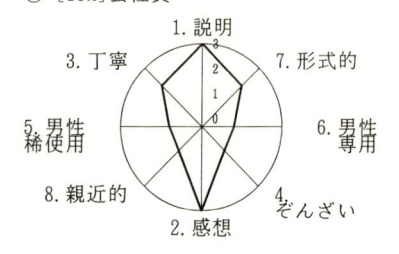
⑧ [21A]ミュージシャン

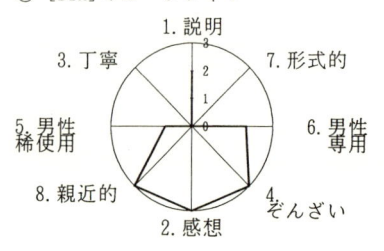

⑨ ［01A］薬局経営

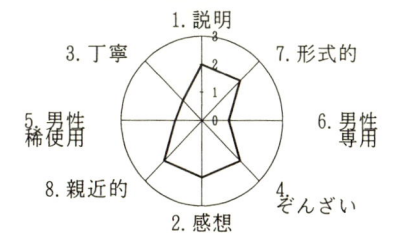

⑩ ［02A］大学職員

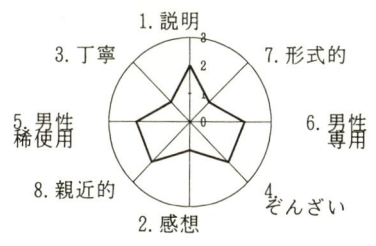

⑪ ［06A］大学教員

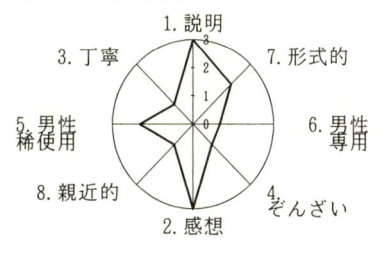

⑫ ［14A］美容師

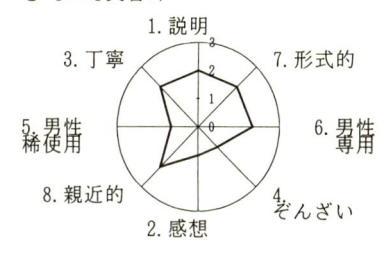

⑬ ［19A］大学図書館員

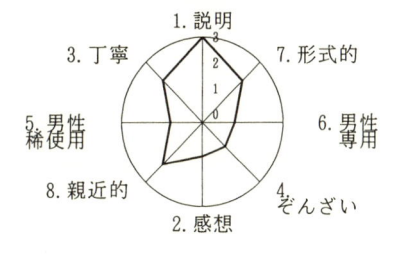

⑭ ［13A］研究機関アルバイタ

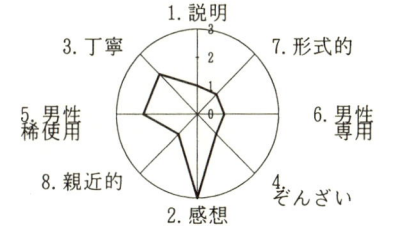

⑮ ［05A］会社員

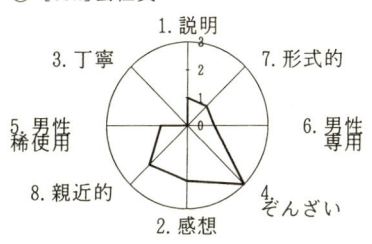

⑯ ［07A］会社員

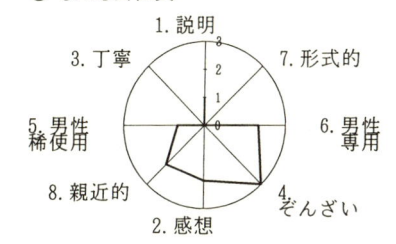

⑰ [10A]会社員

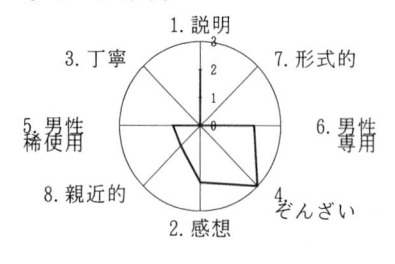

⑱ [11A]高校教員

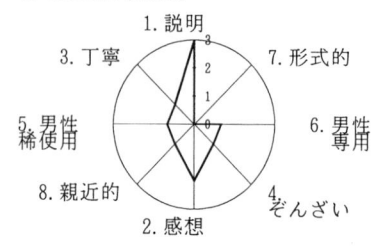

⑲ [12A]会社経営

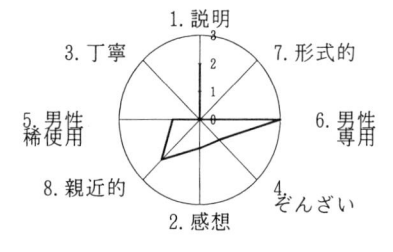

⑳ [16A]会社員

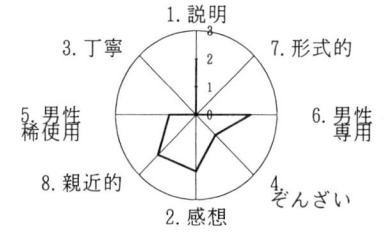

㉑ [20A]高校教員

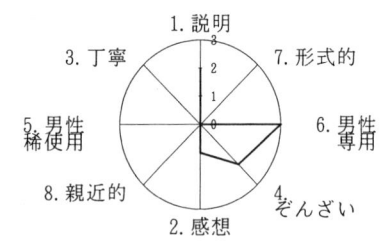

グラフに使った、各協力者の一番高い得点の発話レコード番号のリストも添えておく。(表1参照)

表1　8項目について、各協力者の最高得点である発話のレコード番号一覧

協力者コード	1.説明	2.感想	3.丁寧	4.ぞんざい	5.男性稀使用	6.男性専用	7.形式的	8.親近的
01A	243	229	58	250	388	400	120	461
02A	543	798	956	567	509	641	654	820
03A	968	1243	962	1195	1009	1235	973	1214
04A	1401	1540	1854	1469	1587	1504	1408	1675
05A	2114	2079	—	1951	2072	2076	1874	1889
06A	2663	2535	2229	2245	2607	2540	2222	2452
07A	2735	2855	—	2937	2747	2748	—	2845
08A	3210	3426	3276	3490	3546	3504	3293	—
09A	3608	3971	3707	3602	3589	3586	3678	3895
10A	4110	4257	—	4495	4247	4113	—	4312
11A	4786	4911	4791	4953	5113	4840	—	5080
12A	5953	5657	—	5588	5575	5686	—	5323
13A	6554	6442	6032	6711	6616	6115	6224	6347
14A	7393	7065	6890	7125	6827	7248	6809	7302
15A	7463	7416	7415	7635	7663	7418	7433	7552
16A	7914	8455	—	7828	7886	7831	—	8149
17A	8514	8492	8516	8656	8733	8717	8515	8807
18A	9100	9024	9199	8886	8856	8932	9206	8934
19A	9354	9838	9328	9317	9721	9656	9521	9741
20A	10085	10181	—	9875	—	10134	—	—
21A	10929	11027	—	10824	10411	10409	—	11035

(注)一線は、該当発話なしで、得点は0点になる。

また、前章と同様、〔女性〕と比較するために、参考2に同じようにして作成したグラフをのせた（参考2参照）。

参考2 『女性のことば・職場編』で示したデータ

① ［11A］会社員   ② ［05A］会社員

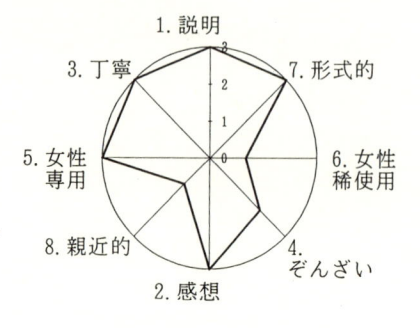

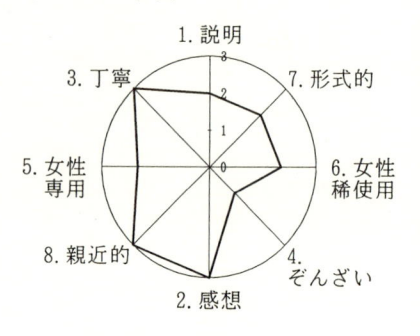

③ ［13A］会社員 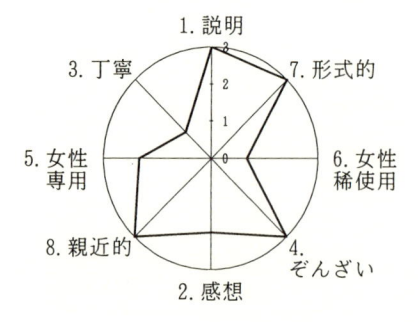   ④ ［06A］会社員

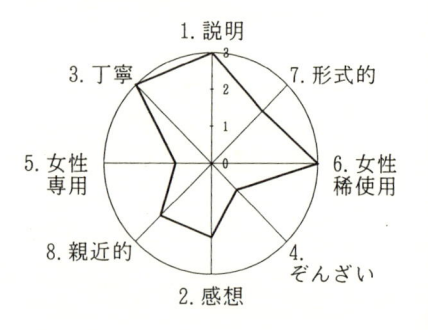

⑤ ［01A］会社員 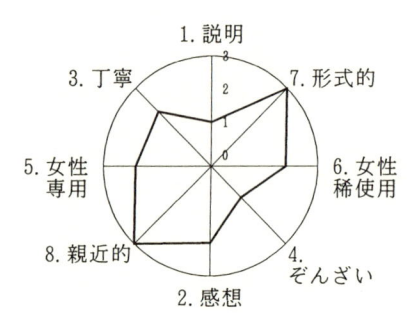   ⑥ ［16A］会社員

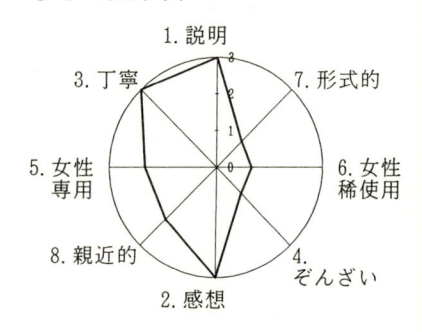

⑦ [07A]大学助手

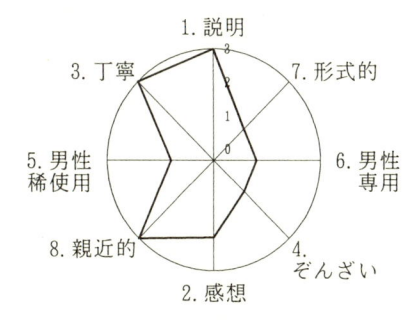

⑧ [15A]会社員

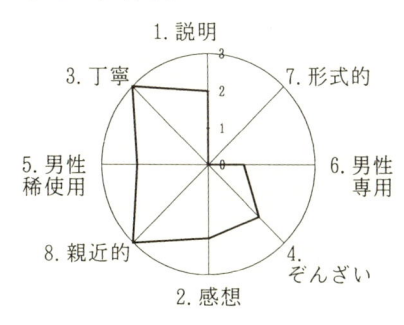

⑨ [04A]大学教員

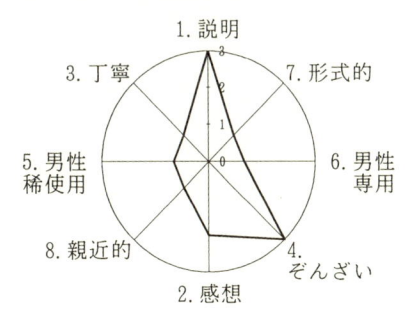

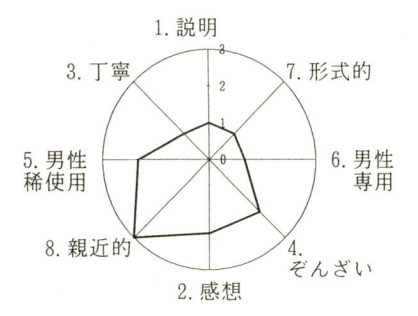

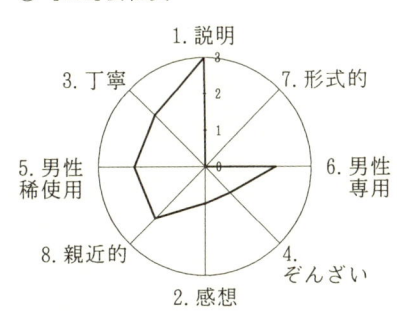

⑩ [10A]公務員

⑪ [03A]会社員

⑫ [14A]大学事務

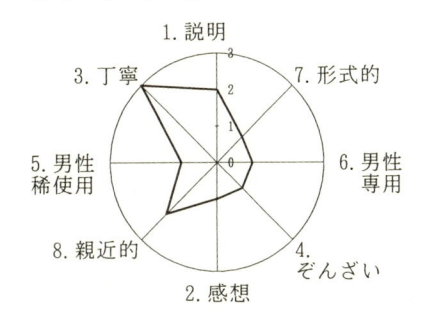

- 229 -

⑬ [09A]高校教員　　　　　　⑭ [12A]公務員

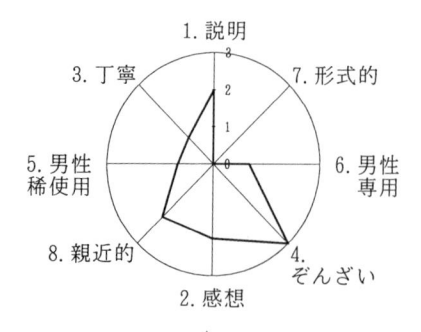

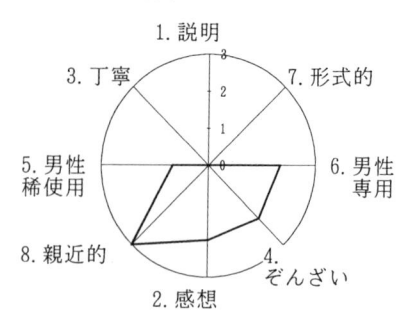

⑮ [08A]小学校教員　　　　　⑯ [19A]研究補助

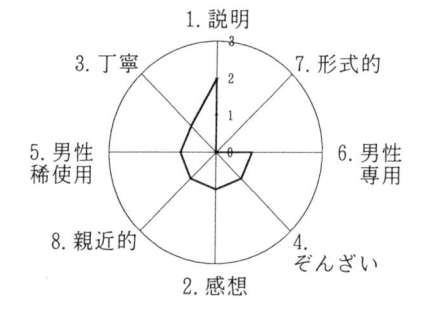

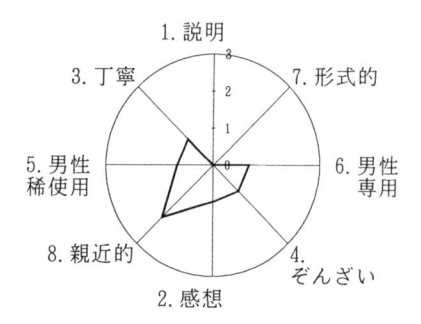

（注）『女性のことば・職場編』とはグラフの順序が異なっている。データそのものは同一である。

3.2　分析

　グラフ2は、上述のような方法で、21人の協力者の発話について項目をあてはめ、点数化して、その中の最も高得点をグラフの目盛りで示し、それらの点どうしを結んで、図形ができるようにしたものである。①から㉑まで番号がつけてあるが、だいたい図形の大きい順になっている。参考2の〔女性〕の方も同様に並べてある。

　このグラフの図形の大きいものほど、協力者が、幅広い、多様な言語表現

をしている可能性があると考えられる。また、1と2、3と4、5と6、7と8、というように、ほぼ反対の概念を有する項目を対置させたので、それぞれの方向への伸びの程度で、幅広さの程度も見ることができよう。加えて、ほぼ上半分（1. 説明　3. 丁寧　7. 形式的）は、おおむね職務を実際に遂行する上で、必要度の高いと思われる、ビジネスシーンの表現、下半分（2. 感想　4. ぞんざい　8. 親近的）は、それとは逆の、比較的プライベートな、非ビジネスシーンの表現といってもよいかと思う。

　そして、左半分（3. 5. 8.）は、一般的にとかく女性に期待されやすい表現、右半分（7. 6. 4.）はそうではなく、どちらかといえば、男性に期待されやすい表現ではないか、という見方もできる。

　前章と同様に、〔女性〕との比較で目についたことをあげていく。

1）〔女性〕になかったグラフの形が現れている。一番目をひくのは、外周にまったく接しない形で、中央近くに図形が描かれるもの。これは、1～8の表現を、真ん中くらいの程度でおこなっており、極端な偏りのないバランス型である。⑨［01A 薬局経営］、⑩［02A 大学職員］、⑥［09A 会社員（技術）］、⑫［14A 美容師］の4人に見られる。

　次に、「きんちゃく型」とでも言ったらいいのだろうか、「3. 丁寧」と「7. 形式的」の2つの表現が見られず、「1. 説明」はあるので、下半分をひもでぶらさげているきんちゃくのような形をしているものも、〔女性〕には見られなかったものである。⑧［21A ミュージシャン］、⑯［07A 会社員（営業）］、⑰［10A 会社員（技術）］、⑲［12A 会社経営］、⑳［16A 会社員（営業）］の5人に見られた。

　最後に、1つだけだが、ひしゃく型とでも言うべき形が㉑［20A 高校教員］に見られた。「3. 丁寧」「5. 男性稀使用」「7. 形式的」「8. 親近的」がないもので、これも〔女性〕には見られない。

2）比較的図形が大きい、即ち、1人の表現の幅が大きいのは、①［04A 会社員（営業）］②［03A 会社員（営業）］、③［17A 会社員（電話案内業務）］である。この、会社員の協力者に表現の幅の大きい人がいるというのは、〔女性〕でも同じであった。そして、比較的図形の小さい、すなわち表現の

幅の小さいのは、⑱［11A 高校教員］、⑲［12A 会社経営］⑳［16A 会社員（営業）］、㉑［20A 高校教員］などである。このうち３つは会社員以外の職種であるが、こうした傾向も〔女性〕と共通している。

3）左右、上下どちらに図形の偏りがあるか、ということで見てみよう。まず、左右で見ると、6の男性専用が右にあることもあって、右側に寄ることが多い。が、左側に寄っていたり、左右同じくらいに張り出しているものも少なくない。④［18A 大学図書館員］、⑥［09A 会社員（技術）］、⑦［15A 会社員（営業）］、⑨［01A 薬局経営］、⑩［02A 大学職員］、⑪［06A 大学教員］、⑭［13A 研究機関アルバイター］などが、少なくとも右寄りではないものである。

上下ではどうか。上記1）でふれた「きんちゃく型」と「ひしゃく型」は、下に偏ったものなので、ここであげた6人は入れるとして、他に下に偏っているのは、⑮［05A会社員（技術）］である。下の方は、先に述べたように、非ビジネスシーンの表現であるから、これらの男性は、非ビジネスシーンで使用されるような表現を多く使っていると言えよう。逆に、上に偏っているのは、⑤［08A 会社員（事務）］であるが、それほど大きな偏りではないものも入れると、③［17A 会社員（電話案内業務）］、⑬［19A 大学図書館員］また、⑦［15A 会社員（営業）］なども、頭でっかちの図形と言えよう。これらは、ビジネスシーンで使われやすい表現を多く使っている人々といえる。

〔女性〕では、「女性専用」が左にあることもあって、左右では、左に寄った図形が多い。上下では、男性のグラフほど極端に下に偏るものは少ない。⑭［12A 公務員］、⑯［19A 研究補助］、また、⑩［10A 公務員］くらいが、下、つまり、非ビジネスシーンに使われる表現を多く使っていると言える。

4）男性の場合、説明―感想の軸は、長短に関わらず必ずどの図形にもある。〔女性〕の場合は「説明」がゼロであった女性が２人あった。

5）図形の大きさ、すなわち表現の幅は、グラフを見ただけでは、男性・女性どちらが大きいのかちょっとわかりにくい。そこで、8項目の全得点を加えて一人あたりの平均値を出してみると、〔女性〕では一人の協力者あた

り13.9点、今回の男性では12.9点となった。女性の方が表現の幅はやや広いといえよう。

3.3　この節のまとめ

　この章は、前章と異なって、1発話でも該当する表現があればとっているので、使われ方の多さでなく、一人の男性がこれだけの表現の幅をもちえた、ということを示しているわけである。それを頭において、上記の分析をまとめてみると、まず、8種類の表現を、程度の強弱はあるものの、万遍なく使っている男性と、偏って使っている男性に分かれる。どちらかというと、万遍なく使っている男性が多い。偏って使っている人は、非ビジネスシーンでよく使用されるような表現に偏っていた。しかし、いわゆる男性的な表現としてよく捉えられるような表現への偏りは大きくなかった。また、「説明」・「感想」・「男性専用」・「ぞんざい」は、程度の差はあっても、どの男性からも拾えた。以上の特色は〔女性〕との比較で、異なっている点として出てきたものである。
　会社員とそれ以外の職種の差異が観察されたことは、〔女性〕と共通しているが、男性のデータの場合、会社員の中にもいろいろなタイプがあるので、その差異も〔女性〕ほどはっきりしたものとは言えない。

4　結果の考察

　以上、2つの大きな観点から観察してきたことを簡単にまとめてみる。
　まず、職場の男性のことばは、性に無関係なことば遣いが、会議・雑談といった場面を問わず、圧倒的に多い。その次に「男性が多用する言語形式・表現」が、少しだが、見られる。1、2の例外はあるが、この傾向に、職場ごとの差はほとんどないといえる。〔女性〕の場合も性に無関係なことば遣いが多いが、それへの集中度は男性ほど高くない。〔女性〕は会議と雑談で使い分けもみられる。

１人の男性の表現の幅としては、バランスよく使う場合が多く、極端に偏る場合は、非ビジネスシーンの表現に偏る。いわゆる男性的な表現に偏る程度はそれほど強くない。
　総合すると、職場における男性の方が、女性よりも、切り替えや使い分けの程度が小さく、また、表現の幅も小さいと言えるのではないか。
　ことばの性差の接近がよく言われるが、職場においては、女性が性に無関係なことばを中心として、いわゆる"男性が多用することば"も積極的に使う一方で、男性は"男性が多用することば"もそれほど使わず、"女性が多用することば"はごくわずかしか使わず、専ら性に無関係なことばを集中して使う、というありかたが、その性差の接近の実際である、ということもわかった。

5　まとめにかえて──職場のことばにおける性差について

　ここで、以上述べてきたことをふまえながら、『女・職』『男・職』の両談話資料を比較してみると、職場のことばについて言えば、性による使い方の差はある、といえる。ただしそれは、女性が女性らしいことば、男性が男性らしいことばを使うから、というレベルの差異ではなく、いろいろなレベルのことば、表現を使い分ける、あるいは切り替えるのを、女性の方がさかんに行う、という差異である。
　女性が切り替えによく使う表現のひとつにＣ層のことばがあった。女性は実際にはＣ層使用者でもあるのに、Ａ・Ｂ層使用者として規定されてしまうと、表現の幅を豊かにする方策としてＣ層を使っているのにすぎないのに、「乱暴なことば遣い」「男っぽいことば遣い」という評をされる。Ｃ層を本稿の「2.1.2」で述べたように、「くだけたことば遣い」と言い直すならば、くだけたことば遣いというのは男女双方がするものだが、職場で女性は場面によってくだけたことばに切り替える場合が多い、と説明することができる。
　性差を見ようとする場合、いわゆる「女性がよく使う」「男性がよく使う」ことば遣いという概念は、本当はどんなことば遣いがされているのかを見え

なくしてしまう場合があるかもしれない。本稿で試みた、2番目の観点における「説明」や「丁寧」などは、"本当はどんなことばが使われているのか"を見ようとしたものではあるが、まだ他にもいろいろな項目を設定する必要があると思う。たとえば、高崎（1994）でみた"ストーリーの語り方"と"一般論の語り方"なども、ここで設定した項目とは質が違うが、今後見てみたい方向の一つである。

　また、こうした職場のことばのあり方から、ジェンダー（文化的・社会的性別役割分業）の実際についてさぐることも可能だろう。女性が職場で、表現の切り替えを男性よりはさかんに行う、という今回の結果などは、その材料を提供したにすぎない。今後もう少し、観察する角度をふやして、"男社会"とされてきた職場におけることばの実態を、あきらかにできるように研究を進めていきたい。

【参考文献】

井出祥子（1983）「女らしさの言語学」『講座　日本語の表現3　話しことばの表現』筑摩書房

川成美香（1993）「依頼表現」『日本語学』12－6 臨時増刊号　明治書院

木川行央（1991）「方言にあらわれた男女差—西日本方言（関西）」『国文学　解釈と鑑賞』56－7　至文堂

国立国語研究所（1951）『現代語の助詞・助動詞』秀英出版

鈴木　睦（1993）「女性語の本質」『日本語学』12－6　臨時増刊号

高崎みどり（1994）「ストーリー的トピックと一般論的トピックのレトリック」『職場における女性の話しことば』東京女性財団1993年度助成報告書　現代日本語研究会

高崎みどり（1996）「テレビと女性語」『日本語学』15－9　明治書院

高崎みどり（1997）「女性の働き方とことばの多様性」『女性のことば・職場編』現代日本語研究会編　ひつじ書房

マグロイン・花岡直美（1993）「終助詞」『日本語学』12－6　臨時増刊号

松村明編（1969）『古典語・現代語　助詞・助動詞詳説』学燈社

松村明編（1971）『日本文法大辞典』明治書院

森田良行（1991）「語彙現象をめぐる男女差」『国文学　解釈と鑑賞』56－7　至文堂

あとがき

　『女性のことば・職場編』(1997) に引き続き、本書を、上梓することができ、ひとまずほっとしている。女性のことばの研究書を刊行した後、『男性編』に取り組む必要があると、話し合ってはいたが、実際に取り組んだのは、1999年の2月からであった。呼びかけに応じて、集まったメンバーは11人。『女・職』のメンバーから宇佐美まゆみ・三井昭子が抜け、桜井隆・笹寿美子・杉本明子が加わった。

　以前と同様、協力者探し、依頼、録音、文字化、データベース化が、それぞれ遅延やハプニングやもろもろの困難を伴いながらようやく完成したが、息つく間もなく、データの分析、論文化、査読などが忙しい年末から年度末にかけて慌ただしく行われた。

　2度目になるのに、慣れるということはなく、かえって困難が増したように思われたのは、どうしたことであろうか。じっくり、時間をかけられればよいのだが、それはきりのないことであるし、第一、データの命ともいえる"今"の話しことばの新鮮さが、どんどん失われてしまう。そうした意味では、程度の差こそあれ、メンバーの中に、満足感よりも、もっと時間をかけて取り組み、分析を掘り下げたかった、というような思いが残っていることも否めない。今後それぞれのメンバーが、各人の研究の中で、補い、発展させていくことが必要である。

　そんな中で、ひつじ書房・松本功さんは辛抱強く待って、いろいろな無理を快く聞いてくださった。厳しい出版界の事情もおありと思われるのに、こういうものが談話研究に必要である、との認識から、私たちを励ましてくださった。メンバー全員より心からの感謝を捧げたい。また、今回、文字化や版下作りなどの作業を、一手に引き受けてくださった遠藤幸枝さんにも感謝したい。

なによりも、録音に応じてくださった、協力者の方々、本当にありがとうございました。私たちことばを研究する者に、多くの活き活きとした"働く者のことば"を提供してくださったことにお礼を申し上げます。また、高橋圭子さん、亀田裕美さんには、貴重な録音データを提供していただき心から感謝しております。

　ご協力をいただいた多くの方々にも、心よりお礼を申し上げます。

2002年5月

索　引

あ
あ　43
あー　43
あーん　43
あいさつ　35, 105
あいづち　168
あいづち笑い　149
相手性　106
相手年代　106
あなた　99
あなたがた　99
あら　43
あらたまった会話　105
あらたまった場面　105
あらたまった場面　136
あらたまり　63
あらら　43
α群疑問表現　47
α・β群疑問表現　47
あん　43
あんあん　43
あんた　99

い
言いさし　35
いえ　43
いえいえ　43
イエス　43
いたす　68
「いただく」　105
いただく　70
一系列化　89
一般人称　106
意味の共有　185
いや　43

いやいや　43
いらして　64
「いらっしゃる」　106
いらっしゃる　64
インフォーマル　63
引用　113
引用中に含まれる　114

う
うーん　43
うそ　43
打合せ　66　105
うん　43

え
え　43
営業社員　111
えー　43
えっ　43

お
「お」　106
お～いただく　70
応対　105
応答詞　35
応答を理解するための談話　181
おー　43
お母さま　100
おかまちっく　42
お客さま　99
奥さん　99
おじさん　99
「お～する」　106
お宅　99
「おっしゃる」　106

おっしゃる　65
『男・職』談話資料　47
「お～なる」　106
お～になる　65
おまえ　99
おれ　111, 121
『女・職』　47
『女・職』談話資料　47

か

か　36, 41, 90
か↑　49
会議　105
確認要求　182
重なった発話　168
重なられた発話　168
重なり　167
かしら　39
かしらね↑　53
課長　99
「学校」の呼称　110
かな　38
かな↑　49
かね↑　49
から　44, 133
漢語サ変動詞　69
感想　208
感嘆詞　35

き

聞き手　149
聞き手の笑い　151
きみ　99
疑問表現　47
疑問文　115
強制　118
協調型　174
共話　174
共話的な談話進行　175

切り替え　235
議論　200

く

「くださる」　105
くださる　67
くつろいだ場面　136
くん　99

け

敬意表現　63
敬語　63, 105
敬語形　63
敬語使用　66
敬語的　63
敬語動詞・補助動詞　106
敬語レベル　105
形式的　208
敬称　99
敬体　41, 105
敬体接続　41
形容詞　34
形容動詞　34
けど　41
言及　99
謙譲形　69
謙譲語　63

こ

「ございます」　105
ございます　41, 72
呼称　99
呼称出現例数　101
呼称選択　99
呼称の機能　114
呼称の使用状況　101
小林 (1997)　99
小林 (2000)　115
小林 (2001)　114

小林美恵子　119
コミュニケーション過程　179
語用論　63
こりゃー　43

さ
サ入れ　71
下がりイントネーション　38
させていただく　70
「雑談」　104
雑談　33, 47, 153
雑談以外　47, 153
「雑談」を含まない　105
「雑談」を含む　105
さん　99
三人称　99

し
司会者　111
自己主張型　174
自称詞　121
親しみ　116
執筆者　113
質問の機能　182
質問を理解するための談話　186
失礼いたします　69
失礼します　69
指導場面　100
社会的立場　99
若年　47
若年層の男性　92
じゃないの↑　49
じゃないんだな↑　49
自由業　112
終止形　42
終助詞　34
終助詞以外の助詞　35
主語　115
主張の前提・論拠　195

述語　115
準体助詞　97
上位者　113
上司　117
使用者別呼称概観　101
上昇イントネーション（↑）　47
常体　41　105
職種　117
職場・職階意識　112
職場の構成メンバー　117
職場の男性　47
助詞を伴う提題　114
女性協力者　67
女性社員　111
女性専用　45
女性専用形式　38
女性専用言語形式・表現　207
女性専用語　104
女性多用言語形式・表現　207
女性発話　100
助動詞　34, 63
親近的　208
親族呼称　99
心理的距離　65

す
随意性　149
推論　199
すか　90
すね　90
すよ　90
すよね　93

せ
ぜ　39
性差　45, 47, 149
性差の接近　235
性に無関係に使用される言語形式・表現　207

性別　101
世代　68
世代差　47
接続詞　35
説明　208
説明・主張を理解するための談話　189
先生　99

そ
ぞ　39
相互的　149
相互理解の談話構造　179
挿入応答　188
挿入質問　188
挿入発話連続　188
そー　43
そーそー　43
俗語　42, 43
そちら（さま）　99
そりゃー　43
尊敬語　63
尊敬表現　66
ぞんざい　208

た
た　41
だ　41
turn-taking　167
turnの交替時期　172
待遇　63
待遇意識　118
待遇的な制約　113
待遇表現　149
対称詞　99
対称代名詞　99
対称代名詞の指示機能　114
対称代名詞の出現率　100
対称代名詞の使いにくさ　118
対称代名詞の出現例数　100

髙橋（2001）　114
髙橋圭子　119
「だ（＋終助詞）」　105
脱性差化　33
（だ）なー　38
だね↑　49
食べる　70
だよ　37
だろ↑　49
だろーなー↑　49
男性専用　33, 208
男性専用言語形式・表現　207
男性専用語　104
男性多用言語形式・表件　207
男性デザイナー　111
男性発話　100
男性稀使用　208
談話構造　179
談話の構造分析　179

ち
地位　101
ちえっ　43
地方公務員　113
ちゃん　113
注意喚起　114
中高年　47
朝礼　64

つ
使い分け　235
（っ）す　89
強い判断　115

て
て　44
提題　114
提題助詞　114
〜ていただく　70

丁寧　208
丁寧語　63
デザイン事務所　111
「です」　106
です　41
ですか　95
ですかね↑　49
ですね↑　49
ですね　82, 91
です／ます　110
ですよ　92
ですよね↑　49
〜てらっしゃる　64

と
と　44
問いかけ　110
動詞　34　63
動詞（形容詞）普通体↑　49
同時性　149
同調　185

な
な　38
な↑　49
なーるほど　43
ない　41
ない↑　49
ないの↑　49
名指し　101
「なさる」　106
（な）の↑　49
名前　99
［名前］くん　104
［名前］さま　100
［名前］さん　104
名前＋さん　101
［名前］ちゃん　104
名前＋ちゃん　100

名前の一部　99
［名前の一部］ちゃん　112
［名前の一部］にい　112
「名前」を含む呼称　111
なるほど　43

に
に　45
ニックネーム　99
人間関係　200

ね
ね　41, 90
ね↑　49
念押し　115
年少者　107
年長者　107
年齢　101
年齢の上下　106

の
ノー　43
ので　133
のね↑　49
のよ　38
のよね↑　53

は
は　44
はー　43
はーい　43
はーはー　43
はーん　43
はい　43
ハダカ形　63
発話者性　104
発話者性別発話数　104
発話者年代　104
発話者の性　117

発話者の性差　101
発話標識　114
発話ペア　188
発話例数　101
発話レコード数　101
発話連鎖　195
話し手　149
話し手の笑い　151
場の進行役　85
場面　67　105
場面差　47
場面2　105
場面の違い　201
反復要求　182

ひ
ＰＰＳ　116
美化語　105
必須格として　114
否定・反論に対応するための談話　194
非難　115
批判　110
表現の幅　235
美容師　65

ふ
ふーん　43
フォーマル　63
副詞　34
副編集長　113
不明・多数発話　100
雰囲気　112
文体　105
文法的な必須格　114
文末の語　33

へ
β群疑問表現　47
編集者　113

編集長　113

ほ
ぽい　42
ほー　43
ほーん　43
ぼく　112,　121
保険代理店　111
保険の営業　66
ポジティブ・ポライトネス・ストラテジー　116
ポライトネス理論　116
本動詞　67

ま
まー　43
まじ　43
まじで　43
「ます」　106
ます　41
ます↑　49
ますか↑　49
ますか　95
ますね　91
ますよ　92
ますよね↑　49
〜ません　78
「○○さん」　105

み
名字　99
［名字］課長　104
［名字］くん　104
名字＋くん　100
［名字］さん　99
名字＋さん　100
［名字］さんたち　99
［名字］次長　113
［名字］先生　104

- 244 -

[名字] ちゃん　104
名字＋ちゃん　100
[名字] どん　112
名字の一部　99
[名字の一部] ちゃん　112
「名字」の呼び捨て　111
[名字] 役職名　104
名字＋役職名　99
[名字] (呼び捨て)　104

め
明確化要求　183
名詞　34
名詞＋ (助詞)　↑49
名詞＋ね↑　49
命令　115
命令文　115
メンバーの個性　117

も
申し上げる　70
申す　70
もらう　70

や
役職名　99
役職名＋敬称　99
役職名を含む呼称　106
やばい　42

よ
よ　37　90
よな↑　49
よね↑　49
呼びかけ　99
呼びかけ・提題　114

ら
られる　66

り
流行語　42
隣接ペア　189

れ
れる　66

わ
わ　38
若者ことば　42
話者の交替　167
話題の展開、転換　114
わたくし　132
わたし　131
わね↑　53
わよね↑　53
笑い　149
笑い手　149
笑いの形態　150
笑いの連続　153

ん
ん　43
(ん) じゃない↑　49
(ん) だな↑　49
(ん) だよな↑　49
(ん) だよね↑　49
(ん) でしょ↑　49
(ん) ですか↑　49

◆付属 CD-ROM について

付属 CD-ROM には「解説.TXT」「男性談話.TXT」「女性談話.TXT」が収録されています。データの容量が大きいため Windows をご利用の方はワードパッドで、Macintosh をご利用の方は Excel や Word、Jedit などのアプリケーションで開いてください。

◆データの著作権について

本データの著作権は現代日本語研究会に所属します。引用および使用する場合は、著作権者を明記してください。なお本データの引用および利用は、原則として本書を購入した一名の方にのみ許可されます。本書購入以外の方法で付属データを入手された場合、データの使用は書面による許可と対価の支払いが必要です。なお、本書を購入されても使用が許可されているのはあくまで非営利的な目的に利用する個人です。法人、または個人が営利目的で本書および所収データを利用される場合、複数の人間が共有して使用する場合は別途書面による契約が必要です。

以上の内容についてのお問い合わせは gendainihongo-k@hituzi.co.jp までご連絡ください。なお郵便、電話、ファックスによるお問い合わせは受け付けておりません。また、使用法についてのお問い合わせには電子メールであってもお答えできません。ご了承ください。

編者　現代日本語研究会（げんだいにほんごけんきゅうかい）

　女性・社会とことばのかかわりに関心を持つ研究者が集まり、１９７７年から活動を始める。１９８０年、研究誌『ことば』（現在２２号）を発行し、これを発表の場として共同研究を行っている。その成果として、１９８５年『国語辞典に見る女性差別』（三一新書）、１９９２年『女性の呼び方大研究』（三省堂）などを出版。１９９３年、職場における女性の自然談話の収集を始め、９７年に資料と研究をまとめて『女性のことば・職場編』（ひつじ書房）を発刊。引き続き男性について取り組んだものが本書である。２００１年には会員外の執筆者も招いて、『女とことば―女は変わったか、日本語は変わったか』（明石書店、壽岳章子喜寿記念出版）の編集・執筆を行った。毎年夏には内外の研究者の参加をつのり、おもに「女性とことば」をテーマにワークショップを行っている。

```
┌─────────────────────────────────────┐
│  『女性のことば・職場編』            │
│                                     │
│      初版1刷発行   1997年11月29日   │
│      2刷発行      1999年4月28日     │
│                                     │
│  『男性のことば・職場編』            │
│                                     │
│      初版1刷発行   2002年7月1日     │
│      2刷発行      2004年6月30日     │
└─────────────────────────────────────┘
```

※本書付属の CD-ROM は『男性のことば・職場編』の CD-ROM と同じものです。

合本　女性のことば・男性のことば（職場編）

発行	2011年5月27日　初版1刷
定価	6000円＋税
編者	ⓒ現代日本語研究会
発行者	松本 功
印刷・製本所	三美印刷株式会社
発行所	株式会社 ひつじ書房

　　　　〒112-0011 東京都文京区千石2-1-2 大和ビル2階
　　　　Tel.03-5319-4916　Fax.03-5319-4917
　　　　郵便振替 00120-8-142852
　　　　toiawase@hituzi.co.jp　http://www.hituzi.co.jp

　　　　ISBN978-4-89476-579-5

造本には充分注意しておりますが、落丁・乱丁などがございましたら、小社かお買上げ書店にておとりかえいたします。ご意見、ご感想など、小社までお寄せ下されば幸いです。

【刊行のご案内】

〈ひつじ研究叢書(言語編) 第91巻〉
コーパス分析に基づく認知言語学的構文研究
　李在鎬著　定価 7,200 円＋税

〈ひつじ研究叢書(言語編) 第93巻〉
現代日本語における進行中の変化の研究
　「誤用」「気づかない変化」を中心に
　新野直哉著　定価 6,400 円＋税